江苏文脉整理与研究工程

江苏文库

研究编

江苏历代
文化名人传

江苏历代文化名人传·瞿秋白

王铁仙　刘福勤　著

江苏人民出版社

图书在版编目(CIP)数据

江苏历代文化名人传. 瞿秋白 / 王铁仙，刘福勤著
. 一 南京：江苏人民出版社，2023.10

(江苏文库. 研究编)

ISBN 978 - 7 - 214 - 27616 - 2

Ⅰ. ①江… Ⅱ. ①王… ②刘… Ⅲ. ①文化-名人-
列传-江苏②瞿秋白(1899-1935)-传记 Ⅳ.
①K825.4②K827＝6

中国版本图书馆 CIP 数据核字(2022)第 208935 号

书　　　名	江苏历代文化名人传·瞿秋白	
著　　　者	王铁仙　刘福勤	
出 版 统 筹	张　凉	
责 任 编 辑	朱　超	
责 任 监 制	王　娟	
装 帧 设 计	姜　嵩	
出 版 发 行	江苏人民出版社	
地　　　址	南京市湖南路 1 号 A 楼,邮编:210009	
照　　　排	江苏凤凰制版有限公司	
印　　　刷	苏州市越洋印刷有限公司	
开　　　本	718 毫米×1000 毫米　1/16	
印　　　张	26　插页 4	
字　　　数	374 千字	
版　　　次	2023 年 10 月第 1 版	
印　　　次	2023 年 10 月第 1 次印刷	
标 准 书 号	ISBN 978 - 7 - 214 - 27616 - 2	
定　　　价	88.00 元	

(江苏人民出版社图书凡印装错误可向承印厂调换)

江苏文脉整理与研究工程

总主编

信长星　许昆林

学术指导委员会

主　　任　周勋初

委　　员　（按姓氏笔画排序）

冯其庸　邬书林　张岂之　郁贤皓　周勋初
茅家琦　袁行霈　程毅中　蒋赞初　戴　逸

编纂出版委员会

主　　编　张爱军　徐　缨

副　主　编　梁　勇　赵金松　章朝阳　樊和平　莫砺锋

编　　委　（按姓氏笔画排序）

马　欣　王　江　王卫星　王月清　王华宝
王建朗　王燕文　双传学　左健伟　田汉云
朱玉麒　朱庆葆　全　勤　刘　东　刘西忠
江庆柏　许佃兵　许益军　孙　逊　孙　敏
孙真福　李　扬　李贞强　李昌集　佘江涛
沈卫荣　张乃格　张伯伟　张爱军　张新科
武秀成　范金民　尚庆飞　罗时进　周　琪
周　斌　周建忠　周新国　赵生群　赵金松
胡发贵　胡阿祥　钟振振　姜　建　姜小青
贺云翔　莫砺锋　徐　俊　徐　海　徐　缨
徐之顺　徐小跃　徐兴无　陶思炎　曹玉梅
章朝阳　梁　勇　彭　林　蒋　寅　程章灿
傅康生　焦建俊　赖永海　熊月之　樊和平

分卷主编　徐小跃　姜小青（书目编）
　　　　　周勋初　程章灿（文献编）
　　　　　莫砺锋　徐兴无（精华编）
　　　　　茅家琦　江庆柏（史料编）
　　　　　左健伟　张乃格（方志编）
　　　　　王月清　张新科（研究编）

出版说明

　　江苏文化源远流长、历久弥新，文化经典与历史文献层出不穷，典藏丰富；文化巨匠代有人出、彪炳史册，在中华民族乃至整个人类文明的发展史上有着相当重要的地位。为科学把握江苏文化的内涵与特征，在新时代彰显江苏文化对中华文化的贡献，江苏省委、省政府决定组织实施"江苏文脉整理与研究工程"，以梳理江苏文脉资源，总结江苏文化发展的历史规律，再现江苏历史上的文化高地，为当代江苏构筑新的文化高地把准脉动、探明趋势、勾画蓝图。

　　组织编纂大型江苏历史文献总集《江苏文库》，是"江苏文脉整理与研究工程"的重要工作。《文库》以"编纂整理古今文献，梳理再现名人名作，探究追溯文化脉络，打造江苏文化名片"为宗旨，分六编集中呈现：

　　（一）书目编。完整著录历史上江苏籍学人的著述及其历史记录，全面反映江苏图书馆的图书典藏情况。

　　（二）文献编。收录历代江苏籍学人的代表性著作，集中呈现自历史开端至一九一一年的江苏文化文本，呈现江苏文化的整体景观。

　　（三）精华编。选取历代江苏籍学人著述中对中外文化产生重要影响、在文化学术史上具有经典性代表性的作品进行整理，并从中选取十余种，组织海外汉学家翻译成各国文字，作为江苏对外文化交流的标志性文化成果。

　　（四）方志编。从江苏现存各级各类旧志中选择价值较高、保存较好的志书，以充分发挥地方志资治、存史、教化等作用，保存江苏的地方文献与历史文化记忆。

（五）史料编。收录有关江苏地方史料类文献，反映江苏各地历史地理、政治经济、文化教育、宗教艺术、社会生活、风土民情等。

（六）研究编。组织、编纂当代学者研究、撰写的江苏文化研究著作。

文献、史料、方志三编属于基础文献，以影印方式出版，旨在提供原始文献，以满足学术研究需要；书目、精华、研究三编，以排印方式出版，既能满足学术研究的基本需求，又能满足全民阅读的基本需求。

"江苏文脉整理与研究工程"工作委员会

江苏文库·研究编编纂人员

主　编

王月清　张新科

副主编

徐之顺　姜　建　王卫星　胡发贵　胡传胜　刘西忠

一脉千古成江河

——江苏文库·研究编序言

樊和平

　　"江苏文脉整理与研究工程"是江苏文化史上继往开来的一个浩大工程。与当下方兴未艾的全国性"文库热"相比,江苏文脉工程有三个基本特点:一是全面系统的整理;二是"整理"与"研究"同步;三是以"文脉"为主题。在"书目编—文献编—精华编—史料编—方志编—研究编"的体系结构中,"研究编"是十分独特的板块,因为它是试图超越"修典"而推进文化传承创新的一种学术努力。

　　"盛世修典"之说不知起源于何时,不过语词结构已经表明"盛世"与"修典"之间的某种互释甚至共谋,以及由此而衍生的复杂文化心态。历史已经表明,"修典"在建构巨大历史功勋的同时,也包含内在的巨大文化风险,最基本的是"入典"的选择风险。《四库全书》的文化贡献不言自明,但最终其收书的数量竟与禁书、毁书、改书的数量大致相当,还有高出近一倍的书目被宣判为无价值。"入典"可能将一个时代的局限甚至选择者个人的局限放大为历史的文化局限,也可能由此扼杀文化多样性而产生文化专断。另一个更为潜在和深刻的风险,是对待传统的文化态度。文献整理,尤其是地域典籍的整理,在理念和战略上面临的最大考验,是以何种心态对待文化传统。当今之世,无论对个体还是社会,传统已经不仅是文化根源,而且是文化和经济发展的资源甚至资本。然而一旦传统成为资源和资本,邂逅市场逻辑的推波助澜,就面临沦为消费和运作对象的风险,从而以一种消费主义和工具主义的文化态度对待文化传统和文献整理。当传统成为消费和运作的对象，其文化价值不仅可能被误读误用，而且也可能在对传统的消费中使文化坐吃山空，造就出文化上的纨绔子弟，更可能在市场运作中使文化不断被糟蹋。"江苏文脉整理与研究工程"的"整理工程"以全面系统的整理的战略应对可能存在的第一种风险，即入典选择的风险；以"研究工程"应对第二种可能的风险，即消费主义与工具主义的风险。我们不仅是既往传统的继承者，更应当是未来传统的创造者；现代人的使命，不仅是继承优秀传统，更应当创造新的优秀传统，这便是传统的创造性转化与创新性发展的真义。诚然，创造传统任重道远，需要经过坚忍不拔的卓越努力和大浪淘沙般的历史积淀，但对"江苏文脉整理与研究工程"而言，无论如何必须在"整理"的同时开启"研究"的千里之行，在研究中继承和发展传统。这便是"研究编"的价值和使命所在，也是"江苏文脉整理与研究工程"在"文库热"中于顶层设计层面的拔群之处。

一 倾听来自历史深处的文化脉动

20 世纪是文化大发现的世纪，20 世纪以来西方世界最重要的战略，就是文化战略。20 世纪 20 年代，德国社会学家马克斯·韦伯的《新教伦理与资本主义精神》，揭示了西方资本主义文明的文化密码，这就是"新教伦理"及其所造就的"资本主义精神"，由此建构"新教伦理＋资本主义"的所谓"理想类型"，为西方资本主义进行了文化论证尤其是伦理论证，奠定了 20 世纪以后西方中心论的文化基础。20 世纪 70 年代，哈佛大学教授丹尼尔·贝尔的《资本主义文化矛盾》，揭示了当代资本主义最深刻的矛盾不是经济矛盾，也不是政治矛盾，而是"文化矛盾"，其集中表现是宗教释放的伦理冲动与市场释放的经济冲动分离与背离，进而对现代西方文明发出文化预警。20 世纪 70 年代之后，亨廷顿的《文明的冲突与世界秩序的重建》将当今世界的一切冲突归结为文明冲突、文化冲突，将文化上升为西方世界尤其是美国国家战略的高度。以上三部曲构成西方世界尤其是美国文化帝国主义的国家文化战略，正如一些西方学者所发现的那样,时至今日,文化帝国主义被另一个概念代替——"全球化",显而易见,全球化不仅是一种浪潮,更是一种思潮,是西方世界的国家文化战略。文化虽然受经济发展制约甚至被经济发展水平所决定,但回顾从传统到现代的中国文明史,文化问题不仅逻辑地而且历史地成为文明发展的最高最难的问题,正因为如此,文化自信才成为比理论自信、道路自信、制度自信更具基础意义的最重要的自信。

在全球化背景下,文脉整理与研究具有重大的国家文化战略意义,不仅必要,而且急迫。文化遵循与经济社会不同的规律,全球化在造就广泛的全球市场并使全球成为一个"地球村"的同时,内在的最大文明风险和文化风险便是同质性。全球化催生的是一个文化上的独生子女,其可能的镜像是:一种文化风险将是整个世界的风险,一次文化失败将是整个人类的文化失败。文化的本质是什么?梁漱溟先生说,文化就是人的生活的根本样法,文化就是"人化"。丹尼尔·贝尔指出,文化是为人的生命过程提供解释系统,以对付生存困境的一种努力。据此,文化的同质化,最终导致的将是人的同质化,将是民族文化或西方学者所说地方性知识的消解和消失;同时,由于文化是人类应对生存困境的大智慧,或治疗生活世界痼疾的抗体,它所建构的是与自然世界相对应的精神世界和意义世界,文化的同质性将导致人类在面临重大生存困境时智慧资源的贫乏和生命力的苍白,从而将整个人类文明推向空前的高风险。应对全球化的挑战和西方文化帝国主义的国家战略,"江苏文脉整理与研究工程"是整个中华民族浩大文化工程的一部分和具体落实,其战略意义决不止于保存文化记忆的自持和自赏,在这个全球化的高风险正日益逼近的时代,完整地保存地方文化物种,认同文化血脉,畅通文化命脉,不仅可以让我们在遭遇全球化的滔滔洪水之时可以于故乡文化的山脉之巅"一览众山小"地建设自己的精神家园和文化根据地,而且可以在患上全球化的文化感冒甚至某种文化瘟疫之后,不致乞求"西方药"来治"中国病",而是根据自己的文化基因和文化命理,寻找强化自身的文化抗体和文化免疫力之道,其深远意义,犹如在今天经过独生子女时代穿越时光隧道,回首当年我们的"兄弟姐妹那么多"

和父辈们儿孙满堂的那种天伦风光,不只是因为寂寞,而且是为了中华民族大家庭的文化安全和对未来文化风险的抗击能力。

"江苏文脉整理与研究工程"是以江苏这一特殊地域文化为对象的一次集体文化自觉和文化自信,与其他同类文化工程相比,其最具标识意义的是"文脉"理念。"文脉"是什么?它与"文献"和文化传统的关系到底如何?这是"文脉工程"必须解决的基本问题。

庞朴先生曾对"文化传统"与"传统文化"两个概念进行了审慎而严格的区分,认为"传统文化"可能是历史上曾经存在过的一切文化现象,而"文化传统"则是一以贯之的文化道统。在逻辑和历史两个维度,文化成为传统都必须同时具备三个条件:历史上发生的,一以贯之的,在现实生活中依然发挥作用的。传统当然发生于历史,但历史上发生的一切,从《道德经》《论语》到女人裹小脚,并不都成为传统,即便当今被考古或历史研究所不断发现的现象,也只能说是"文化遗存",文化成为传统必须在历史长河中一以贯之而成为道统或法统,孔子提供的儒家学说,老子提供的道家智慧,之所以成为传统,就是因为它们始终与中国人的生活世界和精神世界相伴随,并成为人的生命和生活的文化指引。然而,文化并不只存在于文献典籍之中,否则它只是精英们的特权,作为"人的生活的根本样法"和"对付生存困境"的解释系统,它必定存在于芸芸众生的生命和生活之中,由此才可能,也才真正成为传统。《论语》与《道德经》之所以成为传统,不只是因为它们作为经典至今还为人们所学习和研究,而且因为在中国人精神的深层结构中,即便在未读过它们的田夫村妇身上,也存在同样的文化基因。中国人在得意时是儒家,"明知不可为而偏为之";在失意时是道家,"后退一步天地宽";在绝望时是佛家,"四大皆空",从而建立了与自给自足的自然经济结构相匹合的自给自足的文化精神结构,在任何境遇下都不会丧失安身立命的精神基地,这就是传统。文化传统必须也必定是"活"的,是在现实中依然发挥作用的,是构成现代人的文化基因的生命因子。这种与人的生活和生命同在的文化传统就是"脉",就是"文脉"。

文脉以文献、典籍为载体,但又不止于文献和典籍,而是与负载它的生命及其现实生活息息相关。"文脉"是什么?"文脉"对历史而言是

"血脉",对未来而言是"命脉",对当下而言是"山脉"。"江苏文脉"就是江苏人的文化血脉、文化命脉、文化山脉,是历史、现在、未来江苏人特殊的文化生命、文化标识、文化家园,以及生生不息的文化记忆和文化动力。虽然它们可能以诸种文化典籍和文化传统的方式呈现和延续,但"文脉工程"致力探寻和发现的则是跃动于这些典籍和传统,也跃动于江苏人生命之中的那种文化脉动。"江苏文脉整理与研究工程"的最大特点就在于它是"文脉工程"而不是一般的"文化工程",更不是"文库工程"。"文化工程""文库工程"可能只是一般的文化挖掘与整理,而"文脉工程"则是与地域的文化生命深切相通,贯穿地域的历史、现在与未来的生命工程。

　　"江苏文脉整理与研究工程"是"整理"与"研究"的璧合,在"研究工程"中能否、如何倾听到来自历史深处的文化脉动,关键是处理好"文献"与"文脉"的关系。"整理工程"是对文脉的客观呈现,而"研究工程"则是对文脉的自觉揭示,若想取得成功,必须学会在"文献"中倾听和发现"文脉"。"文献"如何呈现"文脉"? 文献是人类文明尤其是人类文化记忆的特殊形态,也是人类信息交换和信息传播的特殊方式。回首人类文明史,到目前为止,大致经历了三种信息方式。最基本也是最原初的是口口交流的信息方式,在这种信息方式中,信息发布者和信息传播者都同时在场,它是人的生命直接和整体在场并对话的信息传播方式,是从语言到身体、情感的全息参与,是生命与生命之间的直接沟通,但具有很大的时空局限。印刷术的产生大大扩展了人类信息交换的广度和深度,不仅可以以文字的方式与不在场的对象交换信息,而且可以以文献的方式与不同时代、不同时空的人们交换信息,这便是第二种信息方式,即以印刷为媒介的信息方式或印刷信息方式。第三种信息方式便是现代社会以电子网络技术为媒介的信息方式,即电子信息方式。文献与典籍是印刷信息方式的特殊形态,它将人类文化史和文明史上具有特殊价值的信息以印刷媒介的方式保存下来,供后人学习和研究,从而积淀为传统。文字本质上是人的生命的表达符号,所谓"诗言志"便是指向生命本身。然而由于它以文字为中介,一旦成为文献,便离开原有的时空背景,并与创作它的生命个体相分离,于是便需要解读,在解读中便可能发生误读,但无论如何,解读的对象并不只是文字本身,而是文字背后的生命现象。

文献尤其是典籍是不同时代人们对于文化精华的集体记忆,它们不仅经受过不同时代人们的共同选择,而且经受过大浪淘沙的历史洗礼,因而其中不仅有创造它的那个个体或文化英雄如老子、孔子的生命表达,而且有传播和接受它的那个民族的文化脉动,是负载它的那个民族的文化生命,这种文化生命一言以蔽之便是文化传统。正因为如此,作为集体记忆的精华,文献和典籍是个体和集体的文化脉动的客观形态,关键在于,必须学会倾听和揭示来自远方的生命旋律。由于它们巨大的时空跨度,往往不能直接把脉,而需要具有一种"悬丝诊脉"的卓越倾听能力。同时,为了把握真实的文化脉动,不仅需要对文献和典籍即"文本"进行研究,而且需要对创造它们的主体包括创作的个体和传播接受的集体的生命即"人物"进行研究。正如席勒所说,每个人都是时代的产儿,那些卓越的哲学家和有抱负的文学家却可能成为一切时代的同代人。文字一旦成为文献或典籍,便意味着创作它的个体成为一切时代的同代人,但无论如何,文献和它们的创造者首先是某个时代的产儿,因而要在浩如烟海的文献和典籍中倾听到来自传统深处的文化脉动,还需要将它们还原到民族的文化生命之中,形成文化发展的"精神的历史"。由此,文本研究、人物研究、学派流派研究、历史研究,便成为"文脉研究工程"的学术构造和逻辑结构。

二 中国文化传统中的江苏文脉

江苏文脉是中国文化传统的一部分,二者之间的关系并不只是部分与整体的关系,借助宋明理学的话语,是"理一"与"分殊"的关系。文脉与文化传统是民族生命的文化表达和自觉体现,如果只将它们理解为部分与整体的关系,那么江苏文脉只是中国文化传统或整个中华文化脉统中的一个构造,只是中华文化生命体中的一个器官。朱熹曾以佛家的"月映万川"诠释"理一分殊"。朗月高照,江河湖泊中水月熠熠,此番景象的哲学本真便是"一月普现一切水,一切水月一月摄"。天空中的"一月"与江河中的"一切水月"之间的关系是"分享"关系,不是分享了"一月"的某一部分,而是全部。江苏文脉与中国文化传统之间的关系便是"理一分殊",中国文化传统是"理一",江苏文脉是"分殊",正因为如此,关于江苏文脉的研究必须在与整个中国文化传统的关系中整体性地把握和展开。其中,文化与地域的关系、江苏文化在中华文化发展中的贡献和地位,是两个基本课题。

到目前为止的一切人类文明的大格局基本上都是由以山河为标志的地理环境造就的,从轴心文明时代的四大文明古国,到"五大洲四大洋"的地理区隔,再到中国山东—山西、广东—广西、河南—河北,江苏的苏南—苏北的文化与经济差异,山河在其中具有基础性意义。在这个意义上,可以将在此以前的一切文明称为"山河文明"。如今,科技经济发展迎来一个"高"时代:高铁、高速公路、电子高速公路······正在并将继续推倒由山河造就的一切文明界碑,即将造就甚至正在造就一个"后山河时代"。"后山河时代"的最后一道屏障,"山河时代"遗赠给"后山河时代"的最宝贵的文明资源,便是地域文化。在这个意义上,江苏文脉的整理与研究,不仅可以为经过全球化席卷之后的同质化世界留下弥足珍贵的"文化大熊猫",而且可以在未来的芸芸众生饱尝"独上高楼,望尽天涯路"的孤独之后,缔造一个"蓦然回首"的文化故乡,从中可以鸟瞰文化与世界关系的真谛。江苏独特的地域环境与江苏文化、江苏文脉之间的关系,已经不是所谓"一方水土一方人"所能表达,可以说,地脉、水脉、山脉与江苏文脉之间的关系,已经是一脉相承。

我们通过考察和反思发现,水系,地势,山势,大海,是对江苏文脉尤其是文化性格产生重大影响的地理因素。露水不显山,大江大河入大海,低平而辽阔,黄河改道,这一切的一切与其说是自然画卷和自然事件,不如说是江苏文脉的大地摇篮和文化宿命的历史必然,它们孕生和哺育了江苏文明,延绵了江苏文脉。历史学家发现,江苏是中国唯一同时拥有大海、大江、大湖、大平原的省份,有全国第一大河长江,第二大河黄河(故道),第三大河淮河,世界第一大人工河大运河,全国第三大淡水湖太湖,全国第四大淡水湖洪泽湖。江苏也是全国地势最低平的一个省区,绝大部分地区在海拔 50 米以下,少量低山丘陵大多分布于省际边缘,最高峰即连云港云台山的玉女峰也只有 625 米。丰沛而开放的水系和低平而辽阔的地势馈赠给江苏的不只是得天独厚的宜居,更沉潜、更深刻的是独特的文化性格和文脉传统,它们是对江苏地域文化产生重大影响的两个基本自然元素。

不少学者指证江苏文化具有水文化特性,而在众多水系中又具长江文化的特性。"水"的文化特性是什么?"老聃贵柔",老子尚水,以水演绎世界真谛和人生大智慧。"天下莫柔弱于水,而攻坚强者莫之能胜。"柔弱胜刚强,是水的品质和力量。西方文明史上第一个哲学家和科学家泰勒斯向全世界宣告的第一个大智慧便是:水是万物的始基。辽阔的平原在中国也许还有很多,却没有像江苏这样"处下"。老子也曾以大海揭示"处下"的智慧:"江海所以能为百谷王者,以其善下之,故能为百谷王。"历史上江苏的文化作品、江苏人的文化性格,相当程度上演绎了这种"水性"与"处下"的气质与智慧。历史上相当时期黄河曾经从江苏入海,然而黄河改道、黄河夺淮,几番自然力量或人力所为,最终黄河在江苏留下的只是一个"故道"的背影。黄河在江苏的改道当然是一个自然事件或历史事件,但我们也可能甚至毋宁将它当作一个文化事件,数次改道,偶然之中有必然,从中可以发现和佐证江苏文脉的"长江"守望和江南气质。不仅江苏的地脉"露水不显山",而且江苏的文化作品,江苏人的文化性格,一句话,江苏文脉,也是"露水不显山",虽不是"壁立千仞",却是"有容乃大"。一般说来,充沛的水系,广阔的平原,往往造就自给自足的自我封闭,然而,江苏东临大海,无论长江、淮河,还是历史上的黄河,都从这里入大海,归大海,不只昭示江苏的开放,而且演绎江苏文化、江苏文脉、江苏人海纳百川的博大和静水深流的仁厚。

黄河与长江好似中华文脉的动脉与静脉,也好似人的身体中的任督二脉,以长江文化为基色的江苏文化在中华文脉的缔造和绵延中作出了杰出贡献。有学者指出,在中国文明史上,长江文化每每在黄河文化衰弱之后承担起"救亡图存"的重任。人们常说南京古都不少为小朝廷,其实这正是"救亡图存"的反证,"天下兴亡,匹夫有责"的口号首先由江苏人顾炎武喊出，偶然之中有必然。学界关于江苏文化有三次高峰或三次大贡献，与两次大贡献之说。第一次高峰是开启于秦汉之际的汉文化，第二次高峰是六朝文化，第三次高峰是明清文化。人们已对六朝文化与明清文化两大高峰对中国文化的贡献基本达成共识，但江苏的汉文化高峰及其贡献也应当得到承认，而且三次文化高峰都发生于中国社会的大转折时期，对中国文化的承续作出了重大贡献。在秦汉之际的大变革和大一统国家的建构中，不仅在江苏大地上曾经演绎了波澜壮阔的对后来中国文明产生深远影响的历史史诗，而且演绎这些历史史诗的主角刘邦、项羽、韩信等都是江苏人，他们虽然自身不是文化人，但无疑对中国文化产生了深远影响。董仲舒提出"罢黜百家，独尊儒术"的主张，奠定了大一统的思想和文化基础，他本人虽不是江苏人，却在江苏留下印迹十多年。江苏的汉文化高峰对中国文化的最大贡献，一言概之即"大一统"，包括政治上的大一统和思想文化上的大一统。六朝被公认为中国文化发展的高峰，不少学者将它与古罗马文明相提并论，而六朝文化的中心在江苏、在南京。以南京为核心的六朝文化发生于三国之后的大动乱，它接纳大量流入南方的北方士族，使南北方文化合流，为保存和发展中国文化作出了杰出贡献。明朝是中国历史上第一次在南京，也是第一次在江苏建立统一的帝国都城，江苏的经济文化在全国处于举足轻重的地位，扬州学派、泰州学派、常州学派，形成明清时代中国文化的江苏气象，形成江苏文化对中国文化的第三次重大贡献。三大高峰是江苏的文化贡献，在重大历史转折关头或者民族国家危难之际挺身而出，海纳百川，则是江苏文化的精神和品质，这就是江苏文脉。也正因为如此，江苏文化和江苏文脉在"匹夫有责"的担当精神中总是透逸出某种深沉的忧患意识。

江苏文脉对中国文化的独特贡献及其特殊精神气质在文化经典中得到充分体现。中国四大文学名著，其中三大名著的作者都来自江苏，这就是《西游记》《红楼梦》《水浒》，其实《三国演义》也与江苏深切相关，虽然罗贯中不是江苏人，但却以江苏为重要的时空背景之一。四大名著中不仅有明显的江苏文化的元素，甚至有深刻的江苏地域文化的基因。《西游记》到底是悲剧还是喜剧？仔细反思便会发现，《西游记》就是文学版的《清明上河图》。《清明上河图》表面呈现一幅盛世生活画卷,实际却是一幅"盛世危情图",空虚的城防,懈怠的守城士兵……被繁华遗忘的是正在悄悄到来的深刻危机。《西游记》以唐僧西天取经渲染大唐的繁盛和开放,然而在经济的极盛之巅,中国人的精神世界却空前贫乏,贫乏得需要派一个和尚不远万里,请来印度的佛教,坐上中国意识形态的宝座,入主中国人的精神世界。口袋富了,脑袋空了,这是不折不扣的悲剧。然而,《西游记》的智慧,江苏文化的智慧,是将悲剧当作喜剧写,在喜剧的形式中潜隐悲剧的主题,就像《清明上河图》将空虚的城防和懈怠的士兵淹没于繁华的海洋一样。《西游记》喜剧与悲剧的二重性,隐喻了江苏文脉的忧患意识,而在对大唐盛世,对唐僧取经的一片颂歌中,深藏悲剧的潜主题,正是江苏文脉"匹夫有责"的担当精神和文化智慧的体现。鲁迅说,悲剧将人生的有价值的东西毁灭给人看。《西游记》是在喜剧形式的背后撕碎了大唐时代人的精神世界的深刻悲剧。把悲剧当作喜剧写,喜剧当作悲剧读,正是江苏文化、江苏文脉的大智慧和特殊气质所在,也是当今江苏文脉转化发展的重要创新点所在。正因为如此,"江苏文脉研究"必须以深刻的哲学洞察力和深厚的文化功力,倾听来自历史深处的江苏文化的脉动,读懂江苏,触摸江苏文脉。

三 通血脉,知命脉,仰望山脉

江苏文化的巨大魅力和强大生命力,是在数千年发展中已经形成一种传统、一种脉动,不仅是一种客观呈现的文化,而且是一种深植个体生命和集体记忆的生生不息的文脉。这种文化和文脉不仅成为共同的价值认同,而且已经成为一种地域文化胎记。在精神领域,在文化领域,江苏不仅有灿若星河的文学家,而且有彪炳史册的思想家、学问家,更有数不尽的才子骚客。长江在这片土地上流连,黄河在这片土地上改道,淮河在这片土地上滋润,太湖在这片土地上一展胸怀。一代代中国人,一代代江苏人,在这里缔造了文化长江、文化黄河、文化淮河、文化太湖,演绎了波澜壮阔的历史诗篇,这便是江苏文脉。

为了在全球化时代完整地保存江苏文脉这一独特地域文化的集体记忆,以在"后山河时代"为人类缔造精神家园提供根源与资源,为了继承弘扬并创造性转化、创新性发展中国优秀传统文化,2016年江苏启动了"江苏文脉整理与研究工程"。根据"文脉"的理念,我们将研究工程或"研究编"的顶层设计以一句话表达:"通血脉,知命脉,仰望山脉。"由此将整个工程分为五个结构:江苏文化通史,江苏历代文化名人传,江苏文化专门史,江苏地方文化史,江苏文化史专题。

"江苏文化通史"的要义是"通血脉",关键词是"通"。"通"的要义,首先是江苏文化与中国文明的息息相通,与人类文明的息息相通,由此才能有民族感或"中国感",也才有世界眼光,因而必须进行关于"中国文化传统中的江苏文脉"的整体性研究;其次是江苏文脉中诸文化结构之间的"通",由此才是"江苏",才有"江苏味";再次是历史上各个重要历史时期文化发展之间的"通",由此才能构成"史",才有历史感;最后是与江苏人的生命与生活的"通",由此"江苏文脉"才能真正成为江苏人的文化血脉、文化命脉和文化山脉。达到以上"四通","江苏文化通史"才是真正的"通"史。

"江苏文化专门史"和"江苏文化史专题"的要义是"知命脉",关键词是"专",即"专门"与"专题"。"江苏文化专门史"在框架上分为物质文化史、精神文化史、制度文化史、特色文化史等,深入研究各类专门史,总体思路是系统研究和特色研究相结合,系统研究整体性地呈现江苏历史上的重要文化史,如哲学史、文学史、艺术史等,为了保证基本的完整性,我们根据国务院学科分类目录进行选择;特色研究着力研究历史上具有江苏特色的历史,如民间工艺史、昆曲史等。"江苏文化史专题"着力研究江苏历史上具有全国性影响的各种学派、流派,如扬州学派、泰州学派、常州学派等。

"江苏地方文化史"的要义是"血脉延伸和勾连",关键词是"地方"。"江苏地方文化史"以现省辖市区域划分为界,13市各市一卷。每卷上编为地方文化通史,讲述地方整体历史脉络中的文化历史分期演化和内在结构流变,注重把握文化运动规律和发展脉络,定位于地方文化总体性研究；下编为地方文化专题史，按照科学技术、教育科举、文学语言、宗教文化等专题划分，以一定逻辑结构聚焦对地方文化板块加以具体呈现，定位于凸显文化专题特色。每卷都是对一个地方文化的总结和梳理，这是江苏文化血脉的伸展和渗入，是江苏文化多样性、丰富性的生动呈现和重要载体。

"江苏历代文化名人传"的要义是"仰望山脉"，关键词是"文化"。它不是一般性地为江苏历朝历代的"名人"作传，而只是为文化意义上的名人作传。为此，传主或者自身就是文化人并为中国文化的发展、为江苏文脉的积累积淀作出了重要贡献；或者虽然自身主要不是文化人而是政治家、社会活动家等，但对中国文化发展具有重大影响。如何对历史人物进行文化倾听、文化诠释、文化理解，是"文化名人传"的最大难点，也是其最有意义的方面。江苏历史上的文化名人汗牛充栋，"文化名人传"计划为 100 位江苏文化名人作传，为呈现江苏文化名人的整体画卷，同时编辑出版一部"江苏文化名人辞典"，集中介绍历史上的江苏文化名人 1000 位左右。

一脉千古成江河，"茫茫九派流中国"。江苏文脉研究的千里之行已经迈出第一步，历史馈赠我们一次千载难逢的宝贵机遇，让我们巡天遥看，一览江苏数千年文化银河的无限风光，对创造江苏文化、缔造江苏文脉的先行者们献上心灵的鞠躬。面对奔涌如黄河、悠远如长江的江苏文脉，我们惟有以跋涉探索之心，怵惕敬畏之情，且行且进，循着爱因斯坦的"引力波"，不断走近并播放来自江苏文脉深处的或澎湃，或激越，或温婉静穆的天籁之音。

我们一直在努力；

我们将一直努力！

目 录

第一章　家世与学堂 …………………………………………… 001

一、仕宦之家 ………………………………………………… 001

二、家庭悲剧 ………………………………………………… 009

第二章　人生新旅程 …………………………………………… 018

一、二元的人生观 …………………………………………… 018

二、投身五四运动 …………………………………………… 022

第三章　向着红光里去 ………………………………………… 031

一、"宁死亦当一行" ………………………………………… 031

二、澎湃赤潮的洗礼 ………………………………………… 040

第四章　忠实的报道和心路的历程 …………………………… 048

一、忠实的新闻记者 ………………………………………… 048

二、《饿乡纪程》和《赤都心史》 …………………………… 051

第五章　新时代的"活泼稚儿" ……………………………… 055

一、"世间的'唯物主义'" ………………………………… 055

二、党刊主编和编辑 ………………………………………… 060

第六章　马克思主义理论家 …………………………………… 065

一、执教上海大学 …………………………………………… 065

二、致力于马克思主义的中国化 ⋯⋯⋯⋯⋯⋯⋯⋯⋯ 071

第七章　爱情与婚姻 ⋯⋯⋯⋯⋯⋯⋯⋯⋯⋯⋯⋯⋯⋯ 076
　一、"梦可——我的心" ⋯⋯⋯⋯⋯⋯⋯⋯⋯⋯⋯⋯ 076
　二、"秋之白华" ⋯⋯⋯⋯⋯⋯⋯⋯⋯⋯⋯⋯⋯⋯⋯ 082

第八章　促进国共合作 ⋯⋯⋯⋯⋯⋯⋯⋯⋯⋯⋯⋯⋯ 088
　一、厘清理论 ⋯⋯⋯⋯⋯⋯⋯⋯⋯⋯⋯⋯⋯⋯⋯⋯ 088
　二、鲍罗廷的助手 ⋯⋯⋯⋯⋯⋯⋯⋯⋯⋯⋯⋯⋯⋯ 094
　三、参与起草国民党一大宣言 ⋯⋯⋯⋯⋯⋯⋯⋯⋯ 096

第九章　进入中央局 ⋯⋯⋯⋯⋯⋯⋯⋯⋯⋯⋯⋯⋯⋯ 100
　一、反击国民党右派的反共逆流 ⋯⋯⋯⋯⋯⋯⋯⋯ 100
　二、中共四大前后的理论工作 ⋯⋯⋯⋯⋯⋯⋯⋯⋯ 105
　三、五卅运动中的《热血日报》 ⋯⋯⋯⋯⋯⋯⋯⋯ 109

第十章　力争革命领导权 ⋯⋯⋯⋯⋯⋯⋯⋯⋯⋯⋯⋯ 115
　一、批判戴季陶主义 ⋯⋯⋯⋯⋯⋯⋯⋯⋯⋯⋯⋯⋯ 115
　二、在退让策略的争论中 ⋯⋯⋯⋯⋯⋯⋯⋯⋯⋯⋯ 118

第十一章　批判"彭述之主义" ⋯⋯⋯⋯⋯⋯⋯⋯⋯ 125
　一、广州之行 ⋯⋯⋯⋯⋯⋯⋯⋯⋯⋯⋯⋯⋯⋯⋯⋯ 125
　二、面对党内的右倾错误 ⋯⋯⋯⋯⋯⋯⋯⋯⋯⋯⋯ 128
　三、《中国革命中之争论问题》 ⋯⋯⋯⋯⋯⋯⋯⋯ 131

第十二章　武汉风云 ⋯⋯⋯⋯⋯⋯⋯⋯⋯⋯⋯⋯⋯⋯ 137
　一、主持中央联席会议 ⋯⋯⋯⋯⋯⋯⋯⋯⋯⋯⋯⋯ 137
　二、中共五大前后 ⋯⋯⋯⋯⋯⋯⋯⋯⋯⋯⋯⋯⋯⋯ 138
　三、八七会议 ⋯⋯⋯⋯⋯⋯⋯⋯⋯⋯⋯⋯⋯⋯⋯⋯ 147

第十三章　主持中共中央工作 ⋯⋯⋯⋯⋯⋯⋯⋯⋯⋯ 154
　一、寻找中国革命新道路 ⋯⋯⋯⋯⋯⋯⋯⋯⋯⋯⋯ 154
　二、"左"倾盲动错误与纠正 ⋯⋯⋯⋯⋯⋯⋯⋯⋯ 159
　三、在中共六大上作政治报告 ⋯⋯⋯⋯⋯⋯⋯⋯⋯ 167

第十四章　在共产国际的岗位上 ……………………………… 175
　　一、质疑"第三时期"理论 ………………………………… 175
　　二、关于殖民地半殖民地的补充报告 …………………… 178
　　三、难以摆脱"左"的影响和束缚 ………………………… 181

第十五章　中共代表团团长 …………………………………… 192
　　一、密切联系中共中央 …………………………………… 192
　　二、起草党纲和讲授党史 ………………………………… 194
　　三、情系党和战友 ………………………………………… 198

第十六章　莫斯科中山大学风潮 ……………………………… 202
　　一、"江浙同乡会"冤案 …………………………………… 202
　　二、努力整顿中山大学 …………………………………… 210
　　三、遭遇"清党"运动 ……………………………………… 212

第十七章　温馨的亲情 ………………………………………… 218
　　一、新的家——柳克思旅馆 ……………………………… 218
　　二、丰富多彩的两地书 …………………………………… 221
　　三、深切的父爱 …………………………………………… 224

第十八章　纠正立三冒险错误 ………………………………… 227
　　一、回国 …………………………………………………… 227
　　二、试图保护李立三 ……………………………………… 230
　　三、主持六届三中全会 …………………………………… 231

第十九章　被"赶出政治局" …………………………………… 235
　　一、共产国际推翻原指示 ………………………………… 235
　　二、米夫的策划与王明的宗派活动 ……………………… 242
　　三、在六届四中全会上 …………………………………… 250

第二十章　重返文学岗位 ……………………………………… 255
　　一、"田园将芜胡不归" …………………………………… 255
　　二、介入"左联" …………………………………………… 258
　　三、推动左翼文化运动蓬勃发展 ………………………… 266

四、汉字改革的开创者之一 ·············· 272

第二十一章 "人生得一知己足矣" ·············· 277

一、共同浇灌苏联文学翻译之花 ·············· 277

二、知己真情 ·············· 281

三、密切合作杂文 ·············· 289

四、鲁迅研究史上的丰碑 ·············· 294

第二十二章 文艺理论家和翻译家 ·············· 299

一、"革命的文艺必须向着大众去" ·············· 299

二、"用文艺来帮助革命" ·············· 305

三、"看重现实" ·············· 309

四、译介高尔基作品 ·············· 312

第二十三章 再遭打击 ·············· 315

一、政论和哲学著、译 ·············· 315

二、"狄康"事件 ·············· 318

三、《儿时》的复杂心情 ·············· 323

第二十四章 中华苏维埃教育人民委员 ·············· 325

一、振兴苏区教育事业 ·············· 325

二、主编《红色中华》 ·············· 332

三、开创群众文艺新局面 ·············· 334

第二十五章 血洒罗汉岭 ·············· 340

一、长汀濯田被俘 ·············· 340

二、狱中"供词" ·············· 351

三、《多余的话》及狱中诗文 ·············· 358

四、决不出卖灵魂 ·············· 379

五、从容就义 ·············· 385

六、百世流芳 ·············· 388

后记 ·············· 392

第一章　家世与学堂

一、仕宦之家

1899 年 1 月 29 日,瞿秋白诞生在江苏省常州府阳湖县(1912 年并入武进县,今属常州市)一个世代相传的仕宦之家。

瞿秋白说,自己的家族属于"士的阶级","世代读书,也世代做官",他幼小时还"靠着叔祖伯父的官俸过了好几年十足的少爷生活。"[①]他认为"士"是古代贵族的最低一级,可称为封建社会中的"半治者阶级"。近代随着西方列强的大炮轰开中国闭锁的大门,中国逐渐走上半殖民地半封建的道路后,破产的"士的阶级"处于畸形的社会地位。

瞿秋白的祖父瞿廷仪(又名西同,字贞甫)、叔祖瞿廷韶(字赓甫)。瞿赓甫从同治庚午(1870 年)起,历任宜昌知府、湖北按察史、布政史,曾被赏头品顶戴,入都陛见,召对三次。他辅佐湖广总督张之洞推行新政,被委办织布、矿务、缫丝、炼铁各局厂,措置裕如,思想比较开明,成为瞿氏家族中早期参与新政的显要人物。也是常州瞿氏族中最后一个大官僚。瞿秋白的祖父瞿贞甫及其后人都先后受到他的护持。瞿赓甫也为瞿秋白的父亲瞿世玮捐了一个"浙江候补盐大使"的虚衔。瞿贞甫亡故后,瞿赓甫将贞甫全家接到武昌,供给生活所需。寄住的还有其他

---

① 《瞿秋白文集》(政治理论编)第 7 卷,人民出版社 1991 年版,第 701 页。

的瞿氏亲戚。他维持了瞿氏大家庭。1903 年瞿赓甫在湖北布政史任上去世,从此家道逐渐衰落。只有瞿贞甫的长子、瞿秋白的大伯父瞿世琥还做着知县(民国后为"知事"),直到 1912 年。

这个家族的人,不仅代代研习四书五经、经史子集,而且许多人深谙琴棋书画,多才多艺。瞿赓甫和瞿世玮都擅长绘画。三伯父瞿世璜善于篆刻。

瞿世玮字稚彬,号一禅、道号圆初,以字行。行四又行七,家里人称他为"七少爷",外边人则尊称他为"瞿七爷"。他作为幼子,奉兄辈命在家侍奉母亲,从未外出谋事,一直没有职业,与世无争。由于从小受到家族文化氛围的濡染,他不但研习经史子集,还爱读老庄,信奉道教,学过剑术,懂得医道,善绘画,《中国画学全史·当代画家介绍》(中华书局 1929 年 5 月出版)和 1981 年出版的《中国美术家人名词典》载有关于他的条目。瞿秋白自幼看父亲作画,心领神会,后来也爱作国画;同时又从六伯父瞿世璜那里学习治印。还认真学过书法,在一位亲戚名书家庄蕴宽指导下临摹魏碑,因而他后来的字体一直带有魏意,舒畅而流丽。父亲虔诚地钻研道家思想,对于瞿秋白的影响较大,以后融合在他的传统文化思想里。1935 年瞿秋白刚被俘时,自称医生以掩护身份,就因为曾从父亲那学了点医道,心里有点底的缘故。

瞿秋白的母亲金衡玉出身江阴名门,1875 年 9 月 27 日出生。外祖父金心芗原任广东盐大使,致仕回籍后,应侄子金翰如(广东按察史金国琛之孙,时任十乡总董,瞿秋白的大姑夫)之请,居江阴贤庄乐在堂。金心芗视金衡玉为掌上明珠,自幼延师教读。金衡玉熟读诗书,对诗文有相当高的鉴赏能力,还能填词,写信作文,落笔成章,并能书写一手娟秀工整的小楷。她为人温良贤淑,娴静自如,同情穷苦人,且又"傲骨珊珊"(她死后其兄对她的挽语),忧闷不形于色。她主持家政,平日常教给子女易诵易记的唐宋的短诗、小令,讲《聊斋志异》中富于人情味的故事以及《古诗为焦仲卿妻作》等等经典作品,使他们度过不少美好时光。瞿秋白幼时对文学的热爱,大半是受了母亲的影响。

在瞿秋白的父辈中,大伯父瞿世琥(由于瞿贞甫和瞿赓甫合为一个大家庭,他们的儿子统一排行。由于瞿赓甫有 3 个儿子比瞿世琥年长,瞿世琥行四,因此瞿秋白兄妹称他"四伯父",与瞿秋白一家关系最为密切。瞿世琥得到瞿赓甫的培植,经过科举进入仕途,历任浙江桐乡、山阴、常山、长兴、黄岩、嵊县等县知县,民国后任江苏丹阳、泰兴知事。在瞿秋白的亲伯父中,只有他做了官。他为官清正,不善钻营,因而几十年未获升迁。后寄寓浙江杭州。晚年只在钱塘尹衙门做过一段时间的书办。瞿秋白的祖母庄太夫人长期由瞿世玮夫妇侍奉,因而瞿世琥按时给瞿世玮钱款,实际上也资助了瞿世玮一家。

在家族同辈中,瞿秋白属"懋"字辈,谱名懋淼,字熊伯。出生时,父母发现他的发际呈双螺旋形,不是成一旋心,与众不同,于是给他取乳名"双",叫他阿双。后来上学读书后,学名为"瞿双",有时把"双"写成同音字"爽"、"霜"。他又自起别号瓠舟、秋白、涤梅(又作铁梅),其中"秋白",直接从"霜"字(一说是"爽")演化出来①。此后,"秋白"成了他最常用的名字,显然这个名字最能表达他自己的人格追求,像霜雪一样洁白纯净,清明晶莹,不随流俗。

瞿秋白在 13 岁左右,曾写过一首咏菊诗:

> 今岁花开盛,栽宜白玉盆。
>
> 只缘秋色淡,无处觅霜痕。

这首诗里很自然地嵌入了自己的名和字:霜、秋白,而寄情耐寒的菊花,表达自己对高洁品质的追求,同时隐约透露出生不逢辰、恶浊难敌的悲感。母亲看了点头称好,父亲却不然,顿觉怆然,认为诗里充满不吉利语,叹息道:"此儿恐不得善终。"②

1903 年 7 月瞿赓甫病故后,瞿赓甫诸子回来协议析产,原来就属于借住的瞿秋白一家离开原来属于借住的青果巷八桂堂,先在祖母堂弟庄苕甫等人的安排下搬到西门织机坊(今延陵西路)星聚堂,后因为付

---

① 1915 年夏,瞿秋白因贫辍学时,吴南如购《李长吉歌诗》赠瞿秋白作为纪念。《李长吉歌诗》一函四册,以文、行、忠、信四字编次,上海文瑞楼石印,宣统元年(1909 年)秋出版,线装光纸本。该书上有瞿秋白亲笔题书的字。第一册上题有"乙卯(1915 年)季夏吴子凌虚(吴炳文)持赠",署名"秋白"。第二册上署"涤梅藏书",第三册上书"瓠舟"。第四册上署名"秋白"。每册署名下均盖有"铁梅珍藏"篆体阴文方形图章。(见《瞿秋白》画册,中央文献出版社 2003 年版,第 32 页)"涤梅"、"瓠舟"、"铁梅"均为瞿秋白的别号。

② 羊牧之:《霜痕小集》,《党史资料丛刊》1981 年第 3 期。

不起每个月七元钱的房租,在族人歧视的眼光下,搬进了城西瞿氏宗祠。

5岁的瞿秋白进入庄氏塾馆读书,塾师庄怡亭是瞿秋白的堂舅父,时为20岁的青年,身体瘦弱。他虽第一次坐塾馆,却具有严师风范。瞿秋白天资很高,又活泼机敏,学习认真。他入塾馆之前,母亲已经教他识字,母亲实际上是他的第一位老师。入学第一天,庄先生拿出四个方块字:"聪明伶俐"。瞿秋白竟然脱口念出,庄先生大为赞赏。

20世纪初,由于中西国力盛衰强弱的巨大反差,教育落后,人才匮乏。西学东渐后,清末新学制应运而生,出现了与科举制双轨并行的体制(1906年起,在中国通行千余年的科举制才被完全废止)。这时,常州有识之士与时俱进,创办新学堂,其中有1905年春庄苕甫创办的西门冠英小学堂。

1905年秋天,瞿秋白六岁,转入时名为冠英两等小学堂(今觅渡桥小学)一年级下学期读书。从星聚堂去小学堂,有一条宽两丈的河流,河上有觅渡桥和甘棠桥。过了觅渡桥,再沿河岸往右走不远就到了。

学校所设课程,除了国文课外,有算术、博物、历史、地理、格致、体操等课程,所教授的自然科学的新知识,瞿秋白觉得很新鲜。他的学习成绩,总是名列前茅,门门皆优,国文尤其出色。老师常把他的作文作为范文,发给学生们传阅。瞿秋白的《说蟹》一文,既生动地描绘了蟹的形象,又用"横行无忌"等语讽喻世态,很为精当。老师阅后,认为连成年人也难以达到这个程度。瞿秋白另有一篇《论伯夷、叔齐》,不仅分析透彻,有独到见解,而且语言生动。老师看后很兴奋,特地呈送校长室。校长也极为赞赏,又称其字迹工整,卷面清洁,竟然在百分后再加5分,一时被传为佳话。

学校的日本教习上生理解剖课时,当堂解剖小狗的尸体,讲解内脏器官的位置。瞿秋白回来说给小伙伴听,并兴致勃勃地在纸上描画,讲述心和胃的位置,还低声说:"我母亲平常总对我说,为人心要放在当中。其实没有一个人心在当中的,可见古人不了解心的位置。"一次做算术题时,瞿秋白问同学:"为什么3乘4是12,4乘3也是12?"同学说:"老师教的呀。"瞿秋白摇摇头说:"老师教的,我们也要问个为什么。"可见他学习时用心之深,并且能够独立思考了。

1910 年春,11 岁的瞿秋白考进常州府中学堂。

当时废除科举不久,常州府中学堂的学生年龄相差甚大,瞿秋白先是插入预科一年级下学期,同年秋天开学时,升入本科一年级上学期。一年级学习的国文、算学(代数、几何)和外语(英语)为三门主课,随着年级升高,课程课时也随之增加,课业很重。为了提高学生的英文读写能力,外国历史、外国地理和物理、化学等课程还采用英文教科书①。

学校同时开展多种多样的课余文化活动。设有图画、篆刻、昆曲、军乐、柔术、标本、园艺、测量、地图绘制、摄影、手工、拳术、体操、击剑、英语、演说等项目,学生可根据自己爱好自由参加。这些活动引起瞿秋白的浓厚兴趣,参加游艺部活动时,他一改平时沉默寡言的样子,显得很活跃。他在精通音律的国语教员童斐(后任校长)的指导下,学习昆剧《拾金》,在念唱间体会其中的韵味情趣。童斐还教授笛、笙、箫、唢呐、二胡等,瞿秋白最喜欢吹洞箫,月夜下,洞箫之声婉转而凄楚。一年后,瞿秋白改学篆刻,在指导老师为史蛰夫悉心指教下,在校刻了不少印章。

这所学校的负责人都是比较进步的人士。首任校长常州人屠宽(字元博),早年在日本留学时参加了孙中山领导的同盟会,教师中也有一些同盟会会员。辛亥革命前,屠宽暗地联络青年教师朱雅竹等 16 人秘密结社,自任总干事,以推翻清廷为宗旨。他常向学生宣传孙中山的革命主张,讲述邹容、秋瑾等人的英雄事迹,激发学生爱国忧民之心,组织学生进行军事操练,使常州中学堂成为进行反清革命的一个秘密据点。

1911 年 10 月 10 日,武昌起义爆发,各省纷纷响应。消息传来,12 岁的瞿秋白非常兴奋,与学校的几个同学率先剪掉了脑后的辫子。他奔跑回家,在天井里欢呼雀跃:"皇帝倒了,辫子剪了! 皇帝倒了,辫子剪了!"他高举着剪下的细辫子,得意地给大家传看。父亲闻讯大惊失色,急忙出来,斥责他如此鲁莽,因为当时一般人并无动静,还在观

① 李奇雅:《瞿秋白在常州府中学堂》,《瞿秋白研究》第 4 辑,学林出版社 1992 年版,第 256 页。

望呢。

辛亥革命后，成立了中华民国临时政府，但是，辛亥革命的胜利并没有带来民主和光明，袁世凯很快获取权力，实行独裁。此前还发生一件令人震惊的事情。原中学堂兵操教员赵乐群在常州光复后，在常州军政分府任职，与参加辛亥革命活动的陈士辛（常州中学堂学监）发生矛盾，赵乐群竟然瞒着时任常州军政分府参谋长屠宽等人，秘密杀害了陈士辛。几个月后，赵乐群被黄兴设计拘留，经会审判处死刑。1912年2月驻军撤走，4月学校复课。6月，学校隆重召开追悼大会，悼念陈士辛和参加辛亥革命军事活动牺牲的两名同学。这些事情不能不激起瞿秋白思想感情的波澜和对时局的看法。

1912年"双十节"，教育部下令全国学校放假三天。常州各学校由校长率领全校学生到县议会行礼庆贺。有的学校学生绘制万国旗，扎制松柏匾额，镶成"民国万岁共和纪念"和"国庆"等字，张灯结彩，以示庆贺。

瞿秋白却很反感，偏偏在自家（借住的祠堂）侧门上悬起一盏白灯笼，上书"国丧"两字。他对同学说，现在孙中山已退位，袁世凯当了大总统，并且抓着兵权，"民国"已经名存实亡了，还有什么可庆祝的呢！这盏白灯笼，映着幽暗的巷道，表达出瞿秋白内心的忧虑和愤慨。妹妹瞿轶群怕招祸，急忙摘下来，瞿秋白不让，重新挂上。妹妹又去摘下，他还是挂上……如此反复几次，瞿秋白吓唬着要打妹妹，妹妹拗不过哥哥，只得听凭这盏白灯笼高悬门外，直到第二天天亮①。

他的反叛精神在平时也有所表现。中学堂管理严格，起初的校训为"整肃"。学校实行点名制，上课、饭前、睡前都要点名。学生一律寄宿，星期六晚上自修后，家居城里的学生可以回家；其他学生星期日早餐后，要先到门房摘下名牌，到学监处记名，方准出校。中午一律返校。后来连城里学生周末离校也要告假，否则要受到惩戒。过于严厉的管束，引起学生的反抗。一天晚餐后，瞿秋白独自一人闯入舍监室，取下家居城里学生的名牌，扛着出室，大声说："今晚全体告假。"数十名家居

---

① 瞿轶群：《怀念哥哥秋白》，载《忆秋白》，人民文学出版社1981年版，第102页。

城里的学生也同声高呼。学监目瞪口呆，竟无可奈何，眼睁睁地看着瞿秋白等学生走出门房，扬长离去①。

瞿秋白在一篇作文里，赞颂敢于反抗官府的农民，流露出他对社会现实的不满。教授国文的陈姓老师，经常咒骂革命党人是"乱贼"。他看到瞿秋白这篇作文时，惊诧不已，写了大段批语，予以"纠正"。而瞿秋白竟然在后面也写一段批语，加以驳斥。陈老师向学监告状，结果瞿秋白受到记过处分。

瞿秋白平时学习上侧重于文史，阅读范围广泛，他读了不少经史子书和诗词。他对友伴羊牧之说：我们做一个中国人，尤其是知识分子，起码要懂得中国的文学、史学、哲学。要知道五经、汉赋，建安至南北朝文学，以及唐诗、宋词、元曲、明清小说的特点；史学如先秦诸子学、汉代经学，魏晋南北朝佛学，宋明理学等，都要有一个初步的认识，否则怎能算一个中国人呢？

瞿秋白还喜欢野史、稗史，如《太平天国野史》、《中国近代秘史》，喜读梁启超的《饮冰室文集》、谭嗣同的《仁学》、严复的《群学肄言》等"新学"著作，常常与同学谈论。这些书籍揭露帝王的腐败、官吏的暴行，记载百姓的疾苦和反抗斗争，宣传新知，开启民智，当时是被视为无聊的"闲书"或被列为"禁书"的，严禁学生阅读。瞿秋白却看得津津有味，甚至上课时也偷偷地阅读这些"禁书"。老师发现后，立即没收。第二堂课，他照样悄悄地看。他还在史书上写眉批，痛斥投降清兵的明朝重臣洪承畴。《水浒传》里犯上作乱、劫富济贫的好汉，他很欣赏，对同学说："现在就是没有梁山泊聚义的地方，我虽不能做拿着双斧的李逵，至少也好做一个水边酒店里专门接送好汉的酒保，做个那样的酒保也是很有意思的。"

在校园里，瞿秋白言语不多，脸色苍白，头发深黄，体质羸弱，不大喜欢活动，休息时偶尔玩玩，打打乒乓球，很少和人争执。他身着蓝布衫，进校门时才换上校服，为此常受到富家子弟的嘲笑。他只是微露怒容，掉头而去。他不愿与富家子弟亲近，却愿意亲近被人看不起的穷校

① 钱穆：《八十忆双亲 师友杂忆》，生活·读书·新知三联书店 2005 年版，第 67 页。

工费金生,这不仅是受到善良而富于同情心的母亲的影响,也与自己家庭面临的贫困处境有关。他较早地感受到旧社会的世态炎凉,愈加显得少年老成。

瞿秋白也有一些比较要好的同学,如任乃讷、任乃闇兄弟和吴南如、李子宽、张揆让(字哲观,张太雷表兄)等。张太雷在校时名张复,比瞿秋白迟进校,因表兄张揆让的关系,与瞿秋白相识。

面临种种烦恼事,瞿秋白欲寻求一个超脱浊世的境界,以慰藉心灵,就与同班的任乃、任乃闇(字净叔、希闵,早故)、吴南如、李子宽等组织了一个诗社(称作"班会",取名"希坚"),从咏物开始,学作诗词。李子宽因未得其门径,不久退出。瞿秋白等人乐此不疲。竟写了二三百首,抄录成帙。瞿秋白后又学会了填词。他爱好传统文化,仰慕先贤名士,寻觅古迹名胜,这些成为他少年时代业余生活中的一大乐趣。常州的天宁寺、红梅阁等是他常去的处所。

关于这段生活经历,瞿秋白后来概括说:"当我受欧化的中学教育时候,正值江南文学思想破产的机会。所谓'欧化'——死的科学教育——敌不过现实的政治恶象的激刺,流动的文学思潮的堕落。我江苏第五中学的同学,扬州任氏兄弟及宜兴吴炳文都和我处同样的环境,大家不期然而然同时'名士化',始而研究诗古文词,继而讨究经籍;大家还以'性灵'相尚,友谊的结合无形之中得一种旁面的训育。"①瞿秋白这时的厌世、怀古和"名士化"的情绪,与他对袁世凯独裁后的社会现实不满有关,也与他过早饱尝世态炎凉有关。

从小学到中学,瞿秋白与同时代许多学子一样,所受的教育带有新旧两重色彩,既打下了比较深广的国学基础,也吸取了英文、数学、艺术等外来新知识和新观念。虽然,瞿秋白不满意中学时代欧化式"死的科学教育",但是常州中学校许多科目和注重开拓智力的课外活动,以及参加辛亥革命的校长的反抗封建专制、鼓吹民主共和的思想意识,都对他人生道路产生了重要影响。

在中学读书期间,瞿秋白曾因病在一年级下学期和四年级上学期

---

① 《瞿秋白文集》(文学编)第 1 卷,人民文学出版社 1985 年版,第 23—24 页。

未参加期终考试,故留级,直到 1915 年 7 月读完四年上学期课程。此后,因家贫辍学,未能毕业而离开了江苏省立第五中学校。

二、家庭悲剧

在假期里,瞿秋白常随母亲去江阴贤庄去玩,那里是大姑母和外祖父的住处。后来瞿秋白对那里的一切一直留着美好、温馨的记忆。

瞿秋白和母亲去贤庄金宅探视时,住在宅内的中间厢房楼上。金宅的藏书颇丰,让瞿秋白欣喜不已,他常常独自在屋里读书、写字和绘画。他画各色花卉,生动逼真,贤庄的许多女孩子向他索画,他也很乐意送给她们。

瞿秋白的大姑母有四子四女,四女依次为:金君娴(仙仙)、金君敏(明明)、金君兰(珊珊)、金君怡(全全,瞿秋白则称为"纤纤")。瞿秋白与表姐妹、表兄弟们兴高采烈地捉迷藏,讲故事。其中金君怡聪明、美丽,很喜欢与瞿秋白一起玩耍。后来瞿秋白离家远行时,特意为金君怡绘画写字,并赠以折扇留念。瞿秋白赴苏俄之前,还登门拜访了在北京的表姐妹,不免回想起儿时在贤庄游玩的快乐情景:"有豆棚瓜架草虫的天籁,晓风残月诗人的新意,怡悦我的性情","亦有耳鬓厮磨哝哝情话,亦即亦离的恋爱,安慰我的心灵","环溪的清流禾稼,也曾托我的奇思遐想"[1]。

春天的环溪边垂柳舞丝,夹着满枝桃花,绿嫩红软,掩映着青瓦白墙,犹如世外桃源。村子周围是广阔的田野,贤庄的贫穷乡民租种金家的田地,春种夏收,度着漫长的岁月。

辛亥革命失败了,中国继续沿着半殖民地半封建道路沉沦。有一次,一起长大的羊牧之送一篮芋头过去,瞿秋白留他吃午饭,还是早上剩下的白粥。他感慨地说:"我们原来天天盼望孙中山,可是革命胜利了,老百姓生活还是改不了。"接着用筷子敲敲碗说:"我还有点粥吃,乡

---

① 《瞿秋白文集》(文学编)第 1 卷,人民文学出版社 1985 年版,第 15—16 页。

下还不知多少人连粥都吃不上呢!"

　　一些中学同学时常来找瞿秋白,其中有在常州府中学堂里相识的张太雷。张太雷与瞿秋白同庚,都属狗,实际年龄相差半岁。张太雷住在常州西门外西仓街外祖父薛锦元家里,距离瞿秋白出生的青果巷有一段路。张太雷幼年丧父,母亲为人做针线活,为富户帮佣。张太雷原名曾让,字泰来,上小学时,学名为张复,寄寓"复兴中华"之意。瞿秋白和张太雷有着相似的处境,瞿秋白身体瘦弱,言语不多,不与人争论,但有主见,曾自号"铁梅",寓意坚强贞洁;张太雷身体健壮,活泼开朗,爱好体育活动,自号"长铗",以战国时期的义士冯驩自期,以示铲除人间不平之志。虽然他俩性格不同,但因共同的爱好和志向,很快成为无话不谈的挚友。他们常在一起切磋学问,议论国事,共抒报国之情。张太雷借语庄周,"窃钩者诛,窃国者侯",表示对军阀黑暗统治的愤恨。瞿秋白则借曹操的诗句"月明星稀,乌雀南飞,绕树三匝,何枝可依",宣泄对于国衰家亡的苦闷和忧愁①。

　　母亲一直为全家的生计发愁,左思右想,不愿眼睁睁地看着一家老小活活饿死,就下狠心劝说心灰意冷的丈夫外出干事,弄一点固定收入,并在她与丈夫商量后,征得杭州瞿世琥的同意,将婆婆送到瞿世琥家去,希望减轻家里的经济压力。婆婆大为不满,不愿离开常州故土,上船离去时,还大骂儿媳妇不贤不孝。瞿秋白母亲长久地呆在河边,听着渐渐远去的婆婆的骂声,掩面哭泣。

　　瞿秋白母亲是在百般无奈之下,顶住顽固的世俗偏见、可怕的歧视,咬牙承担起巨大的压力,而被迫采取这个办法的。但是事与愿违,她的一切努力皆成为泡影,不仅未能给全家带来一线生机,而且背上了"不贤不孝"的罪名,就是丈夫的无力谋生的短处也被说成是她的责任。顽固的封建礼教和家庭伦理、社会鄙视和"人言可畏"的霜雪摧残,再加上借债度日的煎熬,犹如磐石死死地压在她心头,最终逼她早早走上了黄泉路。

　　这时,瞿秋白一家几乎到了山穷水尽的地步,全家只能靠典当和借债度日。1915 年中秋节,前来讨债的人不断闯进瞿氏宗祠,家中房门

① 羊牧之:《太雷轶事》,载《回忆张太雷》,人民文学出版社 1984 年版。

后粘贴的账单,已约有一寸厚,这些账多半是为祖母治病拖欠的。上门讨债的人言辞尖刻,有的还一屁股坐下不走。瞿秋白母亲只好再三求情,苦苦哀求再宽限几天。可是限期到了,又拿什么来还呢? 看着面前一大堆的借据,母亲无处诉说,只能暗暗流泪。她伤心地说:"要等到我70岁,才能还清这些债啊!"而这时她还不到40岁。

1915年7月,瞿秋白在中学上完最后一堂课,无奈地离开了校园,他仅差半年就可以拿到毕业文凭了,但是被一个"穷"字无情地剥夺了。其实,他能够读到中学四年级肄业,已经很不容易,因为这所学校收费甚高,学费、宿费、膳费、杂费加在一起,每年须交几十元,远远超过冠英两等小学堂所需的费用,这对瞿秋白家来说是很大的负担。瞿秋白聪明好学,父母很疼爱他,把中兴家业的希望寄托在他的身上,现在他辍学了,母亲的心底犹如死灰一般。她总觉得对不起自己的爱子,苛责自己,时常对人叹息地说:"阿双本来是可以造就的,现在弄得他连中学堂也没有毕业,实在可叹!"

瞿秋白很理解父母的苦衷,默默忍受着失学的痛苦,不思茶饭,有时甚至出现低热,原来话就不多,现在更是沉默不语,大部分时间都在自己房里读书、写字。深夜,在昏暗的油灯下,他还在凝神看书,忘记了周围的一切……母亲看在眼里,心如刀割。她想为儿子找一条出路,想到了秦耐铭、杨庆令夫妇,瞿秋白的表姐夫和表姐。

表姐夫秦恩培,字耐铭,一字讷敏,受过高等师范教育。秦耐铭夫妇生有四子一女,全靠秦耐铭微薄的教师薪水维持生活,但仍然竭尽全力帮助瞿家,给瞿秋白留下深刻印象。瞿秋白在《饿乡纪程》中提及秦耐铭夫妇困难家境,称秦耐铭也是"破产的'士的阶级'"[1]。秦耐铭辗转托人,为瞿秋白在无锡江陂国民学校谋到一个教员的位置,月薪10元。这点月薪对于全家来说是杯水车薪,但是母亲还是强颜欢笑地说:"阿双有了事做,每月可得些钱,家用渐渐有希望了"。

1916年初,阴冷的气氛笼罩着瞿氏宗祠全家。临近年关了,逼债的人又找上门来,都被瞿秋白母亲连求带哄地打发走了,这时家里已经

①《瞿秋白文集》(文学编)第1卷,人民文学出版社1985年版,第18页。

无东西可典卖了，只是凭着老关系，在米店、裁缝铺里赊欠点，还有舅舅金声侣家里给予一些帮助。

1月下旬，秦耐铭夫妇应邀来作客，瞿氏宗祠有了一点生气，饭桌上也出现了酒菜，这让瞿秋白弟妹有点惊奇。瞿秋白母亲对秦耐铭夫妇特别客气，并要他们夫妇带瞿秋白到无锡居住。她又对瞿秋白说，你在无锡过年吧，不必回常州。常州与无锡仅百里，来去方便，每隔两星期，你尽可回来看望。一直听从母亲话的瞿秋白，点点头同意了，他还以为母亲希望他不要放弃小学教员的职位，哪里知道母亲已经决意自尽，而有意支开他。母亲决意自尽，一方面是因不断应付咄咄逼人的债主而愁肠百结，无法自遣；另一方面，当年为要使丈夫外出谋事而送走婆婆，给她带来的不贤不孝的罪名，使她痛苦不堪。她曾对人说："我只有去死，我不死，不会有人来帮助我，孩子就不得活。"

春节前夕，瞿秋白父亲从湖北回来，母亲原指望他能带一些钱来，稍稍缓解家里的困境。但是父亲两手空空，只是叹息，钻进书房里，沉湎在书画里。母亲失望至极，却没有责备他，只是长长地叹了一口气。

临近春节，市场上的柴米油盐都涨了价，但是母亲还是设法做了一顿丰盛的年夜饭，孩子们都乐了，个个吃得很高兴。母亲看看孩子们，独缺阿双，流露出强烈的怀念之情。母亲说了一些吉祥如意的话语，希望孩子们尊敬父亲、哥哥，兄弟姐妹和睦相处，还举起酒杯，与父亲对酌。酒酣时，母亲伤心地说了心里话："爸爸去世后，在这个世界上再也没有人疼我、保护我了……"

子夜时分，门外的鞭炮响声一阵接一阵，母亲在昏暗的油灯下守岁，为女儿群群（瞿轶群）改制了一条棉裤，为幼子阿谷（瞿坚白）的狗头帽缝上"福"、"禄"、"寿"、"禧"四个银字。最后留下了她对子女的万般慈爱。

子夜时分，瞿轶群睡眼朦胧中，看见哥哥的房里有灯光，她好奇地起床看看，只见母亲在油灯下疾书，神情严肃，隔壁房间里传出父亲均匀的鼾声。她睡了一会，又依稀看见母亲过来为阿谷披紧被子，在另外几个孩子床前转了一会，也曾到自己床前俯视。她这时没有觉出母亲有什么异样，又迷迷糊糊地睡着了。

凌晨,宗祠里突然传出绝望的叫喊声,瞿轶群被父亲急促的叫喊声惊醒了,父亲脸色青白,大声痛哭。"娘娘——"瞿轶群和弟弟们也呼喊起来,哭作一团,他们的慈母已服毒多时了。

原来母亲昨夜在瞿秋白的书房里含泪书写绝命书,是几封请人照顾、扶助儿女的遗书。她清理好平时爱读的书籍,以及各种借据、当票,整整齐齐地放置在案头,然后用半瓶虎骨酒吞下一粒粒用桃花纸包好的红磷火柴头。红磷头的毒性发作,腹痛如绞,曾在床上乱滚,身边地上还散落着不少未服的火柴头……

第二天上午(2月9日),在无锡秦家的瞿秋白突然接到父亲的急信,说是母亲病重,接信速回。秦耐铭夫妇随即陪同瞿秋白乘坐当天下午一点多的火车,赶到常州。在瞿氏宗祠侧门前,瞿秋白看见了一堆烧化的东西,心头一阵颤抖,一进门,看见气绝的母亲,"扑通"跪在床前,扑在母亲的遗体上,悲痛地大声呼喊着母亲,恸哭倒地……

父亲与舅舅料理丧事,17岁的瞿秋白帮着张罗向亲戚借钱①,买了一口棺材,草草入殓。前来吊孝的人很少,只有瞿秋白的舅舅金家、表舅母陆家、表姐夫秦家。舅舅金声侣送来一副挽联:"我妹非如人妹,傲骨珊珊男子相;伊女就是我女,……"("伊女"指瞿轶群,她曾寄养于金家)。父亲的挽联中有"受尽讥谗全大局"之句,后怕得罪亲友,改为"受尽饥寒全大局"。其实原句颇能说明母亲生前遭受重重压力的困境,透露了破落封建家族里人与人之间关系的冷漠。

清理母亲遗物时,瞿秋白和父亲打开朱红漆小拜匣,清点了母亲遗留下的当据欠账,有厚厚一叠。为了还清米店的债,瞿秋白典当了家里两口衣柜,但裁缝铺的钱再也力支付,只好拖欠。1920年秋天,瞿秋白赴苏俄前夕,还记得遗留的债务,苦涩地说:"母亲死时遗下的债务须得暂时有个交托,——破产的'士的阶级'大半生活筑在债台上,又得保持旧的'体面',不让说是无赖呵!"②

---

① 为瞿秋白母亲办丧事时,瞿父向江阴贤庄大姑母第二个女儿金君敏(明明)的公公庄重(字蕉霞)借100元,并在借据上亲笔写上瞿稚彬,借据的中间人是金君敏的两位兄长。此借据现藏常州瞿秋白纪念馆。
② 《瞿秋白文集》(文学编)第1卷,人民文学出版社1985年版,第17页。

家里再也没有值钱的东西可以典当了，无资安葬母亲，她的灵柩不能入土为安，只好停厝在瞿氏宗祠东屋西廊内，用麻布连成布幔，与卧室隔开。一个"破产士大夫"大家族的儿媳妇最终竟落个如此悲惨结局——死无葬身之地，这对于瞿秋白是一个极为残酷、沉重的打击，是他的心中一直挥之不去的阴影。

几个月后的清明节，瞿秋白回常州探视母亲灵柩，羊牧之闻讯去看望时，瞿秋白出示了他的《哭母》诗：

> 亲到贫时不算亲，蓝衫添得泪痕新。
> 饥寒此日无人管，落上灵前爱子身。

这首诗，表达了他对母亲通彻心肺的思念，他说："我的母亲为穷所驱，出此宇宙。只有他的慈爱，永永留在我心灵中，——是他给我的唯一遗产。"他痛恨这个势利的社会，以及扭曲的人性，愤然指出：在破产的士大夫家族里，"好的呢，人人过一种枯寂无生意的生活。坏的呢，人

少年瞿秋白和父亲瞿世玮合影

人——家族中的分子，兄弟，父子，姑嫂，叔伯，——因经济利益的冲突，家庭维系——夫妻情爱关系——的不牢固，都面面相觑戴着孔教的假面具，背地里嫉恨怨悱诅咒毒害，无所不至。'人与人的关系'已在我心中成了一绝大的问题。"①

对于慈母之死，瞿秋白并没有一味怪罪父亲。当母亲孤立无援、苦苦支撑全家时，父亲还在书房里迷恋着黄老佛道、儒学经籍、书画医术等，却始终不闻不管家里柴米油盐，这些当然使瞿秋白不满。但是父亲在贫困中有尊严，不与污浊合流，清介自守，

---

① 《瞿秋白文集》（文学编）第 1 卷，人民文学出版社 1985 年版，第 210、14—15 页。

竟至潦倒终身,还是让瞿秋白一直深深怀念的。父亲的个性,还或多或少地影响了瞿秋白。而母亲给予他的善良、克己和柔情,则始终贯穿了他的一生。

后来瞿秋白动情地说:"我母亲已经为'穷'所驱逐出宇宙之外,我父亲也只是这'穷'的遗物。"父亲"在中国这样社会之中既没有阔亲戚,又没有钻营的本领,况且中国畸形的社会生活使人失去一切的可能,年纪已近半百,忧煎病迫,社会还要责备他尽什么他所能尽的责任呢?"①

慈母撒手离世,全家的支柱轰然倒塌,一家星散,寄住各方。大弟云白先后回六伯父世琨(自幼过继给六伯父)家里,瞿世琨病逝后投奔浙江瞿世琥,后又回常州。1917 年 9 月,随瞿秋白到北京。16 岁的瞿轶群带着最小的 4 岁的弟弟坚白前往舅舅金声侣家,1919 年前后,她又带着瞿景白和瞿坚白到杭州瞿世琥家寄居。1923 年春天,瞿秋白到杭州开会时与妹弟重聚。此时瞿景白在杭州读书,瞿秋白带他到上海,从此走上了革命道路。瞿秋白也曾想让瞿轶群跟随他去上海参加革命工作如送信之类,但是四伯父不同意,说一个女孩子家怎能到外面去乱走? 便没去成。小弟弟坚白后来在闻知瞿秋白就义,即毅然辗转奔赴延安,参加了革命队伍,在抗日烽火中献出了年轻的生命。

父亲料理丧事后,带着精神不甚健全的三弟阿垚,仍然去黄陂周家,翌年到山东,先在平原县知事堂弟瞿世玖处管帐,继而仍带着阿垚投奔济南同乡王璞生,当家庭教师糊口。最后在山东美术学校教书,住在"正宗坛"一类道教团体的公房里,再也没有回过伤心之地——常州。瞿秋白赴苏俄之前,特地赶到济南看望父亲,写下了感人的文字,留存至今。从苏俄回国后,瞿秋白再次去看望父亲,还曾寄钱物接济。父亲于 1932 年 6 月 19 日病逝②。那时,瞿秋白在上海,正处于国民党白色恐怖和党内无情斗争的"内忧外患"之中,即使知道父亲病逝,也无法前

① 《瞿秋白文集》(文学编)第 1 卷,人民文学出版社 1985 年版,第 14、8 页。
② 在济南的瞿秋白父亲从王璞生家里搬出后,先是借住在历山街悟社,是一些没落官僚政客学道修行的道教团体公房,实为看房,有时还要陪着来修行的人聊天。以后迁住到南门外东燕窝街的正宗坛,又名正宗救济会,住处为原酒厂的几间平房,他病逝在这里。他病逝时,在旁有瞿父的学生吴炯和阿垚。经同乡、朋友和学生的救济,才得以安葬,墓址在济南南郊千佛山西麓和马鞍山 (转下页)

去吊唁。三年后他身陷囹圄时,草拟的《未成稿目录》中还列有《父亲的画》一节。

瞿秋白当年办好母亲的丧事后,戴着孝,又来到无锡。他任教的小学,位于无锡江溪桥东塊,一般称"江陵国民学校"或"杨氏国民学校"(因该校前身是 1906 年南宋理学名儒杨龟山后裔在南祠堂创办的"杨氏书塾")。充当教室的"新厅",也是三开间,供奉杨氏祖先牌位。

小学校设有国文等好几门课,但教师很少。国文老师是一个迂腐、古板的老先生,整天不说一句话。学生只有几十个,编成复式班上课。学生程度低而不齐。教师批卷以"佳哉可也"四字分等级。每天上下午各上三节课。瞿秋白要教算术、唱歌、图画等,统称"术课"。算术仅为加减法,音乐课简直无法上,因为学生连简谱也学不会,硬把 1、2、3、4 的音符,当作阿拉伯数字念。瞿秋白虽认真教学,也难有效果。

尽管窗外春光明媚,但在吵吵闹闹的孩子堆里,瞿秋白哪有什么好心情。更何况置身于似曾相识的祠堂里上课,以及周围被布幔遮掩的供案和牌位,不能不使他联想起凄惨的瞿氏宗祠。但他知道应尽长子的责任,减轻家庭的负担,只好强迫自己暂时屈身于这环境里。

乡间也不太平,常发生匪徒盗寇的抢劫案,瞿秋白经常听到农民被肆意欺压的各种消息。即使是比较清高的教育界,也是弊端丛生,如有一个地方的学务委员和学董吞吃学款,被乡人控告。原拟在这里"避世"的瞿秋白,好像"精神上判了无期徒刑",社会黑暗、民生凄惨、国家沦危的现实不断刺激他的心灵,使他发现了无数的"?"。他这时曾与羊牧之谈起贫富不均的社会问题,认为"自古以来,从冲天大将军黄巢到天父、天主、天王洪秀全,做的都是'铲不均'。孙中山提的'天下为公',也是为了平不均。可见当今社会,必须从'均'字着手。"[①]

随着探求社会出路的内心要求愈益强烈,加之经济上、生活上等多

(接上页)东麓之间,即江苏省同乡会所属江苏第二公墓,墓碑上刻着"民国壬申仲夏五月十六日申时寿终　先考稚彬公之墓　武进不孝男瞿垚瞿铨敬立"。墓碑上只写瞿垚、瞿铨(瞿景白),惟恐瞿秋白等人受到牵连。瞿父病逝后,阿垚流落道观,靠人施舍度日。1935 年由瞿云白接到南京,后被带到武汉,第二年病逝。(王凤年:《瞿稚彬先生二三事》,《山东文史资料选辑》第 21 辑;吴之光:《瞿秋白家世》,中央文献出版社 2003 年版,第 62 页)

① 羊牧之:《我所知道的瞿秋白》,载《忆秋白》,人民文学出版社 1981 年版,第 70 页。

种原因,他不想再在这里待下去,慢慢消耗自己宝贵的青春年华。教了一个学期后,放暑假了,瞿秋白毅然辞职,返回常州。

瞿秋白先是到舅舅金声侣家里小住,后回到常州瞿氏宗祠,与弟弟瞿景白、许氏阿妈住在一起,为母亲守灵。偌大的宗祠空空荡荡,没有生气,锅里煮的蚕豆菜粥,难以果腹。他写信给堂兄瞿纯白(瞿世琥的长子),准备离开故乡。

几个月前,他曾绘赠姑表妹金君怡一幅山水画《江声云树图》,并题录谢灵运《登池上楼》诗句:"潜虬媚幽姿,飞虹响远音。薄宵愧云浮,栖川怍渊沉。"以此抒发远大志向①。

① 此山水画,署名"秋白瞿爽",下有白文"瞿爽"、朱文"秋白"印二方。(见《瞿秋白》画册,中央文献出版社 2003 年版,第 36 页;参见潘茂:《浅析瞿秋白的一帧山水横画》,《瞿秋白研究》第 2 辑,学林出版社 1990 年版,第 262 页。)

第二章 人生新旅程

一、二元的人生观

1916年冬天，瞿秋白衣着单薄，怀里揣着表舅母典当了首饰换来的仅有的一点钱，携带着简单行李，踏上了客船。他远走他乡，前往武昌，在堂兄瞿纯白的帮助下，准备到武昌外国语专科学校求学。

正值年假，瞿秋白住到黄陂县姑父周世鼎（福孙）家里去。不久，他的父亲也带着三弟阿垚前来黄陂周家。瞿秋白的二姑婕青（小名阿多）是周世鼎的夫人，瞿秋白的二伯父瞿世珪的女儿兰冰又是周世鼎的长子周君亮（又名均量）的夫人，为亲上加亲的"两代亲"。

瞿秋白刚到黄陂周家时，沉默寡言，而看见周家藏书颇丰，满心喜欢，整天钻在书堆里，尤爱老子、庄子，也研读大乘佛教的著作，简直把读书作为生活的全部，常常读书到深夜。

春节后，瞿秋白返回武昌，但了解到武昌外国语专科学校实际状况并不好，难以满足他的求知欲望，不想去该校读书。这时，瞿纯白应聘赴京到外交部条约司通译科任职，瞿秋白萌生了去北京上大学的念头，便随瞿纯白北上。

1917年春，瞿秋白第一次到古都北京，住在瞿纯白家里，这是一座有三进房屋的院落，位于宣武门外骡马市大街羊肉胡同。刚到北京的新鲜感很快过去了，瞿秋白面临着人生道路的选择。他原来希望考入北京大学，研究中国文学，将来做个教员。但瞿纯白难以承担他读大学的费用,他建议瞿秋白先去应聘文官考试,如能通过,便可解决饭碗问题,随后再考虑读书深造。

文官考试黑幕重重,没有靠山的瞿秋白未被录取,实属意料之中。在堂兄无奈的叹息中,瞿秋白的情绪低落。这时,他得知常州中学的老同学任乃讷、吴南如、李子宽(李裕基)、张太雷等在天津,马上赶过去。十几个老同学别后重逢,大家说着常州话,感到特别亲切,还照相留念。在笑语畅谈中,瞿秋白暂时抛弃了心中的苦闷。

暑假还未结束,京城各个学校已经开始招生宣传,瞿纯白与瞿秋白商量后,挑选了北京政府外交部所属的俄文专修馆,因为当时俄文专修馆入学无须交学费,毕业后也便于找到合适的工作。7月底,瞿秋白前去崇文门东总布胡同 10 号(今改 23 号)俄文专修馆报名,填写履历。瞿秋白在中学最后一年因家贫辍学,没有毕业证书,幸而校方允许达到中学毕业程度者也在招生范围内。1917 年 9 月,瞿秋白如愿进入俄文专修馆。他返回常州,将还在读私塾的瞿云白带出来。途经山东时,瞿秋白去看望父亲。先是,瞿秋白离开武昌后,瞿世玮也带着阿垚离开周家,投奔在山东平原县任知事的堂弟瞿世玖,当账房先生。平时他要照料阿垚,很辛苦,细心的瞿秋白看在眼里,就将瞿垚白带到北京瞿纯白家里。由于增添了两张嘴,给瞿纯白带来了更大的经济压力,这让瞿秋白从心底里感谢堂兄的深厚情谊。

瞿秋白开始了在俄文专修馆的学习生活。俄文专修馆是为外交部训练外语人才的高等学校,校舍是一座西洋式的平房建筑,原为中东铁路学堂,1912 年改称为俄文专修馆,学制三年。瞿秋白很珍惜这个上学读书机会,他聪慧过人,学习刻苦,并显露出学习语言的天赋。他的俄语成绩非常出色,名列前茅。除了主课俄语,瞿秋白还自修英语、法语。瞿纯白为了多挣钱养家,一度在一个法语补习班中兼课,编写了一套法文教材。瞿秋白利用这个条件,自学法文。几个月之后,他的法文水平,竟然超过了补习班的正式学员。

每星期日上午,俄文专修馆开设文课,全体学生都要参加。瞿秋白的文科素养深厚,并写得一手好文章,他的作文经常作为范文,被油印传观。他的学习兴趣广泛,书架上摆放着各类书籍。每天夜深人静,他在灯下专心学习,直到凌晨两三点钟。每天不论多忙,定要完成自修表上所列的功课。所学的《汉书·艺文志》《盐铁论》等书上,多用朱笔小楷书写眉批,详加考评。

常州中学老同学李子宽去看望瞿秋白时,瞿秋白总热情地留他吃饭。佐食的菜多是白萝卜汤,里面放一点虾米或干贝,在煤球炉上长时间熬煮。李子宽难以下咽,瞿秋白却大口吃得很香。李子宽哪里知道这是瞿秋白招待客人的最高标准,平时瞿秋白一日三餐哪有这样的白萝卜汤,常常只是吃两个烧饼,喝着大碗的白开水。在俄文专修馆的三年中,与瞿秋白关系最密切的同学,是耿济之、沈颖、李仲武等。

时间长了,同学们发觉瞿秋白一年四季都穿着一套黑制服,这是学校统一发的,也是瞿秋白当时最体面的外出服装。北京的冬天,让他尝到刺骨寒冷的威力,他身穿单薄的夹衣,不停地搓手,眼睛却还停留在书本上。

> 从入北京到五四运动之前,共三年,是我最枯寂的生涯。友朋的交际可以说绝对的断绝。北京城里新官僚"民国"的生活使我受一重大的痛苦激刺。厌世观的哲学思想随着我这三年研究哲学的程度而增高。然而这"厌世观"已经和我以前的"避世观"不相同。渐渐的心灵现象起了变化。因研究国故感受兴趣,而有就今文学再生而为整理国故的志向;因研究佛学试解人生问题,而有就菩萨行而为佛教人间化的愿心。这虽是大言不惭的空愿,然而却足以说明我当时孤独生活中的"二元的人生观"。一部分的生活经营我"世间的"责任,为自立生计的预备;一部分的生活努力于"出世间"的功德,做以文化救中国的功夫。我的进俄文专修馆,而同时为哲学研究不辍,一天工作十一小时以上的刻苦生涯,就是这种人生观的表现。①

当时的中国,各派军阀勾心斗角、争权夺利,张勋复辟,黎元洪出走,段祺瑞重掌大权,善观风向的徐世昌就任大总统,真所谓"你方唱罢我登台"。北洋军阀统治下的京城黑暗现实,使瞿秋白受到"重大的痛

①《瞿秋白文集》(文学编)第 1 卷,人民文学出版社 1985 年版,第 24—25 页。

苦激刺"。国家、民族的危难与他的家破人亡、寄人篱下的穷困生活交织在一起,使他更加憎恨这个吃人的世界。他试图在各种思想流派里寻找先进思想武器。这时他所接受的是庞杂、多元化的思想,包括清末以来流行的各种学术思想和社会思潮。

瞿秋白常去北京大学旁听。其中有胡适讲授的"中国哲学史",他运用近代西方的科学方法,删除那些神话传说中的三皇五帝,直接从老子、孔子讲起,并尽力寻找中国古代哲学家著作思想的系统,及中国哲学发展的线索。他讲的课,发的讲义,使学生们耳目一新。其他诸多新文化和新文学的新观念,都引起思维敏捷的瞿秋白的强烈兴趣。

瞿秋白早期的哲理思辨中,还一直带有佛学的印迹。他喜欢"利他普渡大众"的大乘教,因而产生"菩萨行的人生观",即"上求菩提(觉悟),下化有情(众生)"、"不为自己求安乐,但愿众生得离苦"。他并非佛教徒,而是把佛学作为一种人生的理想和道德的规范,有时把它作为自己行动的准则。他后来谈到赴俄的动机时,就说要"以整顿思想方法入手,真诚的去'人我见'以至于'法我见'",抛弃私心,专门利人。他认为自己"日常生活刻苦惯的,饮食起居一切都只求简单节欲。这虽或是我个人畸形的发展,却成就了我入俄的志愿——担一份中国再生时代思想发展的责任。"[①]他从"小我"的克己发展到承担"大我"责任的过程,确实伴随着对佛学的哲理性思辨。在深刻反思这段时间的思想时,瞿秋白认为,自己存在着"二元的人生观",即关注"小我"与关注"大我"的矛盾。而关于"大我",他又觉得"佛教人间化的愿心"的美好愿望,只是"大言不惭的空愿",思想中充满着矛盾。

大约在 1917 年底或 1918 年初,在苦闷和彷徨中,瞿秋白写了一首诗以抒心怀:

> 雪意凄其心惘然,江南旧梦已如烟。天寒沽酒长安市,犹折梅花伴醉眠。[②]

不过,此时的北京,新文化运动已兴起,民主和科学的新思潮热流

①《瞿秋白文集》(文学编)第 1 卷,人民文学出版社 1985 年版,第 30—31 页。
②《瞿秋白文集》(文学编)第 2 卷,人民文学出版社 1986 年版,第 359 页。

涌动,冲击着瞿秋白深受影响的儒、道、佛等传统文化,促使他去阅读了不少宣传民主主义以至社会主义的新书刊,逐渐从传统思想和沉闷的精神状态中解脱出来,"思想上似乎有相当的进展,新的人生观正在形成。"①

1919年春天,第一次世界大战中取胜的协约国一方在巴黎举行"和平会议"。会议不顾属于战胜国一方的中国的权益,蛮横拒绝中国外交代表提出的废除原来中日协约(丧权辱国的二十一条)等条约,悍然决定将战败的德国在中国山东的特权转交给日本。中国外交代表竟屈从列强,准备签字。消息传到国内,激起各阶层人民的强烈愤怒,原来对巴黎和会抱有幻想的许多人也开始觉醒。

二、投身五四运动

震撼全国的五四运动爆发了。"外争主权,内除国贼"的口号传遍京城,传遍全国各地,觉醒的中华民族在怒吼! 反动当局逮捕爱国学生。5月6日,北京中等以上学校学生联合会宣告成立,主张"以尽学生天职谋国家福利为宗旨",郑重宣告:"国权一日不复,国贼一日不去,吾辈之初志一日不渝。"学联设在北京大学,分评议、干事两部。瞿秋白义无反顾地投入运动,被推选为俄文专修馆的学生"总代表"(另一名代表是耿济之)和学联评议部的评议员。他和大家一起营救被捕的学生。

瞿秋白与耿济之、郑振铎、瞿世英等所在的几个学校爱国学生都组织参加了北京学联。他们常一起活动,形成一个团体,一同被五四大潮淘洗,一样激昂爱国,但也有争论。瞿秋白被认为少年老成,对许多问题看得比较远,比较深刻,还显示出策划、组织和宣传能力。郑振铎后来回忆说:"秋白我们之中成为主要的'谋主',在学生会方面也以他的出众的辩才,起了很大的作用,使我们的活动,正确而富有灵活性,显出

---

① 《瞿秋白文集》(政治理论编)第7卷,人民出版社1991年版,第695页。

他的领导的天才,越到后来,我们的活动越困难,北大、高师都无法开会了,只好到东城根的'汇文'去开。开的时候,老在夜间。悄悄的个别的溜进来开会。散了会之后,也一个个的悄悄的溜出去"①。

为躲避警察,俄专、铁路管理学校和汇文学校的学联会议常在东城根的汇文学校开会,时间也安排在晚上。趁着夜幕,瞿秋白、郑振铎等悄悄地溜进会场,散会后,又一个个分散离去。反动军警也变得很狡猾,常常化妆成小贩、车夫、鞋匠,在学校附近监视学生的行踪。有时他们故意叫一声学生的名字,只要学生回头答应,就立即上前提走。瞿秋白就曾经被盯梢,他上电车,特务也跟着上;他机警地跳上人力车,特务仍然紧紧跟着。幸好他熟悉地形,故意转弯抹角兜几个圈子,甩掉了那个特务。此后,瞿秋白和同学们外出活动时,总是三两个人结伴同行,互相有个照应,以免发生意外。

在全国民众的强大压力下,6月28日,中国代表拒绝在丧权辱国的巴黎和约上签字。消息传来,民众叫好。这时,已经历五四洗礼的瞿秋白想得很多,挥笔写下《不签字后之办法》一文,发表于7月17日《晨报》第六版。这是迄今能看到的瞿秋白最早发表的文章。这篇文章简明扼要地分析了拒签巴黎和约后中国政府所面临的国际局势,提出了作为主权国所应采取的三点应对策略,希望中国政府在外交中"须有手段,有眼光,勿再蹈……失败之覆辙","更万勿再与日本订立自丧主权之条约"。同时,他也知道"所望太奢"。他说,北京政府"注定是个软骨头的政府"②,这在全国民众面前已暴露无遗。

奔波忙碌,作息失常,饮食无规律,斗争高潮过后,他大口吐血,病了数月。表姐夫秦耐铭写信慰问,他复信说:"干了这平生痛快事,区区吐血,算什么一回事!"③

五四大潮催生了许多新社团,出版鼓吹新思潮的刊物多达400多种。各种外国的思想文化流派和学说纷至沓来,人们互相论辩。论辩的范围涉及政治、经济、哲学、文学各领域。瞿秋白的思想也得到前所

---

① 郑振铎:《记瞿秋白同志早年的二三事》,载《忆秋白》人民文学出版社1981年版,第108页。
②《瞿秋白文集》(政治理论编)第1卷,人民出版社1987年版,第1—3页。
③ 秦耐敏:《回忆瞿秋白烈士》,无锡《工人生活》1957年6月18日。

未有的解放,他迎取各种外来思想观点,热心研究各种社会问题。他与郑振铎等人创办了《新社会》旬刊,以改造社会为己任。

《新社会》是由北京基督教青年会下属的北京社会实进会出面创办的。五四以后,为了扩大影响,拟办一个青年刊物。一天,青年会一位姓孔的干事找郑振铎谈了办刊的事,郑振铎立即去找瞿秋白、耿济之、瞿世英商量,大家欣然同意。几天后决定办旬刊,定名为《新社会》,是四开一张的小报纸型。编辑部设在青年会大楼里,郑振铎任副部长,负责实际编务,后来任部长。

郑振铎起草的《〈新社会〉出版宣言》,先行发表在 1919 年 10 月 29 日上海《时事新报》副刊《学灯》上。《宣言》宣告他们要"向着德莫克拉西一方面以改造中国的旧社会",其方法是"把大多数中下级的平民的生活、思想、习俗改造起来",态度"是研究的"、"和平的改造运动"。他们当时思想还比较驳杂,对社会主义还没有明晰认识,但表现出中国优秀知识分子忧国忧民的传统人文精神和崇尚实际的现实人生态度,充满着五四青年的勃勃生气和勇往直前的精神以及对美好未来的憧憬。《宣言》曾引起北大教授杨昌济的重视,其《达化斋日记》作了详细的摘录①。

《宣言》发表两天后,《新社会》创刊号问世。上面刊登了瞿秋白的《欧洲大战和国民自解》、瞿世英的《中国人的劣点——中国社会不进步的原因》和郑振铎的《北京的女佣》。瞿秋白的文章认为国人要有世界和历史的眼光,希望国人"彻底觉悟,真能有精确的辨别力,实在的责任心,真能有坚毅的志向,明敏的智能,真能有爱惜光明的心,慎重办事的心",认为"中国新社会的基础就建筑在这上面"②。

创刊号问世后的第一个星期天,郑振铎与耿济之带着刊物到箭杆胡同,向陈独秀征询关于该刊的意见。陈独秀认为,现在很需要有专门给劳动界和商界看的周刊和日报,以灌输新知识于工商界。他希望他们考虑将《新社会》略作调整内容,变成这样一种通俗的报纸。并就社

---

① 陈福康:《郑振铎传》,北京十月文艺出版社 1994 年版,第 43 页。
② 《瞿秋白文集》(政治理论编)第 1 卷,人民出版社 1987 年版,第 5—9 页。

1920 年，瞿秋白与《新社会》同仁在北京留影。
左起：瞿秋白、郑振铎、瞿世英、耿式之、耿济之

会改革问题作了很精彩的论述①。

瞿秋白听郑振铎、耿济之谈陈独秀的意见后，在《新社会》第 3 期上，发表了《革新的时机到了！》一文，认为当前社会改造应采取六项措施："一、竭力传播德谟克拉西；二、竭力打破'君子小人'主义；三、竭力谋全人类生活的改善；四、到穷乡僻县——远至于西藏、蒙古、新疆——去，实施平民教育；五、实行'工学主义'，'学工主义'；六、研究科学，传播科学。"②此文综合和引申了陈独秀和郑振铎的意见。瞿秋白是《新社会》编辑部的中坚力量，几乎每期都有他的文章，有时一期上还有两篇。《新社会》共出版 19 期，他先后发表评论、随感、散文和译文二十多篇。

1920 年元旦的第 7 期起，刊物改为十六开，扩大了容量。版式也有所变化。刊物影响越来越大。新方针确定后，瞿秋白的文章，愈来愈激进。他在《小小的问题——妇女解放的问题》、《读〈美利坚之宗教新村运动〉》、《托尔斯泰的妇女观》、《社会与罪恶》、《文化运动——新社会》等，对妇女解放、新村主义、泛劳动主义等问题，作了深入的思考。瞿秋白后来说，《新社会》时期，"社会主义的讨论，常常引起我们无限的兴味。然而究竟如俄国十九世纪四十年代的青年思想似的，模糊影响，

① 陈福康：《郑振铎传》，上海外语教育出版社 2009 年版，的 61 页。
② 《瞿秋白文集》（政治理论编）第 1 卷，人民出版社 1987 年版，第 20—26 页。

第二章　人生新旅程

隔着纱窗看晓雾,社会主义流派,社会主义意义都是纷乱,不十分清晰的。正如久壅的水闸,一旦开放,旁流杂出,虽是喷沫鸣溅,究不曾自定出流的方向。"①

1920年元旦,《每周评论》发表了李大钊《美利坚之宗教新村运动》一文,指出社会主义的学说是为解决资本主义社会的矛盾而产生的。稍后,瞿秋白撰文说,社会主义的乌托邦派和历史派,两派的较量"胜败虽然一时分不出来",但"世界的进步着着向着社会主义发展"这种"趋势是很明了的";新村运动向往"世外桃园",而"我以为历史派的——马克思主义派的直接运动不可少的"②。虽然他对马克思主义派的具体观点还了解不多不深,但是他选择了马克思派的科学社会主义。这年3月,李大钊等在北京大学建立了"马克思学说研究会",瞿秋白也参加了该研究会③。

《新社会》影响甚广。从上海、济南、长沙、温州、杭州到四川、广东、广西和东北,以至日本东京,都有代办处。1919年11月27日,浙江省督军卢永祥、省长齐耀珊密电声称"《新社会》、《解放与改造》、《少年中国》等书以及上海《时事新报》,无不以改造新社会、推翻旧道德为标帜,掇拾外人过激言论,""当此邪说横行,不啻众流就下,防范之法,尤应加严。"12月2日,北京政府密令各省督军、省长、都统、护军使下令:"此种书报,宗旨背谬","立予禁止刷印邮寄,毋俾滋蔓,以遏乱萌。是为至要!"④

《新社会》于1920年5月被查封,罪名是"主张反对政府"。经理被关押数月才释放。

《新社会》为瞿秋白提供了施展才华的舞台,印下他早期思想变化的踪迹。他逐步倾向社会革命,转向广大劳工阶级;从杂糅的改良主义、无政府主义、实验主义等初步转向科学社会主义。这是重大转变,是他不久后赴俄的思想基础。

---

① 《瞿秋白文集》(文学编)第1卷,人民文学出版社1985年版,第26页。
② 《瞿秋白文集》(政治理论编)第1卷,人民出版社1987年版,第76—80页。
③ 《瞿秋白文集》(政治理论编)第7卷,人民出版社1991年版,第696页。
④ 陈福康:《郑振铎传》,北京十月文艺出版社1994年版,第24页。

瞿秋白后来评论说："我们中当时固然没有真正的'社会党'，然而中国政府，旧派的垂死的死神，见着'外国的货色'——'社会'两个字，就吓得头晕眼花，一概认为'过激派'，'布尔塞维克'，'洪水猛兽'——于是我们的《新社会》就被警察厅封闭了。这也是一种奇异现象，社会思想的变态：一方面走得极前，一方面落得极后。"①

《新社会》被封后，瞿秋白和郑振铎等还想继续办刊物。为了免遭查禁，郑振铎提出把新月刊定名为《人道》，以为温和一些。瞿秋白则认为，现实是严酷的，在军阀残酷统治下根本谈不上什么人道。《人道》创刊号于 8 月 5 日正式问世，仍然以北京社会实进会的名义发行，但与原来《新社会》的激进立场有了落差。瞿秋白曾与郑振铎等为此发生过争论。郑振铎后来说："秋白那时已有了马克思主义者的倾向，把一切社会问题，当作一个整体来看。我们其余的人，则往往孤立的看问题，有浓厚的唯心论的倾向。有的还觉得他的议论'过激'。我则具有朦胧的社会主义的信仰，而看的书却以无政府主义的著作为多，因此，就受了他们的影响"②。

《人道》创刊号发表了瞿秋白的一首白话诗《心的声音之五——远》③。10 月 29 日，青年会因《人道》仍有明显进步性，怕在军阀政府统治下惹麻烦，就借口缺少经费，宣布停刊。

五四新文化运动中最坚实有力的部分是"文学革命"。而文学革命，如鲁迅所说，是"在外国文学潮流推动下发生的"④。其中具有人道主义倾向的俄国现实主义文学发生了重要而直接的影响。瞿秋白自幼喜爱文学，自觉地译介俄国文学作品和一些文学理论，这是他五四时期一项重要活动，为五四新文学作出了可贵的贡献。

俄文专修馆的教材中有不少是普希金、托尔斯泰、屠格涅夫、契诃夫等著名俄国作家的作品。瞿秋白自己又找来其他作品阅读。普希金的诗句，托尔斯泰的"忏悔"，屠格涅夫对社会和人生的冷静观

---

①《瞿秋白文集》（文学编）第 1 卷，人民文学出版社 1985 年版，第 27 页。

② 郑振铎：《记瞿秋白同志早年的二三事》，载《忆秋白》人民文学出版社 1981 年版，第 110—111 页。

③《瞿秋白文集》（文学编）第 2 卷，人民文学出版社 1986 年版，第 18 页。

④《鲁迅全集》第 8 卷，人民文学出版社 1981 年版，第 309 页。

察,契诃夫对专制制度的揭露、嘲讽和对社会丑恶现象的描写,为他开启了一扇世界文学之窗。他和耿济之,还有好几位俄专同学,1919年起步翻译①。郑振铎也译些契诃夫和安德烈耶夫的作品。

1919年9月15日出版的《新中国》第1卷第5期,发表了瞿秋白翻译的托尔斯泰的小说《闲谈》,这是现在所知的他发表的第一篇文学译作。此后陆续发表的译作有果戈理独幕剧《仆御室》、托尔斯泰小说《祈祷》、法国都德的小说《讨过工钱之后》、果戈理的小说《妇女》等。

瞿秋白在翻译后常写下译者按,介绍果戈理的艺术追求与作品的现实主义美学风格,称他为"俄国写实派的第一人"②。他热情评价普希金及其短篇小说,借用俄国批评家的话说,其小说无意之中,为后来的果戈理、屠格涅夫、陀思妥也夫思基、托尔斯泰"开一先河"。他注意外来文化与本土文化的融合与同化问题,他借鉴果戈理推崇普希金时所说的"民族的文学",思考中国的问题。"希望研究文学的人,对于中国的国民性,格外注意"③。1920年春,北京《新中国》杂志社拟定出版耿济之、沈颖等翻译的《俄罗斯名家短篇小说集》第1集,瞿秋白、郑振铎分别写了序言。瞿秋白写这篇序言的前一天深夜,还为沈颖翻译的普希金《驿站监察史》写了序言。他们的译作大多发表在《新中国》、《解放与改造》(后为《改造》)、《曙光》、《新社会》等杂志上。另与耿济之合译了《托尔斯泰短篇小说集》。

文学作品的翻译也引起瞿秋白对俄国以至西欧政治、历史、哲学的兴趣,因而也渐作新思潮论的译介。托尔斯泰的一封信转述了意大利民族解放运动领袖马志尼的看法:真信仰决非教义之学说,要"活"在心里,才是"不死"的信仰。瞿秋白深有同感,就翻译了《马德志尼论'不死'书》。托尔斯泰的《告妇女》、《答论驳〈告妇女〉书》(节录)、《论教育书》等论文也是那时译的。

托尔斯泰是俄国伟大的批判现实主义作家,同时又是社会思想家。瞿秋白颇受其影响,后来自云当时是一个托尔斯泰无政府主义者。托

---

① 郑振铎:《记瞿秋白同志早年的二三事》,载《忆秋白》人民文学出版社1981年版,第109页。

②《瞿秋白文集》(文学编)第4卷,人民文学出版社1986年版,第392—393页。

③《瞿秋白文集》(文学编)第2卷,人民文学出版社1986年版,第245—247页。

尔斯泰无政府主义含着悲观主义、无抵抗主义,追求"爱之福音""永恒的宗教精神"。这些引起瞿秋白的共鸣,以"爱"为核心的文化观,渗入他早期的人生观。他曾撰写《社会与罪恶》等文,叙述了对"爱"的理解,包括对爱的含义、爱的存在、爱的标准、爱的价值的理解,以此来探索社会和人生问题,构筑美好社会的蓝图。瞿秋白转向科学社会主义后,开始以批判的眼光重新审视托尔斯泰"爱之福音"的无抵抗主义等思想。他在《托尔斯泰的妇女观》一文中指出:"托尔斯泰的学说,大概是消极的,破坏的,批评的性质居多,而积极的,建设的,讨论的性质较少。"①

瞿秋白对于俄国文学、社会思潮的译介和反思,促使他的文学观发生重大转变。他此时认识到社会生活对文学的制约,这种制约作用是经由人们思想而产生的。他说:"只有因社会的变动,而后影响于思想;因思想的变化,而后影响于文学。"同时他也了解到欧美文学中的古典主义、浪漫主义、写实主义、象征主义诸流派之间的关系和发展②,这些都有助于他重新审视中国文学史,展望中国新文学的发展趋向。他由原来沉醉于吟诵旧体诗词以排遣个人积郁的积习,转向对现实的社会和人生的关注;由"小我"的苦闷转向对"大我"的思考。这对他以后的文学写作,从主题的拓展、题材的选择、结构的安排、语言的运用,都产生了重要影响。

五四新文学的先驱者翻译的欧美和印度、日本等国文学作品,都曾不同程度影响了中国新文学的建设。其中,希望通过俄国文学来认识伟大的俄罗斯民族和俄国社会的巨大变化,在知识分子中间成为一种风气。瞿秋白精辟地解释了这个风气形成的原因,他说:

> 俄罗斯文学的研究在中国确已似极一时之盛。何以故呢?最主要的原因,就是:俄国布尔什维克的赤色革命在政治上,经济上,社会上生出极大的变动,掀天动地,使全世界的思想都受他的影响。大家要追溯他的远因,考察他的文化,所以不知不觉全世界的视线都集于俄国,都集于俄国的文学;而在中国这样黑暗悲惨的社

①《瞿秋白文集》(文学编)第2卷,人民文学出版社1986年版,第243页。
②《瞿秋白文集》(文学编)第2卷,人民文学出版社1986年版,第248—249页。

会里,人人都想在生活的现状里开辟一条新道路,听着俄国旧社会崩裂的声浪,真是空谷足音,不由得不动心。因此,大家都要来讨论研究俄国。于是俄国文学就成了中国文学家的目标。"①

这个论断,后来成为不刊之论。

①《瞿秋白文集》(文学编)第 2 卷,人民文学出版社 1986 年版,第 248 页。

第三章　向着红光里去

一、"宁死亦当一行"

俄国十月革命震撼了全世界，震动了古老的中国。

从 1920 年初起，国内有关苏俄的报道越来越多。"列宁"、"布尔塞维克党"、"劳农新政府"等新名词屡屡出现在报端。中国先进分子把注意力转向苏俄。

这时，瞿秋白在俄文专修馆还未毕业，就应北京《晨报》和上海《时事新报》之聘拟赴苏俄。他被聘与俞颂华有关。俞颂华留学日本回国后，应张东荪邀请曾任上海《时事新报》副刊《学灯》主编。1919 年 9 月张东荪与俞颂华共同创办的《解放与改造》刊登了瞿秋白翻译的托尔斯泰《告妇女》、《答论驳〈告妇女〉书》（节录）。于是瞿秋白与俞颂华有了书信往来。当初俞颂华进《时事新报》时，就曾想去苏俄采访，得到梁启超支持，梁启超深感西方国家垄断国际新闻之弊，认为中国必须自派驻外记者。1920 年，俞颂华按照张东荪的指点，经梁启超介绍，得到北京《晨报》总编辑陈博生支持。于是由《晨报》和上海《时事新报》商定合派俞颂华赴苏俄采访，并允许他聘请译员同去。俞颂华通晓英语、日文，略懂德语，却不懂俄语，瞿秋白就成为译员候选人[①]。

瞿秋白的常州中学老同学孙久录也曾推荐瞿秋白。当时，他就读

[①] 钱梅先:《纪念颂华》、俞颂华《十二年前旅游苏俄的回想》,《俞颂华文集》商务印书馆 1991 年版。

于北大预科，兼上海《时事新报》驻京记者，也很想应聘赴俄，无奈不懂俄语。他就向他的三叔孙光圻——北京《晨报》主持者、梁启超进步党的国会议员——推荐瞿秋白。瞿纯白又与孙久录的姑父与有亲戚关系，瞿秋白到北京后曾去看望。

瞿秋白自身良好的素养更是被聘的重要原因。在报界颇有影响的胡政之从法国回来，欲改组天津《大公报》副刊，闻名邀约瞿秋白、耿济之、沈颖等人吃饭。席间，平时话语不多的瞿秋白却滔滔不绝，从国内外时事谈到文艺见解，甚至与胡政之谈起法国出版的法文本李白诗集。沈颖与他一起去天津采访俄籍教员、汉学家柏烈伟，瞿秋白以流利的俄语，与柏烈伟交谈，一旁的沈颖有点不相信自己的耳朵。因为他们在俄文专修馆学习三年里，很少有练习口语的机会。强烈的时代责任感和敏捷的思维、开阔的视野、广博的知识、优美的文笔、流利的俄语，正是驻俄记者所应具备的条件。

《晨报》、《时事新报》是梁启超、汤化龙等进步党及其研究系与段祺瑞的安福系进行政治较量的舆论阵地，客观上配合了五四爱国运动，颇有影响。李大钊等一批激进知识分子曾经参加《晨报》副刊改版及其前身《晨钟报》的创刊工作。上海《时事新报·学灯》、《民国日报·觉悟》也较早宣传马克思主义，介绍苏俄，宣传新文化，闻名全国。《晨报》曾刊登驻苏俄外国记者或旅游者的亲身经历和见闻，如连载英国人兰塞姆撰写的《一九一九年旅俄六周见闻记》。但是，刊载外国人的报道，毕竟不如报社直接派员赴俄采访更能保证稿源，更能吸引国人阅读。于是两报决定向海外派出记者。其启事说："吾国报纸，向无特派专员在外探取各国真情者，……此诚我报界之一大缺点也。吾两报有鉴于此，用特合筹经费遴派专员，分赴欧美各国，担任调查通讯事宜，冀稍尽吾侪之天职，以开新闻界之一新纪元焉。"①启事附录特派记者名单，瞿秋白、李仲武（李宗武，又名李续忠）、俞颂华（俞澹庐）赴俄之外，还有张崧年（张申府）、张若茗（女，天津学联骨干）、刘延陵、罗家伦等赴欧。

瞿秋白的亲友多不理解其赴俄决定。当时列强大肆攻击新生的苏

---

① 1920 年 11 月 27 日—12 月 16 日北京《晨报》；1920 年 11 月 29 日—30 日上海《时事新报》。

俄,造成一般人心目中不良的苏俄形象。而且前往莫斯科路途遥远,充满险情,亲友担心文弱的瞿秋白的安全和健康。瞿纯白说这是"自趋绝地"。瞿秋白后来写道:"我却不是为生乃是为死而走,论点根本不同,也就不肯屈从。"[1]这话中的生与死,含着告别过去,勇敢迎向明天的新生之意。他本不满足于"隔着纱窗看晓雾",迫切希望赴苏俄实地考察,获得第一手材料,研究社会主义革命,以"担一份中国再生时代思想发展的责任","略尽一份引导中国新生路的责任"[2]。这是主动承担时代重任的誓言,也表现出他要实现自我转变的决心。

他对朋友们说:"用不着我和你们辩论。我们各自照着自己能力的限度,适应自己心灵的要求,破弃一切去着手进行"。"我现在有了我的饿乡了,——苏维埃俄国。俄国怎样没有吃,没有穿,……饥,寒……暂且不管,……是世界第一个社会革命的国家,世界革命的中心点,东西文化的接触地……我已决定走的了。"[3]

10月初,他风尘仆仆赶到山东济南拜别父亲。父亲在同乡王璞生家里当家庭教师。王璞生曾任山东乐陵知县,赋闲在家。约在三年前,瞿秋白到济南接走弟弟阿垚之后,父亲孤身一人寄居在王宅。这次见到寄人篱下的父亲,感慨莫名。

父亲才45周岁,却因忧煎病迫而显苍老。他打起精神,深情地对瞿秋白说:"你这一去……随处自去小心,现在世界交通便利,几万里的远路,也不算什么生离死别……只要你自己不要忘记自身的职务。你仔肩很重呵!……"这时新月初上,湖面银光粼粼,水与云影融一。秋风萧萧,掠拂湖边的芦苇和杨柳,草棚边的乱藤蔓葛嘶嘶作响。踏着月光,沿着湖边,随意散步,秋凉夜深,未免有些寒意。父子俩回到王宅,又整整谈了一夜。

第二天,瞿秋白挥泪告别父亲,不由得想起常州诗人黄仲则"惨惨柴门风雪夜,此时有子不如无"的诗句[4]。瞿秋白又去天津去看望二表

---

[1]《瞿秋白文集》(文学编)第1卷,人民文学出版社1985年版,第17页。
[2]《瞿秋白文集》(文学编)第1卷,人民文学出版社1985年版,第26—27、31页。
[3]《瞿秋白文集》(文学编)第1卷,人民文学出版社1985年版,第31页。
[4]《瞿秋白文集》(文学编)第1卷,人民文学出版社1985年版,第9—10页。

姐金君敏一家,还一一登门拜别在北京三表妹少年时代朦胧情爱对象金君兰、武昌求学时典当首饰赠给川资的表舅母,亲戚的愁苦景况和一幕幕往事,引动思绪,但这些都挡不住赴"饿乡"的决心。瞿秋白到《晨报》馆第一次与俞颂华见面,李仲武同去。得知北京政府即将派陈广平担任驻莫斯科总领事,三人去求见已从海参崴回京的北京外交官李家鏊,李家鏊带着他们去见陈广平,陈广平只得同意带他们同行。

离京在即,瞿秋白匆匆赶往东皇城根,敲开耿济之的家门,已是深夜了。南屋客厅里郑振铎、王统照、瞿世英、郭绍虞、郭梦良、郭叔奇等已等候多时。窗前一只长方形的木案上,摆放着几大盘花生、蛋糕、糖果,还有香烟,这是好友们凑钱买的,为瞿秋白送行。风沙拍打着纸窗,阵阵作响。看到瞿秋白的面容又瘦又苍白。对于他的赴俄,好友们一面是佩服与羡慕,一面担心他的身体。最后瞿秋白说:"……认定'思想之无私有',我已经决定走的了,现在一切都已预备妥帖,明天就动身。诸位同志,各自勉励努力前进呵!"

1920 年,瞿秋白赴俄前,与李子宽、金诚夫合影留念。
左起:金诚夫、瞿秋白、李子宽

途程的艰险,"饿乡"的困苦,他早有精神准备,然而,想着"可爱的将来"和"无穷的希望",心理"突然呈一种猛进状态","宁死亦当一行!"①

当天到达天津,先看望二表姐一家;随后与中学老同学张太雷、张昭德、吴南如会面,晚间抵足长谈。1920年春起,张太雷已协助李大钊做中共建党筹备工作,担任过来帮助中共建党的苏俄人维经斯基的英文翻译;8月,受陈独秀委托,与俞秀松等在上海发起组织社会主义青年团。瞿秋白离开天津北上后,10月间,李大钊建立北京共产党组织,张太雷加入,成为最早的党员之一。同月,张太雷受李大钊的委托,在天津建立社会主义青年团。

且说郑振铎、耿济之和瞿菊农在北京车站送走瞿秋白后,坐在茶楼里写诗和信追寄天津瞿秋白一行。10月18日早上,瞿秋白在天津收到后,即刻回信:"Humanité'鉴:我们今天晚车赴奉……面前黑魆魆地里透出一线光明来欢迎我们,我们配受欢迎吗?……菊农叔呀!'采得百花成蜜后,为谁辛苦为谁甜???'我们此行的意义,就在这几个问题号里。流血的惨剧,歌舞的盛会,我们都将含笑雍容的去参预。你们以为如何?"

信中所说的"采得百花成蜜后……"是对瞿世英写的《追寄颂华、宗武暨秋白侄》中的诗句的应答。原诗说:"要做蜜蜂儿,采花酿蜜。不要做邮差,只来回送两封信儿。"瞿秋白的信附有一首诗《去国答〈人道〉》"来去无牵挂,/来去无牵挂!……/说什么创造,变易?/只不过做邮差。//辛辛苦苦,苦苦辛辛,/几回频转轴轳车。/驱策我,有'宇宙的意志'。/欢迎我,有'自然的和谐'。//若说是——采花酿蜜:/蜂蜜成时百花谢,/再回头,灿烂云华。"②

18日深夜,在天津再登北上的火车。瞿秋白与俞颂华都是江苏人。李仲武与瞿秋白年龄相仿,是梁启超的亲戚,会说广东话,曾去过法国。后来在苏俄采访时,三人密切合作,感情俱增。尽管回国后,人生道路有所不同,但这次一同赴俄采访,在中国现代新闻史上写下重要一页。

① 王统照:《恰恰是三十个年头了》,载《忆秋白》,人民文学出版社1981年版,第116页;《瞿秋白文集》(文学编)第1卷,人民文学出版社1985年版,第31、59页。
② 《瞿秋白文集》(文学编)第1卷,人民文学出版社1985年版,第32—36页。

瞿秋白一行所乘坐的火车是中国派驻莫斯科的总领事陈广平一行的专车，副领事刘雯（守清）和随习领事等也在车上。本想专车可直达赤塔，未料谢苗诺夫白军残部与远东共和国红军的激战，而中途在哈尔滨滞留。

20日一早，车到长春。耳边是陌生的日语，中国职工要受车站日本人的管制。脚下明明是中国国土，却好像置身日本。晚上八九点钟，车到哈尔滨。办完入俄手续后，乘马车，冒着凛冽寒风住道里区福顺客栈。客栈简陋肮脏，异味扑鼻，但已是夜晚，只好住下。这一住就是50天。

这时的哈尔滨处在错综复杂的国际关系中。这里有俄国、波兰、英国、美国、法国、日本、意大利、比利时等十多个国家的领事馆或其他外交、侨务、商务机构。正常工作之外，他们也搞特工情报活动。十月革命后，这里成为逃亡的沙俄贵族和白卫分子的重要据点，同时又是中国最先受到十月革命影响的地方。1918年，这里的俄国工人和中国工人已经联合庆祝五一劳动节，一起罢工。十月革命前，布尔什维克已潜入此地，中东铁路的俄国工人组织响应和支持哈尔滨中俄工人的罢工，这里就曾响起"全世界革命者联合起来"的口号。住下的第二天，瞿秋白一行就上街，捕捉社会新闻，翻看当地各种报纸。瞿秋白离京后第一篇通讯《哈尔滨四日之闻见》记下了他对哈尔滨"畸形"社会的感受。他觉得离京以来仿佛走过了三个国家，沈阳是中日相混，长春和哈尔滨是中、俄、日三国的斑驳版画。到沈阳之前已不能使用中国银行的钞票，要换日本、朝鲜银行的钞票；乘坐去长春的火车，须换俄国卢布买车票；过了长春，必须使用哈尔滨银行钞票或日本的钞票。他亲身体验了丧失国家主权的屈辱、痛苦的滋味。

在哈尔滨期间，瞿秋白自己写了9篇通讯，还分别与俞颂华、李仲武合作共写了四篇，报道日本势力的动向，报道国人所关注的远东共和国和苏俄的情况。瞿秋白的《俄国远东统一问题》、《赤塔统一会议与右党》、《远东统一之将来》等通讯告诉国人，1920年11月1日，远东共和国临时政府宣告成立，通告境内各军队哥萨克、谢苗诺夫等部都应接受改编或自行解除武装。他还特地提及在北京谈判的尤林代表团，认为北京政府不能再以各种借口搪塞,以防日本利用旧俄势力趁机扩大在中国东北的势力。

为了了解哈尔滨各方政治势力对赤塔新政府的看法,瞿秋白等还采访了中东铁路沿线的苏俄干部和同情苏俄的侨民,以及旧俄党派机关报《俄声》、白匪谢苗诺夫的机关报《光明》的主笔等。《光明》主笔诋毁布尔塞维克,透露谢苗诺夫欲与日本、中国政府勾结,共同反对苏俄。对此,瞿秋白很厌恶,对比之下更感到俄共"对于中国的感情很好,而深恨日本"①。

连续采访、广泛的社会调查和各种活动,更加激发了瞿秋白对前往莫斯科的强烈愿望。他觉得在哈尔滨已得到苏俄的"一点空气"。

到哈尔滨已有一个多月了。天气奇冷,客房污糟,瞿秋白联想起冷酷、僵死的中国社会。12月5日,写的《哈尔滨俄侨之舆论》在报道中国与远东共和国、苏俄的外交事体,说要提防日本的扩张之外,还揭露哈尔滨当地政府腐败、无能和压制集会和出版自由的行径②。他明显倾向于远东共和国、苏俄,坚决反对日本侵华,严厉批评北京政府的外交政策。

12月10日,专车离开哈尔滨开往赤塔。瞿秋白兴奋不已,心已飞向苏俄。途中,瞿秋白与俞颂华交谈,他说:"调查考察一国文化,一种新制度,世界第一次的改造事业,却令我这学识浅薄,教育不成熟的青年担负。"俞颂华也有同感,说:"我们此行,本是无牛则赖犬耕,尽我们自己的力量罢了。"俞颂华负责通信指导,瞿秋白则侧重有系统地进行理论研究,即"研究共产主义、俄国共产党、俄罗斯文化"。

到达满洲里那天,恰巧中国派驻苏俄的军事代表张斯麐中将回国,同车回国的还有前伊尔库斯克领事朱绍阳、旅俄华工联合总会会长刘绍周。瞿秋白等趁机抓紧时间采访他们。刘绍周是旅俄多年的华侨,曾任旅俄华工联合会会长,曾在共产国际第一次代表大会上发表演

①《瞿秋白文集》(政治理论编)第1卷,人民出版社1987年版,第111页。
②《瞿秋白文集》(政治理论编)第1卷,人民出版社1987年版,第140—145页。

说①。曾组织华工保卫苏维埃政权，积极促进中俄人民之间的革命联系。这次回国，他还有共产国际交给的工作任务，但后来未能做好。他大略介绍了苏俄国内战争和从战争向和平时期过渡的情况。其中说到工人和部队，国家最为关注；农民比较富有，余粮可以换取日用品；知识分子苦乐不均，像著名的无政府主义者克鲁泡特金享受政府补贴，可以安心从事著述，工厂里的技师待遇最好，薪俸和口粮之外，还享受分红待遇。瞿秋白认为这些情况值得研究。

12月16日，瞿秋白等人再次登上专车，进入西伯利亚，前往赤塔。

出境的那天晚上又是一场大风雪，专车越来越慢，车身摇晃，车轮的磨擦声刺耳。窗外是暗沉沉的荒原，漫无边际的惨白的积雪。暖气停了，车厢里很冷，车窗上积着厚冰。第二天早上，因一座铁桥被白军破坏，专车只得在河面坚冰上架设的铁轨上行驶。司机小心翼翼，大家提心吊胆，屏住呼吸，只听见车轮下发"轧吱、轧吱"的声响。突然车厢一震，轰然一声，众人大惊，以为"车要出轨了！"如此惊惊险险地过了河口。

专车终于抵达赤塔，总算无事，众人拍额庆幸。但是在赤塔又停留了17天。

这里的华人已成立华侨旅俄西伯利亚联合总会，在后贝加尔省共有十二个分会，侨商共七万多人，在赤塔有四千多。华商在谈论远东共和国要"没收"他们的货物的消息，很恐慌。为此，瞿秋白等采访了远东共和国外交部顾问、交通部长、粮食部长、华侨旅俄西伯利亚联合总会会长深入了解该国政府处理华商、华工问题的过程，知道他们对中国比较友好，办事合情合理，表示将把在这里的见闻如实报道。1月2日，国务总理兼外交总长克拉斯诺晓科约见他们，介绍远东新政府的民主政体，建设计划，与苏俄的协约同盟关系，说一切自主，唯独外交问题须与莫斯科协商。对于中国，远东共和国竭诚希望缔结友好条约。

---

① 中共中央党史研究室第一研究部：《共产国际、联共（布）与中国革命档案资料丛书》第2卷，北京图书馆出版社1997年版，第76页。

瞿秋白不满足于这些采访,决意要花更多精力进一步作深层次考察,深入社会生活,"考察一国文化,一种新制度,世界第一次的改造事业"①。

赤塔的共产党组织赠给许多书籍杂志,其中有《俄罗斯共产主义党纲》、《社会主义史》和《共产国际》杂志等。瞿秋白说:"披阅一过,才稍稍知道俄国共产党的理论"。

阅读《俄罗斯共产主义党纲》等理论书籍和杂志,使瞿秋白对苏俄社会主义革命有了一些认识,觉得甚有收获,精神更为振奋。在列车终于继续西进时,瞿秋白兴致勃勃地写道:

> 新年过了,一月四日,启程的诸事停妥,又开车西进。一切停滞的计划都打消,安心向目的地进行罢。哈尔滨得空气,满洲里得事实,赤塔得理论,再往前去,感受其实际生活。"②

7日清晨,瞿秋白睡梦中醒来,专车已到贝加尔湖边,沿着湖边行驶。对岸依稀凄迷,不辨是山是云,低回起伏。没有结冰的湖面,水色深蓝,一片寒意。当天下午三点,列车驶进伊尔库茨克。

伊尔库茨克是瞿秋白踏上的第一个苏俄城市。这时共产国际执委会已决定在这里建立共产国际远东局,3月正式成立共产国际远东书记处,由此加强远东各国革命者的联系。远东局书记处由俄共(布)远东局委员、苏俄红军第五军军事政治委员会委员舒米亚茨基负责,维经斯基担任秘书,主持日常工作。中共代表张太雷也奉命到达这里,与后到的杨明斋共同建立该处的中国科。

1月9日后,专车经过鄂木斯克、秋明、乌拉尔山上的科东站,一路停顿甚多。到伏尔加河上游行驶时,大家隐隐约约地看见莫斯科三三两两的工厂烟囱了。

1月25日,大家破例起早,长途旅行生活快要结束了。窗外美丽的雪景好像在欢迎来自万里之外的东方古国客人,讨厌的车轮声音变得悦耳了。夜幕降临,专车驶进莫斯科近郊,铁道两旁时疏时密的白雪压

---

① 《瞿秋白文集》(文学编)第1卷,人民文学出版社1985年版,第64—65页。
② 《瞿秋白文集》(文学编)第1卷,人民文学出版社1985年版,第82页。

枝的树木，飞快掠过。偶尔掠过树木的空缺处，突然扑进晶亮的寒冷月光，闪闪飞舞突进。

专车终于驶进莫斯科雅罗斯拉夫车站，这时是 1921 年 1 月 25 日晚上近 11 时。

瞿秋白在红光里继续前行，他曾说："我的责任是在于：研究共产主义——此社会组织在人类文化上的价值，研究俄罗斯文化——人类文化之一部分，自旧文化进于新文化的出发点。……饥寒苦痛是我努力的代价。现在已到门庭，请举步入室登堂罢。"①

二、澎湃赤潮的洗礼

1921 年 1 月 25 日，瞿秋白一行到莫斯科后，受到苏俄外交人民委员会东方司司长杨松热情接待，住入一处旧时称为"贵族宫"旅馆改成的公寓里。外交委员会派来了一位在中国新疆出生、会说汉语的俄国人弗谢伏罗德·科洛科洛夫，来协助他们采访。科洛科洛夫，取汉文名郭质生，瞿秋白与他一见如故，后来还成了终生挚友。

1921 年瞿秋白摄于莫斯科

几天后，参加两千人的全俄华工大会，与会群众听说中国记者来了，异常高兴，热情欢迎。瞿秋白等即兴演讲。

瞿秋白早就向往俄罗斯文化艺术。今置身俄国社会和文化天地，急欲考察。他初抵莫斯科，就十分感奋地写道：

进赤俄的东方稚儿预备着领受新旧俄罗斯民族文化的甘露了。理智的研究侧重于科学的社会主义，性灵的营养，敢说陶融于神秘的"俄罗斯"。灯塔已见，海道虽不平静，拨准

---

① 《瞿秋白文集》（文学编）第 1 卷，人民文学出版社 1985 年版，第 84 页。

船舵,前进! 前进!①

瞿秋白广泛留意种种文化成果。工作之余,常去观览艺术场馆、文化胜地,看文艺演出,接触诗人和作家。

在举世闻名的特列嘉柯夫美术馆,藏有 11 世纪以来的俄罗斯圣像画、写生画、版画和雕刻等各种流派的精美作品。虽经连年战争和社会动荡,美术馆的收藏品却奇迹般地保存下来。瞿秋白不由得感叹,这里"名画如山积,山水林树,置身其中,几疑世外。兵火革命之中,还闪着这一颗俄罗斯文化的明星"。他深深地感到,"俄罗斯文化的伟大,丰富,国民性的醇厚,孕育破天荒的奇才,诞生裂地轴的奇变,——俄罗斯革命的价值不是偶然的呵!"②馆中的陈列品,既有俄国著名画家列宾的风俗画和历史画,也有属于现代派的未来主义的作品。具有中国传统美术功底的瞿秋白对于列宾等人细腻、逼真的画作,大为赞赏,驻足忘返。而未来主义的作品,画面"粗暴刚勇","神意由攸乐一变而为奋动,又带几分烦恼;粗野而有棱角的色彩,调和中有违戾的印象,剧烈忿怒的气概,急激突显的表显",这些画给瞿秋白"以鲜,明,动,现的感想"③。他在"赤都心史·黎明"里写道:在"资产阶级的艺术文化"暴露出其"阶级性、市侩气"而"渐渐恶化,怠化,纵恣化"的时候,"社会心灵的精彩"虽也根于同一总体社会生活,却不因"泥滋"的"秽浊"而无为,却能有"奇花异卉"之呈献,享人以"鲜丽清新"。他指的是对资产阶级没落文化有摧毁力的未来派艺术的发生。瞿秋白适逢其盛,热情赞扬:"那将来主义,俄罗斯革命后而盛行的艺术上之一派,——是资产阶级文化的夜之余,无产阶级文化的晨之初;他是春阑的残花,是冬尽的新芽"。他认为未来主义与传统艺术异趣,而皆有一席之地。列宁时期的苏俄,文化在某种程度上的开放,由此可见一斑。瞿秋白懂传统艺术,也理解现代艺术。他对世界新艺术的认识,直接取鉴和推介,远早于也高于同时代的中国艺术家。

①《瞿秋白文集》(文学编)第 1 卷,人民文学出版社 1985 年版,第 104 页。
②《瞿秋白文集》(文学编)第 1 卷,人民文学出版社 1985 年版,第 104 页。
③《瞿秋白文集》(文学编)第 1 卷,人民文学出版社 1985 年版,第 118 页。

经人介绍,瞿秋白与未来派著名诗人马雅可夫斯基见了面。马氏关切地问起中国文学,赠诗集《人》给瞿秋白。瞿秋白本具诗人素养,翻阅马氏诗歌,觉得它"无韵无格,避用表词,很像中国律诗之堆砌名词形容词,而以人类心理自然联想代动词"。《人》以"诞生"、"受难"、"升天"、"归来"等作为诗歌的小标题。其中一首《归天返地》,对人生有些像中国佛家所说修行功德以求正果的"回向"。马氏也是画家,他的诗"和未来派的画相应"。

瞿秋白在国家第二剧院观看了卢那卡尔斯基创作的话剧《国民》,台上的布景也是未来主义的,"内容却并非神秘性的,而是历史剧,演古代罗马贫民革命,且有些英雄主义的色彩"。大剧院里演出旧歌剧,"花露润融,高吟沉抑",余音绕梁;大剧院的建筑艺术也美妙壮丽。苏维埃政府把旧时艺术"都保存完好",瞿秋白很为欣慰。他说:"危苦窘迫,饥寒战疫的赤都,文化明星的光辉惨淡,然而新旧两流平行缓进,还可以静待灿烂庄严的将来呢"①。

刚到莫斯科时,报刊有关于无政府主义者克鲁泡特金病情的报道。2月12日,苏俄党和政府为克鲁泡特金举行隆重的葬礼。专车把克鲁泡特金的灵柩运到莫斯科,存放在圆柱大厅,数以万计民众前去向克氏遗体告别。第二天一早,李仲武收拾好照相器材,与瞿秋白、俞颂华同去参加送葬仪式。

无政府主义在俄国有如此深广的影响,引起瞿秋白的思考。他说:"无政府主义的俄国性,东方文化性,在俄国社会思想朴实的农民之中比较的发展,俄国式的智识阶级尤其欢喜空谈的无政府主义。"他应克氏的亲戚林德女士之请,创作了一幅画,并在画上题诗《秋意》一首,诗中有"自放灵光"、"光华万丈"等句,表达对新文化、新社会的信念。

为了解苏俄的文化教育观念,瞿秋白前往克里姆林宫,访问教育人民委员卢那察尔斯基。卢氏脸色灰白,衣着朴实,谈吐风雅,却又直截了当。卢氏介绍苏俄革新教育,扶植无产阶级文化的进程,说由于战乱,由于立宪民主党和其他右派消极而进展缓慢。不过近几年一些自

①《瞿秋白文集》(文学编)第1卷,人民文学出版社1985年版,第118—119页。

然科学研究成绩可喜,如锂原子成分研究、癌病的治疗等引起欧美各国的浓厚兴趣。荷兰科学院曾派学生过来,苏俄政府也派学生到欧美各国留学。谈起东方文化,他说,这是一个很有趣味的问题。第一,俄国横跨欧亚,和东方古老文化素有接触;第二,革命之前,俄国境内各民族是被压迫的,因而对于东方各民族极为同情。苏俄与狂妄自大的欧美各国不同,以极为平等的态度对待东方各民族,对东方文化尤感兴趣。为了促进东西方民族的互相了解,已设立一个东方学院。卢氏赞扬东方文化的古、美、伟大、崇高,而其宗教性,当自然消灭。卢氏侃侃而谈,兴致甚浓,因为要去开会才不得不中断了谈话,但意犹未尽,相约再谈①。瞿秋白从卢氏那里,听到了在新俄白匪叛乱、平叛枪炮"兵燹"之后的"弦歌"之声。

离瞿秋白住处不远,有托尔斯泰故居陈列馆。经俄国朋友介绍,瞿秋白等结识了托尔斯泰的孙女苏菲亚。她盛情邀请他们去参观陈列馆。苏菲亚和她的母亲安德莱夫人出面会见,还赠给俄文节译的《老子》等书籍。安德莱夫人说文化设施只要政治上无害,如托尔斯泰陈列馆等,政府都不干涉,有时还给资助。瞿秋白由此知道苏俄保护文化遗产的政策之实施。

几天后,为了答谢苏菲亚,瞿秋白特地画了一幅画,并题上一首五言诗:《"皓月"——题画赠苏菲亚·托尔斯泰女士》:"皓月落沧海,碎影摇万里。生理亦如斯,浩波欲无际。"②诗含哲理,又有宏放之美。

此后苏菲亚多次邀请瞿秋白、李仲武,到托尔斯泰的家乡"雅波"(雅斯纳亚·波良纳,俄语意为"明媚的林中空地",瞿秋白译为"清田村")庄园去。但直到 10 月间才成行。"雅波"位于莫斯科西南约 200 公里处,占地 300 多公顷,托尔斯泰在这里诞生。1882 年之前,托尔斯泰一家都居住这里,《战争与和平》、《安娜·卡列尼娜》等小说就在这里写成。1910 年他逝世后,被安葬在庄园的林间草地里。

15 日晨,瞿秋白一行到了托尔斯泰庄园访问。秋云微薄,桦树萧瑟,沿途两旁树林,红叶斑斓,微风吹来,令人心神畅逸。进入"雅波"庄

①《瞿秋白文集》(文学编)第 1 卷,人民文学出版社 1985 年版,第 122—126 页。
②《瞿秋白文集》(文学编)第 1 卷,人民文学出版社 1985 年版,第 137 页。

园,瞿秋白不由得肃然起敬。托尔斯泰的小女儿亚历山大、儿媳妇安德莱夫人热情接待。

房舍内陈设简朴。前厅摆放着五六个书橱,楼上的两间也堆满书籍。一切还如托氏生前,没有改动。在一个小过间的小圆桌上,还放着《读书一周记》。托氏生前每天早起后,先到这里写日记和语录数则,再去吃早饭。卧室里仅一床、一小桌和洗脸架。床头柜上放着半支蜡烛,那是托尔斯泰最后一次离家前的半夜里点燃的。这里存留着托尔斯泰活生生的气息。在书房里,瞿秋白惊奇地发现其中有一本汉英对照的老子《道德经》,是美国芝加哥出版的。书桌上有一大块刻有金字的碧晶石,是托尔斯泰被希腊教堂除名时一家工厂工人送的"贺礼"。墙上挂满照片,其中有一张是美国"候补总统"克洛斯倍的肖像。他曾特来谒见托尔斯泰,托尔斯泰劝他一番,他居然放弃竞选,并从此与托氏成为挚友。托尔斯泰式贵族,其独特的深厚文化精神和素养,自有魅力和足供后来新文化借鉴的价值。瞿秋白详细记述这里他感兴趣的一切,不唯亦属"忏悔的贵族"之共鸣,而且感到了文化"皓月沧海"般的意义。

后游览庄园。众人出了后院,安德莱夫人指着一棵大树说,托尔斯泰生前常常坐在此大树下,与贫农交谈,村里人都称此树为"贫者树"。拐进疏林间的小路,前方是托尔斯泰之墓。那只是一个孤零零的长方形的土堆,没有墓碑,只有他童年时栽下的几棵大树忠实地陪伴着。一些学生用落叶穿成一圈,放在墓上,众人低头致哀,这时风清日朗,白云悠悠,秋叶随风低吟。墓地与大自然浑然一体,让人感悟托尔斯泰浑朴的天性。

"雅波"之行,瞿秋白感受到残留着的旧时俄国贵族的遗风,旧梦依稀萦绕,领略到"旧时代的俄国"和俄罗斯农家浑朴的风气、氛围,也了解到知识分子与农民关系的复杂真实状况,加深了他对俄国传统文化和对当时社会文化丰富多样性的认识,加深了对列宁时期苏维埃政府较开放、宽容的文化政策的了解。瞿秋白相信,俄国农民问题和社会文化上的矛盾,"正在自然倾向于解决"①。

---

① 《瞿秋白文集》(文学编)第1卷,人民文学出版社1985年版,第198页。

在这年春夏之间，瞿秋白还切身感受了当时的苏俄现实，亲闻亲见苏俄决定新经济政策前后的经济政治状况，经受了澎湃赤潮的淘洗，助成了他新的世界观。

1921年初春，因前几年的战争，苏俄经济还十分困难。市民食物配给量又减少三分之一。农村实行余粮收集制，农民必须交出全部余粮，农民希望能够自由支配收获的粮食，自由出卖，政府却不允许，引起他们强烈不满。敌对势力借此煽动农民反对苏俄新政府。各地不断传来农民暴动的消息。

2月底，莫斯科暗中已处于戒严状态，俄共内部有人反对改变现行的经济政策，社会上出现"解散共产党"、改选苏维埃等口号。2月28日，俄国社会革命党人、白卫分子等和喀琅施塔得要塞炮兵司令（前沙皇将军）勾结西方列强，在曾被誉为"红色堡垒"的喀琅施塔得要塞发动武装叛乱，企图推倒苏维埃，建立资产阶级政权。这一武装叛乱延续半月余，至3月18日被平息。

3月8日至16日，俄共在莫斯科召开第十次代表大会。这次大会，克服阻力，决定推行体现农民利益的新经济政策。列宁在会上作了关于以实物税代替余粮收集制和党的统一等问题的报告，他说以实物税代替余粮收集制和发展商品流通，将会激发农民的积极性，提高劳动生产率；农业产量提高了，才能改善对城市的供应，保证大工业所需的粮食、燃料和原材料，这样也才能巩固无产阶级专政。大会通过了实物税代替余粮收集制的决议，会后开始实行新经济政策。

实行新经济政策以后，人民生活得到改善，市场交易复苏。莫斯科市民热热闹闹地迎来了俄国传统中最大的节日——复活节。家家摆上了丰富的食品，一些人开始在装修新的商店、面包房、咖啡馆了。瞿秋白现场体察复活节的盛大夜祭活动。幼儿园的小朋友穿着新衣服，大家不断欢呼。来往的电车披着红彩。全城千余个教堂的钟声响彻夜空。基督救世主大教堂举行复活节的繁复仪式，里外挤满了黑压压的人群。天亮后，教堂钟声仍然响着。走到红场，则感受到庆祝"五一"的气氛。沿街插着彩旗，搭起几处演讲台，一群群人跳舞欢庆，俄共（布）和苏俄国活动家领导人加里宁正在红场演说"五一"的历史。各国工人代表相继登台演说。共产党人的欢呼和礼拜堂的钟声同时震动着赤都,这两种声音代表着两种精神,瞿秋白"发生一种奇异的感想"。他认为:"假使莫斯科市民淡于五一节而热于复活节,更见着经济落后国家的守旧性,小资产阶级的心理的反映。"①他心仪共产主义,而冷静思考新旧社会心理的冲突。

6月22日晚上,共产国际"三大"在莫斯科大剧院举行开幕式,大剧院五千余个座位座无虚席,人人现出兴奋的神色,会场气氛非常热烈。季诺维也夫宣布开会,全场爆发如雷般的掌声。列宁被选为大会名誉主席。开幕式后,代表大会在克里姆林宫安德莱厅举行。出席这次大会的有52个国家百余政党和组织的六百多名代表,中共代表张太雷、杨明斋出席,瞿秋白以中国记者身份参加。

瞿秋白目击盛会,他记述了托洛茨基的《世界经济现象》提案和发言,描写了会场高昂的情绪。对列宁光辉形象的描写则更浓墨重彩:

> 列宁出席发言三四次,德法语非常流利,谈吐沉着果断,演说时绝没有大学教授的态度,而一种诚挚果毅的政治家态度流露于自然之中……

> 安德莱厅每逢列宁演说,台前拥挤不堪,椅上,桌上都站堆着人山。电气照相灯开时,列宁伟大的头影投射在共产国际"各地无产阶级联合起来",俄罗斯社会主义联邦苏维埃共和国等标语题词上,又衬着红绫奇画,——另成一新奇的感想,特异的象征。……列宁的演说,篇末数字往往为霹雳的鼓掌声所吞没。②

有一次,在安德莱厅走廊上,瞿秋白与列宁相遇,他喜出望外,上前请教关于东方民族和殖民地的问题。列宁指点几篇东方问题的材料,略谈了几句。他公事繁忙,略略道歉一声,匆匆离去。

瞿秋白继续关注十月革命胜利对于旧势力的巨大冲击和各种变化。德维里省苏维埃向一家牛奶厂厂主宣布没收其财产、房屋,这个厂主一再隐瞒、拖延,最终还是如数"充公";后来变成"承租小工厂的新资

---

① 《瞿秋白文集》(文学编)第1卷,人民文学出版社1985年版,第144—146页。
② 《瞿秋白文集》(文学编)第1卷,人民文学出版社1985年版,第162页。

产阶级了"。又如一个地主,始终不明白什么是"革命",对于没收财产一事,无论如何都想不通。常常可以看见他在小村尽头踽踽独行,不时指手画脚,口里"什么! 什么!",喃喃自语。瞿秋白不禁感慨,感叹这遍及全国的翻天覆地的巨变,认为这是"二十世纪历史的事业的第一步",在革命群众中凝聚着不可阻挡的伟大力量。

11月7日,瞿秋白到第三电力劳工工厂参加工人纪念十月革命的集会。忽然,大家看见列宁走上讲台,全场几分钟里寂静无声,"好像是奇愕不胜"。一会儿爆发出震天动地的掌声,欢呼声,……

> 工人群众的眼光……都注射在列宁身上。大家用心尽力听着演说,一字不肯放过。列宁演说时,用极明显的比喻,证明苏维埃政府之为劳动者自己的政府,在劳工群众之心中,这层意义一天比一天增胜,一天比一天明暸:
>
> ——"拿着军器的人",向来是劳动群众心目中一可怕的东西,现在不但不觉他——赤军——可怕,而且还是自己的保护者。①

然后托洛茨基也上台讲话。他以生动的比喻,激励人们要持续地努力奋斗,克服缺点,争取胜利。集会在雄壮的《国际歌》中结束。瞿秋白在这里深深感受到,"伟大的力量在生长"。他和集会上的工人群众一样兴奋,激动。

---

① 《瞿秋白文集》(文学编)第1卷,人民文学出版社1985年版,第203—204页。

第四章 忠实的报道和心路的历程

一、忠实的新闻记者

作为《晨报》和《时事新报》的记者,瞿秋白从 1920 年 10 月到 1922 年 8 月,除了 1922 年春因肺病吐血在高山疗养院疗养月余外,写了五六十篇通讯报道,发表和留存下来的有四十篇。采访的人物有领袖、教授,老妪、幼童,三教九流,各色人等;报道的内容涉及政治、经济、文化、外交、民族和一般市民生态等,接连发表于北京《晨报》和上海《时事新报》(其中两篇发表于《时事新报》)。他成为一名出众的驻外记者。

瞿秋白的通讯报道,对新兴苏俄的社会政治状况记述很具体,并作冷静的分析。他的通讯报道大多发表于《晨报》。另外还与俞颂华、李仲武一起发了三十多条专电。

40 篇通讯报道中,从哈尔滨到赤塔所写的是苏俄境外的见闻,间接报道了苏俄时事政治;抵莫斯科后所写是对苏俄共产党和国家状况直接的报道,其中一些篇什,多有分析和感想。1921 年 3 月底至 4 月上旬写的《共产主义人间化——第十次全俄共产党大会》一篇,长约 3 万字,从 6 月 22 日至 9 月 23 日在北京《晨报》连载,这是中国记者第一次详细报道俄共代表大会的通讯,介绍了苏俄政治、经济、民族、外交方针政策,译介了列宁、斯大林、加米涅夫、季诺维也夫等领导人的有关论述。在这篇通讯中,瞿秋白突出地报道和分析了这次大会苏俄"由军事时代过渡于和平时代"特殊的社会、政治状况,着重介绍大会关于新经济政策的决议,说明其意义和必将取得的效果。同时,冷静地分析说:"共产党实行课税法,原是希望农民多种田地增加农业的出产,而现在农民对于这一办法的感想究竟如何,还不可知。且看今年秋季的收获调查如何,才能知道这一政策的成败"。"由军事时代过渡于和平时代",实行新经济政策,俄共面临新的挑战,与资本主义各国妥协,利用外资,"由军事状态过渡至订约关系,中间的经过还非常复杂,请看下回分解吧!"党的建设方面也要解决许多遗留的问题和新问题,要提高执政能力,纠正党内无政府主义、工团主义等错误倾向。为此,瞿秋白节译了列宁对驳斥工团主义错误倾向的批评。

瞿秋白还以自己的理解和表达方式介绍了共产国际的创建、斗争和发展以及方针政策。他说共产国际的活动的依据,是马克思主义基本原则和战略思想:"马克思学说,社会改造的程序是:(一)世界的社会革命,(二)无产阶级独裁制,(三)建设全世界统一的大经济单位,然后全世界统行大生产的制度,化全世界人类为无产阶级,再组织一无国界无产阶级自由平等共产的社会。"

瞿秋白称赞苏俄政治"不失为一种贤人政治"。他说:"实行共产主义真是伟大,而且艰巨的'工程'。"他认为共产主义学说在苏俄的逐步实行,是人类文明发展史上一桩伟大事业,"共产主义从此不能仍旧是社会主义丛书里的一个目录了"。他希望"中国人亦应当用一用心",考虑走什么样的路才能使国家强盛起来。他说,对于中国,"俄国革命史是一部很好的参考书呵"①!

为了深入了解俄国对外关系,瞿秋白专门访问了苏俄政府通商人民委员会副委员列若乏(列扎瓦)。列扎瓦说,现在俄国与外国关系已经很好,与英国、德国、意大利、捷克已经或即将缔结通商关系协定;政府正在努力协理各种租借地,借外国资本来发展俄国工业。他着重说:"没有工业就没有社会主义,况且决不能在隔离状态中实行新村式的共产主义……当然并且必须和暂时没有打倒的外国资本家相利用,——发展工业培植无产阶级社会主义的基本;……看罢,是资本家胜呢,还

①《瞿秋白文集》(政治理论编)第1卷,人民出版社1987年版,第184—230页。

是我们?"瞿秋白显然欣赏和同意列扎瓦的论断,采访归来就写进他的《赤都心史》一书里①。他高度评价新经济政策的重要作用,认为苏俄正在"复活",这是无产阶级革命的第二篇②。

瞿秋白的通讯写作曾因病中断。1922 年 4 月 19 日,他从高山疗养院出院后,即写了《赤俄之第四年》,特地综述前一段时间的苏俄政局,叙述新经济政策实行以来如何克服了政治危机,罢工也没有影响经济发展;喀琅施塔得的叛乱也被平息③,保持了他的报道的连续性。

为了更具体回顾时事,紧接着的两天,瞿秋白连续写了篇报道,介绍 1921 年 12 月召开的全俄苏维埃第九次代表大会和 1922 年 3 月的俄共"十一大"。他想弥补失去的宝贵时间,拼命地工作,似乎忘了要继续调养还虚弱的身体。

他写的《第九次全俄苏维埃大会》大量摘译列宁关于新经济政策的报告,列举列宁报告中的许多经济数字,展现出"苏维埃制度加电气化"的诱人前景④。

瞿秋白报道和高度评价了苏维埃俄国外交政策的成就。他在欧洲经济财政会议前即赶写了通讯《一九二二年之西欧与苏维埃俄罗斯》,介绍列宁关于这是"做生意的外交"的决策,瞿秋白转述列宁的话说:"我们一定去,像商人去作生意一样,这等生意能怎样便宜,在政治上怎样正当,就怎样做去。"在会议期间发的通讯《莫斯科传来日诺亚会议情形》中,他尖锐地嘲笑了帝国主义列强之间,"一块烂骨头,抢来抢去,自己咬着自己的尾巴了!"他说:"四年以来,协约国对俄,始以军力,不成;继之以阴谋及经济封锁,不成;现在居然恭请到会,国际地位上,俄国实际上已得'事实上的政府'之承认。"瞿秋白还赞扬了苏俄政府支援被压迫和附属国人民的外交政策和国际主义精神⑤。

瞿秋白坚持真实地报道从战争状态转入和平建设、从战时共产主义政策转向新经济政策过渡时期苏俄现实,让中国广大读者了解苏俄

---

① 《瞿秋白文集》(文学编)第 1 卷,人民文学出版社 1985 年版,第 138—140 页。
② 《瞿秋白文集》(政治理论编)第 1 卷,人民出版社 1987 年版,第 255—286 页。
③ 《瞿秋白文集》(政治理论编)第 1 卷,人民出版社 1987 年版,第 302—309 页。
④ 《瞿秋白文集》(政治理论编)第 1 卷,人民出版社 1987 年版,第 311—320 页。
⑤ 《瞿秋白文集》(政治理论编)第 1 卷,人民出版社 1987 年版,第 331—341 页。

真实情况,唤起追求光明和幸福的信念:走苏俄之路,改造中国才有希望。同时,又并不回避苏俄所面临的重重困难和种种令人困惑的问题,并从俄罗斯历史文化积淀中探索深层的社会心理,加以分析,作出论断,常能发人深思。在客观叙述的同时,他常常抑制不住活跃的思维和感情的流露。这使他的通讯稿多是夹叙夹议,叙述、描写、议论和抒情融为一体,对读者很有吸引力。

二、《饿乡纪程》和《赤都心史》

从 1920 年 11 月初开始,瞿秋白还连续写作文学性散文(他称之为"随感录"),总题为《饿乡纪程》。1921 年 11 月 23 日,在莫斯科住处的病榻上写了跋,历时近一年。瞿秋白《饿乡纪程》的《跋》后附记里说:"这篇中所写,原为著者思想之经过;具体而论,是记'自中国至俄国'之路程,抽象而论,是记著者'自非饿乡至饿乡'之心程……以及心程中的起伏变化"。后又在《赤都心史》的《引言》中表白:"两书均是著者幼稚的文学试作品",为的是要让读者"看得见那一社会的心灵",同时"略见作者的个性"。这都说明它们是瞿秋白自觉的文学创作,与同时写的通讯报道不同。瞿秋白完全认同五四新文学运动中提出的现代文学观念:文学作品必须表现与突出作者的个性。

《饿乡纪程》的《绪言》,写于 1920 年 11 月 4 日。当时瞿秋白滞留于哈尔滨一家空气浑浊的小客栈里,而"抱着坚决的意志"',而决心"百折不挠"地进向莫斯科。《绪言》强烈地抒发出他对中国社会的特殊感受,对新生的苏俄的独特向往。《绪言》劈头写道:"阴沉沉,黑魆魆,寒风刺骨,腥秽污湿的所在,我有生以来,没见一点半点阳光,——我直到如今还不知道阳光是什么样的东西,——我在这样的地方,视觉本能几乎消失了;那里虽有香甜的食物,轻软的被褥,也只值得昏昏酣睡,醒来黑地里摸索着吃喝罢了。"这段关于"黑甜乡"的描写,很容易使人想起鲁迅在《呐喊·自序》中所说的漆黑的"铁屋子"。不过这个"我",并不是在"铁屋子"中"昏睡"的人,他渴望光明,想找到光明,心里有一种"奇异古怪的滋味","好像是一个疯子";这"疯子",又近乎《呐喊》第一篇《狂人日记》中的"狂人"。狂人是觉醒的反封建战士的象征。"我"也曾经是。但"我"又有所不同。不是在绝望中呼喊,"我"已看到"天地间放出一线微细的光明来了",并且决心自己动手,引来光明,照到自己的同胞身上。瞿秋白这样写道:"兄弟们,预备着,倘若你们不因为久处黑暗,怕他眩眼,我去拨开重障,放他进来。兄弟们应当明白了,尽等着是不中用的,须得自己动手。"虽然这光源所在的地方,现在是"冰天雪窖饥寒交迫的去处",也情愿"受罚'",去"为大家辟一条光明的路"。"我"坚信,光源能够找到,整个世界一定会变得"灿烂庄严,光明鲜艳";"一线的光明!一线的光明,血也似的红,就此一线便照遍了大千世界。遍地的红花染着战血,就放出晚霞朝雾似的红光,鲜艳艳的耀着。宇宙虽大,也快要被它笼罩遍了。""我"充满着战斗的勇气、乐观的情绪和坚定的信念。这是初步产生了社会主义信仰的新人才有的个性表现。记录自己的"心程",是《饿乡纪程》的主线。

因此,它的前四节几乎全是对自己过去生活道路和心灵历程的回顾。第五节之后,才写赴俄的"路程"和"心程",两者互相迭合,而重要的仍然是"心程"。最后,他对自己的心灵历程作了全面归结:要"返于真实的'故乡'",这"故乡",即指自己心灵的归宿,精神的家园,就是"饿乡",就是正处于饥寒之中而进向理想的社会主义社会的苏俄。这个结尾,与开头的《绪言》遥相呼应,进一步点明他赴俄的原因。后来,商务印书馆出版《饿乡纪程》时,将书名改为《新俄国游记——从中国到俄国的记程》,显然不能反映出这本散文集的主旨,落了俗套。

《饿乡纪程》的语言,表现出"幼稚的文学试作品"的面貌。五四初期,鲁迅、周作人、冰心、朱自清等大家的白话文学语言比较纯净和成熟,但很多新文学作品不同程度地显露出文言文句式的痕迹,议论的文字有些生硬、艰涩。不过从整体风格上说,他的色彩浓重、气势奔放、富于音乐性和节奏感的语言,与他的作宏大的社会观照、紧张的社会性思考和哲理性的景色描写相融合,形成了激越、雄浑的基调。这样的散文风格,在五四时期是不多见的。

1922年9月,作为文学研究会丛书之一,《饿乡纪程》在上海商务印书馆出版。《饿乡纪程》和接着写作的《赤都心史》,出版后很快就引起新文学界的注意，后更被认为是五四时期的优秀之作，一直在中国现代文学史上占有重要的地位。

瞿秋白于1921年2月到达莫斯科后，开始写作《赤都心史》。这是他的第二本散文集，其后半部分的写作时间与《饿乡纪程》的写作交叉，也稍后（同年11月）完稿。1924年6月，《赤都心史》也与《饿乡纪程》一样作为文学研究会丛书之一，在商务印书馆出版。当时在商务印书馆编译所工作的沈雁冰对这两本集子印象很深，"觉得这两部书的书名是一副对联，可以想见作者的风流潇洒"①。瞿秋白称《赤都心史》是自己"心弦上乐谱的记录"，"心理记录的底稿"，内中有深入的自我剖析，上文已多处提及。《赤都心史》思考变得更加深入，感情更自然深沉，在表现方法和白话文学语言的运用上，更灵活多样，更加纯熟和简练了。

《赤都心史》与《饿乡纪程》在文体和风格上有些不同。《饿乡纪程》是连续不断的长篇的"随感录"，充满紧张的思考印记。写《赤都心史》时，可能因为作者已到达了目的地考察，态度变得沉静起来，

《赤都心史》总体上近于日记体，一日一记，写法上不拘一格，或叙或议，有的是叙事小品，有的是短诗，有的是抒情散文，有的是游记，有的是速写，有的则如同杂文。几乎每篇都是"心史"之一斑。例如在《饥》一节里，一方面赞扬劳农政府含辛茹苦救济灾民，斥责资产阶级商人和欧洲的资产阶级政客此时暴露了"麻木的神经，暗黑的良心"。又如《离别》一节，描述了高山疗养院里庆贺新年时，医生、职员、"女役"一同游乐的景象之后，写道："赤俄革命后的社会生活，更进一层，混以前相异的社会为一，女役，——在中国不过老妈子罢了——和医学博士携手同歌呢"，认为这才是"高尚优美的生活"，流露出对苏俄社会性质和革命意义的赞赏。以上种种，都表达得很简洁，其实都很透辟地写出了他的思考所得，很深入地表达出他的情感变化。前述他对列宁演说和听讲群众的热烈反响的简洁而生动的描写，显然更反映了他自己内心的巨大波澜，表达出他对列宁这位伟大的、深受工农群众和革命者爱戴的无产阶级领袖的崇敬。

① 茅盾：《我走过的道路》（上），人民文学出版社1981年版，第226页。

《赤都心史》中还有不少篇章,专意于审视自己"心史"变化的过程。由于注重于自我解剖、心灵感受,对于社会现实的反映,比之于《饿乡纪程》,退居到次要的地位。所涉及的外部社会,多是与自己的"心史"直接相关的十分具体的社会日常生活、名不见经传的普通群众、并不能载入史册的故事传闻,从中传达出他细微曲折的感受。其中的短诗、抒情散文和杂文等篇章,还几乎不直接触及社会现实,纯然是内心的独白,处处是哲理的探求和深刻的自我解剖。

书的最后两节《新的现实》和《生活》,更站在哲学的高度,既解剖自己,又综观中国辛亥革命以来的"社会思想史",谈自己对历史唯物论和无产阶级为人类文化发展所担负的历史使命,认为中国青年应当去取得这"现实世界中'奋斗之乐'"。

瞿秋白在《饿乡纪程》和《赤都心史》中,实现了自己的写作意图,清晰地勾画了自己的心程,表现出鲜明的个性,堪称真正的文学作品。而所表现出来的个性,不同于当时一般民主主义作家,充溢着对社会主义的热烈向往和乐观信念,更富于时代精神,因而在新文学史上占有一个突出的地位。长久以来,不少评论者虽然说《饿乡纪程》和《赤都心史》在现代文学史上有重要的地位,但在具体分析中,却并没有真正把它们当作文学作品来对待。他们首先总是着眼于它们对苏俄革命现实的反映,主要推崇它反映得如何真实以及如何宣传了社会主义等等,忽视了这两本集子作为文学作品的情感线索、心灵内容。如果就他们所注重的内容和社会政治意义而言,瞿秋白同时写的四十多篇通讯报道已经做到了,瞿秋白还有什么必要来写这两本散文集子呢?另有一些论者,比较重视它们的文学性质,然而称它们是"报告文学",这也是很不准确的。报告文学作品虽然也可以表现作者对于人物事件的独特感受和理解,但总是把新闻性放在第一位,而不是以反映作者自己的心灵历程、突出自己的个性为目的的,更不会用很多篇幅叙述自己的家庭身世、生活经历。

《赤都心史》和《饿乡纪程》,作为文学作品,它们的语言还不很圆熟,然而其连续不断的哲理性的思索,富有阶级和时代特征的人物刻画,热烈的战斗的抒情,激越、雄浑的基调,展现出一片新的文学天地,在五四初期的文学作品中,与众不同,显示出瞿秋白绝不平庸的创作才情。

第五章 新时代的"活泼稚儿"

一、"世间的'唯物主义'"①

瞿秋白具有浪漫的诗人气质,但同时也深知现实世界的复杂多变,不作玄想,看重事实。他在赴俄途中,逐步得苏俄的"空气"、"事实"、"理论"之后,深有所悟地写道:

> 社会是整个的具体的,……来俄之前,往往想:俄罗斯现在是"共产主义的实验室",仿佛是他们"布尔塞维克的化学家"依着"社会主义理论的公式",用"俄罗斯民族的原素",在"苏维埃的玻璃管里",颠之倒之试验两下,就即刻可以显出"社会主义的化合物"。西伯利亚旅行的教训,才使人知道大谬不然。
>
> "只有实际生活中可以学习,只有实际生活能教训人,只有实际生活能产生出社会思想,——社会思想不过是副产物,是极粗的现象。"②

到了莫斯科之后,瞿秋白一方面怀着社会主义革命必将胜利的信念,另一方面进行实事求是的考察和推断,不是只找光明,不看阴影。他写的大量关于苏俄现实的报道,全面、真实,坚持"世间的唯物主义"的态度。

共产主义唯其不是空想的乐园,而是人间的社会,它的发展过程中

---

①《瞿秋白文集》(文学编)第 1 卷,人民文学出版社 1985 年版,第 31 页。
②《瞿秋白文集》(文学编)第 1 卷,人民文学出版社 1985 年版,第 93 页。

不免产生各种困难和某些弊病,克服困难和弊病,需要决心和勇气,也必有流血牺牲。瞿秋白如实描写了所见所闻。1921年东俄旱灾,灾区非常大,瞿秋白转述的灾区通信里说:"一堆一堆饥疲不堪的老人幼童倒卧道旁,呻吟转侧","啮草根烂泥","竟有饥饿难堪的农家,宁可举室自焚","还有吃死人肉的呢!"①当时西方新闻记者据此把苏俄社会主义制度描绘成人间地狱。瞿秋白则一方面如实叙述灾区的惨况,同时也报道苏俄政府如何全力救灾:"劳农政府设着种种方法力图救济……各城市中呢,举行音乐会,演剧,募捐;学生,赤军,医生,看护妇热心参加。职工联合会组织募捐队,又到灾区去调查。请外国红十字会来俄考察赈助"。他谴责借俄国灾荒施展阴谋反对苏俄的欧洲资本家的行径,他说:"几百万人的性命在文明人眼光里算得什么!";苏俄国内资产阶级是"欧洲政客的同类",有些贵族老爷想借"赈灾会"名义"出境,却不肯到困苦的灾区去"。

瞿秋白以严肃的科学态度,去研究科学的社会主义学说,考察革命后的俄罗斯。他对社会主义学说的学习与信仰,与偶像崇拜和教条迷信不同。他总是周密调查和深入思考,得出符合实际的结论,而不简单地下结论。

苏俄国家机关中的官僚问题仍然严重。瞿秋白在采访中得知,一位小学女教师因为口粮不够吃,临时兼职,求得一点口粮,被送上法庭。而审判官们每人竟然至少超额领取了七份口粮。一位营官作弊贪污五百万苏维埃卢布,营长和委员长起初假装不知。委员长夫人因未得贿赂才揭发出来。瞿秋白的报道也如实写出这种阴暗面。

苏俄社会的农民问题、官僚问题、宗教问题,究竟是如何造成的?引起了瞿秋白的沉思。他试图用历史唯物主义观点,探索和分析它们的社会历史根源。他指出农民的反抗,民众的迷信,是旧俄这个经济落后国家的守旧性,小资产阶级心理的反映;而官僚贪污作弊,则是植根于封建遗毒,东方式专制政体。由此,他论到"俄罗斯东方式的国民性",指出:原来俄罗斯民族本较西欧各民族包含些东方性。譬如沿街

---

① 《瞿秋白文集》(文学编)第1卷,人民文学出版社1985年版,第171页。

小便,戏院里吸烟室里烟灰火柴满地,约人常常失信,这还都是小节。下级官吏的作弊受贿,更是俄皇时代遗传下的"成绩"中最显著的一点。"因有社会经济的根源,只在变化不在消灭,革命的巨潮如此汹猛尚且只扫刷得一些"①。可喜的是,无产阶级新文学已为官僚主义画像,共产党的报纸更努力攻击官僚主义。历史性的变革,必将带来新的建设,新的生活。瞿秋白向人们说明:"共产主义是'理想',实行共产主义的是'人',是'人间的'。他们所以不免有流弊,也是自然不可免的现象。如单就'提携小民族,使越过资本主义的过程而并达于共产主义'的大政方针,及他们首领的深自警惕,抱定宗旨,不折不挠的去实行,这种态度看起来,虽不能断定他们最后的成功,然而必是见他们实行自己的理想而并且能深切研究实际生活中之状况及对付它们的相当办法。这是中国人所应当注意的。"②他的通讯,高度评价了新经济政策对巩固工农联盟,发展社会生产力的巨大功绩:"劳农政府从实行新经济政策以来……国内经济生活都因自由商务的开放而渐渐发展"。

瞿秋白在《赤都心史》的最后两篇,从哲学的方法论上作了归结。他说:

> 现实是活的,一切一切的主义都是生活中流出的,不是先立一理想的"主义"……真正浸身于赤色的俄罗斯,才见现实的世界涌现,……③

1921年5月,张太雷来到了莫斯科。几个月前,张太雷与杨明斋作为中共代表,建立共产国际远东书记处中国科。在远东书记处还参加筹备朝鲜共产党成立大会的组织工作,5月初大会召开时,张太雷为主席团成员,代表中国共产党致祝辞。他们到莫斯科来,参加共产国际"三大"的筹备。

5月(或说6月)里,经张太雷介绍,瞿秋白加入了共产党,同年9月正式入党。6月下旬,他就协助张太雷起草中国共产党准备在共产国

①《瞿秋白文集》(政治理论编)第1卷,人民出版社1987年版,第194页。
②《瞿秋白文集》(文学编)第1卷,人民文学出版社1985年版,第166页。
③《瞿秋白文集》(文学编)第1卷,人民文学出版社1985年版,第247—248页。

际"三大"作的长篇报告,介绍中国国内的情况。后因会议时间的限制,张太雷仅作了五分钟的发言,未能宣读长篇报告。

9月,瞿秋白到东方劳动者共产主义大学担任翻译兼助教。东方大学是为苏俄东部地区和世界东方的中国、朝鲜、蒙古、伊朗、土耳其等国培养革命干部的学校。瞿秋白在该校中国班任俄文课翻译,同时教授俄语和当唯物辩证法、政治经济学课程助教。刘少奇、任弼时、罗亦农、肖劲光、胡士廉、梁柏台、蒋光慈、曹靖华、韦素园、彭述之、许之桢等三十多人为中共派来的第一批学员。这些学员中有许多人基础很差。瞿秋白以通俗易懂的方法,有针对性地讲解。替俄国老师翻译时,他的发音清晰,用词准确,举止斯文,待人又热情,很快在学员中赢得很高声誉。由于劳累,他肺病加重,脸色苍白,有时讲话连气都接不上来,被送进高山疗养院疗养过一段时间。

入党以后,瞿秋白更多地参加了国际共产主义运动的工作。1922年1月21日,共产国际在莫斯科召开远东各国共产党及民族革命团体第一次代表大会,又称"远东劳动人民代表大会"。张太雷是大会组织者之一,瞿秋白也作为中国代表团成员兼会议工作人员参加大会,与李仲武等担任繁忙的翻译和会务工作。2月2日,"远东大会"移到圣彼得堡举行闭幕式。瞿秋白亲眼目睹了隆重的闭幕式。代表们满怀激情的发言,会场上热烈的掌声,欢呼声,使他觉得好像震动了遥远的中国万里长城。11月5日至12月5日,共产国际"四大"在圣彼得堡开幕(后移至莫斯科),由陈独秀(代表中共)、刘仁静(代表青年团)、王俊(代表工人组织)组成的中共代表团参加。瞿秋白以代表团工作人员身份参加。列宁亲临指导,作长篇报告《俄国革命的五年和世界革命的前途》。列宁走进会场时,全场立即沸腾,大家激动地站起来,不约而同地用各种语言高唱《国际歌》,团结战斗的气氛令人振奋。列宁讲到,外国同志对俄国经验要抓住主要的和基本的东西学习,一定要与本国的具体情况结合起来。列宁的报告给瞿秋白留下深刻的印象。刘仁静代替陈独秀在会上作了关于中国形势的报告,讲中共决定同国民党建立反帝统一战线等。

瞿秋白等担任大会的中文翻译。他为陈独秀等作翻译,与大家朝夕相处，配合密切。大会闭幕后，陈独秀带着中共"二大"的文件，由瞿秋白陪同，来到东方大学看望中国班学员。大家争先恐后地向陈独秀提出各种问题，陈独秀一一作答。陈独秀与瞿秋白相处这一个多月后，回国前力劝瞿秋白回国工作。瞿秋白听从了陈独秀的意见。

在这大半年里，瞿秋白常常病体支离，不免思乡，时生烦闷，曾产生回国的打算。但他不断战胜病苦，坚持下来了。已经深入内心的共产主义理想和自我磨练的愿望给他毅力。他曾在得到弟弟云白的信时，忆起家庭破落后的痛苦愁惨，十分伤感。然而他相信："总有那一天，所有的'士'无产阶级化了，那时我们做我们所能做够做的！总有那一天呵……"①

病情稍轻时，瞿秋白更勤奋地工作。他写道："肺痨是要'养'的。可是我一天不读，一天不'想'，就心上不舒泰，——不能不工作，要工作。"一天，一个中国工人请他和朋友吃饭，这工人是皮包匠，有一个俄国妻子。他们热热闹闹谈笑，对温饱的生活颇为满意。瞿秋白"暗暗的想，他们——非智力的劳动者，——即使有困难苦痛，大概永没有我这一种……'烦闷'呵"。怎么"无产阶级化"？他想得很多。《心灵之感受》详细记述了一位红军战士的谈话。这位红军战士，十月革命前曾参加对德战争，革命后在国内战争时当一个村的苏维埃秘书，历经战乱苦难。他最深的人生体验，是有一次深夜两点钟从火车站回家路上，替一位老妇把一大袋马铃薯背着送她回家后，才回自己的家。他感到"初下站烦闷的心绪反而去掉了。自己觉得非常舒泰，'为人服务'，忘了这'我'，'我'却安逸，念念着'我'，'我'反受苦。"②瞿秋白说这是一次"哲学谈话"，他对这位红军战士的"心灵之感受"深有领悟。

瞿秋白还以《"我"》为题，分析个体自我与社会群体的关系，认为要在解放人类中实现自我的志向。他说，应当"发展自己的个性"，但如只想着发展个性，那会"失去进取的创造力"；应当在"人类进步的过程中，或能为此过程尽力，同时实现自己的个性"。他"期望'我'成一人类新文化的胚胎"，摒弃"资产阶级的市侩主义"和"东方式的死寂"。他于是

①《瞿秋白文集》（文学编）第1卷，人民文学出版社1985年版，第248页。
②《瞿秋白文集》（文学编）第1卷，人民文学出版社1985年版，第211页。

第五章 新时代的『活泼稚儿』

宣言：

> "我"不是旧时代之孝子顺孙，而是"新时代"的活泼稚儿。

> 固然不错，我自然只能当一很小很小无足轻重的小卒，然而始终是积极的奋斗者。

> 我自是小卒，我却编入世界的文化运动先锋队里，他将开始人类文化的新道路，亦即此足以光复四千余年文物灿烂的中国文化。①

他还曾作如下的的自我分析和自勉："我生来就是一浪漫派，时时想超越范围，突进猛出"，然而又"自幼倾向于现实派的内力，亦坚固得很，'总应当'脚踏实地，好好的去实练明察，必须看着现实的生活，做一件事是一件。"②他要在现实中、在群众斗争中发展自我，而不能陷入"无谓的浪漫"，不做剧烈的社会斗争中的"多余的人"。

1922 年 1 月 29 日他在参加远东大会期间，度过他二十三岁生日。在克里姆林宫的饭厅就餐时，他听到一位"革命潮中之过来人"对如火如荼的"革命的怒潮"的描述和体验，他自己也激情澎湃，仿佛看到"群众的伟力"、"赤色的晓霞"，他说那是"神明的太阳"——"革命赤日"的先声；可以预想，"明年后年，暑日初晨之远东——那不都有'晓霞'么？"③"远东"文明古国中国，不也会迎来革命的赤日吗？

二、党刊主编和编辑

1922 年 12 月，瞿秋白应陈独秀的要求，跟随陈独秀回到中国。他们于 1923 年 1 月 13 日抵达北京。

瞿秋白仍住到堂兄瞿纯白家里。瞿纯白希望瞿秋白进外交部，北京政府外交部也准备聘用他，薪金丰厚，但瞿秋白拒绝了。李大钊想介

---

① 《瞿秋白文集》（文学编）第 1 卷，人民文学出版社 1985 年版，第 182、173—175 页。
② 《瞿秋白文集》（文学编）第 1 卷，人民文学出版社 1985 年版，第 212—213 页。
③ 《瞿秋白文集》（文学编）第 1 卷，人民文学出版社 1985 年版，第 219 页。

绍他到北京大学俄语系任教,但北京大学迟迟不发聘书。5 月下旬至 6 月,他与张太雷协助共产国际代表马林起草中共三大决议,参与大会筹备工作。这对后来瞿秋白的政治生涯有重要的影响。

在瞿纯白家里,瞿秋白常常伏案工作到很晚,翻译共产国际有关文件和撰写文章。早上起来较迟,不大外出。空闲时,与侄儿侄女讲讲苏俄见闻,教唱苏联歌曲。

这时他重译了《国际歌》。此前,《国际歌》已有几种中文译词,他的好友耿济之、郑振铎就合译过,题为《第三国际党颂歌》,刊登于 1921 年 5 月 27 日《民国日报·觉悟》以及同年 9 月出版的《小说月报》"俄国文学专号"上。那是作为诗歌来翻译的,共有 9 节,每节 4 行,与别国通行的分节不同,没有配上曲谱,不便唱。瞿秋白想要译成能按《国际歌》曲谱唱出来的中文歌词。他坐在小风琴前,边弹琴边吟唱,不断斟酌修改,逐渐做到顺口易唱,直到自己满意为止。他的译词,配上曲谱,1923 年 6 月 15 日在他主编的《新青年》季刊创刊号刊登出来。这一年,上海大学庆祝"双十节"时,他就按自己的译词引吭高歌,唱出了磅礴的气势,激越的感情,深深地感染了与会者。

瞿秋白在译词后写了一个附语:

> "国际"一字,欧洲文为"International",歌时各国之音相同,华译亦当译音,故歌词中凡遇"国际"均译作"英德纳雄纳尔"。此歌自一八七〇年后已成一切社会党的党歌,如今劳农俄国采之为"国歌",将来且成世界共产社会之开幕乐呢。欧美各派社会党,以及共产国际无不唱此歌,大家都要争着为社会革命歌颂。①

瞿秋白有时住在族叔瞿世英的家里。瞿世英已在燕京大学读研究生毕业,任北京大学助教。叔侄重逢,也与郑振铎、耿济之等一起参与文学研究会的工作。郑振铎、瞿世英、耿济之等参与发起的文学研究会于 1921 年 1 月 4 日在北京中央公园正式成立。那一天,虽然瞿秋白已在驶向赤塔的火车上,但因为他实际上参与研究会的酝酿,所以在《文学研究会会员录》中,他是被列为第 40 号的正式成员,先于同年入会的

---

① 《瞿秋白文集》(文学编)第 4 卷,人民文学出版社 1986 年版,第 423—424 页。

朱自清(59 号)、冰心(74 号)、朱湘(90 号)等人。

郑振铎见到好友瞿秋白,满心喜欢,拿出自己翻译的俄国萨文柯夫(笔名路卜洵)的中篇小说《灰色马》给他看,又谈起自己撰写的《俄国文学史略》,邀他添写一章《劳农俄国的新作家》,他欣然同意。瞿秋白先写了《〈灰色马〉与俄国社会运动》,认为《灰色马》是"社会革命党陈列馆"的优秀成果(这篇文章在 1923 年 9 月《小说月报》发表后,又用作郑振铎译作的序言)。第二天起,他精心校阅郑振铎的《俄国文学史略》,再加写《劳农俄国的新作家》(原题《劳农俄国的新文学家》一文,也发表在 9 月出版的《小说月报》上),列为该书的第十四章。

后来,瞿秋白很少见到郑振铎等早年文友。他们却一直关注着他。

郑振铎回忆说,三十年代初,"……我们已经不大见面了,偶然见了一面,我也从来不去打听他的住处,甚至有几次在街头遇到了,他戴着鸭舌帽,帽檐低压着眉稍,坐着洋车,疾驶而过,我们只是彼此望了一下,连招呼也不打"。他英勇就义后,他们以各种方式纪念他。多年后,郑振铎还动情地说:"秋白的削瘦而苍白的脸,带着很浓厚的常州口音的谈吐,还是活生生的活在我的心上,活在所有他的朋友们、同志们的心上。"①

回国之初的数月,瞿秋白写得最多的还是政论文章。1 月 27 日,他就写了一篇重要政论《政治运动与智识阶级》,同月 31 日发表在中共中央政治机关报《向导》周报第 18 期上。文章说,中国先进的知识分子在五四运动中发挥了很大的作用,但有些人对此估计过高,没有看到知识分子的阶级分化及其复杂性,而忽视了工农群众的力量。他说知识分子的一部分是以议员、政客为职业的士绅阶级,另一部分是经受"欧风美雨"熏陶的学校师生、银行职员等,这是新的智识阶级,其中青年学生是最新鲜的血液。青年学生在新的智识阶级中,官僚在旧的智识阶级中,分别占重要的地位,前者是"民治派的健将",后者是"专制派的镖师"。他们为不同的阶级服务,代表不同的社会文化。他说,新的知识分子应当对劳动平民负"重大的责任",应当做"社会的喉舌","平民的

---

① 郑振铎:《回忆早年的瞿秋白》,《文汇报》1949 年 7 月 18 日;郑振铎:《记瞿秋白同志早年的二三事》,《新观察》1955 年第 12 期。

一次。"①胡适很希望瞿秋白在学术方面有所作为,介绍他去上海商务印书馆当编辑,做学问。

瞿秋白返回上海,商务印书馆表示可安排瞿秋白为各杂志约稿,兼编辑小百科丛书和译著。这是一个不错的职业。但是,瞿秋白谢绝了胡适的好意,认为"假使为我个人生活,那正可以借此静心研究翻译,一则养了身体,二则事专而供献于社会的东西可以精密谨慎些"。表示他已决定参与筹办新型的上海大学,虽然其"薪俸是极薄的"②。

上海大学位于狭窄的青岛路(今青云路)309 号至 317 弄。校舍是老式石库门二层楼房,约十几间,弄堂门朝南,弄堂门即校门,人称"弄堂大学"。学校与居民住处混杂在一起,有人戏言,"晨听马桶音乐,午观苍蝇跳舞"。后学生增多,另选西摩路(今陕西北路、南阳路口东首)一处房屋作为新校舍。

上海大学的前身是私立东南高等师范专科学校,1922 年春创办,后来学生不满于这所学校校政混乱,掀起学潮,驱逐了校长。有些学生希望共产党来接办学校。中共中央认为,还是请国民党出面来办,有利于学校发展,筹款也方便些,主张学生派代表力邀于右任。

于右任与邵力子等人商量,于右任等认为办好这所学校可为国民党培养干部,答应下来,并将学校改名为"上海大学"。

1923 年 4 月起,于右任邀请国共两党要人、社会名流有李大钊、汪精卫、胡汉民等到校演讲,并商谈如何办好上海大学。李大钊推荐他的学生邓中夏前来协助办学。邓中夏于四月到校任总务长。随后,瞿秋白也被中共派来学校,起初担任学务长,后任社会学系主任。

陈独秀支持瞿秋白和邓中夏等共产党人到上海大学工作,蔡和森、张太雷、任弼时、萧楚女、恽代英、董亦湘、李汉俊、沈雁冰、高语罕、蒋光慈、郑超麟、彭述之等先后到校授课,其中有不少人分别是中共中央、中共上海地委和青年团中央的负责人。孙中山对上海大学也寄予厚望,亲自批准每月拨款资助。为筹募经费,1923 年 8 月,上海大学特设校董会,孙中山担任名誉校董。新的上海大学成为国共两党培养革命人才

① 耿云志:《胡适年谱》,四川人民出版社 1989 年版,第 122 页。
②《瞿秋白文集》(文学编)第 2 卷,人民文学出版社 1986 年版,第 413—414 页。

的学校。

瞿秋白悉心撰写了《现代中国所当有的"上海大学"》一文,7月下旬寄给上海大学同事俞平伯,请他提意见。7月底,瞿秋白写信给在杭州的胡适,说"我们和平伯都希望'上大'能成南方的新文化运动中心"。

《现代中国所当有的"上海大学"》论办学宗旨、方针,对系科和课程设置、教学改革等提出看法和建议,认为:上海大学必须致力于中国新文化建设和发展,顺应众多热血青年学子的要求,使学校更有号召力和凝聚力;其职任是研究社会科学和形成新文艺的系统;"养成建国人才,促进文化事业",应是上海大学的办学宗旨。根据这个办学宗旨,主张设立两个学院:社会科学院和文艺院。社会科学院设社会学系、政治学系、法律系、哲学系、史学系;文艺院再分为两大部分:其一、文学部分:中国文学系、英文系、俄文系、法文系、德文系;其二、艺术部分:绘画系、音乐系、雕刻系。文章还建议建立自由讨论的研究会,力戒死背教科书,要发展个性,学以致用,将学到的科学方法和知识运用于实际生活,走出书斋,过"社会公民生活"①。显然,瞿秋白吸取了国内外大学的办学经验和符合时代发展潮流的教育、教学理念,不仅注重专业,而且注重边缘交叉学科的建设和方法论的教学,以提高学生的综合素养。该文的主张在中国现代教育史上应占有重要的地位。

上海大学采取集体领导、民主办学的原则。瞿秋白担任了行政委员会委员、上海大学丛书审查委员会委员、经济学系筹备委员等。之后他还被推定为社会学系主任。

邓中夏、瞿秋白和邵力子等注重师资队伍整顿与建设,请思想进步、学识渊博的郑振铎、朱自清、田汉、刘大白、傅东华、周建人、丰子恺等来校任教。一年多时间全校就聘请了八十多名教师(包括中学部二十多名),壮大和优化了师资队伍。从此,全国各地大批优秀青年学子慕名而来,最多时达到四百多人。

教师队伍里的共产党人,既是师长,又是学生的同志和朋友。学生一面读书,一面从事校内外的革命活动。全校学生还组织各种类型的

①《瞿秋白文集》(政治理论编)第2卷,人民出版社1988年版,第126—138页。

社团,有探讨社会问题的研究会,有结合专业的学术团体等。有些社团自办刊物,活跃思想,对校外的宣传活动也开展起来。短短一年多时间,上海大学就办成了名副其实的新型高等学府。在第一次国共合作时期,培养了大批干部,成为传播马克思主义的园地,反帝爱国运动的堡垒。

瞿秋白主持的社会学系在全校最具特色。系里聚集了共产党的不少教育家和理论家;开设课程也最多,有辩证唯物主义和历史唯物主义、通俗资本主义论、科学社会主义、社会学原理等。社会学系以马克思主义武装学生,这在当时全国高等院校里是独树一帜的。

瞿秋白在学生中有很高的威信。他教的课程是《社会哲学概论》和《现代社会学》,学生们都喜欢听他的课。教室里往往挤满了人,窗外和门口都站满了慕名而来的其他系的学生,有时其他大学的共产党员和积极分子也来听课。他总是事先把讲义发给大家,上课时不照着讲义念,而是另补充很多活的材料来讲解。学生水平参差不齐,为了让大家都能听懂,他引用中外古今丰富事例,深入浅出地讲,密切结合现实斗争,讲得引人入胜。这两门课的讲义后来纳入他主编的《社会科学讲义》系列,1924 年春由上海书店印行。

后来成为著名作家、教授的施蛰存,当时刚进入上海大学,在中国文学系就读,与戴望舒同桌,前面坐的是一排女同学,其中有丁玲、王剑虹等。他也来听瞿秋白讲社会学,瞿秋白中西贯通,引经据典,滔滔不绝,给他留下很深的印象。田汉讲授外国文学,他的口才令人不敢恭维,与瞿秋白两人形成鲜明反差。多年后施蛰存写了一首诗:"滔滔不竭瞿秋白;讷讷难言田寿昌。六月青云同侍讲,当时背影未曾忘。"[1]

瞿秋白主持的社会学系出了一大批马克思主义的社会科学著作,蔡和森的《社会进化史》,邓中夏的《中国劳工问题》,恽代英的《中国政治经济状况》,施存统的《劳动问题讲演大纲》,萧楚女的《中国农民问题》、《外交问题》,杨贤江的《青年问题》,董亦湘的《唯物史观》、《民族革命讲演大纲》等等。他们的讲授和编写的讲义,弥补了党的早期理论建

---

[1] 施蛰存:《怀丁玲诗四首》,《施蛰存散文丙选》,黑龙江人民出版社 1998 年版。

设的不足,提高了党员的理论水平,促进了马克思主义理论探索与中国革命实践的结合。

社会学系的不少学生是学校学生会的骨干,组织和推动学校的各种活动,而且积极参加校外的革命斗争。其中涌现出著名的共产党人如黄仁、何秉彝、刘剑华、龙大道、李硕勋等,他们先后为革命献出了宝贵的生命。

黄仁是最早牺牲的一个。10 月 10 日,上海各界 30 多个团体在河南路桥北的天后宫举行双十节纪念大会。黄仁、林钧等上海大学学生被国民党右派唆使的流氓分子殴打。黄仁从两米多高主席台上被推下,伤势严重,送进宝隆医院(原在白克路 22 号,现长征医院),不治身亡。"黄仁事件"引起社会强烈反响,各界人士纷纷举行集会声讨暴力肇事者,慰问受伤学生。上海大学学生会发表通电,公布"黄仁事件"的真相。瞿秋白受中共中央委托,写信给鲍罗廷,披露国民党上海执行部和上海大学内部分化、冲突的内情,并在国民党上海执会第十六次会议上提出要认定殴打反帝反军阀演说者是"反革命行动"的提案。

上海大学的革命活动使反动当局恐慌不安,12 月 9 日下午,公共租界工部局警务处和静安寺巡捕房包探突然搜查上海大学和瞿秋白等师生宿舍,搜去了大量"排外性质书籍"、"社会主义性质之俄文书籍"。警务处的报告说:"所发现的证据却明显地说明了该校约 300 个学生的大部分是共产主义的信徒。"为此,代理校长邵力子被传讯,瞿秋白被通缉,搜到的书籍都被付之一炬。

幸好一个月前瞿秋白已从慕尔鸣路住处搬走,避居在先施公司职员孙瑞贤家里。这时期被组织上指定为瞿秋白的联络员的杨之华,向瞿秋白报告上海大学被搜查的情况,瞿秋白在苏俄时省吃俭用买来的许多外文书籍被烧毁了。瞿秋白放下笔,站起身,在窄小的阁楼里来回走着,激动地说:"书可以被烧掉,革命的理想是烧不掉的!"

瞿秋白在上海大学期间,还对中国早期革命文学的提倡作出了贡献。1922 年 5 月中国社会主义青年团第一次全国代表大会的决议已使用无产阶级艺术这个观念,这个决议说要"使学术文化成为无产阶级化"(决议载《先驱》半月刊第 8 号)。瞿秋白在 1923 年 6 月《〈新青年〉

之新宣言》一文中，比较具体地论述了振兴"无产阶级艺术"的问题。他说要"以科学方法"研究文学，指出"资产阶级的'诗思'，往往有颓废派的倾向，此时社会的反映，与劳动阶级的心声同时并呈，很可以排比并观，考察此中的动象；亦可以借外国文学相当的各时期之社会的侧影旁衬出此中的因果。尤其要收集革命的文学作品，与中国麻木不仁的社会以悲壮庄严的兴感"①。

1923年11月至12月，共产党人秋士、济川、邓中夏、恽代英、萧楚女等连续写了不少提倡"革命文学"的文章。1923年12月，瞿秋白也发表了《荒漠里——一九二三年之中国文学》一文，对当时的一些新文学作品进行批评，阐述革命文学的观点，指出新文学家要有无产阶级和劳动群众的感情，要成为他们的喉舌。瞿秋白称赞"二七惨案"前后的一首工人歌谣《颈上血》，认为那才是"挣扎在汗血里的人"的"呼号之声"，才是无产阶级革命的诗歌。他还强调新文学作品的语言要大众化。他说五四新文学某些作品的语言，不能"顺口说出来"，"不是中国活人说的"，因而使新文学飘在云端里。

到1924年6月，瞿秋白在《社会科学概论》中，以马克思主义的哲学、经济、文化等方面的科学理论为基础，更切实地阐述了马克思列宁主义的文艺观。他写道："无产阶级艺术……能舒畅无产阶级刻苦斗争的精神，增长群众的协作习惯及能力，振作创造的情绪，以达改造目的。"②明确地将文学艺术与无产阶级革命联系起来。瞿秋白无疑是早期"革命文学"的有力提倡者之一。瞿秋白在提倡革命文学时，要求作品的语言大众化、口语化，这是其他倡导者没有涉及的。

瞿秋白的"革命文学"创作实践也值得注意。他从1923年到1924年初，写了一些新诗，现存5首，句式整齐，音节和美，细腻含蓄，有丰富的想象和浓厚的抒情色彩。它们热情讴歌工人阶级，无限关切人民群众的疾苦，充满工人运动蓬勃发展的时代气息，如《铁花》，描写铁工厂里的情景，工人的苦辛，展现他们的坚强意志和豪迈胸怀。还有一篇《涴漫的狱中日记》，手法、体裁奇特，介于散文与小说之间。曲折、隐晦

---

① 《瞿秋白文集》(政治理论编)第2卷，人民出版社1988年版，第10页。
② 《瞿秋白文集》(政治理论编)第2卷，人民出版社1988年版，第585页。

地反映出林祥谦(时为京汉铁路工会江岸分会委员长)惨遭杀害和被监禁、拷打和杀害工人的惨状与他们的愤怒感情和不屈的意志。

1924年后的几年中,瞿秋白担负了繁重的政治职责,直到参加"左联"活动之前,很少涉及文学写作了,而主要写作政论、哲学和文化理论文章,论述中国革命的基本问题。

二、致力于马克思主义的中国化

五四以来,尤其是1920年后,思想文化界开展了东西方文化的论争。1923年春夏间,又发生"科学与玄学"之争。这年2月,张君劢作题为《人生观》讲演,认为社会现象包括社会革命无规律可循,历史不过是由偶然性支配的一笔糊涂帐。4月,丁文江在《努力》周报上发表《科学与玄学》一文,反对张君劢的观点,认为"科学"可以解决人生观问题。胡适在《〈科学与人生观〉序》中也以"科学"来反对玄学。这两派实际上都是主观唯心主义的,而且都与其政治主张密切相关:玄学派反对社会变革,既反对西方资本主义,也反对中国走向社会主义;"科学"派则主张效法欧美,在中国发展资本主义。

瞿秋白在1923年6月《新青年》季刊创刊号上发表《东方文化与世界革命》,11月8日,发表《现代文明的问题与社会主义》,批判东方文化派。他指出马克思主义的科学社会主义学说才是"以因果律应用之于社会现象,或所谓'精神文明'的","社会主义的文明""不但是自由的世界,而且还是正义的世界;不但是正义的世界,而且还是真美的世界!"[①]

1924年,瞿秋白写了《实验主义与革命哲学》一文,批评经胡适宣传而产生很大影响的美国杜威的实验主义。他肯定实验主义的积极方面,认为它满足过五四思想革命的需要,当时有助于摆脱封建主义束缚。但实验主义否认理论的真理性,只看重实用,"蒙着头干","用之于中国,一方面是革命的,一方面就是反动的";在欧美,则"纯粹是维持现

① 《瞿秋白文集》(政治理论编)第2卷,人民出版社1988年版,第269—284页。

状的市侩哲学"。这种主义害怕和反对"用革命方法"去"彻底改造现存制度",所以"实验主义是多元论,是改良派",是"近视的浅见的妥协主义,它决不是革命的哲学"。他还指出,实验主义的宇宙观"是唯心主义的",否认客观世界,否认客观事实。瞿秋白强调,马克思主义者尊重的是科学的真理,真理之为真理,在于它反映客观世界的变化规律①。

瞿秋白还集中地撰写了关于辩证唯物主义与历史唯物主义的论文和著作,阐述马克思主义的基本理论。主要体现在 1923 年 8 月他在上海大学任教期间编写的教材《现代社会学》、《社会哲学概论》(收入他主编的《社会科学讲义》)和 1924 年在上海夏令讲学会的讲稿《社会科学概论》。

《社会哲学概论》阐述和发挥哲学的根本问题——物质和精神的关系问题,指出马克思的辩证唯物主义科学阐述了这个根本问题,是认识世界的指南。他说:"研究社会现象的时候,尤其应细细考察这唯物主义的互辩律(Dialeetigue),——他是一切社会科学的方法论。"瞿秋白说的"互辩律"(有时称互辩法),就是辩证法,并系统介绍了对立统一、量变质变和否定之否定三大规律②。本书最后还介绍了马克思的经济学说。

《现代社会学》在改译布哈林 1921 年所著《历史唯物主义理论》的基础上,结合中国思想界的实际,对社会发展的原因论与目的论、社会现象的有定论与无定论、社会历史的偶然性与必然性,作了全面、详尽的历史唯物主义的论述。他说,社会发展有其内在原因,有客观规律,而目的论是依附于宗教的;无定论认为人的意志自由不受客观束缚。他说一切社会历史的发展都是必然的,社会物质的发展造成精神文化的发展,而不是相反;社会上的一切事物都在动与变中,存在着互辩律,要研究事物变动的历史规律及其相互间的联系。

《社会科学概论》对历史唯物主义作了较为深入的研究,阐述了历史唯物主义的基本观点,说明了经济基础和上层建筑、生产力和生产关系的基本矛盾,社会结构中的经济、政治、法律、道德、宗教、风俗、艺术、

①《瞿秋白文集》(政治理论编)第 2 卷,人民出版社 1988 年版,第 619—626 页。
②《瞿秋白文集》(政治理论编)第 2 卷,人民出版社 1988 年版,第 395—481 页。

哲学、科学等现象及其相互关系。

瞿秋白的这三本小册子，从整体上把握了马克思主义哲学的基本内容和精髓，开创了中国人讲马克思主义的最早体系。马克思主义传入中国之初，对马克思主义学说的体系缺乏了解，较多接触的是唯物史观，但对辩证唯物主义几乎没有涉及。瞿秋白则初步系统阐述了辩证唯物主义的基本概念和内容，填补了中国马克思主义宣传和研究上的一个空白。他把马克思主义的完整的科学理论体系介绍到中国，是马克思主义哲学传播史上的重大突破。1926 年，瞿秋白又翻译了苏联哲学家哥列夫《无产阶级之哲学——唯物论》一书(简称《唯物论》)[1]，并写了两篇文章，再次阐述"互辩法的唯物论"的重要性，作为这本书的附录。20 世纪 30 年代后期，才出现比较全面介绍马克思主义哲学的李达的《社会学大纲》和艾思奇的《大众哲学》。这时期，瞿秋白译的《唯物论》多次出版，产生了很大影响。

瞿秋白的哲学思想是在传播马克思主义哲学与批判唯心主义哲学过程中形成的，实践性和阶级性非常明显。他十分重视将马克思主义的基本原理与中国革命的实践相结合，非常注意运用马克思主义的立场、观点和方法，分析中国国情，寻找适合中国实际的革命道路，系统地多方面地思考、研究中国革命的重大问题，给出了颇为深刻的并且明显呈现他自己理论个性的回答。并且他的语言比较通俗流畅，易为中国读者接受。

他还根据列宁有关理论，揭示帝国主义的本质及其侵略手段和特点；揭示其侵略中国的历史过程和方式。帝国主义各国在中国的明争暗斗错综复杂，其经济、政治上状况不平衡。瞿秋白认为美国、日本是中国的两个主要敌人，但其侵略方式不同。日本侵华重在政治、军事，强力夺取中国领土和主权；美国则更稳健、狡诈和虚伪，一面大放其债，实行经济侵略，一面注重文化侵略，"造成亲美派留学生的政治势力"，

---

[1]《瞿秋白文集》(政治理论编)第 8 卷，人民出版社 1998 年版，第 342—504 页。《唯物论》译文约长达 10 万字，共 11 章(包括两个基本点原著附录：互辩法与科学、科学之对象——社会)，分为绪论、唯心论与唯物论、近代唯物论之发展、近代唯物论与科学、唯物论的历史观、马克思主义之阶级论及国家论等。瞿秋白作了许多注解。

赇买整个阶级,预备做他将来的"代理统治者"。后来历史的发展清楚地证明了他的论断的正确。

鉴于苏俄的存在和当时世界无产阶级革命的浪潮,瞿秋白认为半殖民地的中国,要想从帝国主义魔爪下解放出来,必须联合国际无产阶级。1923年起,他根据列宁的"两个策略",论证了中央关于中国革命分两步走的纲领。他说,十月革命以后,五四运动以来,中国的民主革命已经加入了世界社会主义运动的行列,"世界社会主义革命运动,不但对于中国工人是当然的同盟军,就是对于全中国都是民族解放唯一的最好友军"[1]。列宁曾说沙皇俄国是当时帝国主义一切矛盾的集合点、统治链条中最薄弱点、也是最容易突破的环节,瞿秋白受到启发,敏锐地指出:中国是帝国主义在东方矛盾的集中点,"是世界帝国主义战线最脆弱的地方,亦就是十月革命之后,世界革命最容易爆发而胜利的地方。……中国国民革命不胜利则已,如果胜利则必定是颠覆世界资本主义而创造社会共产主义的一支流"[2]。这个观点的真理性,也为后来的历史进程所确证。

瞿秋白从经济关系入手分析中国资本主义的发展状况,认为它的发展受客观上势必成为帝国主义的对抗力。他把中国资产阶级分成官僚资产阶级和民族资产阶级,认为前者是革命的敌人;后者既受帝国主义和封建势力压制束缚,又依赖他们,因而有革命性又会妥协动摇,担不起领导革命的任务。因而,无产阶级应当而且必然成为革命的领导阶级。1923年2月,他写了《现代劳资战争与革命》一文,说:"务使最易组织最有战斗力之无产阶级,在一切反抗旧社会制度的运动中,取得指导者的地位,在无产阶级之中则共产党取得指导者的地位。"[3]7个月之后,他在国共合作的形势更明朗之后,又联系现实背景,在《自民权主义至社会主义》文中作了更深入的阐述:"中国……资产阶级式的革命……非借重国际的及国内的无产阶级不可。独有无产阶级能为直接行动,

---

①《瞿秋白文集》(政治理论编)第2卷,人民出版社1988年版,第536页。
②《瞿秋白文集》(政治理论编)第4卷,人民出版社1993年版,第417页。
③《瞿秋白文集》(政治理论编)第1卷,人民出版社1987年版,第412—413、479页。

能彻底革命……因此日益取得重要的地位以至于指导权"①。1925 年 1月,中共四大文件尤其在五卅运动后,他更加明确和系统地阐述了无产阶级对民主革命的领导权的思想。

瞿秋白关于无产阶级领导权思想的形成,也与他对于中国农村经济和农民状况的研究相关。他认为农业经济是中国当时主要生产事业,农民是中国经济生命的主体,但"农民受了千百余年精神上、物质上的剥削,头脑里只有水浒式的'官逼民反',而没有结合城市劳工为正当的群众组织及群众运动"。因而只有在无产阶级领导下,唤起他们的觉悟,并解决其土地问题,"才有真正的民治运动,才能推翻军阀解放中国"②。

这时期,青年瞿秋白已经成为一位马克思主义的理论家和宣传家。

①《瞿秋白文集》(政治理论编)第 2 卷,人民出版社 1988 年版,第 221、208、223—224 页。
②《瞿秋白文集》(政治理论编)第 2 卷,人民出版社 1988 年版,第 143—144、117 页。

第七章　爱情与婚姻

一、"梦可——我的心"

1923 年秋,瞿秋白在上海大学下课后,常常从一条鹅卵石路走向弄堂里的几座两层楼房,那是上海大学贫穷学生的宿舍。他夹着黑皮包又来到这石库门前。

"瞿先生——"亭子间里,王剑虹和丁玲不约而同地叫了一声。她俩就读上海大学文学系,也听瞿秋白讲授社会学。瞿秋白走进她们小小的宿舍,里面就充满了笑语,一种微妙的感觉似有若无。瞿秋白很健谈,话题广泛,古今中外,绘声绘色。王剑虹和丁玲听得出神。

王剑虹比丁玲大两岁。两人都中等身材,都剪短发,穿着"上大"女生统一的上衣下裙。丁玲笑起来有两个酒窝,爽朗大方;王剑虹比丁玲瘦弱些,外表冷静,内心却有着火一般的感情,很有主见。丁玲家在湖南,虽是两省,却只有一条沅江相隔。她们是湖南省桃源县第二女子师范学校的同学。

王剑虹 1903 年生,原名王淑璠,土家族,酉阳县龙潭镇人。她 12 岁时母亲就去世了。父亲王勃山是同盟会会员,善诗文,懂医道,喜欢收藏文物,辛亥革命后任孙中山广州国民政府秘书。王剑虹读过私塾和高等小学。1916 年考取邻近的桃源二女师。她天资聪颖,学习刻苦,成绩名列前茅,爱好文学,尤其是古诗词。

五四运动的热潮震荡中国大地时,桃源二女师的学子同全国爱国青年一样激昂慷慨。16 岁的王剑虹"像一团火,一把利剑,一支无所畏惧、勇猛直前的队伍的尖兵",成为全校的领头人物。她的演讲,常常博得热烈的掌声。1919 年秋,丁玲转学去别校;第二年春,王剑虹随父亲到上海求学。临行前,父亲为女儿改名,取龚自珍《坐夜》中"万一禅关砉然破,美人如玉剑如虹"诗句,改名剑虹。因读书费用太高,她父亲通过老友谢持,让她到中华女界联合会做临时文字工作。不久,通过该会会长徐宗汉(黄兴夫人)的秘书王会悟结识了李达(王会悟的丈夫)、陈独秀。李达于中共"一大"后任中央局宣传主任,与陈独秀一起指导女界联合会改组为全国性的中共外围组织。1921 年 12 月 10 日该会的《妇女声》周刊创刊,李达亲自参加审稿,王剑虹、王会悟是主要的编辑,撰稿人有陈独秀、沈雁冰、沈泽民、邵力子等。王剑虹在创刊号发表《女权运动的中心应移到第四阶级》文章,呼吁知识妇女组织团体,加入无产阶级革命军。陈独秀、李达筹建上海平民女校,王剑虹也参与具体工作,随后进该校读书。稍后她也把丁玲带到上海"寻找真理","开辟人生大道"。她俩成了无话不说的挚友。

1923 年 8 月,瞿秋白代替另有任务的少共"国际"代表参加在南京召开的中国社会主义青年团第二次全国代表大会。这时,王剑虹和丁玲已离开上海平民女校,在南京"自己学习,自己遨游世界",当家庭教师,当佣人,当卖花人,过着极度俭朴的生活。一天,她们在平民女校时认识的共产党员、团中央干部柯庆施和另一个熟人团中央书记施存统带来了瞿秋白。瞿秋白给她们留下的印象是:"瘦长个儿,戴一副散光眼镜,说一口南方官话,见面时话不多,但很机警,当可以说一两句俏皮话时,就不动声色地渲染几句,惹人高兴,用不惊动人的眼光静静地飘过来。"[1]王剑虹、丁玲读过托尔斯泰、普希金、高尔基的书,谈起这些,瞿秋白的话多起来,连同苏联见闻一起讲,生动有趣,她们"象小时候听大人讲故事似地都听迷了"。他也很有兴趣地听她俩讲述近年来"东流西荡的生活"。他鼓励她们到上海大学听课,说在"上大"可以自由选择科系、自由听课。几天后,她们就到上海大学读书了。

① 丁玲:《我所认识的瞿秋白同志》,载《忆秋白》,人民文学出版社 1981 年版,第 130 页。

在上海大学,丁玲喜欢沈雁冰讲的《奥德赛》《伊利阿特》等异国远古的美丽故事,王剑虹喜欢低徊婉转的古诗词,听俞平伯讲宋词时,深受感染。瞿秋白课余与她们的交谈则是把她们"当作同游者,一同游历上下古今,东南西北",讲希腊、罗马,讲文艺复兴,也讲唐宋元明,他不仅带来新思想、新学识,还带她们进入俄文的美妙世界。他教俄文的方式很独特,教过俄文字母拼音,就让她们直接读普希金的诗歌。教读诗句的同时,讲解俄文句法和用语,引导她们体会诗的优美意境和卓异的诗艺。读一首诗,就学会了两百多个单词,熟记了文法,就好像完全吃进去似的。

王剑虹心底对瞿秋白产生了爱情。她在熟悉的诗词中寻找到含蓄的传情诗句,即使装作若无其事地看书,她的眼神也触动了敏感的瞿秋白。

天冷了,太阳早早落下去,月亮悬挂在树梢。青岛路往北的小路上出现5个散步的身影,那是王剑虹、丁玲约请瞿秋白和施存统夫妇,大家一同到宋公园①来的。瞿秋白欣然赴约而来,但是,不知何故,中途与施存统夫妇折转回去了。丁玲和王剑虹发觉身后已经没有人影时,王剑虹再也不说一句话,丁玲却在埋怨:"怎么也不打个招呼?"

第二天放学后,瞿秋白没有来王剑虹、丁玲的亭子间。直到深夜,王剑虹才放下书本,还是睡不着。第三天,丁玲到施存统家去,碰巧遇到瞿秋白。丁玲热情地打招呼,瞿秋白却说有急事,匆匆走了。施存统问丁玲:"你觉得秋白有些变化吗?"丁玲摇摇头,施存统接着说:"我问过他,他说他确实坠入恋爱里了。"

王剑虹听了丁玲的述说,沉默无语。两天后,王剑虹突然说要随父亲一起回四川老家,她避开丁玲询问的目光,苦苦一笑说:"一个人的思想会变化的,请你原谅我。"甩开丁玲,自己走了。怎么啦?丁玲满脑都是问号。这时门外楼梯上响起熟悉的脚步声,瞿秋白来了。"我们不学俄文了,你走吧!再也不要来!"丁玲猛然关上门。

丁玲气鼓鼓地躺在床上,她在王剑虹的垫被下发现布纹信纸,上面

---

① 即宋教仁墓所在地,现在共和新路 1555 号闸北公园内。宋教仁(1882—1913),湖南桃源人,清末革命团体"华兴会"创始人,1913 年 3 月被暗杀。宋教仁墓建于 1914 年 6 月,1981 年整修一新,同年 8 月被上海市批准为市文物保护单位。

密密地写了一行行长短诗句——火辣辣的情诗，她爱恋着瞿秋白。丁玲恍然大悟，"她不会表达自己的感情，她是一个自尊心极强的人，她可以把爱情关在心里，窒死她，她也不会显露出来让人议论或讪笑"。丁玲理解王剑虹，要帮助这对有情人。她去找瞿秋白，他正在吃饭，起身打过招呼，叫弟弟云白先带丁玲上楼。丁玲看到瞿秋白的房间里有一张宽大的弹簧床，三个装满精装版外文书籍的书橱，中间夹杂着几摞线装书，写字台上摊着几本书和文稿，一盏台灯和粉红色纱罩。

瞿秋白吃过饭上楼来，接过丁玲慎重递过来的王剑虹诗稿，读了好长时间。他激动地问："这是剑虹写的?"丁玲点点头说："剑虹是世界上最珍贵的人，你去吧，到我们的宿舍去，她在那里……"瞿秋白握住丁玲的手，说一声"谢谢"。

两小时后，丁玲回到宿舍。桌上散摊着纸张，上面零零碎碎地写着长短不一的语句，看来一对恋人是用笔交谈，情融意洽。王剑虹感激的目光投向丁玲。丁玲从墙上取下王剑虹的一张全身像，送给瞿秋白。瞿秋白小心地揣在怀里。

1924年初，瞿秋白从广州赶回来与王剑虹结婚，住在上海大学附近的慕尔鸣路(今茂名北路)彬兴里307号[①]。新婚前后，瞿秋白继续执教于上海大学，还担任鲍罗廷的翻译兼助手，参与筹备国民党"一大"，忙得很。他陪伴王剑虹的时间很少，因而更加珍惜。他写了许多诗赠给王剑虹，王剑虹也写诗给他，他们在诗歌王国里互诉衷肠。他们谈李白、杜甫、韩愈、苏轼、李商隐、陆游、郑板桥……有时他取出刻刀，要把谈到的诗句，刻在青田石或寿山石上。

丁玲住在一间小小的过街楼上，瞿秋白和王剑虹多次过来，三人随意而谈。冬天，小屋里有个烧煤油的烤火炉，比他们的住所暖和，炉子是瞿云白送给哥嫂的。瞿、王则坚持要放在丁玲屋子里。炉盖上有一圈小孔，火光从小孔射出，光圈映在天花板上。他们把电灯关了，只留下"闪烁的微明的晃动的花的光圈，屋子里气氛也美极了"。

瞿秋白常常幽默地谈些当时文坛轶事，谈起许多人，许多事和文

---

① 原一说彬兴里306号。据1924年12月上海公共界工部局《警务处日报》记载，搜查上海大学时提及慕尔鸣路307号，即瞿秋白住处；另见陈碧兰《我的回忆》，香港十月书屋1994年版，第83页。

章,还涉及创造社和文学研究会的争论,谈文学上的浪漫主义、自然主义以及为人生、为艺术等等。他议论广泛,王剑虹和丁玲当时还难以全懂,只像小学生似地"非常有趣地听着",只觉得"他似乎是站在各种意见之上的",很不平凡。

丁玲当时曾问瞿秋白:"我将来究竟学什么好,干什么好,现在应该怎么搞"? 瞿秋白毫不思考地昂首答道:"按你喜欢的去学、去干,飞吧,飞得越高越好,越远越好,你是一只需要展翅高飞的鸟儿,嘿,就是这样……"他的这些话给丁玲"无穷的信心",她终身不忘。丁玲后来说:瞿秋白希望她和王剑虹"都走文学的路,都能在文学在上有所成就","这是他自己向往的而又不容易实现的"。

甜蜜的新婚生活,没有耽误瞿秋白所担任的革命工作。

每天,他穿着一身整洁的西装,精神抖擞地外出。忙碌一天回到家,有时会换上一件舒适的、黑绸的旧丝棉袍。他从来不把客人引上楼,也从来不与王剑虹、丁玲谈起他的工作和同志,严格遵守着组织纪律。他在家里常常赶写文章,书桌上的台灯彻夜亮着。

新婚蜜月里,瞿秋白接到通知,前往广州,参加国民党"一大"。在广州紧张开会期间,只要有空余时间就在五彩布纹印笺上,向王剑虹倾吐心声:

> ……你偏偏爱我,我偏偏爱你——这是冤家,这是'幸福'。唉! 我恨不得插翅飞回……
> 爱恋未必要计较什么幸福不幸福。爱恋生成是先天的……这是人间何等高尚的感觉! 我现在或者可以算是半个'人'了。

爱情是人类最美好的感情,人应当去爱。瞿秋白渴望在创造爱的新社会中,达到一种完全的人、自由的人的境界:

> 我们要一个共同生活相亲相爱的社会,不是要一所机器栈房呵。这一点爱苗是人类将来的希望。
> 要爱,我们大家都要爱——是不是?
> ——没有爱便没有生命;谁怕爱,
> 谁躲避爱,他不是自由人,

他不是自由花魂。

　　远在上海的王剑虹展读这些用五彩布纹纸写的信,感到无比的温暖,沉醉在幸福的港湾中。她与瞿秋白都有早年失去母亲的痛苦经历,都追寻充实的生活、有价值的人生和真挚的爱情。瞿秋白倾诉炽热的爱,写道:"这两天虽然没有梦,然而我做事时总是做梦似的——时时刻刻晃着你的影子……""我苦得很——我自己已不得你的命令,实在不会解决我的人生问题。我自己承认是'爱之囚奴','爱之囚奴'!我算完全被征服了!"

　　炽热激扬,电闪雷鸣,他的心在大呼:"梦可!梦可!我叫你,你听不见,只能多画几个'!!!!'""梦可"是法语"我的心"的音译①,是他对王剑虹的爱称。而信中的"可怜,可怜啊!"之语,则是新婚情恋至切,却只能相离千里,而自然发出的心音。后来丁玲的小说处女作《梦珂》,就是以瞿王之恋为素材的。

　　瞿秋白给王剑虹的信中,还有这样一首诗:

　　　　万郊怒绿斗寒潮,检点新泥筑旧巢。
　　　　我是江南第一燕,为衔春色上云梢。②

这是情诗,也是革命者的言志之诗。自比报春云燕,神采飞扬,明快自如,向爱人传达至深心声;也以此表达从事国共合作大事的喜悦和自豪。

　　放暑假,丁玲回湖南老家去了。王剑虹给丁玲写信,说自己病了。以前她也说过身体不适,这次丁玲仍然以为王剑虹的病过几天会好的。这封信附有瞿秋白写的一些话,大意是:"你走了,我们都非常难受。我竟哭了,这是我多年没有过的事。我好像预感到有什么不幸。我们祝愿你一切成功,一切幸福。"瞿秋白说的"预感",丁玲有些不明白,当时太年轻,也没有放在心上。半月后收到电报才知王剑虹病危。

　　1924年7月,王剑虹因肺病去世。慕尔鸣路的爱巢已成为悲痛欲

① 陈铁健:《瞿秋白传》,上海人民出版社1986年版,第195—196页。
② 《瞿秋白文集》(文学编)第2卷,人民出版社1986年版,第367页。这首诗摘自1923年12月瞿秋白在广州写信给王剑虹的信。

第七章　爱情与婚姻

绝的灵堂,屋里处处留着王剑虹生前的生活痕迹……王剑虹的棺木已停放在四川会馆里。

照片上的王剑虹依然甜美地笑着,清澈的眼睛默默地看着每个前来吊唁的人。照片镜框外面被裹上白绸巾,那是瞿秋白用颤抖的手缠上的。赶来上海的丁玲没有见到瞿秋白,他又去广州开会了,只见到王剑虹的两个堂妹,泪眼相迎。此前,她们一直照顾着重病的王剑虹。瞿秋白的弟弟瞿云白也默默无语。丁玲惆怅地捧起王剑虹的照片,抚摸着镜框上的白绸巾。她一眼就认出这照片,正是当初她从墙上取下送给瞿秋白的。

二、"秋之白华"

瞿秋白的第二任妻子是杨之华(1901—1973)。她出生于浙江省萧山县(现为杭州市下属区)三岔路村的杨家大院,兄妹三个,杨之华排行第二①。

杨之华小时候,脸圆圆的,眼睛大大的,被称为"小猫姑娘"。她屡次反抗母亲为她缠脚,再三哭闹,母亲这才发觉女儿的脾气真倔。以后缠缠松松,杨之华的脚始终小不了,乡邻说她是"脚像菜刀"的野大姑娘。母亲想方设法约束她的"野"性,还不让她上学读书,教书先生动了恻隐之心,给了她一本《三字经》,每天教她两句,她这才有机会接触书本。

五四运动爆发时,杨之华已在浙江省立女子师范学校读书,她和同学们勇敢地冲出死气沉沉的校园,与浙江一师进步师生一起,挥舞小旗,高喊口号,上街游行集会、演讲。1921年初,她选择新的人生道路,追求新的理想,只身去上海,拟去苏俄学习。但因故未能成行,留在《星期评论》社里。她接触到在上海的共产党人,受到马克思主义影响。《星期评论》被查封后,进入女子体育师范学校,不久因宣传进步思想被开除,后到在萧山衙前小学任教两年多。她曾参与共产党领导的第一次有组织有纲领的衙前农民运动的宣传发动工作。1922年春,在上海

---

① 杨之华解放后曾担任全国总工会妇女部长、全国妇联副主席、中央监委候补常委、全国人大常委等职。"文革"中被迫害致死。

加入社会主义青年团。1924年初，她不甘心做"少奶奶"，摆脱了家庭束缚。这时她已与沈剑龙生了一个女儿。1924年2月元宵节后，她兴奋地进入上海大学社会学系就读。

社会学系在最大的教室上课，瞿秋白来讲课时却因为听课的人特别多而仍显得教室狭小。瞿秋白穿西装大衣，头发向后梳，额角宽平，鼻梁上架着一副眼镜，跟他的脸庞很相称。他讲课神态从容，声音不高，但站在课堂外边的同学也能听到。这是杨之华第一次在课堂上见到瞿秋白，多年后她仍然清晰地记得他当时的模样和讲课习惯。同学们思维活跃，敢说敢闯，办了各种刊物，以各自的政治观点设计刊头题画，文章锋芒毕露，还常因观点不同而激烈争论。

"之华，你看。"一个同学递过一本刚出版的刊物《醒狮》。"非我族类，其心必异"这是醒狮派的国家主义论调。"这是反动的。""反动在哪里？拿出你的理论根据来。"杨之华还未开口，一旁的同学已争论起来，各不相让。他们去找瞿秋白评理。赶到办公室，已有许多同学在那里，也争论得涨红了脸。"同学们，我到课堂上再作解释，好吗？"瞿秋白和颜悦色地对大家说。

在课堂上，瞿秋白根据马克思列宁主义的原理，详细分析国家主义派的反动性和虚伪性，他指出醒狮派打着"外抗强权，内除国贼"的旗号，实质是在玩弄"外抗苏俄，内除共党"的伎俩。一些原来被国家主义者所打旗号蒙骗的同学托腮，沉思；一些原来说不清道理的同学在埋头记录，不时翻翻手边的书；杨之华目不转睛地注视着她最敬爱的瞿先生，悉心听讲，领会那些令人信服的道理。

社会学系的学生占全校的一半，多数倾向革命。女同学很少，只有杨之华、张琴秋、黄胤和丁郁等，她们很活跃，引人瞩目。男生和女生都有些积极参加校外社会活动的，认为社会工作这么紧张，书本应该放一放；有些学生则认为在校就是读书，不应该参加社会工作，荒废了学业。一天，杨之华和同学商量办黑板报的事，背后传来文学系、英文系几个同学的声音："哎，社会学系也会写字，出黑板报？""上街喊口号喊不动了，只好回来装装样子喽。"杨之华说："请你们尊重事实。"对方提高了嗓门："哎，挂名学生，还神气。""空头革命家"。社会学系其他同学闻讯赶来,也高声强硬地针锋相对:"贵族、少爷、书呆子……"

事后,瞿秋白找社会学系有关学生杨之华等来座谈,他说:"你们这样做,对吗?你们不要以为自己进步,看不起人家,革命靠少数人是不行的。"其他教员也认为,社会学系的同学应该打破成见,主动去团结其他系的同学。为此瞿秋白还耐心地讲解革命和文学的关系。后来,杨之华负责的社会系黑板报上刊出关于"政治和文学"的文章,邀请其他系同学来发表观点。经瞿秋白等教员协调,社会学系和其他系的同学一起座谈和联欢,文学系同学参加社会工作的也多起来了。

中共中央妇女部长向警予经常到上海大学女生宿舍,了解女生的思想状况,物色培养对象。杨之华被向警予看中,进国民党上海执行部妇女部办公室,当向警予的秘书。协助工作的还有王一知和张琴秋。一天,上海大学团支部转告杨之华,说是向警予不在上海,由她向苏俄顾问汇报上海妇女运动的情况。她被引进约定地点的宽大房间,意外地发现瞿秋白也在场,是特地来为她的汇报做翻译的。这是她初次在校外接触瞿秋白。经瞿秋白介绍,杨之华才知道坐在对面的是孙中山的苏俄顾问鲍罗廷。他身材高大、一头整洁、稍卷的深棕色长发,留着浓密胡子,面貌端正刚毅,脸上偶尔掠过一丝亲切的神色。一旁是他的夫人鲍罗金娜,个子不高,短头发自然地卷着,一脸的笑容。"别紧张,"瞿秋白低声对杨之华说:"先把问题记下来,想一想再慢慢说。"在亲切友好的气氛中,杨之华的心情慢慢平静下来。她对于要汇报的情况很熟悉,越说越有信心。瞿秋白一面翻译,一面不时点头。鲍罗廷夫妇也表示满意。最后,鲍罗廷夫妇介绍了苏俄妇女的生活和工作情况,瞿秋白边翻译边对杨之华作详细解释。杨之华很感谢瞿秋白帮她顺利完成了任务,还给她许多启发,是课堂上学不到的。之后,杨之华更乐意接近瞿秋白。

杨之华常穿上产业工人的那种蓝色工作服,敲开穷困工人的低矮家门,听他们的心里话。她还一次次走进女工夜校,在摇曳的烛光中讲文化课,宣传革命道理,培养和发展女工积极分子。她看着女工一双双渴望真理的眼睛,逐渐明白向警予布置的第一堂"必修课"——与女工交朋友的重要意义,感到"妇女解放"的沉甸甸的份量。

"之华,最近有收获吗?"向警予放下毛笔,用手指指脑门。"有,多着呢。"杨之华高兴地说,"我想……"在向警予鼓励的眼光下,她鼓起勇气说:"我想加入共产党!"

不久,瞿秋白找她谈话,鼓励她努力学习,更快地进步。瞿秋白说:"我最近很忙,组织上要向警予同志与你面谈,我也想找时间同你谈谈。"杨之华说:"我对马列主义的理论不大懂,你讲的课,我有时还听不懂。"瞿秋白鼓励她说,你已经是青年团员,只要努力学习,一定能够更快地进步,"你读书听课时不懂的地方,可以随时问我和其他同志"。

一个星期日的上午,杨之华如约来到蔡和森、向警予夫妇家里,兴奋地说:"秋白同志约我来谈谈入党的事。""好啊,早该这样做了。"向警予说。不多时,瞿秋白也来了,他说:"你们的工作要从下面做起,在群众斗争中揭露工贼的面目,使工人群众不相信他们。"

正式谈入党问题时瞿秋白郑重地说:"我和警予同志都愿意听你谈谈入党的动机。"杨之华谈了自己的经历和思想变化进程,表示:"愿意为党的伟大事业奉献出自己的一切!"瞿秋白说:"杨之华同志,我愿意介绍你入党!"直到晚年,杨之华仍然清楚地记得瞿秋白这句话,想起来仍然激动不已。她每次填写党员履历表,总是自豪地写上入党介绍人的名字:瞿秋白。

瞿秋白爱上了杨之华。杨之华曾经犹豫、彷徨和害怕,也曾故意躲避。但最后她还是大胆地追求属于自己的爱情[1]。1924 年深秋,两人有了谈婚事的意向,决定去萧山杨家和沈家。想到要面临亲友的各种责难和阻碍,杨之华心里很紧张,压力很大,

在杨家,瞿秋白见到杨之华的母亲、哥哥杨葆青、妹妹杨之英。沈剑龙也来了,颇有绅士风度地与瞿秋白握手,客气地招呼着"坐,坐"。在似乎良好的气氛中,还是多少有些尴尬。晚上,油灯下,瞿秋白、杨之华和沈剑龙三人对面交谈。夜深了,十几岁的杨之英困得没坚持等到他们谈的结果,就睡了。第二天早晨,她见到姐姐,问道:"一个晚上没

---

[1] 瞿秋白妻子王剑虹患病时,杨之华曾去帮忙照料。王剑虹的好友丁玲回忆说,那时王剑虹"没有失恋,秋白是在她死后才同杨之华同志恋爱的,这是无可非议的。"(丁玲:《我所认识的瞿秋白同志》)

睡?"杨之华点点头。事先家里人怕他们大吵大闹,这会儿看看瞿秋白、沈剑龙,哪里有什么吵架的迹象?他俩在随便聊天呢,就像多年未见的老朋友。

1924年11月27日至29日,上海《民国日报》上连续同时刊登三条启事:杨之华与沈剑龙"正式脱离恋爱的关系";杨之华与瞿秋白"正式结合恋爱的关系";"沈剑龙与瞿秋白正式结合朋友的关系",都是自11月18日起。

瞿秋白与杨之华特地挑选俄国十月革命胜利纪念日这一天,作为结婚的日子,茅盾夫妇等前去祝贺①。

婚后,杨之华一度成为转入地下工作的瞿秋白的特殊交通员。他们的住所后来搬到闸北宝通路顺泰里12号。11号是沈雁冰夫妇家,14号楼上是沈泽民、张琴秋新婚夫妇的家。三家之间常有来往。

杨之华极其想念幼小的女儿,瞿秋白非常理解她,轻声安慰她。她去萧山沈家探望女儿,前公公沈玄庐板着脸,不允许她探望。沈家大姨太太设法帮助,才好不容易看到女儿。女儿仰起小脸说:"我有两个妈妈,一个是你,一个在上海死掉了。"杨之华神情黯淡地回到上海,瞿秋白很清楚她心底的痛楚,想尽一切办法安慰她。他以托尔斯泰小说里的人物作比况,说:"你过去在婚姻上所遭遇的不幸,一时不能见到孩子,这一点和安娜·卡列尼娜相同,旧的社会制度窒息了多少人的心灵。"他还写了一首长诗给她,痛斥黑暗的社会。他说"女儿需要母爱,一定要把她接回来",孩子一定会有光明的前途。他表示自己会担起父亲的责任,爱护她,教育她。他也切切实实地这样做了。他这样给予杨之华最深挚的爱。他想方设法挤出时间,与杨之华一起去沈家。他们在一个地方等候心善的沈家大姨太太把孩子悄悄抱出来。可爱的女儿果然出现了,两个小胳膊紧紧抱着杨之华的脖子。突然,冲过来两个大汉,一阵风似地抢走孩子。女儿挣扎的哭声,深深刺疼杨之华的心,震撼着瞿秋白。痛哭的杨之华抬起头时,第一次见到瞿秋白流下热泪。

---

① 瞿秋白自述,1924年11月7日"与杨之华结婚于沪"(《瞿秋白文集》(政治理论卷)第7卷,人民出版社1991年版,第724页);杨之华:《回忆秋白》,人民出版社1984年12月版,第14页),茅盾:《我走过的道路》(上)(人民文学出版社1981年10月版,第257页)。

几经周折,他们终于把女儿带到上海。此后只要有空,瞿秋白就到幼儿园去接她,手把手教她写字、画画,希望她将来成为一个对新中国有用的人。

瞿秋白真诚地爱护女儿,杨之华有说不出的高兴,把女儿的名字改为"瞿独伊"。她不让女儿简单地叫瞿秋白"爸爸",所以独伊总是很乐意地按她的要求,甜甜地叫"好爸爸"。一个温馨的三口之家。早晨,邻居茅盾要去上班,把女儿亚男和瞿独伊一起送到商务印书馆办的托儿所。这时杨之华已离开上海大学,她常常深入工厂做群众工作。回家后,瞿秋白很有兴趣地听她讲述工厂和工人的状况,鼓励她继续向工人学习,去体会和发挥"人民群众的巨大力量",作为"大机器中的一颗小螺丝钉"的个人,在伟大的中国共产党领导下为革命奋斗。瞿秋白经常夜深人静,还在灯下伏案工作。他俩住的房间窄小,他思考时在剩下的一块很小的空地,踱来踱去。有时坐在椅子上,吸着烟,出神时习惯地地咬着笔端。杨之华知道他在深思,不去惊动。腹稿成熟后,他全神贯注地写作。

一天晚上,瞿秋白忙里偷闲,刻了一方印章,蘸上红色印泥,清晰地印在宣纸上,叫杨之华来看,那是四个字:"秋之白华"①。俩人的名字巧妙地合刻在一起,多才多艺的瞿秋白把他们真挚的爱情凝定在篆刻作品里了,杨之华深为感动。现存的瞿秋白遗物中还有一枚金别针,上面也是瞿秋白亲手刻的心语"赠我生命的伴侣",也是赠给杨之华的。

十几年,坎坎坷坷,风风雨雨,瞿秋白与杨之华始终是"生命的伴侣",心连心,共患难。他们的爱情感人肺腑,光照日月。

---

① 曾任瞿秋白秘书的羊牧之回忆说:"秋白爱刻图章。有一次,他对杨之华说:今后有空,我一定把'秋白之华''秋之白华'和'白华之秋'刻成三枚图章,以示你中有我,我中有你,无你无我,永不分离之意。之华听了笑说,倒不如刻'秋之华'和'华之秋'两方更妥贴简便些。"(常州《瞿秋白研究》第1辑,第396页)

第八章　促进国共合作

一、厘清理论

瞿秋白在上海大学任教期间,同时忙于国共合作事宜。

中共与国民党合作,是共产国际根据列宁关于建立反帝统一战线、民族和殖民地民族解放运动的理论、战略和策略提出来的。马林是共产国际执行委员会委员,是列宁指定的民族与殖民地问题委员会秘书。共产国际四大之前,1922 年 8 月,马林作为共产国际驻中国代表参加在杭州西湖召开的中共中央特别会议,说服陈独秀等与会者,决定共产党员以个人身份加入国民党,后又协助苏俄驻华特命全权代表越飞,与孙中山建立联系,实施国共合作战略。孙中山由于以往的挫折和失败,正寻找新助力、新出路,多数国民党要人也先后趋向与共产党合作。

1923 年 1 月 12 日,也就是瞿秋白回到北京的前一天,共产国际执委会根据马林的提议,通过了《关于中国共产党与国民党的关系问题的决议》[①],决议认为:中国"独立的工人运动尚且软弱",工人阶级"尚未完全形成独立的社会力量";中国国民党是"中国唯一重大的国民革命集团",中国共产党在民主革命中与国民党合作是必要的,它的党员应该"留在国民党内",但共产党要保持自己在政治上的独立性。瞿秋白在

---

① 孙武霞、许俊基编:《共产国际与中国革命资料选辑 1919—1924》,人民出版社,1985 年版,第 436—437 页。

共产国际作出国共关系的决议后,对有关的问题作了深入的研究。他在中共三大前后撰写的文章,从各个侧面进行了论述:一是确认要建立革命统一战线的"总原则";二是既承认中国"劳动运动"的"幼稚",又强调无产阶级及其政党必须在民族解放运动中锻炼成长,保持"独立性",增强实力、才干,最终"取得指导权";三是团结农民和一切劳动阶级,团结小资产阶级,也促使民族资产阶级加入革命联合战线;四是与国际无产阶级及一切反帝力量联合①。瞿秋白对共产国际文件的介绍和有关论述,结合中国实际有所发挥,既颇有系统,又有在中国、在中共党内的现实针对性和理论上的创见。他对革命统一战线的这种说明和发挥,对中共三大正确决议的形成和贯彻,对国共合作的进展起了推动作用。

马林 1923 年 2 月作为远东局第三委员来华。他先到北京,中共中央机关迁移到上海后,他就让瞿秋白翻译文件,为筹备中共三大作准备。瞿秋白负责起草党纲,参加党章修改工作。

6 月 12 日至 20 日,三大召开,三十多人出席,陈独秀主持会议,代表中央作工作报告。大会主要是议决国共合作的方针和办法。此前,在与国民党实行党内合作问题上,中共与马林大致统一了意见。但在是否全体党员都必须参加国民党问题上并不一致。瞿秋白知道马林的脾气倔强,通报情况,表述意见,特别是不同意见,常以婉转的方式取得效果。马林则知道瞿秋白赞成国共合作,而且才识出众,因而倚重瞿秋白。

在讨论全体共产党员加入国民党等问题时,发生过激烈的争论。共产国际远东局负责人维经斯基对国共党内合作有不同的看法。他和共产国际东方部的部分领导担心年轻的中国共产党因国共合作而深深陷入军阀的派系斗争之中,他也因此反对将中共中央机关迁到广州。他认为中国工人运动即将发展成为中国民族解放的基本的、现实的因素。张国焘、蔡和森等受维经斯基观点的影响,还要求新建立一个"独立的工人政党,由它来领导革命",反对全体共产党员加入国民党,尤其反对在劳动群众中发展国民党的组织,认为这样会丧失共产党的独立

---

① 《瞿秋白文集》(政治理论编)第 2 卷,人民出版社 1988 年版,第 37 页,第 108—109 页。

性,把工人运动送给国民党。马林、陈独秀等反对张、蔡的主张,他们按共产国际决议,强调不能忽视国民党和民族资产阶级在民主革命期间的革命性,主张把一切革命力量汇合起来。但是,他们同时表现出一个错误倾向,认为全体共产党员加入国民党后,凡是国民革命的工作,都应当归于国民党:"一切工作归国民党"。陈独秀认为只要坚持反对国民党的纯军事活动,反对它与帝国主义列强及其封建代理人的勾结,就能推进革命①。在三大会上,一些同志对此提出了不同意见。他们觉得如何在统一战线中争取领导权,如何扩大党组织、反对国民党妥协政策,做起来十分复杂艰巨,难以把握。

瞿秋白在大会上发言,讲了十六条:

一、虽然资本家来自封建阶级,但他们在这个社会里已成为一个独立的因素。

二、没有无产阶级参加,任何资产阶级革命都不会成功。

三、中国资产阶级的利益不尽相同,可分两种。

四、尽管现在小资产阶级和大资产阶级是不革命的,但为了自身利益,他们将会革命。

五、只有国民党能把不同的利益统一起来。

六、不要害怕资产阶级的壮大,因为与此同时无产阶级也在壮大。我们不能采取与他们分离的办法阻止他们的发展。

七、任何事情都在发展,我们不能证明国民党不再发展。国民党从一个没有纲领的政党成长为一个有纲领的政党,现在已接近于一支真正的社会力量。虽然危险,却是正确的通路。它已觉察到工人的力量。

八、我们的职责是领导无产阶级推动国民党,使其摆脱资产阶级的妥协政策。

九、我们已经阐明只有无产阶级才是革命的。如果我们不引导无产阶级参加国民党,那怎么能希图国民党发展呢?

---

① 中共中央党史研究室第一研究部:《共产国际、联共(布)与中国革命档案资料丛书》第2卷,北京图书馆出版社1997年版,第466页。

十、如果我们等国民党发展以后再参加进去，这是不合理的。假如我们希望壮大力量，假如我们有明确的目标，我们会有充分的机会在国民运动中壮大自己，走俄国十月革命的路。

十一、如果我们——作为唯一革命的无产阶级，不去参加国民党，后者就势将寻求军阀、资产阶级和帝国主义的帮助。

十二、国民党的发展，并不意味着牺牲共产党。相反，共产党也得到了自身发展的机会。

十三、在建立国民党支部时，我们不要去抓取组织权和指导权，这是在助长老国民党的办法得以发展。我们要发展的是一个将改变其策略的组织。

十四、工会运动不同于国民党开展的运动，工会从事的国民运动是有利而无害的，他们可以宣传反对军阀，反对帝国主义的纲领，这和我们的纲领是一致的。

十五、我们不会放弃对工人进行的宣传，它同国民党的工作没有矛盾，可以继续下去。

十六、要么我们不许工人参加国民党，让国民党得到资产阶级、军阀等给予的帮助从而日趋反动，要么我们领导无产阶级加入国民党，使后者具有革命性，哪种办法更好？

与马林、陈独秀相比，瞿秋白同样拥护以共产党员加入国民党的方式实行党内合作，而其思考则更精细，更有逻辑系统；同时，强调共产党有"领导"无产阶级"推动"国民党摆脱资产阶级"妥协政策"的重大"职责"，而避免了轻视无产阶级和其他劳动阶级作用的倾向，也不和马林、陈独秀正面冲突。他从中国、中共和两党关系及中国资产阶级特点、"工会运动"实际出发，对国共合作方针的确定发挥了不同寻常的作用。

中共三大闭幕那天，马林在给共产国际执行委员会的信中对瞿秋白大加赞扬，说瞿秋白是中共"唯一真正懂得"马克思主义，"唯一能按马克思主义的方法分析实际情况的同志"。同一天，写给越飞等人的信又说："感谢上帝，中国的领导同志陈独秀、李大钊在年轻的瞿秋白同志帮助下，在代表大会上取得了一致意见，大家想在国民党内引导这个政党去执行国民革命的政策。瞿秋白曾在俄国学习过两年，他是这里最优秀的马克思主义者。经过很长时间的讨论,才作出这个参加国民党的决定"①。

中共三大最后决定接受共产国际决议,通过了《关于国民运动及国民党问题的议决案》,决定共产党员和社会主义青年团员以个人身份加入国民党,以帮助孙中山把国民党改组为民主革命联盟,同时保持共产党在组织和政治上的独立性。这个决定有利于借助孙中山这面大旗,利用国民党的合法地位,壮大革命力量。

这次大会会后,中共中央决定成立中央教育宣传委员会,中央委员罗章龙兼任书记,瞿秋白为该委员会委员。

6 月 21 日,瞿秋白写信给共产国际负责人季诺维也夫,署名"中国共产党员"。信中表示赞成共产国际关于中国无产阶级还"不是一支完全独立的社会力量"的判断,认为中国革命为资产阶级性质,中共的任务是一面组织和教育劳动群众,一面扩大和推动民族革命。但是,他说:"如果我们能在民族运动中组成强有力的劳动群众的左翼,保持党的独立性,我们就不用害怕会在'资产阶级民主中溶化'。因为无产阶级自然是唯一彻底的革命力量,只有它才能将革命进行到底"。他告知季诺维也夫,中共三大决议认为共产党有必要担负起改组国民党的任务,以此加强共产党的影响。

关于"无产阶级自然是唯一彻底的革命力量"的观点,陈独秀有不同的看法,他修改了瞿秋白起草的《中国共产党党纲草案》。三年后,瞿秋白回忆说:

> 第三次大会的党纲,是我起草的;但是大会之后,独秀同志又修改了再付印的。除文字的修改外,其中重要之点是:(一)"此革命之中,只有无产阶级是唯一的、最现实的、最先进的、最彻底的力量,因为其余的阶级……"改为"无产阶级却是一种现实的最彻底的有力部分,因为其余阶级……"之下还加了一句"一时不易免除妥协的倾向";(二)原文"……不得农民参加革命不能成功"改为"……也

---

① 中共中央党史研究室第一研究部:《共产国际、联共(布)与中国革命档案资料丛书》第 2 卷,北京图书馆出版社 1997 年版,第 480、419 页。

很难成功";(三)原文"无产阶级应竭全力参加促进此民族革命,促醒农民阶级与之联合,督促不彻底的资产阶级……"改为"……督促苟且偷安的资产阶级"。我现在这种声明并非要表明独秀同志的错误,而是要客观的研究过去错误的来源。一、当时确有一派同志,无意之中承认资产阶级应当领导革命,认为资产阶级不过暂时苟且偷安罢了……①

陈独秀最初反对国共"党内合作",但是作为中共领袖,必须接受共产国际的指示。经过痛苦的思考,他才同意,才与坚持"党内合作"的马林合作。然而他认为,中国必须经过一个由资产阶级领导的民主革命阶段,无产阶级参加这个革命只能获得若干自由和权利;待民主革命胜利后,无产阶级的第二步奋斗再推翻资产阶级统治,建立无产阶级政权。此论后来被称为"二次革命论"。

瞿秋白起草的党纲草案中虽然强调"无产阶级是唯一的、最现实的、最先进的、最彻底的力量",但他没有将无产阶级革命领导权明确地写进党纲。这是年轻的中国共产党处理十分复杂的国共合作问题时,缺乏理论准备和实践经验所致。当时国共两党的实力悬殊等状况,也是造成这种矛盾的重要因素。

1923年5月共产国际执行委员会给中共三大的指示的第五条写道:"毫无疑问,领导权应当归于工人阶级的政党。"②但是,共产国际这种表述的实际内涵,在当时的"世界革命"大背景下,在季洛维也夫、布哈林等共产国际领导人的意识中,主要是指"国际无产阶级的"指导",尤其是指共产国际的"指导",而不是指在他们看来尚不是"独立社会力量"的中国工人阶级的"领导权",更不是指由中共去领导孙中山及其国民党。因而,瞿秋白在收到共产国际1923年5月指示后也只是说中国"民族民权革命"也"非借重国际的及国内的无产阶级不可",只是说劳工阶级"日益"取得"重要的地位以至于指导权",而不是说由中国无产

① 《瞿秋白文集》(政治理论编)第4卷,人民出版社1993年版,第489页。
② 中共中央党史研究室第一研究部:《共产国际、联共(布)与中国革命档案资料丛书》第2卷,北京图书馆出版社1997年版,第456页。

阶级及其政党中共现在就"领导"中国的"国民革命"。① 这是中共党内以至共产国际某些领导人当时尚未充分注意甚至尚未明晰认识到的。况且,共产国际1923年5月给中共三大的指示迟到了,在中共三大闭幕后一个多月才到中共中央手中,那时中共三大的党纲、决议等已经传达贯彻。不过,共产国际这一指示客观上支持了瞿秋白,他由此也进一步发挥其"争"无产阶级领导权的理论。他关于争取重要地位和"指导权",将来行向社会主义的文章,为国共合作的理论阐释和宣传作出了可贵贡献,他显然成了中共早期理论建设的主要支柱之一。

瞿秋白在中共三大前后的表现,给马林留下了深刻的印象。马林对他的好评引起了共产国际的关注。

二、鲍罗廷的助手

马林前往莫斯科途中,在哈尔滨遇到了鲍罗廷一行,移交了工作,无疑会向鲍罗廷推荐瞿秋白。

鲍罗廷早已是著名的国际革命政治活动家。他来华是按苏联与国民党协议,到广州担任国民党的政治总顾问,帮助国民党改组,正式建立国共合作关系,指导国民党的具体工作,参与重大决策。起初,他不是共产国际代表,后来逐渐成为国共两党与莫斯科之间的政治枢纽。他的工作牵涉到政治、军事、经济各种重大问题,地位愈来愈重要,工作要务每天接踵而来,他成了海内外各方政治势力注意的一个焦点。

共产国际和俄共让加拉罕、维经斯基和鲍罗廷,互为呼应,处理中国各种政治集团之间的复杂关系,并将其纳入东方战略,纳入对中国革命的整体设计和总策划,希望在帝国主义列强激烈争夺的半殖民地中国掀起民族解放运动的新高潮,把远东与东南亚、中亚联成一个强大的反帝阵地。苏联在西欧革命的一系列失败后,力图摆脱被列强包围的被动局面,因而在东方联络力量,建立起反帝的外围屏障,以赢得建设

----

① 《瞿秋白文集》(政治理论编)第2卷,人民出版社1988年版,第193—224页。

和发展的时间,同时推进"世界革命"。

鲍罗廷紧随苏联新任驻华全权代表加拉罕之后抵达北京,先与加拉罕接洽,后向李大钊、何孟雄、张国焘等了解北方共产党人对国共合作问题的看法。9月下旬,他到上海与中共中央讨论国民党改组计划。他向陈独秀表示希望瞿秋白当他的翻译,随即就把瞿秋白调到鲍公馆工作。

10月6日,鲍罗廷到达广州,受到孙中山的热烈欢迎。他对孙中山说,他来华是为了与孙中山共同献身中国国民革命,反对帝国主义。他分析孙中山屡遭挫折的原因,认为一是国民党缺乏组织,二是党与军队分离,建议"以党治军"。他以自己的方式很快取得了孙中山的信任。孙中山任命他为"改组国民党的顾问和组织教练员",随后又聘请他为国民党临时中央执行委员会顾问。为改组国民党,他向孙中山提出修改党纲、拟定党章、在广州和上海设执行部,作为坚强核心和召开全国代表大会等五条具体建议,后来都得到实施。

瞿秋白是鲍罗廷的主要助手和翻译。他成了鲍罗廷与中共中央之间的特殊联络员。他在鲍罗廷身边,比中共中央其他人更早更多地了解莫斯科和国民党的情况和意见。中共中央表示什么意见和想法,或者需要从鲍罗廷处知道什么,常常就通过瞿秋白;鲍罗廷询问中共中央的意见时也往往找瞿秋白。瞿秋白既要接受陈独秀为首的中共中央的领导,又要接受鲍罗廷的领导。两边的意见多次发生分歧,这是对他独立思考的一种考验,也决定了他对某些问题的特殊处理方式。

从他与鲍罗廷当时的书信、谈话和他写给中央的报告可以看出,他夹在中间,以大局为重,不计较个人得失。同时,他也从中看到鲍罗廷和陈独秀等人各有短长,将两者作一番比较研究——后来他的文章多曾述及。鲍罗廷在华4年作出的一些重要决定,直接影响瞿秋白的政治生涯,他们之间的友情一直延续到三十年代。

鲍罗廷的工作初步见效。11月29日,国民党临时中央发表改组宣言。30日晚上,鲍罗廷和廖仲恺抵达上海,准备推行广东国民党改组的经验。鲍罗廷派瞿秋白与汪精卫、胡汉民一起领导上海国民党和有全国影响的上海《民国日报》的改组工作。廖仲恺带来孙中山的一封信,要求上海的国民党人服从鲍罗廷的指示和领导。之后,中共中央加快了改组国民党的工作。

12月19日《向导》第49期"国民党改组消息"专栏,刊出瞿秋白早在11月15日写好的《国民党改造与中国革命运动》一文,说要组织"平民的"、"我们自己的国民党",群众的民主的政党,号召同胞们"快加入国民党!"陈独秀、蔡和森等也发表了有关文章。

12月23日午后,瞿秋白到上海斜桥湖州会馆参加国民党上海市党部全体党员大会。他在两个月前加入国民党。瞿秋白感叹说:"大会之前,局势是非常复杂的,参加会议的人员是各式各样的。但会上依然感到热情洋溢。简直不能设想,在国民党二十年的全部历史中竟从未开过一次全体大会。"①这次大会,标志着上海改组国民党的工作已有进展。

三、参与起草国民党一大宣言

瞿秋白原拟1924年元旦筹办婚事,却没有时间,他必须参加中共中央和社会主义青年团中央联席会议,为出席会议的鲍罗廷当翻译。会后才办了简朴的婚礼,紧接着又赶赴广州筹备国民党一大。

中共中央和团中央联席会议的决议说,共产党员不应该像老国民党人那样在国民党内各种委员会中谋求职位;又说,在各省,必须选举左派作为出席代表大会的代表②。这类当时被视为准则的说法,都隐伏着造成后来麻烦的因子。然而,那时鲍罗廷写信给维经斯基,说共产党在国民党改组中异常活跃;工作很和谐,什么麻烦也没有,争论已让位于实际工作③。

共产国际执委会主席团关于中国民族解放运动和国民党问题的决议,被作为起草国民党一大宣言的依据。但起草宣言,要制定一个国共

---

① 切列潘诺夫:《中国国民革命军的北伐》,中国社会科学出版社1981年版,第52页。
② 中共中央党史研究室第一研究部:《共产国际、联共(布)与中国革命档案资料丛书》第2卷,北京图书馆出版社1997年版,第443页。
③《瞿秋白文集》(政治理论编)第2卷,人民出版社1988年版,第108—109页。

双方都能接受的新的革命纲领,应确定奋斗目标、明确国民党改组后的性质、两党合作的政治基础等等。在这些问题上,势所必然地发生了激烈争论。

瞿秋白参加了元旦前一天在国民党中央执行委员会上海执行部第一次会议,在委员会中,他实际上成了中共中央代表。

第一次讨论后,瞿秋白将俄文草案翻译为中文,交给汪精卫。汪精卫对草案作了修改和重编,提交一份中文稿。这份中文稿译成俄文后,鲍罗廷看了大吃一惊,他认为反映了"我们自己"的和"国民党要人的整个思想混乱情况"。1月14日、15日,起草委员会按鲍罗廷意见在广州审查和继续讨论修改宣言草案,经长时间激烈争论后,宣言草案认定,中国受列强侵略,陷于半殖民地之地位,因此须在"政治方面,由专制制度过渡于民权制度",国共两党的共同政治任务是反帝反封建的资产阶级民主革命。述及国民党以往的失败,认为与"反革命的专制阶级者"妥协,"间接与帝国主义相调和"实为主要原因。在此过程中鲍罗廷、瞿秋白努力贯彻了共产国际指示和中共中央要求。

宣言草案的第二部分重新解释了三民主义,这是争论的焦点。有时为几个字相持不下,几乎每见"农民群众"、"工人群众",汪精卫、胡汉民都力求用"民众"、"人民"代替,鲍罗廷、瞿秋白则据理坚持准确明晰的表述。讨论民权主义时,瞿秋白说:"除了所谓直接的人民权利之外,我们还实行直接的人民民主。就是说,全体公民不仅有选举权,而且有倡议、否决和召回国家官员的权利。"[1]他这个意见被采纳,在国民党一大正式通过时表达为:"国民党之民权主义,于间接民权之外,复行直接民权。即为国民者,不但有选举权,且兼有创制、复决、罢免诸权也。"[2]这就赋予了"民权主义"以新的内涵。宣言草案重新解释的三民主义,包含了联俄、联共、扶助农工的内容。草案经大会讨论通过。这个宣言,人们常说是"孙中山委托鲍罗廷起草,由瞿秋白翻译,汪精卫润色的",其实,瞿秋白的贡献不单是翻译。

---

① 黄修荣:《共产国际与中国革命关系史》(上),中共中央党校出版社 1989 年版,第 209 页。
② 孙武霞、许俊基编:《共产国际与中国革命资料选辑 1919—1924》,人民出版社,1985 年版,第 295—296 页。

国民党一大临近，广州欢迎各地代表的气氛愈益浓厚，《广州民国日报》不断刊载各种有关新闻。在鲍公馆，瞿秋白见到李大钊、张国焘，他们带来了陈独秀的新指示。李大钊和张国焘途经上海时与陈独秀等商讨，陈独秀提议由李、张去广州与已在广州的谭平山、瞿秋白组成指导小组，"指挥出席国民党大会的共产党员"。

瞿秋白在大会召开前非常忙碌，他要随时为鲍罗廷作翻译，要处理各种文件和鲍公馆日常事务，还须参加宣言草稿的讨论，要作记录，归纳整理多方信息，供鲍罗廷和指导小组参考，熬夜翻译，一字一句细心推敲。深夜才躺到床上。可这时又不免想起数千里之外的新婚妻子，又起身提笔写信，倾诉思念之情。

这期间，孙中山的办公桌上堆满来自海内外的国民党元老的各种信函，不约而同流露出惊疑不安的情绪。一个月前，邓泽如等11人向孙中山递交"检举共产党呈文"，反对国民党改组，攻击鲍罗廷和中共领导人。孙中山顶了回去。

1924年1月20日上午，国民党一大在广东高等师范学堂大钟楼旁的大礼堂里隆重开幕。第四天，孙中山派人请鲍罗廷马上到大会秘书处去。迫于各方压力，孙中山对鲍罗廷说，要取消"一大"宣言，以他拟定的《国民政府建国大纲》取而代之。经过长时间的交谈，孙中山重新决定把宣言草案付诸表决，同时公布政府纲领。当天下午，孙中山第一个举手赞同宣言，并阐明宣言的宗旨。虽然争辩仍然激烈，但有了孙中山的支持，大多数代表举手赞成，终于通过了宣言。此后，是否真正执行国民党一大宣言，成为共产党人和国民党左派同右派斗争的核心问题。

大会期间，国民党右派在各种场合反对共产党员"跨党"，阻挠国共合作。鲍罗廷、李大钊、谭平山、瞿秋白等组成的指导委员会每天晚上都要开会，预测第二天会议上可能发生的情况，讨论对策。指导委员会拟在大会上发表一项正式声明，讲清共产党员在国民党内工作的原则。1月25日，组成以李大钊为首的三人起草委员会，起草一项声明。1月28日，李大钊代表共产党在大会发言并在散发的《意见书》中声明："我们加入本党，是几经研究再三审慎而始加入的，不是胡里胡涂混进来的，是想为国民革命运动而有所贡献于本党的，不是为个人的私利"；

"本党总理孙先生亦曾允许我们仍跨第三国际在中国的组织,所以我们来参加本党而兼跨固有的党籍,是光明正大的行为,不是阴谋鬼祟的举动。"①大会期间出现过各种不和谐声音,但联俄联共的气氛占据上风。远在北京的加拉罕发来了贺电。

大会最后选举中国国民党中央执行委员会。共产党员谭平山、李大钊、于树德、林伯渠、毛泽东、瞿秋白、张国焘等十人当选为中央执行委员会和中央候补委员,约占委员总数的四分之一。1月30日下午,大会闭幕。瞿秋白盛赞这次大会是"中国革命史之新篇"的第一页。②

国民党一大是中共统一战线政策的重大胜利,也是孙中山推进中国革命的巨大历史功绩。年轻的瞿秋白以亲身经历,见证了这段历史。从此,他成了共产国际代表与中共中央、国民党中央领导人之间沟通、联络的重要人物。

---

① 孙武霞、许俊基编:《共产国际与中国革命资料选辑 1919—1924》,人民出版社,1985 年版,第 304—305 页。

② 《瞿秋白文集》(政治理论编)第 2 卷,人民出版社 1988 年版,第 381 页。

第九章　进入中央局

一、反击国民党右派的反共逆流

1924 年 2 月 7 日，农历大年初三，瞿秋白奉命回上海，去改造《民国日报》。

关于《民国日报》的改造，鲍罗廷在 1924 年 1 月 4 日致维经斯基的信中就说，已经确定领导报社的新机构：编辑委员会由胡汉民、汪精卫、叶楚伧、邵力子和瞿秋白组成，胡汉民任主编，副主编是叶楚伧，秘书是瞿秋白①。瞿秋白以国民党中央候补执行委员的身份参加编辑委员会。

4 月 5 日，瞿秋白写信给鲍罗廷谈工作情况，表示为国共合作后舆论工具的更新，他将努力做《民国日报》的改造工作。瞿秋白负责协调中共中央与报社之间的关系，也常向鲍罗廷通报情况，申请报社改造所需经费，他在报社里的地位很特殊。

鲍罗廷亲自帮助解决报社采购印刷机器、设备的经费等问题，编辑部同人甚为兴奋。扩版后的《民国日报》中设的《评论之评论》，成为共产党人的言论之窗，由上海执行部宣传部秘书恽代英领导，沈泽民编辑。《评论之评论》最初分为一周大事和评论两部分，主要撰稿人有恽代英、沈泽民、施存统、董亦湘、萧楚女、刘仁静、谭平山等共产党人，汪精卫也偶尔撰稿。

---

① 中共中央党史研究室第一研究部：《共产国际、联共（布）与中国革命档案资料丛书》第 2 卷，北京图书馆出版社 1997 年版，第 396 页。

改版后的上海《民国日报》面貌焕然一新,许多老读者欣喜地发觉它内容更新了,报道也很及时。国民党一大宣言和国共合作的政治思想的宣传,苏联和共产国际的消息,中共中央指示精神的渗透,都引起注意。报纸送到千家万户,促进了革命运动的发展,成了两党指导工作的公开舆论阵地。其中也凝聚着瞿秋白的心血和智慧。

1924 年 4 月底 5 月初,共产国际代表维经斯基来到上海。根据他的建议,5 月中旬召开了中央执委扩大会议,讨论促进国民党反帝等问题。会议指出大部分国民党员本来就很明显地"回避反帝国主义的争斗","共产党的责任,就是使国民党不断的有规划的宣传'宣言'里的反对帝国主义及军阀,要求民权的原则"①。瞿秋白在《民国日报》上加紧反帝宣传,而不一定经过国民党上海执行部领导人的同意。

这时《民国日报》已出版专刊,他自己也在晚上赶写文章,白天则参加各种群众集会,发表演说,反击国民党右派。他还在报上陆续发表《关税特别会议问题——帝国主义的进攻》、《中国人的言论自由与外国人的上海政府》、《谁是帝国主义者?》、《五一节之四十年》、《自民族主义至国际主义——五七——五四——五一》等多篇文章,从不同角度抨击帝国主义的罪行,热情歌颂中国民众反抗侵略的光荣传统和大无畏精神。

上海《民国日报》的出色工作,招致国民党右派的攻击,有的来自广州的报纸。瞿秋白致信鲍罗廷说,"我们收到了广州的报纸,其中有一张报上说,《民国日报》已经成了共产党的报纸了,因为它在俄中谈判时'维护俄国人的利益',还说这是由于瞿秋白参加了编辑部,同时这张报纸把我叫做'俄国共产党在国民党中的执行委员'。这些都表明,右派正在进行有计划的煽动,不仅是反对我们,而且也反对国民党左派"②。

两个月后,广州出版的《中国国民党周刊》第 28 期刊登了国民党中央宣传部推荐上海《民国日报》的"启事",说:"编辑人如胡汉民、吴稚晖、汪精卫、廖仲恺、戴季陶、叶楚伧、邵力子、瞿秋白诸先生,皆吾国学界泰斗。党员欲明本党事,固不可不读。即为一己求导师,亦不可不

①《中共中央文件选集》第 1 册,中共中央党校出版社 1989 年版,第 230—232 页。
②《瞿秋白文集》(政治理论编)第 2 卷,人民出版社 1988 年版,第 539—540 页。

读。该报近复力求完善,增置每小时能印报一万八千份之轮转机,扩篇幅为 16 版,加商业新闻,添辟'杭育栏'……星期增刊《评论之评论》"。这说明报纸有了愈来愈大的影响。不过,编辑部内部,叶楚伧与邵力子、瞿秋白之间仍然存在尖锐的矛盾。后来,叶楚伧渐使该报右转。

国民党一大后,共产党人以国民党员的身份公开活动,更深广地发动工农,中国反帝反封建军阀的大革命运动迅速兴起。但在统一战线内,共产党人有所偏失。共产国际代表维经斯基带来东方部新指示,主要要求纠正"国民党中心论"。陈独秀同意纠正这种倾向,立即召开中央执委会扩大会议。会议于 1924 年 5 月召开,通过了《共产党在国民党内的工作问题议决案》和《党内组织及宣传教育问题议决案》,强调共产党是"指导者",无产阶级是共产党的基础,在产业工人里扩大党组织,是现时根本责任之一;在国民党内工作的方针是"巩固国民党左翼和减杀右翼势力"①。

国民党中央监察委员会委员邓泽如、张继、谢持等国民党右派,对共产党在国民党内的党团组织活动十分不满。

6 月 18 日,邓泽如、张继、谢持等联名向国民党中央执行委员会提出"弹劾共产党案"②,并上书孙中山。弹劾共产党案的提出,使得汉口、北京、上海、广州等地的国民党右派势力聚集起来,纷纷上书攻击"跨党"的共产党员和青年团员。他们加快弹劾共产党的步伐,向孙中山施加压力。瞿秋白不断沟通陈独秀和鲍罗廷两人的意见,以决定对策。

深明大义的孙中山支持国民党左派的意见,推迟裁决"弹劾共产党案"。这引起国民党右派的强烈不满。鲍罗廷向孙中山建议成立一个国民党中央政治委员会,作为党内政治指导机关,辅助孙中山制订和筹划政治方针。7 月 11 日,中央政治委员会成立,孙中山亲自任主席,廖仲恺、胡汉民、谭平山、伍朝枢、邵元冲为委员,鲍罗廷任顾问。7 月 16 日召开第二次会议时,批准谭平山的辞职请求,由瞿秋白替补。

---

① 《中共中央文件选集》第 1 册,中共中央党校出版社 1989 年版,第 230—239 页。
② 《中央监察委员会弹劾共产党原案·(乙)致中央执行委员会书》,见中国人民解放军政治学院党史教研室编《中共党史参考资料》1979 年印行,第 3 册,第 323 页。

8月13日开始的国民党中央政治委员会的第五次会议,讨论"国民党内之共产派问题"。8月19日,廖仲恺主持会议,开始讨论弹劾共产党案,发生激烈的争论。原提案人谢持、张继列席,他们重述弹劾案的意见,公然主张"分立",国民党中央委员覃振发言支持张继。这时,瞿秋白起立发言。他先从国共两党的指导思想和性质上提出问题:三民主义之政党是否能容纳马克思主义派?国民党是否必要容纳一切思想上虽有异见而对于现时中国之政见上相同之革命分子?共产派即马克思主义派加入本党,完全为参加国民革命促进本党之进行,此派的党团行动是否有害抑系有利于本党之发展?他希望大会进行讨论。第二天,会议由胡汉民主持,继续辩论。瞿秋白就弹劾案中提出的所谓共产党有"党团作用之嫌疑"问题,理直气壮地辩驳:

　　　　既准跨党,便不能无党团之嫌疑。国民党外,既然有一个共产党存在,则国民党内便不能使共产派无一致之行动。况既谓之派,思想言论必有相类之处;既有党外之党,则其一致行动,更无可疑,……若其行动有违反宣言及章程之处,则彼辈既以个人资格加入本党,尽可视为本党党员,不论其属于共产派与否,概以本党之纪律绳之。……若此会议决分立,大可谓共产派之发展足以侵蚀国民党,若不分立,则共产党之发展,即系国民党中一部分之发展,何用疑忌?监察委员职权只问案由,不宜问共产派与否,应该以纪律为准。①

　　瞿秋白的发言,完全符合国民党"一大"宣言和国民党章程,且很有逻辑力量,国民党左派赞同,右派无从反驳。8月20日,瞿秋白出席由孙中山主持的中央政治委员会第六次会议,次日通过了《国民党内之共产派问题》、《中国国民党与世界革命运动之联络问题》两个提案。前者写道:"谓本党因有共产党之加入,而本党主义遂以变更者,荒谬极矣";"谓本党因有共产党员之加入,而本党团体将以分裂者,亦有类于杞忧。""证之本党改组以后发展情形,亦可以无疑"。会后,国民党中央向

---

① 陈廉:《第一次国共合作史》,北京图书馆出版社1998年版,第161页;《瞿秋白的〈声明〉与国共两党的"分家"风波》,上海《档案与史学》1997年第2期。

全体党员发出了关于"容纳"共产党的训令说:"今中国共产党与本党同为革命组织,对于现时中国之政见又尽相同,故决不能发生党团作用,而加入本党之共产派既服从本党之主义,更不致有党团作用";声明"自经此决议之后,党内共产派问题已告解决"①。

共产党人和左派国民党人反击右派弹劾案的斗争,得到孙中山的支持,取得了胜利。

10月,北京传来消息:受革命影响的直系将领冯玉祥发动"北京政变",推翻直系军阀首领曹锟、吴佩孚控制的北京政府,提出反对军阀割据、和平统一等政治主张,并将所部改称中华民国革命军。此前,共产国际、中共与冯联络,希望在北方配合广东的国民革命。冯发动政变后与人联名电请孙中山北上主持大计。中国南北局势顿时发生变化,中共中央和莫斯科都非常关注。

对于孙中山是否应当北上,国共两党内部都激烈争论,最后中共中央和团中央联合发出通告,号召各地利用孙中山北上的机会,迅速开展国民会议运动,成立国民会议促成会、后援会等,反对段祺瑞的善后会议。

12月,正被反动当局通缉、住在上海先施公司职员孙瑞贤家里的瞿秋白接到指示,秘密辗转前往北京。鲍罗廷当时也在北京,协助加拉罕工作。鲍罗廷在苏联大使馆召集李大钊、赵世炎、张国焘、高君宇开会,瞿秋白当翻译。鲍罗廷说要准备北伐了,但广东的军队"缺乏一个强有力的中心",因此,"我们决定培植蒋介石的第一军,以黄埔军校为基地,培养军事干部,在财力和军事装备方面多予以支持"。与会者纷纷提出不同意见,特别是对于培植蒋介石,担心他一旦羽翼丰满,难以控制。与会者多认为与其用极大的财力和物力培植蒋介石,不如使用较少的财力和物力来培植共产党的军事力量。鲍罗廷认为,目前应以北伐军的军事行动为主体,工农群众组织应作为辅助力量支持军事行动。他说:"不宜大张旗鼓地发展自己的独立的军事力量,因为那会招致国民党将领的疑虑,对统一战线发生不利影响";共产党员可以国民

---

① 孙武霞、许俊基编:《共产国际与中国革命资料选辑 1919—1924》,人民出版社 1985 年版,第 324—327 页。

党员身份在军队中担任党代表,在军队和黄埔军校开展工作,只要把政治工作做好,便可控制军队①。

培植蒋介石军事力量的意见,得到共产国际的同意。在平定广州商团叛乱中,蒋介石以实际行动支持鲍罗廷提出保卫广州的主张,获得鲍罗廷的好感,加上孙中山也信任蒋介石等因素,培植蒋介石这个主张得以步步实施。

二、中共四大前后的理论工作

1925 年 1 月 11 日至 22 日,中共四大在上海举行②。共产国际代表维经斯基出席大会并作了关于世界共产主义运动状况的报告,从北京赶回来的瞿秋白担任翻译。陈独秀代表第三届中央执委会作工作报告。

这次大会的决议明确提出无产阶级在民主革命中的领导地位问题:"中国的民族革命运动,必须最革命的无产阶级有力的参加,并且取得领导地位,才能够得到胜利。"③这是总结国共合作中经验教训而得出的重要结论,也是瞿秋白等共产党人早期理论探索的一个结果。

会议批评党内存在的"左"倾和右倾错误,认为"左倾的错误,是主张继续做无产阶级的革命运动及无产阶级专政的宣传,反对加入国民党,甚至反对参加国民革命,以为这是和资产阶级妥协,使我们党变成黄色"。同时又强调右倾的错误比"左"倾错误更危险、更普遍,重申了 5 月中央扩大会议反对"国民党中心论"的精神。

中共四大选出了新的中央委员会。陈独秀、李大钊、蔡和森、张国焘、项英、瞿秋白、彭述之、谭平山、李维汉等 9 人当选为中央执行委员。

---

① 彭建华:《一九二四年冬鲍罗廷在北京召集的一次会议》,《党史资料》丛刊 1983 年第 4 期,上海人民出版社 1983 年版。该文作者当时也参加了这次会议。
②《中共中央文件选集》第 1 册,中共中央党校出版社 1989 年版,第 330—333 页。
③《中共中央文件选集》第 1 册,中共中央党校出版社 1989 年版,第 330—333 页。

陈独秀任总书记兼组织部主任,彭述之任宣传部主任,蔡和森、瞿秋白任宣传部委员,张国焘任中央工农部主任。以上5人组成中央局。瞿秋白从此进入了中央领导核心。

中共四大之后,瞿秋白一面贯彻大会精神,宣传各项决议,以工人运动与民族革命运动之间的关系为侧重点,有计划、有步骤地撰写文章;一面一如既往地做基础理论工作,翻译、研究和阐明马克思列宁主义理论,致力于革命实践中运用,致力于党的思想建设。

瞿秋白2月2日写《一九二三"二七"与一九二五之"二七"》一文,阐述中共领导工人运动史及重大意义,指出工人运动与民族革命运动息息相关,预言"全国职工运动复兴"即将到来的前景①。他的"预言"很快成了事实。这篇文章发表后的第3天,2月9日,沪西日本商家的四个厂的工人为抗议日商开除、拘捕工人,成立棉纱厂工会委员会,组织纠察队,宣布罢工,从这一天起先后有二十家日商纱厂三万多人参加同盟大罢工。中共上海地委组织罢工委员会,号召上海全体党团员起来支援日商纱厂工人的斗争。11日,瞿秋白又作《上海小沙渡日本纱厂大罢工》一文,揭露列强对中国经济侵略各种方式和惨无人道的罪行,真切陈述工人的疾苦。文章赞扬工人的斗争,同时提醒工友们要注意外国资本家有租界的外国政府、外国巡捕、外国包探做帮凶;日本资本家会用收买、贿赂等卑劣手段破坏罢工②。

期间,中共四大通过一个支持俄共(布)批判托洛茨基的决议,发表了《对于列宁逝世一周年纪念宣言》③。为此,《新青年》(月刊)编辑出版"纪念列宁逝世一周年的专号",瞿秋白在专号上发表了《列宁主义概说——改译施达林著之〈列宁与列宁主义〉里的一部》以及《列宁主义与杜洛茨基主义》。

瞿秋白"改译"斯大林的《列宁主义概说》(今译为《论列宁主义基础》),下了很大的功夫④。瞿秋白把他的《列宁主义概说》称为"改译",

①《瞿秋白文集》(政治理论编)第3卷,人民出版社1989年版,第8—11页。
②《瞿秋白文集》(政治理论编)第3卷,人民出版社1989年版,第8—11页。
③《中共中央文件选集》第1册,中共中央党校出版社1989年版,第397页。
④《瞿秋白文集》(政治理论编)第3卷,人民出版社1989年版,第22页。

是因为此前郑超麟已经译出了《论列宁主义基础》。他说之所以要"改译",是为了突出主干,深入浅出,语言上更合乎中国文法,以"接近中国读者",宜于传播①;并且译述中尽可能针对中共党内理论上的薄弱环节。

斯大林在《论列宁主义基础》中,谈的大多与俄共(布)党内争论的诸多问题有关。瞿秋白改译时说:"列宁的理论,正是根据于马克思主义,再从这种实际工作中的经验里锻炼出来的,——所以对于帝国主义时代,世界革命已经可以开始时的具体策略问题,如无产阶级独裁制与农民阶级,无产阶级社会革命与殖民地民族革命之关系等问题,便有格外详尽的研究,发见许多新的原则。因此,可以说,马克思主义是无产阶级革命的理论,然而是无产阶级革命前的,工业资本主义时代的社会革命思想之大纲;列宁主义呢,便是无产阶级革命时代的帝国主义时代的马克思主义——执行无产阶级革命的实践的原理。"②

这段话在斯大林原著的开头说明中是没有的,这是瞿秋白仔细学习斯大林原文、认真领会列宁主义精髓后写的,还在这段话下面加上粗黑点,以示重要。其中"无产阶级社会革命与殖民地民族革命之关系"一语,瞿秋白在回国后写的《现代的劳资战争与革命》等文时,已经有此表述。在这个"改译"中,更多处结合中国实际情况,阐述中国革命的道路、方针、策略和领导权等问题。

"改译"详细介绍列宁与第二国际的争论。"第二国际派"认为资产阶级先革命,资本主义因之发展;无产阶级在这时期积聚自己的力量,预备将来再起革命,推翻资本主义。列宁则强调,第一次世界大战时期俄国资产阶级革命时,无产阶级将要力争政权,力争共和国制度,努力引导"非无产阶级的平民群众"来参加,来完成社会主义的革命。在此之前,"即使实业不十分发达的国家,还要经过资产阶级的民权革命,这些资产阶级革命也就一定和无产阶级的社会革命同时并进而且可以急

①《瞿秋白文集》(政治理论编)第3卷,人民出版社1989年版,第46页。
②《瞿秋白文集》(政治理论编)第3卷,人民出版社1989年版,第23—24页。

转直下的变成无产阶级革命"①。1923 年 9 月瞿秋白就曾写道:"劳工阶级在国民革命的过程中因此日益取得重要的地位以至于指导权。劳工阶级的最后目标在社会主义,那么,到国民革命的最高度,很可以与世界革命合流而直达社会主义。"②瞿秋白在这里批判第二国际的错误观点时,有简单化的理解,发生了偏差。

瞿秋白着重说明列宁主义是在与各种错误思想斗争中逐渐形成的,强调列宁主义理论、实践方法,来源于马克思主义;它是批评的革命的方法,决不是死板的公式。列宁主义是马克思主义与俄国革命运动相结合的产物,具有与时俱进的先进性、实践性和斗争性,中国共产党可以从中得到重要启示,以便结合中国具体情况,确定方针、道路和总策略。

瞿秋白的改译,还体现了当时共产国际和中共中央关于树立斯大林新形象——"列宁学说的真正继承人"的指示精神。这是为了支持联共和斯大林对托洛茨基批判。这种"支持"与"批判",更明显地体现在瞿秋白撰写的《列宁主义与杜洛茨基主义》一文里。

1923 年秋,苏联国内经济发生困难,引发俄共(布)党内一场大辩论,斯大林与托洛茨基等激烈争辩。第二年列宁逝世后,斗争加剧,并迅速扩大到共产国际下属的各国支部里。中共四大通过支持俄共(布)批判托洛茨基的决议,彻底改变瞿秋白原来对托洛茨基的所有看法。他撰文支持斯大林,批判托洛茨基,也代表中共中央的立场。

《列宁主义与杜洛茨基主义》首先解释列宁派与托洛茨基派之间意见分歧的缘由,突出双方意见分歧的焦点之一——农民问题。农民问题也是中国民主革命中必须解决的重大问题之一。文章认为,无产阶级不能死守着社会主义的原则,而应该接受小资产阶级式的农地政纲,帮助农民阶级与封建地主斗争,农民阶级才愿意帮助无产阶级反抗资

---

① 《瞿秋白文集》(政治理论编)第 3 卷,人民出版社 1989 年版第 35 页。其中"可以急转直下的变成无产阶级革命"一语,现在翻译的斯大林这句原话中并没有"急转直下"之意,而是用"一定"来表示;"即使实业不十分发达的国家",则是翻译成"在一个比较发达的国家内"(《斯大林全集》第 6 卷,上海人民出版社 1956 年版,第 88 页)。这个变化有各种因素,也不排除俄文版《斯大林文集》编辑时的改动,与瞿秋白当时看到的俄文原文有出入。

② 《瞿秋白文集》(政治理论编)第 2 卷,人民出版社 1988 年版,第 221 页。

产阶级,实现工农联盟。这与他以前的"国民革命不得农民参加不能成功"论相承①,与中共四大的农民运动决议案所说"在农人中找到了一个无产阶级的同盟,这便是列宁主义与一切投机主义孟什维克主义根本不同之要点"相一致②。

25 年 3 月 12 日上午,孙中山在北京与世长辞。国民党上海执行部在 3 月 13 日《民国日报》上发布讣告,并在莫里哀路 29 号孙中山宅邸设奠。

孙中山逝世后,原来被他强压下去的反苏反共势力的活动明显加剧。因而正确评价孙中山是一个极重要的课题。瞿秋白接连撰写了《孙中山与中国革命运动》《孙中山辛亥革命后之第二功绩——镇压买办阶级商团之反革命》《孙中山之死与孙中山之敌》等文章。他充分肯定孙中山的历史地位,说孙中山是"中国历史上第一个革命家"③,是"中国平民革命运动的最早的领袖,他集合数万万被压迫剥削的民众在这力争民族解放和平民政权的旗帜之下"④。《孙中山与中国革命运动》一文,突出地论述孙中山联俄、联共、扶助农工和改组国民党的历史功绩。他说,高度评价孙中山的革命坚定性,说他没有一刻妥协,没有一刻忘掉革命,晚年更彻底主张反对帝国主义列强。

孙中山逝世前后,上海各界民众先后反对公共租界工部局的"增订印刷附律案"、"交易所注册案"、"增加码头捐案"和"越界筑路案"四提案,陈独秀、瞿秋白等中共中央领导成员按中共四大精神,及时导引,最后形成了五卅反帝运动。

三、五卅运动中的《热血日报》

五卅之前,陈独秀连续发表了八篇文章,贯彻中共四大决议精神,

①《瞿秋白文集》(政治理论编)第 2 卷,人民出版社 1988 年版,第 117 页。
②《中共中央文件选集》第 1 册,中共中央党校出版社 1989 年版,第 358 页。
③《瞿秋白文集》(政治理论编)第 3 卷,人民出版社 1989 年版,第 137—140 页。
④《瞿秋白文集》(政治理论编)第 3 卷,人民出版社 1989 年版,第 77 页。

强调工人阶级为新生产力之代表,富有集合力和决战力,积极宣传集中共全党之力,推动工人运动。但是,当时鲍罗廷和莫斯科对中共中央在上海发动的工人运动并不热心,怕引起帝国主义武装干涉。中共则在维经斯基认可下,继续推动工运。4月5日出版的《向导》第109期上发表了中共中央多位领导人的多篇文章,集中于反帝宣传。其中有瞿秋白的《上海之外国政府与中国臣民》一文,集中反映民众的要求——撤掉上海的外国海陆军,废除租界,废除外国巡捕,废除领事裁判权;引导人民坚决彻底地反对帝国主义的统治①。五月,陈独秀等亲自具体指导工人运动,同时注意发展和强化反帝统一战线。瞿秋白根据中共中央的指示,及时总结经验,阐明斗争策略和方向,撰写了《五四纪念与民族革命运动》、《五七国耻与日本帝国主义》、《北京政变后的政局与工人阶级》、《评职工运动中的反动派》等文章,与陈独秀等领导人的文章一起,为五卅运动提供了思想理论武器。

5月15日傍晚,发生了内外棉纱厂工人顾正红被残害的事件。上海地委立即作出进一步展开反帝斗争的决定。第二天,八千多名内外棉纱厂工人罢工,抗议日本帝国主义屠杀中国工人。中共中央接连发出第32号、第33号通告,及时指导运动。被日本帝国主义残害的顾正红,因伤势极重,5月17日停止了呼吸,各界民众悲愤已极。当天,瞿秋白奋笔撰写《日本对华之屠杀政策》,愤怒控诉日本帝国主义的屠杀政策,严厉指斥日本帝国主义者②。5月24日下午,工会在沪西潭子湾举行大会公祭顾正红烈士,学生和各界民众参加大会,共万余人。"为顾正红烈士报仇!""打倒帝国主义!"的口号声震天动地。

5月28日,陈独秀主持中共中央与中共上海地委联席会议,瞿秋白出席。会议决定以反对帝国主义屠杀中国工人为中心口号,使斗争表现出明显的反帝性质,以争取一切反帝力量的援助。会议还决定在租界举行大规模示威活动。

5月30日,上海大学、同济大学、南洋大学的"学生演讲队"陆续进入租界,南京路上到处是演讲的学生和围观的群众,罢工工人、邮局和

①《瞿秋白文集》(政治理论编)第3卷,人民出版社1989年版,第139页。
②《瞿秋白文集》(政治理论编)第3卷,人民出版社1989年版,第145—149页。

铁路职工、商店的人也加入学生的队伍,反帝口号声一浪高过一浪。敌人慌了手脚,气急败坏的英国巡捕头目埃弗森下令逮捕了百余名演讲者,这更激起民众的愤怒。面对巡捕挥舞的警棍,民众毫不畏惧,聚集在捕房前,要求释放学生。杨之华与瞿秋白的弟弟瞿景白都参加上海大学演讲队,景白也被巡捕打伤了。埃弗森突然下令开枪,顷刻间子弹横飞,血流遍地,十几人被杀害,数十人受重伤,轻伤不计其数。这就是举世震惊的"五卅惨案"。

5月31日清晨,在横浜桥附近宝兴里一幢两层楼房里,陈独秀主持中共中央紧急会议,成立行动委员会领导五卅运动,瞿秋白为成员之一;成立上海总工会,发布总同盟罢工宣言,发动罢工、罢市、罢课斗争;中共中央发表告全国民众书,阐明反帝联合战线的根本策略。会议还决定出版《热血日报》,由瞿秋白任主编。在中共领导下的上海"三罢"斗争日益高涨,反帝风暴席卷全国。

这段时间,瞿秋白忙着筹备《热血日报》,这是中共创办的第一张日报。《上海工商学联合会日报》、《上海总工会日刊》(后改为三日刊)、上海学生联合会的《血潮日刊》、上海学术团体对外联络会的《公理日报》等也先后创刊,或直接由中共领导,或受到中共影响,都参加反帝斗争。

6月4日,广大市民看到《热血日报》创刊号,报头由瞿秋白题写,魏碑风格,柔中有刚。报纸八开四版,栏目很多,有社论、专论、本埠要闻、紧要消息、国外要闻、舆论之裁判、外人铁蹄下之上海等,还刊有杂感、诗歌、民歌、小言和读者来信。并且标题醒目,编排新颖,内容丰富,文字生动。

瞿秋白既是主编,又是主要撰稿人。《热血日报》总共出版了24期,他写了大部分的社论,大量的专论、短论,多的几千字,少则几十字,每期都有他的文章。每天,他都仔细分析和研究各种新动态,随时与陈独秀交换意见,研究决定社论内容。

6月7日,上海工商学联合会由陈独秀直接指导发表宣言,提出了"罢工权利"等17条交涉条件,而发行量最大的《申报》当天的报道偏偏缺了"罢工权利"的条款。瞿秋白在第二天的《热血日报》发表文章,除了赞同宣言还提出再增加三条:外国武装撤出中国、市民参与租界市政、"罢工之权"等条款之外,还质问《申报》为何漏登上海工商学联合会提出的"罢工权利"条款①。

如火如荼的五卅运动,迫使北京政府特派交涉员蔡廷乾、曾宗鉴来上海,调查五卅屠杀民众惨案。但"交涉员"们看到"17条"后,立刻变脸,甚至公开说什么"尚须有所选择"。瞿秋白怒不可遏:"这是甚么话!""最小限度的要求,还要选择"!严斥他们不是来调查五卅屠杀案,而是来替帝国主义者破坏"三罢",向国民宣战②。

6月10日,由美、日、法、英、意、比组成的调查沪案的六国委员抵沪,邀请北京政府特派员交换意见。同一天,经列强欺骗分化、威胁利诱,上海总商会虞洽卿等头面人物,组织"五卅委员会",删改17项条件为13项交涉条件,被删弃的有撤退外国军警、取消领事裁判权、工人集会结社罢工之自由等重要条款。"上海总商会究竟要的什么?"瞿秋白尖锐抨击总商会牺牲民众利益,垄断交涉,讨好列强。他呼吁:中国的民众,赶紧起来"改正商会的妥协主张!"③

对虞洽卿等大资产阶级,中共一方面不点名地批判其妥协性、动摇性;一方面为建立和巩固反帝统一战线,还要尽力团结他们,虞洽卿应中共之请也支持工人、学生的大部分要求,并提供了些经费解决罢工工人生活困难。

中共领导的五卅运动,席卷全国,势不可挡。北京各界约二十万人举行国民大会和反帝示威运动。6月11日,上海工商学联合会在西门公共体育场召开市民大会,有五百多团体、近十万民众参加这次反帝集会。瞿秋白化装一番,挤进会场。第二天,《热血日报》全面报道大会。瞿秋白别具匠心,用"热"、"血"、"沸"、"腾"、"了"五个笔名,发表系列杂文。《巡捕房的假证人》、《枪弹究竟应当从那里去?》、《上帝呢,还是财产?》等文章,揭露敌人伪造证据,颠倒黑白,百般狡辩,为屠杀中国人找借口等伎俩。还有些文章如《江亢虎辟赤化谣》等,揭露腐败特派员、反动军阀、庸俗政客的丑恶嘴脸。

---

① 《瞿秋白文集》(政治理论编)第3卷,人民出版社1989年版,第184页。
② 《瞿秋白文集》(政治理论编)第3卷,人民出版社1989年版,第198—201页。
③ 《瞿秋白文集》(政治理论编)第3卷,人民出版社1989年版,第217—224页。

瞿秋白主编《热血日报》，需要认真听取记者汇报，了解各方动态，布置采访任务，组织群众通讯员，密切联系社会各界各阶层，不分昼夜赶写文章。据不完全的统计，一个多月里，他写的社论、评论、新闻、杂感、诗歌等多达 80 篇。

对重要稿件，他总是亲自找有关人员谈话，核对材料后才发稿。他还挤出时间深入工人居住区，倾听群众心声。有一次，他看到一个工人在读《商报》，主动和他聊起来。工人说，这种报纸不为工人说话，自己文化低，也不容易看懂。鉴于这类状况，他力求《热血日报》通俗易懂，让工人看得懂，喜欢看。还尽可能多刊登工会与基层群众来稿来信和大众喜闻乐见的民间小调。编发第一首小调时，特地加上按语："我们很想收集这种平民作品，因为在这种作品里，我们才能够看见国际帝国主义压迫下的思想和情绪。"①他自己也动手写了一首《群众歌》："世间一切靠不住，靠得住的是群众。罢市要取大规模，坚持到底勿为动……奉劝诸君自救自，不然就是亡国种。大家起来大家醒，全靠我们是群众。"歌谣前面还写上："大家都要唱熟"②。

《热血日报》体现出战斗性、鼓动性、通俗性和题材的多样性，获得广大读者的喜爱。出版至第 10 期，销售量达到约三万份。每天都有来自全国各地的许多稿件和来信，还有亲自前来的送稿者和慕名来访者，有时多达百余人，编辑部成了五卅运动的信息交流的中心。《热血日报》还大量报道共产国际和世界人民的支持和声援。

期间，瞿秋白认为总商会的妥协，表明五卅运动反帝统一战线已经分化成革命派和妥协派两派。革命派要联合全国奋起的民众，攻击帝国主义的统治制度，反对妥协以发展革命运动，达到根本解放中国的目的③。

6 月 23 日的《热血日报》、《公理日报》被禁止销售，租界工部局早就视此二报为眼中钉，对影响广泛的《热血日报》尤其忌恨。然而 25 日全国很多地方举行反帝大示威，《热血日报》坚持印行。翌日晨 7 时，梅白

① 杨之华：《回忆秋白》，人民文学出版社 1984 年版，第 44 页。
② 《瞿秋白文集》（文学编）第 2 卷，人民文学出版社 1986 年版，第 373 页。
③ 《瞿秋白文集》（政治理论编）第 3 卷，人民出版社 1989 年版，第 249—250 页。

格路(今新昌路)186 号明星印刷所,突然被大批巡警包围,巡警查获该印刷所承印的大量《热血日报》和《劳动青年》、《陈独秀演讲》小册子。印刷所被查封。《热血日报》第 24 期(6 月 27 日)设法另找印刷所印行,广大读者还是看到了这份报纸,上面刊登着瞿秋白撰写的最后一篇社论《五卅案与废除不平等条约》。此后被迫停刊。

瞿秋白反复思考五卅运动的经验教训,认为工人阶级在这场运动中,表现出他们是民族解放斗争的先锋,表现出彻底的革命性;而资产阶级为私利而破坏联合战线,乃是运动受挫的要因。他还论及没有统一的人民政府,没有真正人民的武力等未取得胜利的原因①。

----

① 《瞿秋白文集》(政治理论编)第 3 卷,人民出版社 1989 年版,第 311 页。

第十章　力争革命领导权

一、批判戴季陶主义

五卅运动在全国引发了反帝斗争的高潮。6月中旬就开始了省港大罢工，支援五卅运动，显示出工人阶级的巨大威力。这使国民党右派势力感到恐惧，在政治思想方面与共产党人产生尖锐的斗争。此时，出现了反共的戴季陶主义。

戴季陶早年留学日本，参加同盟会。辛亥革命后正式拜谒孙中山，后主编《民权报》，反对袁世凯政府，名声大作。他从孙中山任全国铁路督办起，就任孙中山的秘书，至孙中山逝世。瞿秋白曾说他"是中国最早的马克思主义传播者"之一①。戴季陶称赞过马克思主义阶级斗争理论的科学性，但是后来日益强烈地反对现实的阶级斗争，反对共产党领导的革命斗争。

国民党一大之前，戴季陶就反对孙中山的三大政策，经孙中山再三劝说，他才有条件地勉强同意"联俄容共"。他担心国民党将被苏联和共产党控制，想控制共产党，即使同意"容共"，也"只能把他们作为酱油或醋，不能把他们作为正菜的"。在国民党"一大"上，他被选为国民党中央执委、常务委员，但是他向孙中山表示不愿担任党政中枢职务，随即返回上海。几个月后，他再次赴广州，兼任黄埔军校政治部主任，但

---

① 《瞿秋白文集》(政治理论编)第4卷，人民出版社1993年版，第414页。

对于国民党前途悲观，不久辞去一切职务，再次回沪。

孙中山病逝后，国民党右派活动逐渐活跃，戴季陶的反共活动逐渐公开。5月，在广州召开的国民党一届三中全会上，他草拟《接受总理遗嘱案》，发表《民生哲学系统表》，认为孙中山的"基本思想完全渊源于中国正统思想的中庸之道"，"民生为宇宙大德为之表现，仁爱为民生哲学之基础"。他企图否定或贬低国民党一大宣言等，但遭到与会大多数人的反对。

五卅运动后的两个月里，戴季陶在家里闭门谢客，以《民生哲学系统表》为基础，先后写成《孙文主义之哲学的基础》、《国民革命与中国国民党》两本小册子，形成有系统的戴季陶主义。他的两本小册子出版后，翻印数量多达十几万册，并有几种外文译本。

戴季陶的理论不同于其他国民党右派赤裸裸的反动言论，而是打着孙中山的旗号，歪曲孙中山的革命思想，鼓吹"纯正三民主义"。他认为三民主义的本体是民生问题，即生存欲望是推动社会历史前进的动力，而生存欲望具有排他性、独占性一面，和统一性、支配性的另一面。国民党为自身生存计，必须集中意志于三民主义，实行国民党的一党专政。戴季陶的现实目的，就在于限制和削弱日益活跃的共产党。这立即引起国民党新老右派的强烈共鸣，掀起反共逆流，酿成严重的分裂危机。这对于共产党和国民革命，有很大的危害性。因此，批判戴季陶主义，刻不容缓。

在中共中央的一次会议上，瞿秋白提出应该迎头痛击戴季陶主义。党内有不同看法，有人说戴季陶是小资产阶级代表，而不是国民党右派代表。经争辩，会议同意反击，委托瞿秋白撰文。

瞿秋白伏案一夜，完成近万字的长文《中国国民革命与戴季陶主义》①。该文认为戴季陶主义的哲学，"是一种唯心论的道统说"。用"仁慈忠孝"来解释三民主义。这是要"使中国民众联合战线的国民革命，变成了少数知识阶级'伐罪救民'的贵族'革命'"；是以诱发"资本家仁爱的性能"和知识阶级智勇兼备以行仁政的热诚"，来"替农工

---

① 《瞿秋白文集》（政治理论编）第3卷，人民出版社1989年版，第320—337页。

民众革命"。这是纯粹的空想主义,是想让工农民众停止自己的斗争。

戴季陶反对新三民主义,要建立"纯正三民主义",瞿秋白认为这是鼓吹"资产阶级民族主义",目的是"造成中国资产阶级的帝国主义"。戴季陶解决中国民生问题的主张,是不准工农实行阶级斗争,"不准要求改善自己的生活状况"。瞿秋白质问道:如何保障资本家、地主有"仁爱的性能"? 如何能保证实现民生主义? 保证工农的需要能和资本家、地主有"均等的满足"?

在组织问题上,戴季陶认为国民党内不应当有"共信不立"的现象,认为国共没有共同的信仰,所以主张共产党人应当退出国民党。瞿秋白义正词严地说:共产党加入国民党是要在国民党内增加工农成分,促使国民党革命化,推动国民革命发展。戴季陶反对"容共",是要让资产阶级统辖无产阶级,争夺领导权,从根本上打倒共产党,消灭无产阶级政党。

戴季陶想代表民族资产阶级,想不偏右,也不偏左,纯粹站在"民族"、"国家"的利益上,这实际上行不通。他攻击左派,右派的买办阶级就立刻会利用来行反革命之实,所以他显然是站到国民党右派及帝国主义立场上了。

瞿秋白批判戴季陶主义的长文,《戴季陶的国民革命观》一书,由《向导》周报社于 1925 年 9 月版,公开发行,产生很大影响。不单在共产党内引动了批判戴季陶主义的浪潮,国民党左派以至中派也有反戴言动,对戴季陶制造分裂的理论也很反感,在广州、北京、武汉等地焚烧大量的戴季陶两本小册子。

但是,戴季陶主义仍然被国民党右派奉为反共权威理论,黄埔军校的右派组织孙文主义学会,公开以戴季陶主义为理论武器。国民党右派的西山会议、国民党二届二中全会提出排斥共产党的整理党务案等一系列反共、清共活动,都与戴季陶主义有着密切关系。

二、在退让策略的争论中

戴季陶主义的出现,也加剧了国民党内部的分化。

本来,随着孙中山逝世日久,国民党中不少人对孙中山《致苏俄遗书》表示冷淡或不承认,戴季陶主义的出现,使新老右派明显形成。8月20日,维护三大政策、有很高政治地位和威望的左派领导人廖仲恺被刺身亡。国民党高层几个人争当领袖的斗争日趋激烈。这时,共产党内部在如何处理与国民党的关系问题上意见分歧日渐明显。9月28日共产国际执委会指示,要防止"左"倾危险,提出对国民党工作的领导应当非常谨慎地进行,怕采取坚决斗争的政策,会树敌过多或者吓跑资产阶级而使自己孤立起来。中共中央接到指示后,决定在北京召开四届二次扩大会议。

瞿秋白到北京协助维经斯基、陈独秀筹备会议,起草和翻译有关文件。会议在北京的苏联大使馆举行,至10月2日结束。会议主要讨论国共两党关系,争论很激烈。维经斯基认为国共应"从联盟转向联合",即从党内合作转向党外合作。陈独秀则产生"退出"的想法。他认为:"戴季陶的小册子不是他个人的偶然的事,乃是资产阶级希图巩固自己阶级的势力,以控制无产阶级而走向反动的表现。我们应该即时退出国民党而独立,始能保持自己的政治面目,领导群众而不为国民党政策所牵制。"有些人不同意陈独秀的主张。维经斯基也有些异议。决议中说:"现在我们对国民党的政策,是反对右派而与左派结合密切的联盟,竭力赞助左派和右派斗争",与国民党联盟的好的方式,是退出国民党内的左右派斗争,不搞包办代替①。后来,王若飞批评这种"退而不出,办而不包"的策略,说:"须知当时国民党左派即是共产党,我们如果不去代替,就无所谓左派,大的错误就此铸成"②。这种在领导权的争夺中回避或退让的策略,后来被指为陈独秀右倾机会主义,实际上,它的根源就是本年9月28日共产国际执委会给中共中央的指示。

---

① 《中共中央文件选集》第1册,中共中央党校出版社1989年版,第489页。
② 唐宝林、林茂生:《陈独秀年谱》,上海人民出版社1988年版,第236页。

瞿秋白后来说中共四届二中全会"看见民族资产阶级的戴季陶主义的兴起,不指明积极反对他的责任,而消极的要'找一个与国民党联盟之好的方式'……只规定'力求我们的党的公开',使与国民党并行,而没有讲明白:我们应当怎样在国民党(内)束缚资产阶级"①。

戴季陶此时在上海与林森、邹鲁商议反对国民党中央。11月,林森、邹鲁、张继等十余人盗用国民党中央执行委员会的名义,在北京西山碧云寺召开所谓"国民党一届四中全会",史称"西山会议"。戴季陶曾拟参加会议,后因意外事故没有参加。西山会议公开反对联俄、联共、扶助农工三大政策,决议:取消共产党员的国民党党籍、解除鲍罗廷顾问职务、开除汪精卫的国民党党籍六个月并停止他担任的中央执委职务、开除国民党执委中的共产党员。会后,通电宣布停止广州中央执委会职权,撤销上海执行部,自诩正统,号令全党。

12月12日,中共中央发出通告斥西山会议之"荒谬"②。瞿秋白作《国民革命与阶级斗争》长篇演讲,分析国民党分化的情况,指出右派以反对阶级斗争为幌子,在理论上站在帝国主义的观点上,在事实上完全帮助帝国主义与军阀;他们以中央执行委员开除中央执行委员,这未免太笑话了!③

西山会议派赤裸裸地搞分裂,引起共产国际的担忧。这使维经斯基等片面强调对国民党右派退让。他从北京紧急赶往上海,于12月23日通知与西山会议派有来往而受左派反对的新右派孙科、邵元冲和叶楚伧三人前往苏联驻上海总领事馆会谈。三人表示仍然承认孙中山制定的联俄、容共两大原则,但提出继续"容共"的条件。维经斯基说须请陈独秀、张国焘、瞿秋白一起商量。第二天,双方来到苏联总领事馆会谈。

会谈涉及党务、宣传、国共关系,以及国民党与苏联、共产国际的关系等问题。陈独秀首先发言,表示中共无意包办国民党事务,且已通知各地党部,多推选国民党人士为出席国民党二大的代表;也不希望在国

① 《瞿秋白文集》(政治理论编)第4卷,人民出版社1993年版,第532页。
② 《中共中央文件选集》第1册,中共中央党校出版社1989年版,第533页。
③ 《瞿秋白文集》(政治理论编)第3卷,人民出版社1989年版,第385—393页。

民党下一届中央委员会中增加中共的人数。陈独秀这是在按莫斯科的指示,希望拉住新右派,反对已分裂出去的老右派。

会谈气氛稍有缓和,邵元冲等都表示愿意参加国民党"二大",但要求共产党退出国民党各个党政军机关;鲍罗廷须暂时离开广东。维经斯基表示对这两点应暂时保留,因为有实际操作上的困难。会谈后孙科等电告汪精卫:"暂停文字上之攻击及暂缓第二届代表大会"。维经斯基也照协议致电鲍罗廷,陈独秀通知广州的谭平山[1]。之后,陈独秀又派张国焘代表中共中央到广州,按谈判协议去指导国民党二大中的党团活动,实行政治上的大退让。

国民党左右派斗争,日益剧烈。孙文主义学会猖狂活动,在广州召集两百多人的大会,主张凡国民党员只准讲三民主义不得宣传其他主义,不准加入别党,在国民党内的共产党员应无被选举权,声言如果国民党二大不接受此等主张,则用手枪对待反对的人。中共广东区委和团委认为,"绝对不能与他们妥协或让步",一定要采取"进攻的政策"[2]。鲍罗廷、周恩来、陈延年等都主张"进攻"打击右派,孤立中派,扩大左派,计划在国民党二大开除戴季陶、孙科等右派的党籍,选举时,少选中派,多选左派,争取中共党员在中央执、监委占三分之一,以使左派占绝对优势。这个计划,遭到受中共中央指派来广州指导工作的张国焘的坚决抵制。他还表示原拟国民党第二届中央执委名单有的瞿秋白和张国焘可以不当选,其余中共党员也可以斟酌减少几个。广州国民政府党政军要人的态度也微妙变化:汪精卫欲挽留孙科;鲍罗廷被通知回国"休假"。

1926年元旦至1月19日,国民党二大在广州举行。共产党员和国民党左派在全体代表中仍占很大优势。国民党左派人士宋庆龄、何香凝、邓演达等与共产党员共同努力,大会通过了《弹劾西山会议决议案》,开除邹鲁、谢持等人党籍,责令戴季陶反省。但邵元冲、叶楚伧等被"宽容",共产党也让步,孙科、胡汉民等当选。戴季陶也仍然被选入。

---

[1]《邵元冲日记》,上海人民出版社1990年版,第223—224页;张国焘《我的回忆》第2册第66—67页,现代史料编刊社1980年版。

[2]《广东区党、团研究史料(1921—1926)》,广东人民出版社1983年版,第210—211页。

36 名中央执行委员中中共党员只有 7 名。中央常委会委员 9 人中,有谭平山、林祖涵、杨匏安 3 名共产党员。蒋介石第一次当选为中央执行委员,还在 1 月 22 日国民党中央执委会二届一中会议当选为中央常委会委员。当时,共产国际、俄共(布)中央和中共中央是把汪精卫、蒋介石作为"左派"的,汪、蒋那时也尚无明显的背离三大政策和反共的行动。然而,他们日渐暴露本来面目,后来成为中国革命的大患。不过,共产党员还是担任了重要职务,国民党中央的实权仍在共产党和左派手中,右派为此惴惴不安。

国民党二大前后,瞿秋白的意见接近鲍罗廷和广东区委的"进攻"主张,而与维经斯基、陈独秀不同,但因为上海谈判,是维经斯基按莫斯科的指示主持,国民党二大是按维经斯基和中共中央议定的"原旨"行事,中共中央代表张国焘又在会上,瞿秋白唯表服从或沉默。后来他在中共六大的政治报告明确地说,中共在国民党二大"决不要三分之一以上之中央委员"等"让步",是"很错误的"①。

国民党二大后不久,瞿秋白病重吐血,住入宝隆医院。出院回家后,身体虽仍然很虚弱,但高度的责任感驱使他立即开始工作,主要是革命理论探索。

从 1926 年元旦至 4 月月下旬,瞿秋白撰写了《列宁主义与中国的国民革命》(改译)、《现代民族问题讲案》、《国民会议与五卅运动》、《国民会议运动与联合战线》、《国民革命运动中之阶级分化》和《中国革命中之武装斗争问题》等文章。前两篇文章宏观地考察民族问题及民族解放运动,说明中国国民革命在世界革命中的重要地位和时代意义。后几篇着重就五卅运动,论革命领导权、统一战线、武装斗争等问题,推进了对中国革命性质前途问题的探讨。他更明确指出在中国国民革命的统一战线中,必须由无产阶级来领导,无产阶级也能够担当这个领导重任②。关于武装斗争问题,瞿秋白当时强调依靠"人民与武力"相结合,以革命独裁制对付敌人,说"这是中国唯一的出路"。他把希望寄托

① 《瞿秋白文集》(政治理论编)第 3 卷,人民出版社 1989 年版,第 552 页。
② 《瞿秋白文集》(政治理论编)第 3 卷,人民出版社 1989 年版,第 403—411 页、414—441 页、457—484 页。

第十章 力争革命领导权

在实行孙中山的人民与武装结合的策略，建立国民革命军上，靠"无产阶级"争得"领袖权"去改造、掌握武装。他强调，革命战争是国民革命的"主要的方式"、"中心问题"，"中国国民革命里极端需要革命的正式军队"来作"革命战争的主体"①。不过，他当时所说的人民的武装和革命战争，是指国民军和北伐战争，与后来共产党独立领导红军进行革命战争还不是一回事。

1926 年 2 月，由联共中央书记兼红军总政治部主任布勃诺夫率领的联共②中央政治局检查团到达北京，在北京的苏联大使馆听取加拉罕、鲍罗廷关于中国形势的汇报。布勃诺夫一行与加拉罕、鲍罗廷商议了北伐问题。对于北伐，共产国际、联共中央和中共中央及各领导人的看法和态度都有变化过程。鲍罗廷向布勃诺夫汇报时，认为北伐刻不容缓，主张把土地革命和北伐结合起来。他的重要理由之一是广州革命政府掌握在国民党左派手中，国民革命军 6 个军长中有 4 个是可靠的，而他说的"左派"主要指汪精卫、蒋介石等③。最初，共产国际、联共中央并不赞成北伐，而认为主要任务是巩固广东革命根据地。不过直到 1926 年 2 月，中共中央没有收到莫斯科明确反对北伐的指示。2 月 21 日至 24 日中共中央在北京召开特别会议，决定准备北伐。瞿秋白参加了这次会议，参加会议的还有李大钊、谭平山、任弼时、陈延年等。陈独秀因病没有出席。会上，瞿秋白与李大钊、谭平山等意见一致，都认为北伐"成了第一等重要的问题"，国民军到了，有了政权的地方，工农运动才能发展。会议基本上接受鲍罗廷的思路，主张促使广州国民革命势力往北发展，准备在北伐中，加强工农联盟基础，抓紧农民工作。会后，瞿秋白回上海了。3 月初，布勃诺夫也到上海，与未参加北京特别会议的陈独秀会商，数日后到广州。

3 月 20 日，发生了"中山舰事件"。布勃诺夫不赞成反击蒋介石，认为左派力量不足以与对抗，鲍罗廷紧急赶回广州后，也表示要采取和解

---

① 《瞿秋白文集》（政治理论编）第 4 卷，人民出版社 1993 年版，第 49—63 页。

② 1925 年 12 月，俄共（布）改名为苏维埃社会主义共和国联盟共产党，简称联共（布）。

③ 中共中央党史研究室第一研究部：《共产国际、联共（布）与中国革命档案资料丛书》第 3 卷，北京图书馆出版社 1998 年版，第 97—147 页。

退让政策。联共中央政治局认为国共破裂问题是头等重要的政治问题,绝对不能允许破裂,必须实行让共产党留在国民党内的方针①。5月15日至22日,国民党召开二届二中全会,蒋介石操纵会议通过《党务整理案》,共产国际、联共(布)中央仍然同意布勃诺夫使团采取退让方针。

北京特别会议后,中共全党积极准备北伐。陈独秀虽未出席北京会议,但也积极支持。1926年5月上旬,在广州召开的第三次全国劳动大会和广东省第二次农民大会,一致要求国民政府从速出师北伐,打倒军阀,统一中国。5月20日,共产国际和联共中央明确表示反对过早北伐,鲍罗廷仍主张北伐。他承认"蒋介石成了胜利者",但认为在北伐后中共力量可以强大起来,那时再来打倒蒋介石②。6月,维经斯基按共产国际暂不北伐指示,力图说服陈独秀。陈独秀和部分中央领导人对蒋介石的野心和军事独裁倾向感到忧虑,又虑及北方革命形势的低落,就改变了支持立即进行北伐的态度。

而6月初,蒋介石决意北伐。7月1日,广东国民政府发布了北伐宣言,9日,出师北伐。陈独秀于7日发表《论国民政府之北伐》一文,公开表示"北伐时机尚未成熟","现实的实际问题,不是这样北伐,而是怎样防御"。他还表示担心,北伐"若其中夹杂有投机的军人政客个人权位欲的活动,即有相当的成功,也只是军事投机之胜利,而不是革命的胜利"③。"投机的军人政客"显然指蒋介石。这篇文章不合时宜,受到许多人的批评。共产党内也多认为这篇文章使共产党在政治上陷于被动,而把军事领导权让给了蒋介石。

8月,国共两党拟议在广州召开联席会议。中共中央决定派张国焘、瞿秋白、谭平山出席会议。离开上海前,瞿秋白在一次谈话中,对于北伐战争中的一些问题发表了意见。8月7日,他在启程前夕,把这次谈话整理成文,题作《北伐的革命战争之意义》,送给《向导》要求发表,

① 中共中央党史研究室第一研究部:《共产国际、联共(布)与中国革命档案资料丛书》第3卷,北京图书馆出版社1998年版,第236—237页。
② 中共中央党史研究室第一研究部:《共产国际、联共(布)与中国革命档案资料丛书》第3卷,北京图书馆出版社1998年版,第272—282页。
③ 唐宝林、林茂生:《陈独秀年谱》,上海人民出版社1988年版,第257页。

被搁置不用。这篇文章认为北伐是五卅运动和"三·一八"惨案以后"中国平民反守为攻的革命战争",将是帝国主义、买办阶级统治崩溃的过程,也是无产阶级与资产阶级互争革命领袖权的关键时刻。文章说小资产阶级正异常迅速地革命化,"民族资产阶级的指导权,已经岌岌乎殆哉了";农民对资产阶级和蒋介石失望,"足以证明无产阶级争取革命及其武装之领导权的万分必要"。文章诘问:"难道那可以说:现时积极赞助并发动革命战争,便是'革命的躁进'?"此问,含蓄地、善意地批评陈独秀和维经斯基。半年后,他又说:"北伐开始后之全国情势,无疑的是伟大的革命化"①。

瞿秋白主张在战争中夺取领导权,这是基于列宁学说和借鉴十月革命胜利的经验而形成的主张,他由此确定对北伐的态度。他对蒋介石有警觉,但在当时基本上把蒋看作是民族资产阶级的代表,对北伐也过于乐观。

①《瞿秋白文集》(政治理论编)第4卷,人民出版社1993年版,第533—534页。

第十一章　批判"彭述之主义"

一、广州之行

1926年8月上旬瞿秋白到广州出席国共两党联席会议。召开这次会议，是一个多月前国民党中央根据"整理党务案"提出来的。他们已派张静江、谭延闿、蒋介石、吴稚晖、顾孟余五人参加，要求中共中央选派三名代表。中共中央决定派张国焘、谭平山、瞿秋白三人参加。维经斯基作为共产国际代表出席。

8月18日晚上，瞿秋白和张国焘抵达广州。这里大街小巷都在谈论北伐。广州国民政府发出通令，准备举行预祝北伐成功大会；省港罢工代表大会和广东农协扩大会议正在召开，工农群众革命情绪高涨；政府机关、各团体和学校里左派与右派斗争激烈，在黄埔军校里已经公开化。社会上出现了反对蒋介石的呼声，让瞿秋白感到振奋。

8月19日、20日，远东局、中共代表一起连续开会讨论。会议记录上的"文学家"就是瞿秋白。会议开始，他首先发言说要先收集情报，搞清国民党内部状况，然后举行两党会议，应当为北伐军占领武昌做好准备，拟定行动纲领、口号。讨论到成立政府的问题时，他说："一切都取决于由谁在内部领导国民党，其中也包括政府的组成人员。国民党左派中央可以成立有国民党右派和其他人士参加的政府，但要在它的领导下。"

维经斯基问道："你们的方针是推翻蒋介石并使国民党左派和国民

党内共产党人在全国范围内取胜。你们不害怕,这可能有危险吗?……你们不会因此刺痛国民党吗?不会使左派孤立吗?"

瞿秋白与张太雷等商量后,回答说:"我们不说反对中派,我们不想让他们离开国民党。我们想抛弃蒋介石和他的独裁,他已经把自己孤立起来了。中央应当由左派来领导。中央将多数是左派,也有一些中派和右派,这样才能统一中国。"

远东局的拉菲斯担心地问:"能否通过召开原班人马的国民党代表大会……来建立对全国有权威的中心呢?右派会沉默吗?会不会出现新的'三二〇事件'呢?"

瞿秋白充满信心地说:"关于代表大会组成人员的形式问题没有什么意义:蒋介石已经名誉扫地,代表大会很容易把他清除。对于全国来说,汪精卫是更有声望的人物,他能够巧妙地应付各派。"

维经斯基有些茫然。他认为国民党左派要把打倒蒋介石、打倒党内军事独裁的问题提到首位,他和鲍罗廷都不能同意。他自问自答地说:"我们比国民党左派更右吗——我不知道。"①

会间,有消息说,汪精卫从欧洲来信,要辞去军务、政务,专事党务。汪精卫是中山舰事件的直接受打击者,而现在蒋介石遭到众人反对,因此他的来信在国民党内引起轩然大波,左派提出可借此请汪精卫复出。张静江等很恐慌,坚决反对"迎汪"。左派找鲍罗廷商量,鲍罗廷说,现在汪精卫回来也无用。于是征求蒋介石的意见。蒋介石不复电,而给黄埔军校电,说"迎汪比倒蒋还坏";后还派代表到上海找陈独秀请求维持他的总司令地位,希望中共不要赞助汪精卫回国。

出现这个意外情况,是否还要马上举行国共联席会议呢?瞿秋白后来向中央报告说:"因当时反蒋空气甚浓,国民党中派怀疑我们与李(按:李济深)、顾(按:顾孟余)等联成一气,有所顾忌;且恐我们提出许多国民政府压迫农民的麻烦问题,所以不肯即开。左派之顾孟余,初欲代蒋与我们开联席会议,强迫我们作一些不应当的让步,但自拥汪问题

---

① 中共中央党史研究室第一研究部:《共产国际、联共(布)与中国革命档案资料丛书》第3卷,北京图书馆出版社1998年版,第406—407、414页。

发生后,他们亦不敢就开"①。

是否要"迎汪倒蒋"? 这涉及许多问题。

8月26日,远东局、中共代表和特别委员会举行会议,认为加紧敦促汪精卫回来,可能引起冲突。目前须集中力量来保住广州,不要加剧内部派别摩擦。建议暂不开两党联席会议,由中共中央将这个决定通知国民党中央。大家已经认识到蒋介石已成为新右派,希望召开国民党非常代表大会来消除其军事独裁的危害,实行"迎汪倒蒋"策略。在讨论共产党与国民党左派应有何政治协议时,争论很激烈。瞿秋白认为应保留共产党善意批评的权利。对此,远东局的拉菲斯建议作这样的表述:"一旦发生严重分歧保留公开批评政府的权利。"瞿秋白表示赞成,说:"发生严重分歧,意味着政府转向中派。在这种情况下,我们的自由批评就意味着准备推翻它。"②

在广州近半个月,9月上旬返回上海,9月15日,瞿秋白向中共中央陈独秀等作了广东之行汇报。关于"迎汪倒蒋",他说必须作实力准备,否则很难成功,广州方面正在准备。对国民党左派,一是要其承认农工政策;二是恢复左派政权,准备在攻下武汉后召开全国代表大会,让汪精卫复出。关于广州形势,他说:"黄埔中左派已占百分之八十几,黄埔同学会全是左派主持,右派势力已打下去,左派虽不明显反蒋,但迎汪空气极浓";社会上,"反蒋空气颇盛";广州群众对于《向导》《人民周刊》均极欢迎,"惜无左派有力领袖,故政治态度常常动摇不定","中派自觉政权不稳,对工人有稍稍让步",不过已倾向蒋介石。瞿秋白所说的"中派",指张静江、叶楚伧等人,他们实际上已与蒋一起成为新右派。最可贵的是,他在报告中强调:"蒋现时在各方面地位均极危险,我们如果不预备领导左派群众来代替蒋,则将来情形非常危险。"③

---

① 《瞿秋白文集》(政治理论编)第4卷,人民出版社1993年版,第400页。

② 中共中央党史研究室第一研究部:《共产国际、联共(布)与中国革命档案资料丛书》第3卷,北京图书馆出版社1998年版,第415—420。

③ 《瞿秋白文集》(政治理论编)第4卷,人民出版社1993年版,第396—403页。

二、面对党内的右倾错误

9月16日,远东局与中共中央举行联席会议。会上,维经斯基按莫斯科的指示,说不希望与蒋介石发生争斗,争斗会给广州造成威胁,必须使蒋介石在前线安心。陈独秀服从,说采取让步策略是正确的。当天,发出第17号通告,说"恢复左派在党及政府之指导权实有历史的必要","我们的同志在(国)民党中,应向左派宣传'革命势力统一'的口号,便是必须汪蒋合作,使汪能主持国民党";"迎汪绝不是就要倒蒋",现时倒蒋"很危险",会动摇北伐局面,即使倒蒋事成,"继蒋之军事首领不见得比蒋好","我们向蒋诚恳的表示,汪回后我们决无报复行为,决不推翻整理党务案"。"如果蒋能执行左派政纲成为左派,我们亦可不坚持要汪回来"。陈独秀还向蒋介石派到上海的代表表示,中共只是在三个条件下赞成汪精卫回国:一是汪蒋合作,不是迎汪倒蒋;二是仍维持蒋之军事首脑地位;三是不主张推翻党务整理案①。

在北伐捷报频传时,1926年9月11日,共产国际远东局俄国代表团开会作出一些决定,再次强调"国民党中心"论,说要"把力量聚集在国民党周围"。他们认为共产党只能作为"助手",搞民众运动,"对这场运动从旁边加以支持,不抛头露面,也不谋求领导权",只提出"力求从领导人那里为革命团体和工人团体取得最大限度的自由"②。远东局这种方针与1925年以来苏联在世界整个战略上转为退守有关。欧洲战后革命高潮已经结束,诸国形成对苏威胁。在东方,中国革命得到苏联支持,但苏深恐日本、英国等武装干涉,为防止列强联手反苏,为得到"喘息"的时间,而转变为退守的战略方针。在中国,不积极支持五卅运动而急于收缩,其初反对北伐,后又阻止上海工人武装起义。

本来,在上海第一次工人武装起义之前,鉴于当时上海工人运动的高涨和北伐顺利进军,陈独秀和中共中央集体积极准备武装起义,都认

---

① 中共中央党史研究室:《中国共产党历史》第1卷上册,中共党史出版社2002年版,第246—247页。
② 中共中央党史研究室第一研究部:《共产国际、联共(布)与中国革命档案资料丛书》第3卷,北京图书馆出版社1998年版,第432页。

为在全国大城市中,上海的革命条件第一具足,而这场革命须由工人阶级领导,并且乐观地估计甚至有可能完成中国的民族解放。但是,共产国际远东局按莫斯科的战略退守精神,为了不给帝国主义拿作反赤反苏的借口,强令中共改变原定工人起义的方针,要求由大资产阶级出面领导。中共中央只能接受,这就造成了第一次工人武装起义以国民党军事特派员纽永建的武装力量和大资产阶级虞洽卿控制的护厂武装为主,让纽永建指挥起义,而没有建立中共自己的武装,起义因而失败。中共上海区委书记罗亦农曾按远东局的指示作解释说:如果无产阶级急于起来领导革命,必然引起帝国主义来大进攻、大屠杀,资产阶级势必害怕而不合作,所以非资产阶级起来领导不可,中共须避免领袖地位①。10 月 10 日,北伐军已席卷湘、鄂,攻下武昌,在此革命高潮中,10月下旬的武装起义却失败了。瞿秋白后来总结失败原因时说,在于党的决策者"决定要在上海拥护大资产阶级","不号召群众参加斗争,而只做军事投机"②。参加武装起义的党员和工人群众也十分不满,他们尖锐地批评说:"这次运动,我们本非主动,结果损失很大,似太上当。"③

第一次起义失败后,维经斯基接受失败教训,也接受了远东局书记拉菲斯和陈独秀的批评,转而支持中共中央,反对资产阶级倾向。10月 28 日,共产国际远东局与中共中央开联席会议,反思了第一次起义没有让无产阶级起首要作用的错误,导致了纽永建"把事情转到了靠武装力量搞纯军事政变的方面"。陈独秀虽讲下一次起义的力量工人应是第一位,不要把资产阶级当先锋,但又说,"中国无产阶级是国民革命运动领导者的理论是完全正确的,但是在目前要运用这一理论既没有主观条件,也没有客观条件"。他按共产国际的这种意见仍然导致此后指导上的右倾。更值得注意的是斯大林于 10 月 29 日发电报严厉批评维经斯基,力主"成立由国民党和商人组成的政权",反对"靠武装工人的力量在上海发动政变"④。

---

①《中国共产党上海史》上册,上海人民出版社 1999 年版,第 343 页。
②《瞿秋白文集》(政治理论编)第 4 卷,人民出版社 1993 年版,第 507、534 页。
③《上海工人三次武装起义史》,上海人民出版社 1987 年版,第 58 页。
④ 中共中央党史研究室第一研究部:《共产国际、联共(布)与中国革命档案资料丛书》第 3 卷,北京图书馆出版社 1998 年版,第 590—604 页。

于是,11 月 6 日,陈独秀、彭述之代表中共中央出席上海区委会议,研究第二次武装起义策略时,就按斯大林给远东局的电报指示,提出让纽永建出面做军事领袖,让虞洽卿做民众领袖的错误意见①。此种方针受到中共上海区委的抵制。上海工人和工人纠察队继续在共产党领导下开展活动,因而第二次武装起义实际上是在中共领导下独立进行的。

瞿秋白没有被通知参加这两次武装起义的准备工作,而担任中共上海区委党校的讲课任务。当时他的心情不好,主要是对中央一些重要决策有不同意见,忧虑把领导权让给资产阶级,将造成难以预料的后果,而那时他感到陈独秀受彭述之一班人的影响,在中共中央决策中没有给他出席会议的机会,在焦虑与思考之中,几个月内几乎没有发表文章。

北伐军攻克武汉三镇后,11 月 26 日,国民政府决定从广州迁往武汉。12 月 13 日,在武昌以国民党中央执行委员暨国民政府委员临时联席会议的方式代行国民党中央和国民党政府的最高职权,以徐谦为主席,鲍罗廷为总顾问。蒋介石先是赞成"迁都"武汉,后来则要求迁到他的大本营所在地南昌,以便他直接控制,不久还宣布"中央党部及国民政府暂驻南昌"。他没有得逞,但此后形成了南昌与武汉公开对立的局面。

这时,鲍罗廷实际上成了联共和共产国际驻华主要的政治代表。他对中共中央的指导权逐渐增强。不久,在武汉组成以鲍罗廷为首的共产国际驻华代表团。

鲍罗廷既迎汪又支蒋,他说,北伐期间,要给蒋介石一切可能的支持,但这并不意味着抛弃汪精卫,他认为汪精卫仍然有号召力,"迎汪复职"就是要加强国民党左派;汪蒋有可能合作,要在两者之间协调平衡。维经斯基则几乎是照本宣科地讲莫斯科方针,要求在国民党旗帜下联合,"共产党人在帮助左派做工作和参与领导工作时,不应当突出自己,也不应当试图直接从组织上实行领导"②。

---

① 《上海工人三次武装起义史》,上海人民出版社 1987 年版,第 78 页。
② 中共中央党史研究室第一研究部:《共产国际、联共(布)与中国革命档案资料丛书》第 3 卷,北京图书馆出版社 1998 年版,第 490 页。

12月13日至18日,中共中央在汉口举行特别会议,会议按陈独秀的政治报告作出决议案说:当前"各种危险倾向中最主要的严重倾向是一方面民众运动勃起之日渐向'左',一方面军事政权对于民众运动之勃起而恐怖而日渐向右。这种'左'、右倾向倘继续发展下去而距离日远,会破裂联合战线,而危及整个的国民革命运动"。据此,会议规定的主要策略是:限制工农运动发展,暂不实行"耕者有其田",以此等让步换取蒋介石向左;扶持汪精卫的领导地位,以制约蒋介石①。其实,此时蒋介石已成胜势,已非此种策略能限制的了。结果实际上只单方面限制了工农运动。会上,陈独秀等曾说工农运动"过火",有碍统一战线,所以要限制。毛泽东等不少人曾提出"左派没有兵"的问题,还要求解决农民土地问题,鲍罗廷、陈独秀都表示不赞成,说"条件不成熟"。会议按共产国际退让方针制定挽救危机的政策,不是立足于巩固和强化共产党自身力量,更不再提争领导权,而认定汪精卫为左派,寄希望于他及他所影响的将领,以退让求团结,此后也未能在精神上和实际工作中做好应付突然事变的准备。

几乎同时,共产国际第七次执委扩大会议于1926年12月16日据斯大林的报告作出《关于中国形势问题的决议》,对以前的政策有所调整,把"土地革命"提到"显著地位",批评"担心农村阶级斗争尖锐化会削弱反帝统一战线"、"惧怕资产阶级某一部分势力"的"不合作",说"共产党不应该犯这样的错误"。

汉口会议结束,瞿秋白返沪后,心情郁闷,又病倒了。

三、《中国革命中之争论问题》

1927年元旦过后,他系统梳理自己几年来的思想,反思中共在中国革命中的成绩和错误,动手自编《瞿秋白论文集》。

论文集主要收入他1923年至1926年的各类文章及1922年译改

① 中共中央党史研究室:《中国共产党历史》第1卷上册,中共党史出版社2002年版,第254页。

的 2 篇,共 174 篇。无产阶级的使命和争夺领导权问题是论文集的重点,希望引起远东局和中央陈独秀等人的注意。另有附录 6 篇,歌词《赤潮曲》1 首。2 月 17 日作《自序》,说:

> 秋白是马克思主义的小学生……一直在陈独秀同志指导之下,努力做这种"狗耕田"的工作……应用马克思主义于中国国情的工作,断不可一日或缓。我现在收集四年来的著述付印,目的是在于呈显中国的马克思主义者应用革命理论于革命实践上的成绩,并且理出一个相当的系统,使读者易于找着我的思想的线索……整理我的思想,批评我的思想,亦许对于中国革命的实践不为无益。况且集体的革命工作之意义,正在于其自我批评的发展;而集体的革命思想之形成,亦正在于其各个个体之间的切磋。固然,我这幼稚的马克思主义者之理论里,可以有许多没有成熟的、不甚正确的思想,然而我始终亟亟乎将我的成绩同着我的错误一齐汇集发表,正是因为要发展中国社会思想的自我批评……①

他表示自己是一直追随陈独秀,运用马克思主义于中国革命的,对陈独秀没有任何不敬之语。但是他在文中反复强调"无产阶级的领袖权"和作为革命战争的北伐之必要,显然隐含着对维经斯基和陈独秀右倾错误的批评。

论文集把所收文章分为 8 大类。中国革命的性质、动力、步骤和前途,无产阶级的使命和争夺领导权,是论文集的重点,希望引起远东局维经斯基和中央陈独秀等人的重视。瞿秋白自编这本论文集,实是他稍后写的《中国革命中之争论问题》的准备。

2 月 20 日至 21 日上海工人第二武装起义又告失败。中共中央和上海区委立即着手准备第三次武装起义,陈独秀、罗亦农、赵世炎、周恩来等组成的特别委员会负责领导。瞿秋白不是特别委员会委员,但也参加了特委的七次会议,发表意见。第二次武装起义之前缺乏周密的准备,原定计划无法实行,准备参加起义的许多工人曾发泄心中的不满。瞿秋白 2 月 23 日晚出席中共中央和上海区委联席会议时,工人的

---

① 《瞿秋白文集》(政治理论编)第 4 卷,人民出版社 1993 年版,第 415—416 页。

声音还在他耳边激响,震撼着他的心灵。第二天,他撰写了《上海二月二十二日暴动后之政策及工作计划意见书》,批评决策者不去组织和领导工人群众,而热衷于与大资产阶级谈判;又撇开小资产阶级,等待大商人发布罢市令,等待纽永建接洽李宝章,发动兵变等等。文章尖锐批评道:"这种策略,简直客观上是卖阶级的策略。"这是他第一次对中共中央错误策略公开作如此尖锐的批评。瞿秋白认为,举行第三次武装起义"上海市民应以工人阶级为领袖,武装暴动响应北伐军(而非欢迎),自动召集(以市民公会名义)上海市民代表紧急会议",提出"一切政权归市民代表大会"的"总口号","目的是在上海建立市民代表大会的政权"。本此"总意",他提出了具体的策略和具体计划,特别是共产党应当牢牢掌握领导权,逼迫大资产阶级服从"民意"。中共中央经讨论和研究,采纳了他的主张和具体意见,在第三次武装起义中多被付诸实行。

在 23 日之后几次会上,他还分别就起义的组织领导、联络军队、夺取浦东高昌庙兵工厂和宣传问题发言,提出了切实可行的意见。不过他因赴汉口参加筹备中共第五次代表大会,没有亲眼看到第三次武装起义的胜利。

2 月份赴武汉之前,瞿秋白已开始撰写长文《中国革命中之争论问题——第三国际还是第零国际?——中国革命中之孟什维克主义》。写此前的 1927 年 1 月底,中共中央讨论共产国际第七次执委扩大会议《关于中国形势问题的决议》,瞿秋白与彭述之发生争论。中共《中央政治局对于国际第七次扩大会中国问题决议案的解释》,只字不讲土地革命。纳索诺夫 1927 年 2 月 5 日在给青年共产国际执委会的信中讲到中共对共产国际《决议》的反应,认为中共"现在一批有明显机会主义倾向的同志在党的领导机构中影响十分强大。彼得罗夫(按:彭述之)同志表现出的这种倾向格外明显。这种倾向暂时还没有形成完整的思想体系,也没有固定在某个具体人身上,但这种倾向的表现可以在许多组织的活动中看出。"[①]瞿秋白的长文正是批评中共中央的《解释》中的错

① 中共中央党史研究室第一研究部:《共产国际、联共(布)与中国革命档案资料丛书》第 4 卷,北京图书馆出版社 1998 年版,第 106—108 页。

误,他批判"彭述之主义",也批判陈独秀,但没有点名。他在启程赴汉口之前完成了初稿。

瞿秋白把"彭述之主义"称为当时中国的孟什维克主义,认为是与共产国际的指导思想完全对立的,同时认为中共中央先前的汉口特别会议和新近的《解释》背离了共产国际方针,所以要予以批判,要以积极的思想斗争方式进行理论"切磋",树立和发展正确的指导思想,推进中国革命。

共产国际执委第七次扩大全会的中心议题就是中国革命问题。斯大林在会上的报告题为《论中国革命前途》。这个报告和据此通过的《关于中国革命问题决议案》,急遽向左转。决议案说:帝国主义已采取分化革命阵营的新策略,大资产阶级将不可避免地脱离革命;目前,中国革命发展的重点是土地革命;其前途有可能向非资本主义的方向发展,无产阶级应竭力争取革命的领导权;革命军队(按:指国民党蒋介石的武装)是中国革命极重要的因素,武装的革命反对武装的反革命,是中国革命的特点和优点之一[1]。但斯大林自己在报告中就说他掌握材料很有限。实际上莫斯科这样的遥控指挥在诸多方面脱离当时的中国实际。

瞿秋白的《中国革命中之争论问题》,则有其具体的针对性,它在总结经验教训基础上的见解,不仅批判了当时党内右的错误,而且具有思想建设的意义,包含革命实践智慧。

彭述之认为工人阶级"天然"是领导者,无须"争"。瞿秋白在这篇长文中指出,此论的要害在于没看到资产阶级实际上在"争",得寸进尺。无产阶级若不自觉地去力"争",资产阶级就会取得领导权,而它实际上又担负不起,受到帝国主义、封建势力利诱、力逼,就会背叛革命,使革命毁于一旦。文章说,"高叫'革命领导权天然是工人阶级的',实际上却是双手拱送领导权于资产阶级"。

瞿秋白和其他许多认真研究中国社会实际情况和特点的中共人士,早就注意农民、土地问题在中国革命中的特殊重要性,中共领导的

---

① 中共中央党史研究室:《中国共产党历史》第 1 卷上册,中共党史出版社 2002 年版,249—250 页。

农民运动也显示伟力,显示对中国革命的重要作用。然而,党内有关的争论也一直存在,并日益激化。不久前,彭述之还在远东局和中共中央联席会议上质疑道:"中国革命难道是农民革命?"

瞿秋白在文中按共产国际新决议,强调土地革命是"中国革命之重点",重申实行"耕地农有"等主张,还结合当时农民运动的实际情况写道:农民佃户动手占据耕地,这种暴动不应是革命党人所怕的,应当努力去组织这种进攻;在革命剧变时期,决不可机械地主张只可有农民自卫军,而不可有常备军。他批评彭述之等人的"过火"论和限制农民运动的主张实际上是放弃对农运的领导,"让资产阶级安然指导革命",而资产阶级对于这种退让却"并不领情,仍旧要反赤"。文章说:"这种彭述之主义的农民政策,亦许是弱点的根源"。

在中国革命的任务和前途问题上,瞿秋白批评彭述之和陈独秀的"二次革命论"。他认为他们的这种二次革命论,隐含着一种思想,即在第一次革命中,无产阶级不领导,不考虑掌握政权问题,而只帮助资产阶级建立政权,到难以预期的"将来"再去实现无产阶级第二次革命。他写道:"请问无产阶级有了转变国民革命使成社会革命之可能,何必又要自己来革自己的命?如果说无产阶级虽然领导国民革命,而国民革命始终不能胜利,那么,又何从准备将来的无产阶级革命?"他主张无产阶级及其政党在中国民族民主革命中就切实掌握领导权,胜利时建立自己领导的政权。他说中国革命发展的第一步就应该是"无产阶级与农民等建立革命民权独裁制的政府",决不是建立资产阶级的政权;现在的国民革命虽是资产阶级性质的,但其有非资本主义前途,即"必定和世界的中国的无产阶级之社会主义要求相结合,而形成直接从国民革命生长而成社会主义的革命"。但瞿秋白在强调中国革命的非资本主义的前途时,表述为"现时的革命,既是资产阶级的,又不是资产阶级的,既不是社会主义的,又的确是社会主义的",这种"一次革命"论,却含有急于转变革命性质的"左"的错误潜因。不过,他对"二次革命论"的右的错误的批判,客观上也是对此前共产国际和斯大林右的错误的批判,这种批判在总体上是正确的和必要的,对中国革命后来正确道路的开辟有积极的贡献。

彭述之等人认为要宽容右派,主张共产党员无形退出。瞿秋白不同意片面强调联合,放弃斗争。他说"对右派让步抛弃左派群众",是国共两党合作以来,中共党内错误的"老策略"。他批评汉口特别会议"决定了一个杂凑的政策","没有决定我们挺身领导","没有下攻打右派之决心"①。

在最后一章,瞿秋白引录共产国际第七次扩大全会决议提出的"必须很坚决的实行党的集体的(Collective)指导"的要求,据以批评中共党的领导状况是不"健康"的,没达到共产国际的要求。他坦率而严肃地表明自己的观点和态度:

"我肯定的说:我们的党是有病。凡是有病的人,如果'讳疾忌医',非死不可。而我们党的第一种病,便是'讳疾忌医'"。"我敢说:中国共产党内有派别,有机会主义——中国杜洛茨基式的机会主义,实际上是第二国际主义之雏形。"②

为了证明中共党内确实存在右的错误策略,瞿秋白列举了1923至1927年中共中央的17项事实,予以评析,归结说:中共之病,名曰"彭述之主义",此主义"并非彭述之一人的独创",其实质是"零零碎碎汇合起来,不自觉地形成一个隐隐约约的系统"③,要害是两次革命论,"一切策略错误随之而来,直到卖阶级卖革命而后止"。他大声疾呼:"我们的党,必须毅然决然和这彭述之主义奋斗","消灭彭述之主义"。但他仍寄希望于陈独秀等,希望尽快纠正,他说:"如今病还浅,革命时机紧迫,赶快医治,还可以治好"④。

瞿秋白这篇《中国革命中之争论问题》,经过九十余年,作为历史文本,其理路、方法和思想文化观念,仍然光彩夺目,没有完全过时。

---

①《瞿秋白文集》(政治理论编)第4卷,人民出版社1993年版,第534页。
②《瞿秋白文集》(政治理论编)第4卷,人民出版社1993年版,第528—529页。
③《瞿秋白文集》(政治理论编)第4卷,人民出版社1993年版,第537—538页。
④《瞿秋白文集》(政治理论编)第4卷,人民出版社1993年版,第545—546页。

第十二章　武汉风云

一、主持中央联席会议

　　1927 年 3 月中旬，瞿秋白悄悄离开上海，乘船逆江而上，来到汉口筹备中共五大。武汉三镇已远非他十年前来求学时的样子。汉口变化很大，随着工业、金融、贸易的发展，出现了柏油马路、霓虹灯和一些欧洲式新建筑。北伐军攻占汉口后，武汉军民反帝情绪迅速高涨，特别是收回英租界的壮举震惊海内外。

　　3 月 17 日闭幕的国民党二届三中全会曾通过决议，想限制蒋介石的权力。吴玉章、瞿秋白和邓演达等，紧急商讨如何对付蒋介石在沪宁一带的异动。这时，汪精卫已从西欧途经莫斯科抵达上海。汪精卫满嘴革命高调，莫斯科欲树他为左派旗帜，允以党、政权力和物款支持，派人一路护送到上海。汪却一到上海就与蒋密谈，蒋拉他"分共"，他未即答允，认为条件不成熟。他与陈独秀会谈，则表示保证"联共"，签署了联合宣言。汪精卫是在继续要两面派手段，捞取政治资本。陈、汪宣言于 4 月 5 日上海《申报》发表后，中共党内许多同志反对。但是宣言中的原则性内容鲍罗廷、维经斯基都讲过，是符合共产国际在蒋公开反共之前的指示的。

　　此前，驻华共产国际远东局人员早就严厉指责鲍罗廷和维经斯基，希望莫斯科能另派代表来华。1927 年初，共产国际派出执委会主席团成员罗易为新的代表，来贯彻共产国际执委会第七次扩大会议决议。

过去,鲍罗廷曾指引罗易走上革命道路。但这时罗易在许多重大问题上与鲍罗廷常因如何贯彻莫斯科的指示而激烈争论,造成难以决策的局面;对维经斯基和陈独秀更是多有批评。鲍、维、陈都未能跟得上莫斯科斯大林的急转弯。

4月4日,共产国际代表团与在汉的中共中央委员、中共湖北省委委员以及社会主义青年团代表举行联席会议,决定成立该联席会议的常务委员会,由瞿秋白、张国焘、谭平山三人组成,在陈独秀和中共中央机关迁至汉口之前,联席会议为过渡性领导机构①。会议多由瞿秋白主持。

二、中共五大前后

4月10日,在盛况空前的欢迎气氛中汪精卫在汉口露面。此后,鲍罗廷、维经斯基、罗易、多里奥与莫斯科派来"中国组织和指导政治学校工作"的米夫等陆续到来。4月10日的联席会议由瞿秋白主持,出席的有张国焘、谭平山、彭述之、李立三、苏兆征、蔡和森、毛泽东、罗章龙和罗易、维经斯基、多里奥等。会议讨论上海方面的严峻问题,批评彭述之和罗亦农的右倾,决定撤销罗亦农的职务,任命陈延年为中共上海区委代理书记②。与会者多已感到形势十分危险。

两天后,上海发生了"四·一二""清党"反共政变,白色恐怖迅速蔓延到广东、广西、浙江、江西、江苏、安徽、四川、福建等地,大批共产党员和革命群众牺牲在蒋介石集团的屠刀之下。北方的奉系军阀也在北京逮捕大批革命者,李大钊等19名革命者英勇牺牲。4月18日,蒋介石在南京建立国民政府,次日发令通缉鲍罗廷、陈独秀、瞿秋白、谭平山、周恩来等197名中共和国民党左派要人。

---

① 中共中央党史研究室第一研究部:《共产国际、联共(布)与中国革命档案资料丛书》第4卷,北京图书馆出版社1998年版,第170—171页。
② 中共中央党史研究室第一研究部:《共产国际、联共(布)与中国革命档案资料丛书》第4卷,北京图书馆出版社1998年版,第181—182页。

4月20日,中共中央发表宣言,指出蒋介石业已变为"帝国主义的工具"、"屠杀工农和革命群众的白色恐怖的罪魁",号召广大民众"推翻新军阀蒋介石"。武汉、长沙等地群众纷纷举行讨蒋大会。武汉国民党中央宣布蒋介石十二大罪状,开除其党籍,免除其职务①。但此时"开除"、"免职"之类,只有造舆论之功,已无实效。

汪精卫此时虽打着反蒋旗号,实际上不愿与蒋争斗,而与掌握着武汉军权的唐生智勾结,只力图控制武汉局势。武汉国民党上层许多人一面高喊反蒋,一面却企图联蒋讨奉。蒋介石声称只反共不反武汉政府,愿宁汉共同北伐。共产国际议决支持武汉北伐讨奉后,中共中央执行。6月1日,第二次北伐。北伐军与冯玉祥在郑州会师后,宁汉国民党合谋反共的征像更加明显。

紧急关头,中共于4月27日到5月9日,举行五大,瞿秋白出席。

1927年3月,瞿秋白来到武汉不久,读到毛泽东的《湖南农民运动考察报告》。他很赞成这份报告的看法,认为对纠正右的倾向有重要作用。北伐期间,湖南农民运动迅速发展。毛泽东也和中共中央一致主张只打倒"土豪劣绅",不打击一般地主。1927年1月,社会上出现两湖农民运动"过火"的议论。1月20日,毛泽东在湖南全省第一次工农代表大会的讲话说:"我们现在还不是打倒地主的时候,我们要让他一步……在国民革命中是打倒帝国主义军阀土豪劣绅,减少租额,减少利息,增加雇农工资的时候"。若农民有"过火"而打击一般地主、捕打一般绅士的行动时,中共湖南省委领导人还出面向国民党解释,双方商讨解决。但斯大林断言中国革命已到了必须提出土地革命的阶段,共产国际第七次扩大全会后土地革命被提到突出地位。鲍罗廷嫌湖南农运还不够激烈,急于发动,说"农民受压迫过久,稳健分子不易起来,是要痞子、流氓做先锋,真正农民才得起来"②。毛泽东得知共产国际第七次扩大全会决议后,去考察湖南几个县的农运,写出考察报告。3月5日,中共湖南区委机关报《战士》周刊首次刊登该文部分章节,《向导》、汉口《民国日报》等相继发表有关章节,3月28日《湖南民报》开始连载。瞿秋白发

---

① 《中共中央文件选集》第3册,中共中央党校出版社1989年版,第39—44页。
② 杨奎松:《国民党联共与反共》中国社会科学文献出版社2008年版,第191—192页。

现《向导》没有全文刊载这个考察报告，就吩咐秘书羊牧之交给中共在武汉办的长江书局出版单行本，题为《湖南农民革命（一）》。当时他还计划连续出版关于农民运动的其他著作。他为毛的考察报告写了一篇序言。写完序言，已经是深夜，瞿秋白写下了时间："一九二七·四·十一夜二时"。这正是"四·一二"前夕。中国很快将陷入黑暗。

也是"四·一二"之前，4月初，沈雁冰刚接任汉口《国民日报》主编的时候，曾就如何宣传报道农民运动的问题，征求瞿秋白的意见。瞿秋白认为该报过去办得不错，旗帜鲜明。当前要注重三点：一是揭露蒋介石的反共和分裂阴谋；二是鼓吹工农群众运动，宣传革命道理；三是鼓舞士气，动员继续北伐。沈雁冰后来回忆说，瞿秋白当时对于蒋介石的反动，很担忧，说此人十分阴险，嘴上说的和实际做的完全两样，现在掌握了军权，又有了沪杭等地盘，已经是一个新军阀，将来后患无穷。几天后，果然传来"四·一二"反共政变的消息①。

陈独秀于4月中旬来到汉口主持中央工作，筹备五大。约3个月前，1月19日，共产国际政治书记处就已为中共五大确定了议程，要求大会政治决议案必须以共产国际第七次扩大会议决议为依据。罗易到汉口之后，直接组织和指导大会的筹备和议程。

中共五大于4月27日开幕。开幕式在武昌都府堤街20号武昌高等师范附属小学校操场西南角的简易礼堂里举行。陈独秀任大会主席，共产国际代表团罗易、鲍罗廷、维经斯基列席，米夫和国民党代表等到会致辞祝贺。到会正式代表82人，代表全国57967名党员，是规模空前的中共代表大会。

陈独秀做了六个小时的政治报告。报告涉及中国各阶级、土地、无产阶级领导权、军事、国共两党关系等11个问题。他讲中共中央的工作成绩，也承认有错误，但没有提出挽救危机的方略。报告分析土地革命"深入"与北伐战争"广出"的关系，认为有矛盾，同时为退让政策作辩解。报告据罗易规定的大纲写成，也加进陈独秀自己的观点。罗易在中共五大先后发表了《中国革命和无产阶级的作用》等5次讲话。瞿秋

---

① 茅盾：《我走过的道路》（上），人民文学出版社1981年版，第323—324页。

白、毛泽东、蔡和森、任弼时、恽代英等批评右倾思想，会议连续讨论了几天。

大会的第二天，每个代表的座位上都放着瞿秋白的小册子《中国革命中之争论问题——第三国际还是第零国际》，代表们有的惊异，有的深思，有的会意笑笑，有的神情凝重。坐在杨之华身边的恽代英，戴着一副白丝边眼镜，笑着对杨之华说："中国革命么？谁革谁的命？谁能领导谁？如何去争领导权？领导的人怎样？问得实在好！"

瞿秋白发言时，不像小册子中写的那样尖锐，但还是点了彭述之的名，指出了他错误的实质。彭述之不服气，说："如果是这样，你们判我政治死刑，或者五年政治监禁。"维经斯基为彭述之作了辩解，认为瞿秋白的批评过头了①。受维经斯基的影响，大会对当时右倾错误的认识不足。瞿秋白的小册子没有收到预期效果。

瞿秋白的意见得到罗易首肯。罗易认为，中共党内"对以前的领导……有很大的不满情绪，批评带有各种不同的性质"，只有"瞿秋白所写的东西"，"是对以前的中央委员会的政策表示不满和批评的唯一一次有组织的形式。我们认为这是很有希望的征兆"。共产国际代表纳索诺夫、阿尔布列赫特和曼达良等回到莫斯科后，向共产国际报告说：中国的彭述之主义"在其基本的理论原理和策略结论上与反对派（按：指当时苏共党内以托洛茨基、季诺维也夫、加米涅夫为首的反斯大林派别）的路线是完全一致的，瞿秋白同志的《中国革命中之争论问题》的小册子对此作了全面的论证。（遗憾的是，可以看出来，了解这个小册子的人很少，其实，这本小册子，尽管有一些缺点，但除了给彼得罗夫〈彭述之〉主义以毁灭性批判之外，它还对中国的阶级力量作了很有价值的分析，提供了很多实际材料）"②。

大会的《政治形势与党的任务议决案》，依照共产国际决议和指示，说过去忽视争领导权，现在资产阶级已经背叛，中国革命已经发展到建

---

① 中共中央党史研究室第一研究部：《共产国际、联共（布）与中国革命档案资料丛书》第4卷，北京图书馆出版社1998年版，第233页。

② 中共中央党史研究室第一研究部：《共产国际、联共（布）与中国革命档案资料丛书》第4卷，北京图书馆出版社1998年版，第442—443、271页。

立"工农小资产阶级之民主独裁制"的阶段,应该使革命向非资本主义前途发展①。这个议决案的缺点是把蒋介石的叛变看作整个资产阶级的叛变,把汪精卫、唐生智控制的武汉政府当作工人、农民和小资产阶级的联盟,没有看到汪唐公开叛变的严重危险。

大会选出 31 名中央委员和 14 名候补委员,组成新的中央委员会。之外,还新成立了中央监察委员会。瞿秋白和杨之华都当选为中央委员。5 月 9 日,五大闭幕。第二天,在五届一中全会上,瞿秋白当选为中央政治局委员,其他委员为陈独秀、蔡和森、李维汉、张国焘、谭平山、李立三、周恩来,周任秘书长。

罗易看到陈独秀并不打算改变右的思想观点和工作思路,但认为他威信仍然很高,无人可以替代。对于共产党与汪精卫的合作,罗易错误地持乐观态度。

五大以后,瞿秋白和毛泽东参加了中央农民运动委员会,谭平山为主任。五大闭幕前,瞿秋白在《向导》上发表《农民政权与土地革命》;一个月后,为了给"中国现时的革命"提供经验教训,他编写了《俄国资产阶级革命与农民问题》②。

5 月,北伐前线捷报频传,但后方空虚,武汉地区受中外反动势力挤压日重,工农运动失控,致使金融混乱,工厂、商店倒闭,物价飞涨,政治变故随即发生。5 月中旬,第十四独立师师长夏斗寅叛变。武昌卫戍司令叶挺率部击败叛军后,5 月 21 日又发生"马日事变",驻长沙的第三十五军第三十三团团长许克祥突然叛变,向国民党湖南省党部、省总工会、省农民协会等发起进攻,捕杀共产党员和革命群众百余人。汪精卫声称要查办,实际上姑息,而对工农运动却以"过火"为借口给以严厉打击。中共中央原拟武力解决许克祥,后因汪精卫不拟动武,就依共产国际代表团之意"和平解决"。许克祥更加猖狂,二十多天屠杀革命干部、群众万余人,湖南中共组织损失惨重。在革命高潮时潜伏的城乡土豪劣绅纷纷向农民协会疯狂反扑。

对于农民运动,瞿秋白当时一面赞成鲍罗廷的主张,先实行减租、

---

①《中共中央文件选集》第 3 册,中共中央党校出版社 1989 年版,第 48—59 页。
②《瞿秋白文集》(政治理论编)第 4 卷,人民出版社 1993 年版,第 576—586、613 页。

反对土豪劣绅,最后再没收地主土地;一面鉴于反革命势力的猖狂残暴,认为无论如何不能承认"过火"之错。事实上毛泽东《考察报告》中所说"每个农村都必须造成一个短期的恐怖现象"、"矫枉必须过正"确有"左"的问题,而农运中自发捕杀地主、绅士,确实也超越"减租"、"只打倒土豪劣绅"的政策,消灭一般地主的事情多所发生。然而,国民党右派、反动军官、农村封建势力以"过火"为借口镇压农运,杀害干部和群众,已成残酷白色恐怖,这不只是压制工农运动,而是反共政变的步骤。此时确实不能承认农运"过火"之错。许克祥叛变后,汉口《国民日报》天天收到各地农民协会奋起反击的消息,沈雁冰据实报道。陈独秀把沈雁冰找去,说《国民日报》太红了,国民党左派有意见,以后报上要少登一些工农运动、妇女解放等消息和文章。《国民日报》是国共合作以国民党为旗帜的。国民党中央和武汉政府也来干涉。沈雁冰请示董必武,董必武说"不理他们"。沈雁冰与瞿秋白谈此事时,瞿秋白说:"共产党的政策要通过国民党的报纸来宣传,本来就不正常,许多话只能讲一半。不如把这个报纸交给国民党左派,我们另办一张党报,堂堂正正地宣传共产党的政策。"

中共五大选举政治局常委时,瞿秋白作为四届中共中央局五成员之一,未当选政治局常委,6月3日中央政治局常委会议上,他被增补为常委,主管中央宣传部兼任中央党报委员会书记;五大上当选的政治局常委为陈独秀、张国焘、蔡和森,6月3日增补的常委还有谭平山。6月4日又决定,由陈独秀、瞿秋白、蔡和森、周恩来4人轮流值日,持续到6月下旬。6月9日,中央政治局常委会又决定瞿秋白出席国民党中央委员会党团会议。这期间瞿秋白主编《向导》最后几期。汪精卫叛变后,7月18日停刊。《向导》这"黑暗的中国社会的一盏明灯"虽熄了,但其留在文本的革命思想,永放红光。

初夏,武汉的"火炉"天气已开始发威,中国革命已到危急关头,瞿秋白心情沉重。

在"马日事变"前一天(5月20日),瞿秋白作《论中国革命中之三大问题》一文。文章论及资产阶级获得革命领导权而造成的危险时说:

现在无产阶级应当参加革命的政权,应当指导革命中的武力,应使军队中的指挥成分继续由真正忠于革命的成分来代替和补充,使军队本身直接关顾劳动群众的利益。①

这是对共产国际和中共中央文件精神的强调。文章肯定中共五大的意义,但认为中共总是把自己看作"在野党",不要求参加国民政府,"以致逐渐的消失了中国工人阶级的独立性",乃是"不赦的罪过"②。这是他长久积压在心里的话,客观上也是对共产国际代表团的尖锐批评。

5月底,共产国际给中共中央和驻华共产国际代表团发来紧急指示,其要点是:在武汉国民政府允许之下,没收地主土地,实行土地革命;改组国民党中央党部;武装党员、群众,组建七万革命军队;组织革命军事法庭,惩办反动军官。这是迟到的"圣旨"!这时,陈独秀认为倒是有农民运动过火的问题,他说,"农民运动引起的过火行为破坏了同地主、绅士和军官的统一战线,过火行为妨碍了土地问题的解决";他还说"莫斯科不了解中国的实际情形",不知这里局势严重程度。他考虑此时中国的实际情况,无具体可行之策,只能消极地讲难以执行指示,仍以退让来纠正农运之"过火",求得联合战线的持续,认为然后才能"采取土地革命问题的进攻性措施"③。

罗易则强调执行共产国际"五月指示"刻不容缓。为了获得汪精卫的信任,他竟然把共产国际这个绝密紧急指示电报副本私下送给汪精卫,试图让汪精卫和武汉国民党、国民政府一起来执行这个指示。而这正给准备"分共"的汪精卫提供了一个极好的借口。6月6日,汪精卫赶赴郑州,与冯玉祥会谈,一致"分共"。这时武汉政府的北伐军队陆续撤回汉口。6月20日、21日,冯玉祥与蒋介石、李宗仁等举行徐州会谈,决定冯蒋合作,并由冯玉祥发电要求蒋汪合作,"礼送"鲍罗廷出境。随后,冯玉祥就实行"分共",打破了共产国际对于冯玉祥的幻想。此前,

① 《瞿秋白文集》(政治理论编)第4卷,人民出版社1993年版,第594页。
② 《瞿秋白文集》(政治理论编)第4卷,人民出版社1993年版,第595—597页。
③ 中共中央党史研究室第一研究部:《共产国际、联共(布)与中国革命档案资料丛书》第4卷,北京图书馆出版社1998年版,第298—300、306—309页。

江西的朱培德已经"分共",将共产党员"礼送出境"。在此期间,6月15日,瞿秋白发表《革命的国民政府之危机》,指出蒋介石"这种新军阀,事实上已经代替旧军阀而形成一切反动势力的中心",必须"讨伐蒋介石,击毁反革命中心之南京政府"①。

鲍罗廷和陈独秀等仍然想拉住汪精卫,而解散工人纠察队,放弃革命武装,实行全面退让,寄希望于汪蒋矛盾。6月18日,国民党中央设宴欢庆"北伐凯旋",邀鲍罗廷、中共中央代表出席。其实汪精卫早在密谋如何"分共",鲍罗廷被国民政府正式解聘。鲍罗廷以营救其尚被扣押在北京的夫人为理由,声明不能马上离开中国。

6月23日,莫斯科决定将违反纪律的罗易召回,另派罗米纳兹为驻华代表。他们仍寄希望于汪精卫,发电报要他支持土地革命,说"恳请您运用您的全部威望对国民党的其他中央委员施加影响",挽救"国民党的整个命运和在很大程度上中国革命的命运"。斯大林对汪精卫取收买之策,"给武汉追加300万到500万"的经费。然而这根本不起作用,汪精卫与蒋介石是异曲同工的,他加紧了"分共"步骤。

6月26日,中共中央政治局与共产国际代表团召开联席会议,再次讨论共产国际指示,宣读莫斯科给汪精卫的电报。陈独秀对局势表示悲观,认为左、中、右的道路,都行不通。鲍罗廷说要有条件地接受共产国际指示。瞿秋白很少插话。会议决定由瞿秋白和张国焘起草回复莫斯科的电报②。

6月28日,在汉口鲍公馆召开中共中央紧急会议,决定解散工人纠察队,中共中央机关立即迁到武昌,会议基本按照鲍罗廷的意见作出决议,这个决议表示工农群众组织必须受国民党的领导。后来瞿秋白说这个决议是"集机会主义之大成,亦是机会主义之顶点"③。

6月底,在武昌召开的中共中央扩大会议上争论激烈。恽代英责问:"现在中央很奇怪,我听说秋白同志到处报告是'进攻''进攻',现在

---

①《瞿秋白文集》(政治理论编)第4卷,人民出版社1993年版,第775页。

② 中共中央党史研究室第一研究部:《共产国际、联共(布)与中国革命档案资料丛书》第4卷,北京图书馆出版社1998年版,第357—363页。

③《瞿秋白文集》(政治理论编)第5卷,人民出版社1995年版,第416页。

中央又决定'退让''退让',中央内部是否有不一致?"陈独秀说:"正因为不一致,所以要开会。"瞿秋白发言批评了陈独秀,陈独秀露出不耐烦的样子。团中央书记任弼时发言,宣读共青团中央关于实行土地革命的宣言。据《任弼时传》说,陈独秀看过后,"大发雷霆,碎之于地"。会议没有结果而散。

7月8日,莫斯科指示:中共"示威性退出国民政府并要发表声明",但共产党人必须留在国民党里,为改变国民党的政策而斗争;"召开紧急代表会议","纠正党的领导所犯的根本性错误";派罗米那兹作全权代表来华取代鲍罗廷,参加紧急会议,贯彻莫斯科对华新政策。共产国际这个七月决议,要求中共中央"从政治上纯洁党的领导成分。"①这就是说要撤换陈独秀,惩罚鲍罗廷。

7月12日,即将回莫斯科的鲍罗廷宣布一个重要决定:陈独秀、谭平山去莫斯科,瞿秋白、蔡和森赴海参崴办党校,由张国焘、张太雷、李维汉、李立三、周恩来组成临时中央政治局常务委员会——"五人临时中央",瞿秋白和蔡和森没有出现在这个临时中央名单里,蔡和森认为,这是鲍罗廷搞"平衡",为了让陈独秀和谭平山安心去莫斯科,故意提出这样的安排②。

7月13日,中共中央宣布中共党员退出武汉国民政府。同一天,鲍罗廷和瞿秋白秘密上了庐山,住入庐山英国"仙岩饭店"别墅区里的一幢公寓式别墅(解放后曾为中五路336号)里。

7月15日,汪精卫公开"分共",对共产党员和革命群众实行大逮捕、大屠杀。大革命宣告失败。

瞿秋白后来在《多余的话》中说:"中国一般的革命形势,从一九二七年三月底英、美、日帝国主义者炮轰南京威胁国民党反共以后,就已经开始低落,但是接着而来的武汉政府中的奋斗、分裂……都还是革命势力方面正当的挽回局势的尝试";"我虽然在一九二六年年底一九二

---

① 中共中央党史研究室第一研究部:《共产国际、联共(布)与中国革命档案资料丛书》第5卷,北京图书馆出版社1998年版,第494页。

② 中共中央党史研究室第一研究部:《共产国际、联共(布)与中国革命档案资料丛书》第5卷,北京图书馆出版社1998年版,第546—547页。

七年年初就发表了一些议论反对彭述之,随后不得不反对陈独秀……当时想望着独秀能够纠正他的错误观念不听述之的理论"。但陈独秀没有改,他先是基本上按照共产国际指示退让,当莫斯科左转而又命令必须留在国民党内时,又因为国民党汪蒋都已驱逐和屠杀共产党,无从执行,他更悲观消极了。大革命期间,"共产国际、联共(布)及其驻华代表对中国共产党有过许多正确的指导",但也"对大革命的失败有着不可推卸的责任。他们有不少脱离中国实际的错误指挥。鲍罗廷、维经斯基、罗易等驻华代表之间,在土地革命、工农运动、军事行动、战略方向、国共关系、对蒋介石和汪精卫的政策等问题上,经常存在严重分歧,这也极大地影响了中共中央对许多问题的决断和有关方针、政策的实施"①。瞿秋白后来虽说他自1927年后半年起政治兴趣减少,但从他当时的活动和文章看,他仍在坚持探索和奋斗。

三、八七会议

1927年7月20日,中共中央临时政治局常务委员会提出关于准备在南昌举行武装起义的意见。当天,李立三和邓中夏气喘吁吁,走上庐山找到鲍罗廷和瞿秋白。此前"临时中央"派李立三、邓中夏、谭平山、恽代英等赴九江,准备组织党在国民革命军中的一部分力量,联合第二方面军总指挥张发奎打回广东,重建根据地,实行土地革命。但他们这天发现张发奎已站在汪精卫一边,暗中布置"分共",因而提议在南昌举行武装起义。李立三、邓中夏向瞿秋白谈了在九江商议的起义计划。瞿秋白当即表示完全赞同,激动地说:"我们早就应该这样干了,我们已经被压抑得太久了,也许这次暴动会给我们党带来新的希冀","应认识武汉失败是机会主义失败,固然要维持组织上中央的威信,但政治路线是非常重要"。②

7月21日,鲍罗廷和瞿秋白返回汉口,瞿秋白向中央临时政治局报

① 中共中央党史研究室:《中国共产党历史》第1卷上册,中共党史出版社2002年版,第281页。
② 《中共党史报告选编》,中共中央党校出版社1982年版,第264页。

第十二章 武汉风云

告有关起义的具体意见,希望从速决定,同时准备与罗米那兹会见。在汉口秘密住处,瞿秋白与张国焘有一次单独交谈。他向张转告鲍罗廷的善意提醒,说罗米那兹属少共国际,不懂中国情况,而素以左派自居,要好好地和他打交道。另外,瞿秋白透露与鲍罗廷商量的一些问题,其中有如何承担中国大革命失败的责任问题。

7月23日,共产国际代表罗米那兹和助手德共党员牛曼风尘仆仆赶到汉口。罗米那兹很年轻,仅比28岁的瞿秋白大一岁,十月革命前就已是布尔什维克。1922年共产国际四大后,成为联共代表团成员。他坚决支持斯大林与党内反对派的斗争,在共产国际和少共国际有重要地位。斯大林对罗米那兹期望很高。

罗米那兹与鲍罗廷交接工作,详尽交谈。罗称自己是共产国际全权代表,说来纠正此前共产国际代表和中共中央的错误。他异常严厉地斥责中共中央,说中共中央被一些小资产阶级知识分子所盘据,缺乏阶级意识和革命坚定性,曲解共产国际指示。他提出要大胆提拔工人担任中共领导工作,而且要占多数。①

罗米那兹以钦差大臣的教训口气说话,张国焘不服气,与罗米那兹闹僵。瞿秋白从中调解。谈到南昌起义问题,罗米那兹显得很茫然,说是要请示共产国际执委会,才能决定。瞿秋白和张国焘感到很失望,瞿秋白无奈地说:"共产国际为何派这样一个少不更事的人来当代表,只会反机会主义,提起南昌起义就没有主意了。"②罗米那兹想了解情况,与瞿秋白长谈了一次。第二天,罗米那兹再与张国焘交谈时,态度缓和了一些。

瞿秋白从庐山回来后,参加临时中央。这是鲍罗廷推荐并得到莫斯科同意的。此后,因有鲍罗廷的交代,罗米那兹的支持,瞿秋白实际上主持了临时中央。

中央临时政治局决定了三件大事:举行南昌起义,发动秋收暴动,召开中央紧急会议。

7月25日,瞿秋白主持中央临时政治局扩大会议,决定以国民党革命委员会的名义先在南昌举行武装起义,然后立即南下广东,占领海

---

① 参见张国焘《我的回忆》第2册,东方出版社1998年版,第279—280页。
② 张国焘:《我的回忆》第二册,现代史料编刊社1980年版,第273—274页。

口,以便苏联的援助,再举北伐。会议决定由周恩来任起义前敌委员会书记,李立三、恽代英、彭湃为委员。

7月26日下午,临时政治局再次召开扩大会议,罗米那兹传达刚收到的莫斯科来电。电称:南昌起义"如果有成功的把握,我们认为你们的计划是可行的。否则,我们认为更合适的是让共产党人辞去相应的军事工作并利用他们来做政治工作"。此电还明令加伦将军和其他著名的合法军事工作人员不得参加起义①。会议认为南昌起义有成功的把握,决定派张国焘当晚去南昌,传达共产国际指示。27日,周恩来到达南昌后,前委决定于7月30日起义。张国焘对张发奎存有幻想,主张要张发奎同意后方能举行起义。这个意见被前委否决,7月31日,前委决定8月1日起义。

8月1日,在周恩来为首的前敌委员会领导下,贺龙、叶挺、朱德、刘伯承等率领两万多人的军队,经4小时激战,占领南昌。8月3日,按临时中央决定,撤离南昌南下,但因敌强我弱,处处受阻,减员严重。至10月初,被围攻而损失惨重,余部少数转入海丰、陆丰地区,与农民军会合;朱德、陈毅率领的800人转入粤赣湘边界地区,开展游击战争。周恩来等转移到香港。

南昌起义虽然没有达到预期目标,然而打响了武装反抗国民党反动派的第一枪,标志着中国共产党独立领导革命战争、创建人民军队和武装夺取政权的开始。

在决定和领导南昌起义的同时,瞿秋白与罗米那兹、李维汉、张太雷一起筹备共产国际的"七月决议"要求开的"紧急代表会议"。这个会议原拟7月28日召开,后因形势严峻,交通困难,和需要讨论领导成员如何更换、大革命失败共产国际是否也有责任等问题而推迟。几次讨论后,大家认为,共产国际的"七月决议"应当是为中国革命提供了新转机,应当接受并据之决定新的策略;原中央政治局应当改组,新的常委

---

① 中共中央党史研究室第一研究部:《共产国际、联共(布)与中国革命档案资料丛书》第7卷,中央文献出版社2002年版,第17页。

第十二章 武汉风云

149

应当加入工人分子,今后中央应是集体指导①。临时中央政治局很快据此作出了决议。这决定了八七会议之后,瞿秋白虽然是主要领导人,但并无"总书记"的称谓。关于大革命失败的责任,认为主要由中共中央来承担,以避免追究共产国际决策错误这一敏感问题。

大家对上述重要问题的看法基本一致。罗米那兹即用俄文为"紧急代表会议"起草了《告全党党员书》,瞿秋白于 8 月 6 日深夜完成中文翻译。

8 月 7 日中央紧急会议在汉口俄租界三教街 41 号(现鄱阳街 139 号)二楼举行。这条街上的行人较少。会场大约二十平方米,陈设简单,只在靠北窗放着一张如同教员讲课的桌子,凳子参差不齐。会议开始,瞿秋白、李维汉和一位皮肤白皙、身材魁梧的俄国人一起走进会场。这位俄国人就是罗米那兹,他们三人坐在课桌旁边。会议正式代表共 21 人,瞿秋白之外还有李维汉、张太雷、邓中夏、任弼时、苏兆征、毛泽东等,罗米那兹的助手牛曼和洛佐莫娃也参加了会议。瞿秋白的弟弟瞿景白作记录。

瞿秋白后来说明,八七会议前,因为当时交通困难,时期迫促,所到不足人数,只有湖南代表及尚未赴沪的新书记邓中夏同志能来。虽然人数不足,不能作为正式的全党会议,但是因为反机会主义的斗争之紧迫及改变党的路线之重要,决定开会。这是中央紧急会议,并非什么"改组会议"②。

瞿秋白主持会议,罗米那兹先作报告,他主要围绕《告全党党员书》的内容加以发挥。他善于辞令,侃侃而谈,给与会者留下了较深的印象。罗米那兹的报告相当长,他说一段,瞿秋白翻译一段,几乎花去将近一上午的时间。他的报告,按共产国际文件,把中共中央过去的错误定为"右倾机会主义错误",说 1927 年 4 月至 7 月,"党的指导都是照着改良主义去决定他的策略",对国民党让步,"甚至失掉了我们党自己的独立性",使工农运动失败。他反复强调,中共中央如果坚决执行共产

---

① 曹雁行:《"八七会议"情况介绍》,《党史研究》1980 年第 3 期;赵朴《八七会议与党的改组》,《党史研究》1985 年第 4 期。

② 《瞿秋白文集》(政治理论编)第 5 卷,人民出版社 1995 年版,第 417 页。

国际的指示，"现在的情势决不如此"。不过，面对大量事实，他也不得不承认"国际有时自然也有错误的"。[1]

罗米那兹不熟悉中国国情和中共党内情况，反复地讲俄共党内斗争的经验，生搬硬套。他的报告偏重于批评和指责，对于中国革命转折关头确定实行土地革命和武装起义的总方针缺乏明确、具体的阐述。他强调"只有资产阶级打倒后帝国主义才能打倒"。这是依据斯大林的理论和政策，把民族资产阶级和买办资产阶级混同起来，都看作敌人。他后来正由此提出"无间断的革命"论，推行"左"倾盲动的错误政策。当初，他的"左"倾言论没有引起警惕，因为大革命失败后，党内普遍认为过去"右是跪着降"，而现在必须"站着斗"，"左"倾言论很容易被大家包括瞿秋白等领导人所接受。

毛泽东、任弼时等许多人在中共五大前后，就对当时中央的右倾有尖锐的批评意见，此时共产国际及其代表严厉批右的错误，大家更有比较一致的意见。罗米那兹作结论时，回答了与会者提出的几个问题，也谈到共产国际代表鲍罗廷、罗易、维经斯基的错误。他说："谁也不敢担保没有错误，我也许将来有错误的。"不过他又说，虽然共产国际代表有错误，但"总比我们中央有错不改要好些"，"只要我们是革命的机关，纵然国际代表有错也不十分严重的。最重要的还是我们如何能实行国际的指导。"[2]

接着瞿秋白宣读《告全党党员书》，表决通过。

瞿秋白还代表临时中央常委会作了关于新的方针和任务的报告。他在报告中说：应当"去掉以为中国革命分两阶段的幻想"；摆在面前的"只有我们包办国民党或（被）国民党消灭两条路"，"再不能以退让手段来争得民权，是要以革命方法来争得"；7月13日《宣言》是中共"新政策之开始"，八一南昌起义，"至少是有意识地走到新的方针"；新方针是"要从土地革命中造出新的力量来。我们的军（队）则完全是帮助土地革命"。

---

[1] 参见中共中央党史资料征集委员会、中央档案馆编《八七会议》，中共党史资料出版社1986年版，第48—72页。

[2] 参见中共中央党史资料征集委员会、中央档案馆编《八七会议》，中共党史资料出版社1986年版，第48—72页。

针对以往妥协退让的右倾错误,瞿秋白着重阐述今后的新策略,指出此后的中心工作要从一般民众运动转变到"独立的工农阶级斗争",要求:第一,"更注意与资产阶级争夺领导权",要宣布汪精卫等是假国民党;第二,由下而上地争取群众,团结真正的左派;第三,"在革命暴动中组织临时的革命政府,此政府仍用国民党的名义,但我们要占多数,成为工农民权独裁的政权,乡村中要农会政权"①。关于仍用国民党的名义的原因,是根据莫斯科的不退出国民党的指令,当时只能这样规定。不久之后,即被共产党自己的旗帜取代了。

瞿秋白明确提出,土地革命是中国资产阶级民主革命的中心问题,要以革命手段解决土地问题,以得到占人口绝大多数的农民的支持和参加,使武装斗争和建立革命政权具有广泛的群众基础;明确提出,现在最主要的任务是有系统、有计划地、尽可能地在广大区域准备农民的总暴动,发动和领导农民暴动,组织革命军队和工农革命政权,将武装斗争与土地革命紧密联系在一起。瞿秋白这些主张,有些来自共产国际的理论、方针、指示,若对照他自己以往所论、参照他所分析的中国实际情况来看,其中含有他的独立思考,有他的开创性的贡献。

总的来说,八七会议制定了武装反抗国民党反动派、实行土地革命的方针,决定建立和发展壮大中共自己的军队,致力于通过武装斗争,建立"工农民权独裁的政权",由此开始了一次伟大的转折,为继续探寻中国革命的新道路作出了贡献。

会议最后选举临时中央政治局委员 9 人,候补委员 7 人。按照得票多少选举结果是:苏兆征、向忠发、瞿秋白、罗亦农、顾顺章、王荷波、李维汉、彭湃、任弼时为正式委员;邓中夏、周恩来、毛泽东、彭公达、张太雷、张国焘、李立三为候补委员。

选举结果反映了"指导党的工农分子"应占重要地位的思想,排名在瞿秋白之前的两位都属工人成分,作为知识分子的瞿秋白在选举中占第三位,则表现出会议对他寄予厚望,希望他在制定和执行新的方针政策方面发挥重要作用。

---

①《瞿秋白文集》(政治理论编)第 5 卷,人民出版社 1995 年版,第 417 页。

8月9日,临时中央政治局会议决定:瞿秋白、李维汉、苏兆征三人为常委,瞿秋白主持中共中央工作。

瞿秋白在大革命失败、白色恐怖猖狂的艰难时刻,临危受命,带领中共全党和革命群众,从以往右的错误转到基本正确的方针,开始独立领导中国革命,开创武装斗争和土地革命新局面。是历史的浪潮把瞿秋白推向中国革命斗争的中心,并在这次会议上走上了党的最高领导岗位,成为继陈独秀之后党的领袖。他与八七会议一起载入了史册的重要一页。

第十三章　主持中共中央工作

一、寻找中国革命新道路

八七会议前后，武汉三镇到处清查共产党。8月9日汉口《民国日报》刊登《清查共产党员》条例，规定著名共产党人，"由地方军警严重监视，如有反革命行为，应即拿办"；有共产党嫌疑者，三日内登报声明反对共产党，或发表文字反对共产党；既不退出，又不声明脱离共产党者，"以反革命论处"。

不仅武汉如此，全国很多地区也处于一片白色恐怖之中。不少人感到前途莫测，悲观失望。有些投机分子、动摇分子，声明退党，甚至自首叛变。有的支部也准备解散。八七会议精神的贯彻，有效抑制了中共党内悲观失望情绪，改变了恐慌混乱局面，引导党员和群众坚定信念，领导全党走上探寻中国革命新道路的征程。后来蔡和森说："我们绝对不要忘记'八七'以后之伟大的效果。北方有好些同志说，'假如新方针迟来一月，我们都散了'。这不仅北方为然，全国莫不如此……我们仗着新方针，不仅挽回了工农群众的恐慌和悲观，而且兴奋了广大范围内几百几千万的群众，继续不断地发展工农革命的高潮，一直向苏维埃政权走。"[①]

8月9日，瞿秋白主持召开临时中央政治局第一次会议。从这次会

---

① 蔡和森：《党的机会主义史》，载中央档案馆《中共党史报告选编》，中共中央党校出版社1982年版，第143页。

议起,他成为没有总书记名义的"总书记"。李维汉回忆说:"为什么大家都推选瞿秋白同志负责?",因为他"理论水平比较高",无论是"反对戴季陶主义",反对党内右倾错误,"旗帜都比较鲜明"①。

瞿秋白走上中共最高领导岗位时,年仅 28 岁。他带领中国共产党人在黑暗中高举革命的旗帜,领导整顿和恢复各地遭受严重破坏的党组织,参与决定和指导各个地区的武装起义,很快实现了革命斗争形式的转变。经过一系列起义和殊死战斗,各地保存下来的一部分革命武装,深入农村,开展游击战争,为建立和发展红军、开辟农村革命根据地奠定了初步的基础。

瞿秋白和临时中央政治局,迅速把在八七会议关于武装斗争与土地革命相结合的精神具体化,把制定的《最近职工运动议决案》、《最近农民斗争议决案》、《党的组织议决案》,一一研究如何贯彻的具体措施,按新的策略去解决新形势下的新问题:建立地下组织系统和工作关系,组织和领导秋收武装暴动,决定取消"国民党左派"旗号而宣传和建立苏维埃政权,进行游击战争,创造和发展"农民割据"局面,这样,就实际上把斗争的主战场渐向农村转移,在农民运动中心地区武装夺取政权了。

8月9日的临时中央政治局第一次会议上除建立常委会外,正式通过了《湘粤赣鄂四省农民秋收暴动大纲》,决定在湖南省委下设立特委,由毛泽东任特委书记,与彭公达一起到湖南。彭公达任省委书记,改组省委,领导秋收起义。

几天里,瞿秋白多次召开临时中央政治局会议,确定南方局、北方局负责人,要求他们派出干部到各地指导工作,整顿、恢复各级党组织,开展各种群众运动,贯彻新方针。临时政治局接连写信给湖南、广东、广西、山东等地,具体指导秋收暴动。此后,中央政治局连续发出第一号和第二号《中央通告》,要求全面贯彻八七会议的决议,统一思想、统一部署、统一宣传口径;对组织问题,要求总结"白色恐怖时期中组织变动的经过和教训",改组党的机关,审查党员资格,严格党的纪律,以保

① 李维汉:《回忆与研究》(上),中共党史资料出版社 1986 年版,第 166 页。

证党的新政治路线的忠实执行,建立各级组织之间的秘密联系,对地下交通员作出了严格的纪律规定①。党组织由原来的半公开状态转入了地下状态。

8月21日的临时中央政治局会议通过了《中国共产党的政治任务与策略的议决案》。议决案和贯彻情况要点如下:

第一、发展工农运动,实行"工农民权独裁"。决议认为革命重新高涨,不但在最近期内是可能的,而且是不可避免的。因而在已成农民运动中心的各省组织武装暴动。学习马列的暴动学说,以党代表制、支部建设、政治工作、选用并培养忠实革命军官等制度和措施,创造新的革命军队,武装工农,造成新的革命军队之中心势力。

第二、建立工农兵苏维埃政权。9月19日,瞿秋白主持的临时政治局会议作出《关于"左派国民党"和苏维埃口号的决议案》,写道:"现在群众看国民党的旗帜是资产阶级地主反革命的象征,白色恐怖的象征,空前未有的压迫与屠杀的象征";中央"认为八月决议案中关于左派国民党运动与在其旗帜下执行暴动的一条必须取消";"现在的任务不仅宣传苏维埃的思想,并且在革命斗争的高潮中应成立苏维埃"。

第三、建立秘密工作制度;恢复和创办刊物,恢复和发展妇女与学生运动。首先是建立全国地下交通网,对秘密状态中的工作纪律和方法作了详细的规定。9月23日成立中央特委,负责保卫工作和筹集经费。恢复出版《向导》,由瞿秋白兼管。

当时,组织农民武装暴动是最重大的任务和最主要的工作。临时政治局委派毛泽东具体领导秋收起义,特别是湖南秋收起义,因为那是秋收起义的重要区域和重要环节。8月18日,毛泽东以中央特派员身份,和湖南省委书记彭公达一起,改组湖南省委;随后制定秋收起义计划,成立前敌委员会,毛泽东为书记。毛泽东按敌强我弱的实际,改变原来攻打长沙的计划,与当地农民武装联系,缩小暴动范围,在井冈山建立了根据地。湘赣边境领导秋收暴动期间,湖北、广东、江西以及陕西、河南、河北等省纷纷发动武装起义,也有少量武装在失败后隐蔽

---

① 《八七会议》,中共党史资料出版社1986年版,第121—124页。

保存。

临时政治局常委会曾否定毛泽东和湖南省委缩小暴动区域的决策，认为是错误的。了解实际状况之后，认为毛泽东的意见正确。此后，瞿秋白更注重发挥毛泽东的作用。9月28日，瞿秋白在他主持的临时中央政治局常委会会议上，力荐毛泽东加入长江局，这次常委会的记录记下了他的话："泽东能来，必须加入，我党有独立意见的要算泽东"①。

提出农村"割据"，以暴动发展游击战争，暴动而不急于攻城，显系新道路的进一步探寻。10月中下旬，宁汉战争爆发，武汉唐生智节节败退，中共中央一再指示两湖省委借此有利时机，"在极短的时间内割据公安、石首、当阳向极西发展"，"割据天门、沔阳向四周发展；割据麻城、黄安向鄂东与京汉路发展；恢复鄂南的工作成为一独立割据的局面，与湘北联合"。11月7日《中央通讯》发表《湖南省委工作计划决议案》，再次强调"创造一种独立割据的局面"，以"工农群众为主体的割据局面"。12月中旬，毛泽东工农革命军第一团到达酃县十都，派何长工寻找南昌起义军下落；几乎同时，12月21日，中共中央写信要求朱德部队设法与井冈山毛泽东部队联络，"共同计划——发动群众以这些武力造成割据的暴动局面，建立工农兵代表会议——苏维埃政权"。这就促成了1928年4月朱毛会师，工农革命军第四军诞生。期间，中共中央对江苏等省也有要求创造和发展"割据"局面的部署。

开展游击战争，是瞿秋白在1927年11月9日至10日临时中央政治局扩大会议提出来的。他说，如果估计农民暴动事实上不能取得较大范围内的胜利，就"应当使这种暴动采取游击式的战争（不去占领县城或巨大的地域，长久的时期，不去费力建立大规模的军队等，而以人数虽少却是团结巩固的暴动军，经常不断的袭击政府的军队和地主的武装）"。他认为："这种游击战争，随后很容易发展而生巨大的农民暴动，进一步达到在较大范围内夺取政权。"还特别提醒："如果专意占据县城而忽略乡村中土地革命的根本工作，不去发动更多更广的群众，不

----

①《毛泽东年谱》上卷，人民出版社、中央文献出版社1993年版，第221页。

使群众自己取得土地取得政权（苏维埃），那么，这便是军事的机会主义"。12月，他又在《武装暴动的问题》一文中指出，由于敌人"内部分裂冲突"，近半年各省的农民暴动"自然创造出一种特殊的斗争策略，便是游击战争"，"用分散细小的队伍，使敌人防不胜防出其不意的去袭击"；他强调，必须"发动极广大的群众斗争"，而且"游击战争必须进入革命地域之建立"，把发展农村游击战争与建立"革命地域"结合起来，"明确的树立创造革命地域的目标"，最终"使革命势力汇合起来，创造尽可能的大范围内工农政权胜利的局面"①。提出开展游击战争，和八七会议以来一系列的决策、探索一样，是对开辟中国革命新道路的开创性贡献。

由于《向导》未能恢复，1927 年 10 月在上海创办了《布尔塞维克》（周刊），为中央机关刊物。编辑部设在愚园路亨昌里 418 号（今愚园路 1376 弄 34 号）。编委会由瞿秋白、罗亦农、邓中夏、王若飞、郑超麟组成，瞿秋白任编委会主任兼总编辑，郑超麟负责日常工作，黄文容为秘书。瞿秋白每周到《布尔塞维克》编辑部一次，主持编辑会议，传达中央意见，指导工作。

《布尔塞维克》宣传八七会议精神，陆续发表各地武装起义、建立工农红军和革命根据地的文章，探索中国革命新道路，激励党员和革命群众的斗志。第 25 期发表谢觉哉的《湘南、湘东、赣西革命势力之扩展》，报道毛泽东领导的湘赣边界秋收起义和朱德与毛泽东会师的重要事件。

瞿秋白希望《布尔塞维克》进一步扩大稿源。11 月 18 日发出《中央通告第十六号》，要求各地党组织参加《布尔塞维克》的工作，定期寄通讯来，依照新的方针，公开地在"中央党报上讨论"一切政策②。

瞿秋白为《布尔塞维克》撰稿的数量最多，后来在莫斯科和被排除出中央之后，也都坚持为该刊物写稿，共发表五十多篇。其文尖锐而宏阔，严密透彻，又通俗易懂，适合多层次读者的需求。

创刊号上的《反对南京武汉的军阀战争》、《民众的革命战争反对所

①《瞿秋白文集》（政治理论编）第 5 卷，人民出版社 1995 年版，第 157—161 页。
②《中共中央文件选集》第 3 册，中共中央党校出版社 1989 年版，第 532 页。

谓北伐》《国民党死灭后中国革命的新道路》，后来诸期的《军阀混战的中国与工人阶级》《青天白日是白色恐怖的旗帜》《三民主义倒还没有什么?》《马克思主义还是民生主义?》《民权主义与苏维埃制度》《世界革命中的民权主义》等等，皆其名文，多为后人称道和引用。广州起义工人的铿锵之语——"青天白日是白色恐怖的旗帜！我们的革命旗帜是镰刀斧头红色旗!"由于他的引用而得以保存，光照汗青[1]。"继续十月革命"，"建立苏维埃的中国"[2]的口号因他著文在《布尔塞维克》发表而响彻红区。

《布尔塞维克》记录了瞿秋白对中国革命各种问题的思考和探索，其中虽然存在一些"左"倾观点，但其主要方面是以新的方针在农村发展游击战争和建立各革命根据地的思想，贯彻民主集中制的党建思想，表现出他探索中国革命新道路的开拓精神。

1928年4月，瞿秋白赴莫斯科之前，把《布尔塞维克》的编辑工作全部交给郑超麟。中共六大《宣传工作的目前任务》的决议肯定党刊的宣传"获得极重大的意义"[3]。

二、"左"倾盲动错误与纠正

从八七会议起，中共临时中央政治局在瞿秋白的主持下，从以往右的错误转到基本正确的方针，开始独立领导中国革命，开创武装斗争和土地革命新局面。完成了中共党史上第一次伟大的转折。但在这进程中，由于共产国际及其驻中国代表"左"倾理论的指导，由于面对敌人血腥屠杀党内急躁情绪的滋长，他和临时中央政治局也犯有盲动错误。

1927年10月下旬，国民党新军阀李宗仁与唐生智之间发生战争。10月23日，中共中央的宣言和10月底的会议基于对形势的错误估计，以革命潮流"高涨论"为指导，主张会合各种暴动发展成为总暴动，说

---

① 《瞿秋白文集》（政治理论编）第5卷，人民出版社1995年版，第44页。
② 《瞿秋白文集》（政治理论编）第5卷，人民出版社1995年版，第63—66页。
③ 《中共中央文件选集》第4册，中共中央党校出版社1989年版，第420—421页

"我们要一下子消灭一切军阀的战争"①。

11月1日,中央临时政治局常委会发出《中央通告第十五号——关于全国军阀混战局面和党的暴动政策》,认为,广东、湖北、湖南、江西、江苏、浙江、山东及北方的工人和农民群众"急遽的革命化","有一触即发,起来推翻一切豪绅军阀政权的趋势",于是就急着发动工农武装暴动,一举推翻国民党政权,建立全国苏维埃政权②。"左"的倾向,与共产国际有关。罗米那兹就明显"左"倾。他认为,中国民族资产阶级"在民族解放运动之初,即已完结了他们的革命作用。现在呢,这一阶级的各种成分,甚至其中最急进的分子,都已完全走入了反革命的营垒,而成为反革命之最积极的动力之一"。在莫斯科的中国问题会议上,他干脆说:"现在我们所面临的工农革命,从形式、内容和阶级动力的角度分析,无论如何也不能称之为资产阶级民主革命"③。

11月9日至10日,瞿秋白主持召开临时中央政治局扩大会议,罗米那兹参加。新来的共产国际代表米特凯维奇也参加了会议,他来接替即将回莫斯科的罗米那兹。会议通过了罗米那兹起草的《中国现状与共产党的任务决议案》等决议案。会议对中国革命新道路的探索有所推进,决议里有些具体内容是正确的,如扩大游击战争、实行农村割据等。但会议基本上按罗米那兹的观点,认为中国革命是所谓"无间断的革命","现在的革命斗争,已经必然要超越民权主义的范围而急遽的进展","必然要彻底解决民权主义任务急转直下的进于社会主义的道路";认为蒋介石的叛变就是整个民族资产阶级的叛变,汪精卫的叛变就是小资产阶级的叛变,因而提出在反帝反封建的同时,还要反对民族资产阶级和小资产阶级;认为国民党新军阀的统治已经处于崩溃的边缘,现时全中国的状况是直接革命的形势。据此确定了实行全国武装暴动的总策略,以城市暴动为"中心及指导者","联合农村暴动的力量,汇合各处自发的工农暴动,夺取政权"。还依据罗米那兹的提议,指责和惩处南昌起义和湘赣边界秋收起义的领导人及有关省委的负责人周

①《中共中央文件选集》第3册,中共中央党校出版社1989年版,第387—393页。
②《中共中央文件选集》第3册,中共中央党校出版社1989年版,第433—441页。
③《中共中央文件选集》第3册,中共中央党校出版社1989年版,第558—560页。

恩来、谭平山、毛泽东、彭公达等，对武装起义的失败或挫折不作具体分析，给他们加上"犹豫动摇"、"违背中央政策"和犯了"机会主义"错误的帽子。

这次会议还不切实际地过分强调把指导机关和党员成分的工农化，认为党组织的主要缺点是领导干部并非工人、贫农，而是小资产阶级知识分子，认为这是产生机会主义的"策源地"，于是议决以工农分子替换他们，要求在中共六大做到所谓彻底改造党的指导机关。

会议的"左"倾观点也在瞿秋白的文章中反映出来。他在《中国革命是什么样的革命?》、《布尔塞维克主义万岁!》中说："中国革命始终是高涨而不是低落，中国革命的高涨而且是无间断性的性质，……显然有汇合而成总暴动的趋势"；"要推翻豪绅地主阶级，便不能不同时推翻资产阶级"；"中国革命要彻底推翻旧社会关系（半封建制度的资本主义前期的社会关系），也就不能不超越资产阶级的民权主义的范围"①。

会后，一些地区发生强迫工人罢工、农民暴动和盲目烧杀等情况，党组织在这些地区一度严重脱离群众。大多数农村武装起义没有成功，或者根本没有发动起来。上海、武汉、天津等大城市的"总罢工"、"总暴动"计划相继失败；两湖、江苏、浙江等省"工农总暴动"，由于缺乏广泛的群众基础以及匆忙发动等原因，很快被镇压下去。党的组织和革命力量受到严重破坏和重大损失。

各地传来暴动和罢工失败的消息，瞿秋白很焦急。"左"倾盲动的错误决策引起许多同志的严肃批评。许多地方党组织采取抵制态度。1927年11月11日、12日，陈独秀两次写信给中央常委，信中有些中肯的批评意见。驻上海的共产国际工作人员佩佩尔也提出"盲动"的严重问题，11月底写信给共产国际执委会，说"除了以前的机会主义危险外，在中共党内越来越明显地出现了盲动主义危险"②。

不过，其间举世瞩目的广州起义，是利用国民党新军阀混战中的有利时机而发动的，是对于国民党反动派叛变革命和屠杀政策的一次英

① 《瞿秋白文集》（政治理论编）第5卷，人民出版社1995年版，第76—79页。
② 中共中央党史研究室第一研究部：《共产国际、联共（布）与中国革命档案资料丛书》第7卷，中央文献出版社2002年版，第342页。

勇反击,具有重大的政治意义。

11月,粤系军阀张发奎与桂系军阀李济深为争夺地盘爆发战争。粤军主力调往肇庆、梧州一带,广州市内兵力空虚,成为共产党发动起义极有利时机。11月17日中央常委会会议决定举行广州起义,指示广东省委成立指挥起义的革命军事委员会。三天后,广东省委书记张太雷前去广州组织起义。罗米那兹原来的助手牛曼参加起义的领导工作。

起义原定在12月12日举行,因走漏了风声提前到11日凌晨开始。张太雷和黄平、叶挺、周文雍、叶剑英、杨殷等具体组织发动和指挥。经过几个小时的战斗,很快控制了珠江北岸的广州大部分地区。黎明时分,张太雷即召开会议,庄严宣告广州市苏维埃政府成立,苏兆征为主席(因病在上海,由张太雷代理),以广州苏维埃名义发表宣言和告民众书,提出政治纲领,颁布土地农有等法令。

消息传到上海,瞿秋白即刻写下《伟大的广州工农兵暴动!》,盛赞这次起义"在中国历史上,是空前的壮举",是中共"新战略之实行"①。他仿佛看到广州街头飘扬的苏维埃旗帜,中国革命出现了胜利的曙光。兴奋的瞿秋白主持召开中央常委会和中央政治局会议,派李立三去广州,编发《中央通告第二十三号——广州暴动形势下党的任务》。但是,由于军事指挥不够周密,更因为敌我力量悬殊,在大城市站住脚巩固政权的条件远不成熟,起义军未能守住广州。在枪炮声中诞生的广州苏维埃政权仅存在了三天。张太雷英勇牺牲。起义军的大部分撤出广州,到海丰、陆丰坚持斗争;少数到广西参加了左、右江起义。苏联驻广州总领事馆负责人等在广州起义失败后遭到杀害。同年年底,国民党政府宣布与苏联绝交,并拘捕苏联共产党人。

消息传来,瞿秋白十分痛心,难以平静。他接连写下《广州工农兵暴动的信号!——悼我们五千多白色恐怖之下的死者并继续他们的斗争》、《悼广州死难的五千七百工农兵士》、《悼张太雷同志》等文。他赞扬起义军英勇顽强和不怕牺牲的精神,他说"张太雷同志死在几万暴动

---

① 《瞿秋白文集》(政治理论编)第5卷,人民出版社1995年版,第165、168页。

的广州工农兵群众与反革命军阀搏战之中……他死时,还是希望自己的鲜血,将要是中国苏维埃革命胜利之渊泉!"①但是实践也再一次表明,在新军阀拥有强大武装力量之时,在大城市举行武装起义,试图一举夺取革命的胜利,是不可能的。

12月下旬,鉴于各地总暴动难以发动或失败,中共中央连续通知一些地区,如果条件不具备,就不要立刻暴动,决定停止原计划的湖南、湖北年关暴动,停止原计划的上海总同盟罢工,纠正一些盲动错误,避免了一些损失。但这时尚未认识盲动错误"左"倾思想之根源,也就未能全面彻底纠正。

1928年2月,共产国际执委第九次全会作出《关于中国问题的决议案》批判和纠正盲动错误。此"二月决议",是以斯大林、布哈林和向忠发、李震瀛四人名义事先提交大会经讨论通过的。决议批评罗米那兹"无间断的革命"的错误观点,肯定现阶段的中国革命仍是资产阶级民主革命;认为还没有出现全国范围的群众革命运动新高潮,应当准备迎接革命高潮的到来,而不是在全国各地立即举行武装起义,"必须坚决反对工人阶级某些阶层中的盲动主义,反对在城市和农村采取无准备、无组织的行动,反对把起义当作儿戏",否则必然断送革命②。

1928年4月28日,瞿秋白主持临时中央政治局会议,讨论刚收到的共产国际"二月决议"。会议决定发出中央第44号通告,接受共产国际"二月决议",认为是"我们努力继续战胜这些盲动主义的指导",号召全党纠正盲动错误,把"争取群众……建立城乡的群众组织,以及巩固并健全党的组织"作为当前最重要的工作③。从此,基本停止了各地的盲目暴动及相关的错误行动。

瞿秋白受命于危难之际,八七会议以来主持中共中央工作,开辟了中国土地革命的新时期。如李维汉所说,"经过'斗争,失败,再斗争,再失败,再斗争',直到创造和扩大工农红军,建立革命根据地和工农苏维

① 《瞿秋白文集》(政治理论编)第5卷,人民出版社1995年版,第226页。
② 中国社会科学院近代史研究所翻译室:《共产国际有关中国革命的文献资料(1919—1928)》第1辑,中国社会科学出版社1981年版,第350—354页。
③ 《中共中央文件选集》第4册,中共中央党校出版社1989年版,第174—177页。

埃政权,成为以农村包围城市的起点。凡此种种,都是应该肯定的"。盲动错误,"是在执行八七会议总方针过程中所犯的错误"。瞿秋白发现和认识错误都比较早,全局性盲目暴动只有短短几个月,很快就改正了。与瞿秋白共事的同志多认为他是"正派人,他没有野心,能平等待人,愿听取不同意见",知错即改,能主动承担主要责任。实际上主要责任在共产国际及其代表。他的弱点是"有时教条式地服从共产国际,带着临时中央政治局顺从国际代表"①。

共产国际代表罗米那兹忠于革命,积极凌厉,但不明中国实际情况,未能把马克思主义理论同中国特殊的国情结合,生硬套用十月革命经验,执行共产国际"左"倾决议。在中国革命转折关头,面对复杂尖锐的矛盾斗争,担当主要指导责任他显得力不从心。他那年轻人的朝气和闯劲,敢想敢说敢斗的作风,在被"左"的急躁情绪支配时更导致盲动大错。在武装暴动失败受挫时,他不自省,而厉责执行者,把惩办主义、命令主义带到中共党内,与盲动冒险错误决策结合起来,造成革命的严重损失。

瞿秋白在一些重大思想理论问题上与共产国际"左"的决议保持一致,例如曾认为中国革命"应当从国民革命生长而成社会革命——就是'一次革命'直达社会主义"②。这与罗米那兹的"无间断革命"论有相近之处。在个性上,他有书生气,较少直接参加工农群众运动,缺乏经验,在驾驭错综复杂的政治斗争时,在纠正党的右倾错误时,未能有效控制当时普遍存在的急于复仇和拼命的情绪,于是顺随罗米那兹犯了盲动错误。

瞿秋白也并非始终全盘接受罗米那兹的错误指导,而能保持一份清醒。他一直不同意罗米那兹的"中国革命现在已不具有资产阶级民主主义的性质"之论,1927 年 11 月专门写一篇《中国革命是什么样的革命》,其中虽尽量与当月的决议案保持一致,但他明确地说"不是"从此"开始了……纯粹社会主义的革命",而"还首先是彻底的民权主义革命"。罗米那兹特重城市尤其是大城市工人运动和武装起

---

① 李维汉:《回忆与研究》(上),中共党史资料出版社 1986 年版,第 229—237 页。
②《瞿秋白文集》(政治理论编)第 4 卷,人民出版社 1993 年版,第 484 页。

义,瞿秋白相对强调土地革命的中心地位,注重农村暴动和"割据"。对待知识分子和工农分子,对待领导起义受挫和右的同志,态度也与罗米那兹不同。在 1927 年 11 月中旬罗米那兹离开中国之后,他还在一定程度上扭转了"左"倾思维,这在他冷静处理湖北暴动等问题上体现出来。

两湖暴动失败后,瞿秋白很失望,曾对中央派往湖北等地指导暴动的两湖巡视员罗亦农提出批评。10 月下旬,罗亦农报告时把暴动失败的责任推给下面的执行者,要求严厉处分他们,引起湖北团省委的不满。但罗亦农深感暴动准备工作的艰难和复杂性,正确认识到"党务和农运工作"的基础薄弱,认为全省总暴动时期已暂时过去①,因而写信给中央,说此时湘鄂赣豫等省不宜有总暴动,党的策略应当是发展游击战争,不要把敌人力量估量太低,把自己力量估量太高,从而冒险行动,把暴动看作玩笑②。然而,临时中央政治局扩大会议之后,11 月 15 日,中央写信给两湖省委,认为"在极短的时期内有造成两湖工农大暴动夺取政权之可能",命令积极组织暴动。这封信,引发共青团长江局书记刘昌群和湖北省团委书记韩光汉上书中央,尖锐批评中共长江局、中共湖北省委"畏缩不前,临阵脱逃",要求党中央按 11 月扩大会议定的政治纪律,"彻底查究"。

瞿秋白立即召开会议紧急商量后,派苏兆征等组成中央特别委员会,前往查办,查办期间停止罗亦农的中央两湖巡视员之职,改组湖北省委。罗亦农不服。中央特委令其当即离汉回沪,还决定开除罗亦农、陈乔年的中央委员,报中央审核。

12 月 16 日,罗亦农赶到上海,一肚子的怨气。瞿秋白等听取他的申诉后,感到他情有可原,特委处理失当,即写信要苏兆征等人返沪,以民主化原则解决问题,决定罗亦农在被审查期间仍出席中央会议。12 月 18 日,中共中央发出《致湖北特委信》,批评中央特委的处理方式。后又召开政治局会议,认定这时武汉确实不能举行夺取政权的总暴动,肯定长江局及罗亦农停止暴动的决定是正确的指导。12 月 24 日,瞿秋

---

① 《罗亦农文集》,人民出版社 1999 年版,第 302 页。
② 《罗亦农文集》,人民出版社 1999 年版,第 459—460、340—344 页。

白召开政治局会议,讨论湖北党内争论问题。会议认定这时武汉确实不能举行夺取政权的总暴动,罗亦农对湖北的政治指导没有犯机会主义的错误。会后,瞿秋白与李维汉、任弼时分别找争执各方当事人谈话,听取各种意见。中央于 1928 年元旦发出《告湖北同志书》,指出刘昌群、韩光汉等同志主张武汉暴动"不仅是一个错误且系玩弄暴动",肯定长江局及罗亦农停止暴动的决定"是正确的指导"。两天后,瞿秋白主持中央政治局会议《关于湖北党内问题的决议》,再次认定长江局反对马上暴动是对的,决定为罗亦农平反;稍后又决定无条件恢复罗亦农的工作及在同志们中的威信①。1928 年 1 月 12 日,还发出《中央通告第二十八号——论武装暴动政策的意义》,批评"'不暴动即是机会主义',无往而不暴动,天天可以马上暴动"和"'无动不暴'的倾向"。认为"这实在是一种盲动主义的倾向"②。

瞿秋白主持中共中央工作之后,较前更注重贯彻民主集中制。11月 26 日,《布尔塞维克》编辑部收到一封署名志益的来信。信中批评"党内没有真正的民主……自然仍滞于封建式的集权……将党内一般同志束缚得像小媳妇一样"。瞿秋白在 12 月 2 日《布尔塞维克》"读者的回声"栏里亲自回信,指出必须实行严格的党内纪律,统一行动;但在党的组织"未决定之前,自然可以有许多'不同的意见'",可以"将这些提议经过党部指导机关而变成党的决议"。他肯定这位读者提出的"党要在斗争的新方针之下,造出新的组织和生命,要实现党的民主化,要实现党员群众集体的政治生活"的意见,说"中央正在督促各地进行这种改造","大家应当努力来扫除"过去的"封建式的集权"现象③。贯彻民主集中制原则,是他能够听得进不同意见,能够警觉此时党内浓厚的"左"倾盲动情绪的原因之一。

①《罗亦农文集》,人民出版社 1999 年版,第 468 页。
②《中共中央文件选集》第 4 册,中共中央党校出版社 1989 年版,第 56—66 页。
③《瞿秋白文集》(政治理论编)第 5 卷,人民出版社 1995 年版,第 133—135 页。

三、在中共六大上作政治报告

在八七会议上,曾提出召开中共六大,以解决认识分歧、确定方针和组织等问题,尤其是中央领导班子问题。到 1928 年 2 月 10 日,瞿秋白给共产国际写了长篇书面报告,提出召开中共六大的时间、地点和需要在会上讨论的问题,希望得到共产国际及早的指导。这个报告认为,现时中国革命潮流"不是低落的",只是发展不平衡,工人运动滞后,而粤湘鄂诸地有"夺取一省政权的可能";党内有盲动、反知识分子、反集中制等倾向,共青团有不服从中共中央领导的"先锋主义"问题。

当时中国革命的潮流究竟是高涨呢,还是低落?江苏省委和上海各区区委书记联席会议上的多数认为是低落。2 月 12 日,瞿秋白、周恩来、罗亦农、项英、王若飞、陈乔年、刘伯坚等举行谈话会,瞿秋白两次发言。瞿秋白承认"我们的力量比敌人弱","现在党的牺牲是很大的了","整个政策应更郑重的使用党的力量……"但是他坚持认为:"整个的革命潮流是高涨的,农民自发的暴动是很多的。如果说是低落,工农一定是很灰心的。"不过他补充说,"自然说高涨,并不是今天说明天就要暴动的","我们可以说客观上的革命潮流是高涨的,一省与几省夺取政权的目标仍然是要有的"。他的观点得到周恩来、罗亦农等人赞同。2 月 16 日,他又说"中央常委认为革命潮流一直高涨"[①]。

瞿秋白的心情是复杂而矛盾的。他一方面已经看到盲目暴动损失惨重,需要时间来协调和休整,才能有新的起色;另一方面,他又有顾虑,认为若说革命处于低潮,会使党内外群众泄气,情绪沮丧。周恩来等人心情类似。罗亦农更认为:"说革命潮流低落是最可耻的机会主义,说低落就是不要准备暴动的问题。"[②]于是发出中央第 36 号通告,说"目前统治阶级日益崩溃,革命潮流日益高涨",希望以此统一全党思想。共产国际代表米特凯维奇写信给共产国际执委会,表达的意见与

---

① 金冲及:《对党的六大的历史考察》,载《党的文献》1988 第 1 期。
② 金冲及:《对党的六大的历史考察》,载《党的文献》1988 第 1 期。

中共中央 36 号通告相似,同时提议召开中共六大应不晚于 4 月份①。

4 月 20 日至 24 日前后,毛泽东正在湘赣边区指挥工农革命军与敌军作战,与朱德部会师,无法赴莫斯科出席六大。但瞿秋白一直密切关注朱毛红军及其土地革命割据游击战争。他起程赴莫斯科之前特地与留守中央的李维汉、任弼时商量,请他们发出中央通告第五十一号即《军事工作大纲》(5 月 25 日发出),决定把武装起义中产生的工农革命军正式定名为"红军",讲明红军建设原则和有关规定。6 月 4 日,李维汉、任弼时等按瞿秋白与他们商定的决策,写信给红四军前委,信中除了讲革命性质和反对盲动之外,特别要求朱毛发动工农,"实行土地革命,造成割据的局面,向四周发展"。指定以毛泽东为书记,组成前敌委员会;以朱德为书记,组成红四军军委②。这对于发展红军和根据地起了重要的指导性作用。

4 月底,瞿秋白化装来到十六浦码头,从容登上轮船离沪。5 月中旬到达莫斯科。杨之华于 5 月下旬也带着女儿独伊动身赴俄。

六大会址在莫斯科郊外约四十公里的纳罗福明斯克地区五一村帕尔科瓦亚大街 18 号。五一村原是沙皇时代大贵族穆辛·普希金的庄园,有设计精美的综合性建筑、教堂、喷泉和花廊。帕尔科瓦亚大街 18 号是一座三层楼房。大会把底楼作为秘书处办事的地方。第二层有可容纳七八十人的豪华大客厅,为大会主会场。第二层一些房间和三层的房间供会议代表居住。村里分布着农舍,田野上洋溢初夏气息,景色迷人。

中共六大在共产国际直接指导下召开,由布哈林、库西宁、米夫等组成委员会,参加大会文件的起草、修改以及中共领导人选的酝酿等工作。前来协助起草大会各项决议的专家中,瞿秋白看到一些熟悉的身影,他们曾在中国大革命时期来华工作。正式开幕前,瞿秋白就非常之忙,起草和修改文件,主持和出席大小各种筹备会和谈话会,还要常与共产国际、联共有关领导人和工作人员商谈。其间的分歧和争论,大多

---

① 中共中央党史研究室第一研究部:《共产国际、联共(布)与中国革命档案资料丛书》第 7 卷,中央文献出版社 2002 年版,第 296 页。

②《中共中央文件选集》第 4 册,中共中央党校出版社 1989 年版,第 239—257 页。

与他直接相关,以致他会上会下都在紧张地工作和思考。

争论的诸方,都希望知道斯大林的意见,得到他和联共其他领导人的指导。斯大林同意先会见少数人。6月9日,斯大林在一条小街的一幢楼房二楼一个大房间会见瞿秋白等。房间放着一张很大的会议桌。斯大林身着士兵军服,脚上是一双肥大笨重的粗牛皮靴子,肩上和帽子上都没有级别与兵种的标志,一身复员军人的装束。他不愿坐会议桌首的主席座,而随意对着门坐下。在座的除了瞿秋白,还有周恩来、苏兆征、李立三、向忠发、米夫、王明等。斯大林让瞿秋白等先谈谈。瞿秋白提出两方面的问题:一是如何认识形势,二是中共的任务。

斯大林已读了瞿秋白为六大准备的报告,他说:"秋白报告中,许多地方是对的,可是也有错误。目前,我们不能说中国革命已经处于高潮",广州起义是"革命暂时低落时期的事件"。城市不能暴动,有些地方取得政权,组织红军,但不能持久。他接着以俄国1905年的革命同中国目前作比较,说中国革命胜利的条件较俄国当时更为困难,不能忘了帝国主义在华的统治势力和强大的军事力量。他认为,中国农民游击战争是农民革命行动的宣传,不可能取得一省政权,只不过是革命的准备时期。虽然高潮有了信号,但只是证明将有高潮至,而不是现在已经高涨了。在两个革命高潮中间,应当做什么呢? 主要是积蓄革命力量:一是党要成为坚固的、觉悟的、好的、马列主义的党,这是质量问题,只做实际工作不够,要多注意以马列主义教育和提高党员的觉悟;二是做好群众工作,利用劳资矛盾,而不是去硬造冲突;三是发展农民游击战争,创造革命军队,实行土地革命,注意克服和改造农民意识;四是做好知识分子的工作;五是加紧破坏军阀军队的工作①。

斯大林有针对性地回答了瞿秋白2月10日给共产国际的书面报告提出的问题。中共六大期间,瞿秋白作政治报告和多次发言,都很注意按照斯大林的意见来讲。

6月18日下午,中共六大隆重开幕,共产国际代表、苏联和意大利

① 斯大林:《关于中国革命问题》(1928年6月9日),载《党的文献》1988年第1期,此为缩写稿,较详内容见中共中央党史研究室第一研究部:《共产国际、联共与中国革命档案资料丛书》第7卷,中央文献出版社2002年版,第477—482页。

共产党代表等致祝词。斯大林、布哈林等也列入大会主席团成员名单。原拟请斯大林在开幕式作报告，但未能如愿。莫斯科的安全环境使大会有充分的时间回顾历史，总结经验教训，制订新方略。

瞿秋白代表第五届中央委员会致开幕词。他说，中共五大以来，中国革命经历了很严重的危机，中共中央陷入机会主义，使革命失败；八七会议后，"逐渐将机会主义肃清了，但事实上政策上一切主要问题上，尚有许多不大正确的倾向，如盲动主义、先锋主义之类。这些也是妨碍党的工作的进行的"。他诚恳地作了自我批评。

第二天，布哈林在大会作《中国革命与共产党的任务》的政治报告。第三天，瞿秋白在大会上作政治报告，时间长达九个小时。报告分为五个部分：中国革命问题，机会主义，盲动主义和暴动政策，革命形势，党的任务，总结了大革命的经验教训和失败后的工作，提出了新任务新方针。他在国内写就的《关于一九二五年至一九二七年中国革命的报告》以《中国革命与共产党》为书名印成小册子，已提前发给与会者。因而他在会上讲的是讲小册子中未展开的意见。

报告回顾史实，阐述革命性质和任务，着重批判导致大革命失败的右倾错误和"左"的盲动错误。他说，八七会议使"党有了新的生命"，但又产生了"左"的"盲动主义"。他说，八七会议后，"说'过火'或'阻止革命'为机会主义；禁止杀土豪劣绅是机会主义"；但那种以社会主义为"杀人放火，杀人愈多，社会主义亦愈多；土地平均是最社会主义、最共产主义了"，则完全表现小资产阶级盲动倾向。他指出"盲动主义是机会主义反过面……主张暴动即社会主义，不暴动即资产阶级的机会主义"。这些阐述，包含了他的自我批评，同时也希望大家一起批判和反思。

报告改变了他原来关于形势的说法，按斯大林的谈话，说"现在革命的高潮还没有"；但仍然说"革命的客观形势仍是向前去，是向上涨，走向高潮""高潮将到的象征已经可见"。因为布哈林的报告中有"走向高潮"的提法，斯大林也有"两个革命高潮中间"和"高潮有了信号"之说，可以作为根据。瞿秋白的目的还是在于避免党内产生悲观失望情绪，为了鼓舞士气。

报告强调了布哈林和斯大林必须注重理论，必须加强党内知识分子和工农同志理论训练的要求。他说，"革命理论的缺乏，是党的弱点之一。"认为这是机会主义和盲动主义不能很快肃清的主要原因。

最后，瞿秋白说，我们不能去掉自己的责任，但相互间不要一味指责和追究，"关于过去的事，或者国焘是对的，秋白对的，独秀对的，这些问题讨论起来是有意义的，但不能同我们目前任务相比"，要把实现党的任务为共同目标，"大家来纠正"①。

瞿秋白政治报告中有许多新思想观点，特别是反对没收所有一切土地、巩固农民运动的成果并向外发展、采取游击战争的方式以保持实力和实行进一步"割据"等，这些都是正确的、具有战略意义的。但是，他仍认为"一切准备总暴动"应是党的"总方针"；仍然没有承认 1927 年 11 月政治局扩大会议以"政治纪律"过火惩办同志的错误，反而认为是必要的。

从 21 日起的 7 天中，大家热烈讨论政治报告。许多人要求在大会上发言，每天开会时间增加了一个小时。大家批评陈独秀的右倾错误，也批评了瞿秋白的"左"倾错误，提出了许多很有价值的建设性意见。瞿秋白仔细聆听，同时边翻看各种会议记录边认真思考，写下自己的想法，在急需解决的问题上作记号。

会上，周恩来作了组织报告和军事报告，李立三作了农民问题报告，向忠发作了职工运动报告。大会通过关于政治、军事、组织、苏维埃政权、职工、宣传、民族、妇女、青年团等问题的决议案，以及经过修改的《中国共产党党章》。瞿秋白参加了其中六个决议案的讨论。

瞿秋白全身心地投入大会繁忙的工作，每天晚上各委员会讨论结束时已是半夜，他还要继续考虑有关问题，一直处于高度紧张状态。常常是杨之华再三劝说，他才休息，但还在思考，难以入睡。

农民土地问题是一个重要问题。7 月 2 日，瞿秋白与周恩来、王若飞、蔡和森、李立三、张国焘、项英等都参加这个问题的讨论。瞿秋白分析豪绅地主和农民内部富农、雇农、最小农、小农、中农等阶层，认为"最小农"是半无产阶级，而数量最大，是"最好的先锋"。党的策略，"应该

①《瞿秋白文集》(政治理论编)第 5 卷，人民出版社 1995 年版，第 530—585 页。

领导中、小农推倒地主。在这个过程中,要使富农中立"。这个重要思想被写进《农民问题决议案》。在政治决议案中也指出"现在不必故意加紧反对富农",也不能过于让步①。这与布哈林观点较一致,米夫也曾持此论。会议期间,已有小道消息说斯大林与布哈林的观点不同,王明就在此时传播。瞿秋白未必没有获悉这个信息,但还是表达自己的真实看法,并不回避与布哈林的一致。后来斯大林公开批判布哈林"右倾"时,米夫、王明就抓住富农问题上的观点批判瞿秋白。

6月28日,瞿秋白作《政治报告讨论后之结论》。他剖析盲动主义和命令主义产生的社会阶级根源与思想理论根源及其危害,进一步作自我批评:"布哈林同志发现了我们的'命令主义',把党变成了老爷党",党好像"老爷叫工人做事",而"中央主要错误是对暴动观念不清",对形势"估量不正确","命令主义也可以助长盲动主义之发生"。关于"机会主义与国际"的关系,他表述得十分婉曲。他说:"不能说国际给我们的指导者如马林、鲍罗廷、越飞都是机会主义的,如果他们认识的正确,至少是可以帮助我们党纠正的。还是要怪我们自己"。讲到陈独秀时,瞿秋白说:"他的思想是有系统的,常有脱离马克思列宁主义的观点……但他的作用在中国革命中始终是伟大的。在武汉他有机会主义的政策",但责任不能由他一个人负,"在政治上,机会主义应由政治局负责"。瞿秋白肯定大会充分发挥了党内民主,指出这是过去党的生活中没有出现过的。他说,对于中央,各地代表都给予批评,这是新的现象,指出中央的错误,这是好的现象。关于革命形势,他的《结论》取布哈林"走向高潮",并采用了布哈林"是在上山坡的路上"的比喻,要求"一切组织、政治任务,集中于争取群众与准备暴动"②。这个意见写进了大会的政治决议案。

7月11日,历时24天的中共六大闭幕。

中共六大针对混淆民主革命与社会主义革命界限的"不断革命论",更明确认定中国是半殖民地半封建性质,现阶段的革命性质是资产阶级民主革命;进一步确定反帝反封建,实行土地革命,力争建立工

① 《瞿秋白文集》(政治理论编)第5卷,人民出版社1995年版,第645—649、680页。
② 《瞿秋白文集》(政治理论编)第5卷,人民出版社1995年版,第630、634页。

农兵政权为中心任务。确定总路线是争取群众,准备起义,而不是立即举行全国性的起义;要求强化城市工人运动等。这样就同时反对"左"右两种错误倾向,以期摆脱被动局面,实现工作重点的转变。这对中国革命的复兴和发展,起了积极的作用。

六大也存在一些缺点:一是对中国阶级关系的认识上否认存在中间营垒,把民族资产阶级当作最危险的敌人;二是仍然坚持城市中心论,把工作重点放在城市;三是对中国革命的长期性估计不足,认为革命高潮很快就会到来;四是仍然片面强调党员成分无产阶级化和指导机关工人化。这些缺点是后来六大路线的贯彻出现偏差而连续发生"左"倾错误的重要原因。

瞿秋白的政治报告和在讨论一些决议案时的发言,显然对大会取得的积极成果作出了重要贡献。他的意见与会议的决议和整个大会的精神是一致的,有助于统一全党的思想;但同时也存在着"左"倾观点和情绪。

大会选出中央委员 23 人,候补中央委员 13 人。新中央委员会 36 人中,工人出身的多达 22 人。瞿秋白、张国焘、蔡和森等五届中央政治局常委这次虽当选中委,但得票较少,7 月 19 日六届一中全会上,由共产国际提名,也当选政治局委员,但得票也较少,未进入政治局常委会。原因复杂,布哈林曾在会上点名批评瞿秋白和张国焘,说如果他们两个"大知识分子",再争吵不休,就要由工人干部来代替他们,这或是瞿秋白得票少的原因之一。他主持中央工作期间的"盲动",在大会上作重点批判,也是原因。政治局常委会由委员苏兆征、向忠发、项英、周恩来、蔡和森和候补委员李立三、杨殷、徐锡根组成。向忠发由共产国际提名被选为中央政治局主席。周恩来为中央政治局秘书长。但工人出身的向忠发此后没有起到核心作用,而且在被捕后很快就叛变了。瞿秋白当时虽已感到"没有兴趣和能力担负"中共领袖的艰巨职责,只是因为他的"进退成为党的政治主张的联带问题"而未抽身退出中共领导核心。事实上,共产国际、联共中央对他的信任也早因多人的"告状",尤其是"盲动"及其"高涨"论等而大打折扣。加上他们早已片面地强调工人成份在中共领导层的地位,以至于"核心",也因此,向忠发在中共六大前数月居莫斯科为中共代表团负责人,联共和共产国际领导层多方扶植他。

在第一次全委会上,共产国际鉴于以往派驻中国的代表屡犯错误和中国白色恐怖严重的情况,决定改变派代表到中国指导革命的办法,采取在莫斯科设中共驻共产国际代表团,协助共产国际指导中国革命的新措施。六届一中全委会后,瞿秋白、张国焘、邓中夏、王若飞等人即作为中国驻共产国际和赤色职工国际、农民国际的代表留驻莫斯科,以瞿秋白为代表团团长。然而会后不久,仍因对通过中共代表团指导中共的方式不放心,共产国际又采取了组派远东局驻华直接指挥的方式。

大会结束后,瞿秋白未及喘息,就准备参加即将举行的共产国际第六次代表大会。

第十四章　在共产国际的岗位上

一、质疑"第三时期"理论

共产国际第六次代表大会 7 月 17 日在莫斯科职工大厦开幕。来自世界各国 65 个政党和组织的 532 名代表聚集在共产国际旗帜下,神情严肃。中共代表团有表决权的代表 22 名,有发言权的 11 名,仅次于人数最多的联共代表团。苏兆征和瞿秋白被选为大会主席团成员。大会主要议题是制定共产国际纲领,讨论和总结殖民地国家解放运动的经验,研究国际局势和发展趋势。中国革命问题是大会关注和讨论的热点之一。大会期间总共开了 46 次大小会议。

布哈林主持第一次大会,致开幕词并作工作报告。

第二天和第三天,布哈林代表执委会作工作报告,报告讲中国大革命的失败时说,共产国际的基本策略方针没错,是中共执行错了。讲到当前,报告强调"现在脱离正确路线的倾向是右比'左'更甚",因而要求中共反右倾[①]。

当时联共党内已开始反布哈林"右倾",布哈林的报告,事先经联共代表团辩论,按斯大林意见作了大幅度修改,定的调子是反右。布哈林报告中的话为讨论中国问题定下了基调,招致后来会上各方的激烈批评,是瞿秋白等人始料不及的。6 天前结束的中共六大刚刚统一了认

---

① 《共产国际有关中国革命的文献资料(1919—1928)》第 1 辑,中国社会科学出版社 1981 年版,第 355—368 页。

识,既要反右倾机会主义又要反"左"倾盲动主义,现在共产国际六大只提反右倾,使中国代表团觉得无所适从,也使共产党内的反倾向斗争变得模糊不清了。

布哈林的报告用很大的篇幅阐述"第三时期"理论。这一理论,把十月革命胜利,第一次世界大战结束后的世界资本主义态势和"世界革命"进程分为三个时期:1918 年至 1923 年是第一时期,资本主义经济发生危机,无产阶级直接起来革命,革命高潮波及全欧洲;1923 年至 1928 年为第二时期,资本主义经济相对稳定,资本主义进攻,世界无产阶级一般是作防御斗争,特别是防御罢工;1928 年进入第三时期,各种国际矛盾特别是帝国主义之间、帝国主义与殖民地人民之间、帝国主义与苏联之间的矛盾日益加剧,资本主义原先的稳定态势必将不断瓦解,急剧尖锐化的矛盾导致资本主义总危机。矛盾总爆发的结果是资本主义世界全线崩溃,无产阶级直接革命的形势就要到来,世界革命取得最后胜利。因而,认为"应该在整个战线上,在整个的路线上向右派进攻";要求各国共产党转变指导思想和革命策略,加紧革命的进攻,保卫苏联,在各国共产党内开展反右倾斗争,向"左"转①。

"第三时期"理论在联共中央已经酝酿了好久,从 1925 年初到 1926 年底,季诺维也夫、布哈林先后阐述过;而 1927 年 12 月,斯大林在联共"十五大"上描绘出的"第三时期"理论的轮廓,与季、布二人不相一致。这次共产国际六大前,布哈林起草的报告原无"第三时期"理论,他认为一般来说,资本主义还是稳定的。但联共代表团否定了他的草案,要求在报告中提出"第三时期"理论。于是斯大林和联共中央借布哈林的这个报告表达了这种"左"倾理论。中共此后的两次"左"倾错误皆与此有关。

瞿秋白对"第三时期理论"并不陌生,他在起草中共六大政治决议时就提到类似的说法②。但在 7 月 27 日共产国际六大第 12 次会议讨论布哈林报告时,他的提问引起与会者的关注。他认为布哈林对"第三时期"理论的阐述不够清楚和准确,令人"对其中许多问题不甚了然";

---

① 黄修荣:《共产国际与中国革命关系史》(下),中共中央党校出版社 1989 年版,第 54—58 页。
②《瞿秋白文集》(政治理论编)第 5 卷,人民出版社 1995 年版,第 611 页。

他说："共产国际的总任务就是防止战争,保卫苏联和中国革命。可能这三项任务就是所谓第三时期的特点。但是,我们还有一个空白,就是在经济分析方面,当谈工业生产力的增长、技术的改善等等情况时,只是轻描淡写地谈了一下新的经济形势对农业、对亿万农民现状的影响。这方面的分析是浮光掠影或不够清楚的"。瞿秋白认为,"农民的作用,不论在东方和殖民地国家,还是在欧洲国家,对于将来的战争都是举足轻重的",报告对此及与此有关的无产阶级对待农民的策略问题、帝国主义对殖民地半殖民地的争夺掠夺以及太平洋远东问题等,都应该有详细、准确、清楚的阐述。他说:"既然我们在提纲中得不到有关农业、殖民地和太平洋问题的明确答案,那么,所谓第三时期和第二时期似乎就区别甚微了"。他这一句话引起与会者特别的注意和反响,会场上有人高声喊:"很对!"

可是,他这个发言受到布哈林的批评。布哈林误以为瞿秋白否认"第二时期和第三时期之间"的"区别"。8月4日,瞿秋白在22次会议上发言,指出布哈林对他的发言的误解,说他的意思是,报告"必须更清楚、更确切地分析:一、资本托拉斯化、国家资本主义倾向、技术发展等等对于农业和农民的影响,对于农民阶级分化的影响,对于农村阶级力量改组的影响;二、这个新的时期,即西方和美国阶级斗争尖锐化和存在着反苏战争危机的时期,对于殖民地和半殖民地,特别是对于东方各国农民的影响;三、无产阶级在未来大规模的斗争中的领导作用问题"[1]。他认为这样才能明白这两个时期的区别。

五天后,布哈林作《关于共产国际纲领草案的报告》时,说这个纲领比过去的纲领来说,特别强调殖民地问题,这很有必要。他说世界无产阶级与资本主义斗争的"结局"取决于"几亿殖民地人民"是否参加;世界无产阶级起义同殖民地农民土地革命相结合,乃是世界革命极重要的因素,"是我们胜利的极重要保证"[2]。这可以看作是对瞿秋白发言的一种回应,吸取了他的意见。

---

① 瞿秋白文集》(政治理论编)第6卷,人民出版社1996年版,第13—16页。
②《布哈林文选》(下),东方出版社1988年版,第380—385页。

二、关于殖民地半殖民地的补充报告

8月14日第29次会议上,共产国际东方部部长库西宁作《关于殖民地和半殖民地国家的革命运动》的报告。次日的第31次会议,瞿秋白作为殖民地半殖民地政治决议案起草委员会成员,作补充报告①。库西宁的报告批判这时已被开除出党的托洛茨基在中国问题上的种种说法,强调共产国际对中国问题的处理是"及时"和正确的;同时,讲殖民地革命的特点、革命动力、殖民地无产阶级对小资产阶级的态度、殖民地的土地问题和民族资产阶级的作用这样五个问题,以及中共应吸取的经验教训和解决问题的方式方法等。但缺乏对中国革命实际的问题分析。

瞿秋白也讲库西宁的这五个问题,但重点是中国革命问题。鉴于许多外国代表不甚了解中国情况,他的讲述很注意作易懂的解释。他从中国社会经济说起,对于人们争论不休的"亚细亚生产方式在中国占统治地位"的问题,他说,帝国主义入侵,破坏中国自然经济,但仍然保存着中世纪典型的封建剥削方式,这不同于西欧。中国地主经济与军阀、官僚构成强大统治势力,官僚起"领导作用"。帝国主义渗入后,中国最大的地主演变为广义的买办。帝国主义和充当买办的军阀官僚的统治基础是封建土地制度。因而,"国民革命的职任,并非直接的实行社会主义的经济改造",而"始终带着资产阶级革命的性质",其"切近的目的"是反帝和推翻"封建制度宗法社会",是民族民主革命。

他特别着重地讲农民问题。他说民族资产阶级"并不是"很可靠的同盟军,"无产阶级主要注意力应在同盟者农民身上"。关于这一点,他引用列宁的观点作论证,认为只能得出一个结论:"同民族资产阶级进行联合时,殖民地的无产阶级应把着重点放在农民身上,以便从共同斗争的第一天起就使民族资产阶级失去活动能力,从而把农民引向前去"。他列举种种事实,说明忽视农民问题是中国大革命失败的重要原

---

① 《瞿秋白文集》(政治理论编)第6卷,人民出版社1996年版,第23—62页。

因之一；目前中国的土地革命应把"为争取土地、反对封建残余、反对军阀、反对军阀的军队而进行斗争的农民"放在最重要的地位，建立巩固的工农联盟。在别的殖民地半殖民地国家，农民武装斗争的发动和发展，也是反帝反封建革命胜利的重要途径。他认为，如果承认殖民地是世界的农村，那么民族革命问题就容易理解了，就可以制定出东方革命运动的当前策略。

补充报告还花了相当多的时间讲述广州起义，因为这是会上关注的热点问题之一。他承认"革命遭到了严重失败"，但广州起义具有社会基础和群众性，革命营垒里已举起苏维埃的旗帜，是具有重要意义的。

这个补充报告，准确把握了中共六大的方针政策，但同时也延续了中共六大政治决议中一些缺点和错误：把反对民族资产阶级和反帝反封建并列起来，仍然认为近期革命高潮不可避免地要到来。他延续"左"的错误观点，直接和重要原因在于斯大林和共产国际"左"倾思想指导着大会。

库西宁和瞿秋白的报告，引起热烈讨论。日本代表认为，瞿秋白的补充报告"关于我们的战略路线重心的说法是完全正确的。在这些国家里，我们的战略重心不应在于同民族资产阶级的暂时的协议或联合，而应在于我们与农民的联盟"。但认为对中国革命的各不同阶段和暂时失败的原因分析不充分；"未谈到组织方面的不足"和中共"所犯的错误"。中共代表团的成员则对广州起义的重大意义作了发挥。罗米那兹与共产国际候补书记、美共党员佩佩尔发生了激烈的争论。佩佩尔说广州起义是盲动；罗米那兹认为这种说法是错误的。佩佩尔还说罗米那兹那时在中国举起"不断革命"的旗帜，是信奉托洛茨基的谬论。佩佩尔的发言伤害了整个中共代表团的感情。8月21日第39次会议上，瞿秋白在作《关于殖民地和半殖民地国家的革命运动问题的结束语》①时说："我受中国代表团委托作如下声明：佩佩尔硬说中国党内过去是孙中山主义，现在是托洛茨基主义，这纯粹是诽谤。"然后摆事实，讲道理，逐一反驳。他承认"中国党在前一时期组织工作不力，而且没

① 《瞿秋白文集》（政治理论编）第 6 卷，人民出版社 1996 年版，第 86—100 页。

有能充分重视发展和领导群众性的反帝运动",但断然否定佩佩尔关于广州起义是按照托洛茨基的"不断革命论"来行动的观点。他指出,"广州起义,虽然有许多缺点,当时它彻底打消了对国民党的一切幻想,开辟了中国革命的新时代"。"广州起义已作为中国工人无与伦比的英雄主义的楷模深入到劳动人民心中"。他还驳斥了佩佩尔指责中共不重视反帝斗争的论调和他的"农村自治"的观点,指出"农村自治"实际上是走宪政道路,那是完全不顾中国革命的教训,会使我们重吃苦头。至于广州起义以及中国革命中发生的错误,有的中共已经纠正,有的正在继续纠正。

中共代表团另一名成员也驳斥佩佩尔,指出:"中国共产党中央最近的一项政治决议、斯特拉霍夫同志的报告以及另一位中国同志——领导起义的唯一幸存者,都严肃分析并公开承认了这些错误。"①

瞿秋白的补充报告和结束语虽然有不妥之处,但是他开阔的政治视野、深厚的理论功底、敏捷的思维、坦诚的胸怀,给与会者留下了深刻的印象。

在这次大会上,联共代表团有意识地把反托洛茨基和"反右倾"的党内斗争公开化,要求共产国际所属各支部表态支持,以造成舆论声势。8月22日晚上,联共代表团曼努伊尔斯基作了关于联共情况的报告。第二天,瞿秋白代表中共、日共、印共和其他东方国家代表团就瓦尔加、曼努伊尔斯基的报告发表声明说:苏联的社会主义建设已经取得重大成就;联共中央对待农民的政策是唯一正确的政策。苏联是世界无产阶级革命运动的中心;中国革命是在苏联的巨大援助下发展起来的;托洛茨基反对派妄图把早在1905年就已受到批判的那套不断革命的理论搬到中国来;签字的各代表团"声明完全拥护联共在国内问题和国际问题上的政策"②。声明突出批判托洛茨基的"不断革命"论;而肯定联共中央对待农民的政策是"唯一正确"的观点,则是不指名地反对

---

①《共产国际有关中国革命的文献资料(1919—1928)》第1辑,中国社会科学出版社1981年版,第558—560页。

②《共产国际有关中国革命的文献资料(1919—1928)》第1辑,中国社会科学出版社1981年版,第558—560页。

布哈林的观点。

大会通过了《殖民地和半殖民地国家的革命运动》提纲。提纲根据布哈林《关于共产国际执行委员会工作的报告》中坚决反对右倾、中国党右倾比"左"倾更甚的观点,规定中国共产党当前的任务是:"在中国,即将来临的革命高潮将重新提出准备和进行武装起义作为党的当前的实际任务"。可以说,这次大会是共产国际急剧向"左"转变的开端,促使中国革命"左"倾指导思想愈演愈烈。

瞿秋白在大会期间,还配合会议的有关讨论,用俄文撰写《论中国革命》一文,发表在 8 月 14 日的苏联《真理报》上,署名"斯特拉霍夫(中国)"。

瞿秋白参加了殖民地半殖民地政治决议案起草委员会工作,并和苏兆征、张国焘一起参加共产国际纲领起草委员会的工作。周恩来则参加了大会代表资格审查委员会和共产国际资格审议委员会的工作。他们的工作博得好评。共产国际东方部负责人、军事委员会成员贝尔等都在作报告时说,采纳了中共代表提出的许多修改意见,"这些修改意见吸取了中国革命的经验"①。

大会选举出 59 名新的共产国际执行委会会委员,苏兆征、瞿秋白、向忠发当选为执行委员,张国焘、周恩来为候补执行委员;瞿秋白和张国焘还在执委会上分别当选为共产国际主席团委员和候补委员。9 月 5 日,主席团会议产生了政治书记处,瞿秋白与布哈林、库西宁、莫洛托夫等一起担任书记处的成员。

三、难以摆脱"左"的影响和束缚

共产国际六大闭幕后,瞿秋白身体极度虚弱,夜间有时在睡梦中从床上跌落到地板上。9 月 5 日,他拖着疲惫不堪的身体,与杨之华参加共产国际安排的一项活动,随共产国际六大各国代表到苏联南方地区

---

① 《共产国际有关中国革命的文献资料(1919—1928)》第 1 辑,中国社会科学出版社 1981 年版,第 565—568、563 页。

参观。

　　到了巴库,他因疲劳而旧病复发,听从医生劝说和莫斯科方面的指示,在南俄休养。但他仍然在反复考虑如何贯彻中共六大的精神。他估计中共六大后任中共中央政治局常委兼中央组织部部长周恩来回国前自己赶不回莫斯科,就在9月14日在巴库写了一封长信给他。信中除了谈此后国内工作要注意的要点,还说他自己准备在较短的时间里,编译马列文章、国际经验、时事和中国革命问题的材料,寄回国内供教育干部之用;计划在最近三周内准备完成一本或两本贯彻六大精神的小册子,供国内通俗宣传用。"要做的事太多了!"①信中还有两句很值得注意的话:"我在俄做国际工作及理论的工作,本是党的需要。国内的工作自然是你们多负责了,但我想不久就要回国的"。看来,他更希望在国内工作,他当时没准备在莫斯科久留。

　　身体稍好些,他就飞回莫斯科。11月4日,他写信给中共中央政治局:"我方从病院回,病未治好,只是精神恢复了好多。一切事在此期间都是焘兄(按:指张国焘)主持"②。他带病忘我工作,白天,开会和处理代表团、共产国际事务;晚上,在柳克思旅馆他的住处写作,窗口一直亮着灯光,经常写到凌晨。为宣传中共六大和共产国际六大精神,他疗养期间也在大量写作。按现存的文字统计,9月14日至11月4日,50天中,现《瞿秋白文集(政治理论编)》第6卷中的《致伍豪同志》至《致政治局诸同志》七篇,加上主要在此期间从中共六大书面政治报告改写的《中国革命和中国共产党》,就约九万字。若加上译文,加上散轶的文章和书信等,每天平均成文数千字。这些大多是支撑着虚弱的病体进行的。瞿秋白在苏联南方参观和休养时,9月18日,共产国际决定瞿秋白为近东部部长,分管土耳其、巴勒斯坦、叙利亚、波斯和其余法属殖民地的民族解放运动有关工作。近东情况他毕竟不够熟悉,他最熟悉的中国和比较了解的日本、朝鲜、蒙古,归东方部管,但共产国际却把东方部部长的职务给了苏俄人。

　　这样,瞿秋白既为近东部部长,又是中共代表团团长,当东方部处

---

① 《瞿秋白文集》(政治理论编)第6卷,人民出版社1996年版,第107—110页。
② 《瞿秋白文集》(政治理论编)第6卷,人民出版社1996年版,第174页。

理中国问题时,他须在米夫领导下参与。此外,联共中央政治局曾设中国委员会负责指导中国革命。该委员会已于 1928 年 3 月结束工作,决策机制回归共产国际执委会。10 月 28 日起,米夫受共产国际东方书记处委托,着手组建共产国际东方书记处常设的中国委员会;11 月 12 日,召开该委员会第一次会议。瞿秋白、张国焘参加该委员会工作。其他成员有库丘莫夫、米夫等。

瞿秋白是共产国际执委会主席团成员和政治书记处成员,必须参加有关会议,特别是讨论中国问题时,他必须到场,还要起草有关文件和给中共中央的指示。他成了共产国际与中共中央政治局之间的"中介"。

繁重的工作和高度紧张的状态,使瞿秋白往往夜间也难以安眠。1929 年 4 月 4 日,他写信给李立三时说:"此地'无事忙',是出乎意料之外的。我的病是很有忧虑的。从去年九月完之后直到今年四月初,我简直是疲惫的不堪。"[1]"无事忙"一句,透露出他对共产国际机关工作环境和某种不良状况的感受和不满情绪。

1928 年冬天,斯大林约见瞿秋白和张国焘,会谈中国问题。

晚上 9 点,瞿秋白和张国焘坐在斯大林的办公桌前,斯大林抽着烟斗,询问他们在莫斯科的生活和中国国内情况。瞿秋白用俄语和斯大林对话,并翻译给张国焘听,一直谈到深夜零点。在交谈中,斯大林曾问:"像宋庆龄这样的人,如果在中国大城市的街上,遇见一个共产党员,会不会叫警察逮捕他?"斯大林提这样的问题,表现出他对当时的中国"第三党"问题的担心[2],同时显示出对中国具体情况的隔膜。当时联共党内的托洛茨基反对派,得到部分中国留学生的支持,让斯大林感到很担忧。1928 年 2 月,共产国际执委会第九次全会曾作出关于中国问题的决议,认为谭平山等人的"新党"即"第三党","实质上是孟什维克党,是反对工人和农民的党",要求中国共产党"进行无情的斗争"。中共六大政治决议表示赞成共产国际对于中国"第三党"的评价。瞿秋白则较为客观地评价邓演达、谭平山、宋庆龄等组成的"第三党",认为他

①《瞿秋白文集》(政治理论编)第 6 卷,人民出版社 1996 年版,第 325 页。
②《共产国际有关中国革命的文献资料(1919—1928)》第 1 辑,中国社会科学出版社 1981 年版,第 558—560 页。

们"愿意'联苏、联共',更准确地说,它暂时还不公开反对共产党"。

斯大林还提出另一个问题:"陈独秀是否能找到必需的钱和获得其他条件来办一张报纸?"中共六大之前,共产国际几次电召陈独秀来莫斯科,但都未如愿。这让斯大林担心陈独秀是否会公开反对共产国际,是否会另组织党派。出席中共六大的汪泽楷等人回国后,劝说陈独秀和他们一起反对中共中央。陈独秀表示:"我不来,我要来时就另外创造一个新党。"

对斯大林提出的两个问题,瞿秋白、张国焘作了否定的回答。

在莫斯科寒冷的冬天里,瞿秋白、杨之华夫妇第一次共同感受到在异国他乡过新年的热闹气氛。他们没有料想到新的一年里反右倾斗争越来越激烈。瞿秋白起草的文件,共产国际给中共中央的指示信等,都经过米夫等人修改,经共产国际政治书记处以致斯大林的审查通过。这些信,自然包括瞿秋白个人的意见,但不少时候,他不同意他们某些意见也只能无奈顺应。指示信里有明显的"左"倾指导思想。

共产国际决定按斯大林谈话精神起草给中共中央的指示信,瞿秋白参与起草,这是对即将召开的中共六届二中全会的指示,后称"二月指示"。1929 年 2 月 8 日,政治书记处讨论怎么写这一指示。库西宁说"这封信只确定总的方针……就是如何评价形势",批评中共存在"把革命高潮的到来推到不确定的期限"的右的倾向,认为"必须非常严肃地提请中国党注意右的危险",而军事冒险主义再没有 1927 年那样的土壤,"这不很危险"。会后斯大林、库西宁、米夫和格列尔组成的一个特别委员会又审查了"二月指示"①,定稿后以共产国际名义正式发给中共中央,落款时间仍为 1929 年 2 月 8 日。

定稿的"二月指示"强调"准备群众迎接革命新高潮"的重要性,严厉批评"长期推延"中国革命高潮的到来的意识,再次认定当前特别危险的是右倾。同时也说明:"我们决不认为,中国共产党党内的右倾已经发展成为一个完完全全的派别或危险的集团";现在反右倾和"左"倾,应当采用耐心的、坚持原则的说服工作和同志式的批评方式。但对

---

① 中共中央党史研究室第一研究部:《共产国际、联共(布)与中国革命档案资料丛书》第 8 卷,中央文献出版社 2002 年版,第 65—75 页。

不可救药者,则需使用政治清洗手段,开除出党①。定稿的"二月指示"实际上是按斯大林新近在联共实行的反托、反"右倾"的要求以指挥中共的。

1929 年 4 月,中共中央收到"二月指示"。"二月指示"迫使中共急速"左"倾,准备冒险进攻。

此前,1928 年冬天,斯大林与布哈林等的意见分歧逐渐公开,全苏联掀起反右倾运动的高潮。1929 年 4 月 13 日,斯大林在联共中央委员会和监察委员会联席会议上作了《论联共党内的右倾》的演说,在共产国际和对内政策两大方面抨击布哈林等人的主张,其中有布哈林在富农问题上的"错误"。

比瞿秋白小两岁的东方部部长米夫,盛气凌人,在东方部开会讨论时,抓住瞿秋白起草中共六大农民问题决议和政治决议中的"不必故意加紧反对富农的斗争"的意见和"中立富农"政策,提出要修改。瞿秋白认为并没有错,况且中共六大通过的决议,不经大会讨论不能擅改。双方"反复辩难,相持不下"②。

但是,米夫的意见得到其他与会者的支持,坚持要重新审定中共六大决议,并把这个"错误"与联共的反右倾、反富农斗争联系起来。"这是很严重的问题,必须纠正。"米夫口气强硬,容不得瞿秋白再作辩解,几乎是强迫他在起草给中共中央的信时,或者直接指出中共六大决议的"定义"不对,或者指出中共中央的解释错了。

瞿秋白心情沉重而无奈,写了一份备忘录性质的《对于农民问题的意见》,透露了以上争论情况,说他为共产国际起草的信,是照着米夫的意思写的。他说,中共六大关于农民问题的决议,"有一般的正确的思想",但是照现在的意见,"不加紧反对富农的斗争"的说法,会误解列宁"同着全体农民"的口号,而且中共中央和地方党组织文件里有"联合富农"的口号,因此要"纠正"农民问题决议,"使它更正确"③。这份手稿现存于中央档案馆,没有信的抬头,但应是写给中共中央的信件。

---

① 《中共中央文件选集》第 5 册,中共中央党校出版社 1990 年版,第 605—623 页。
② 张国焘:《我的回忆》第 2 册,现代史编刊社 1980 年版,第 435 页。
③ 《瞿秋白文集》(政治理论编)第 6 卷,人民出版社 1996 年版,第 349—361 页。

斯大林和联共出于反"右倾"斗争的需要,以组织纪律迫使瞿秋白重新"修订"已经被党代会通过的政治决议。这在中共党史上是罕见的。但瞿秋白认为要"修订"中共六大决议而致中共中央的信不宜用东方部名义,必须以最高决策机构的共产国际执委会的名义。米夫等人只好同意。

1929 年 6 月 7 日,共产国际执委会书记皮亚特尼茨基主持会议,听取米夫报告,讨论关于瞿秋白起草的给中共中央的"六月指示"信。瞿秋白、米茨凯维奇也参加会议。会议批准了草稿,责成由米夫负责,与库恩、瞿秋白一起审定。同一天,米夫写信给共产国际远东局,要求"务必"报告中共如何对待这封信①。

"六月指示"搬用苏联镇压富农的政策,要求中共将原来"中立富农"政策改为"反对富农";严厉批评瞿秋白和他起草的中共六大政治决议有关"中立富农"的政策,指责"许多中国同志至今"机械理解列宁对于民主革命阶段无产阶级同农民关系问题的提法,而继续把富农当作盟友;剑拔弩张地强调即使是自行经营的富农,即使他们参加了反军阀运动,也"不应向富农让步"②。这一指示比"二月指示"更充满"左"倾火药味。

瞿秋白于 6 月 15 日写信给中共中央政治局,解释起草"六月指示"中的有关问题,其间也透露了起草过程中的一些内幕。他说:"……中国农民问题已经在国际政治秘书处通过一信,想早已寄到。原来米夫要在……草案中说列宁之'联合全体农民'(民权革命阶段)之口号不适用于中国。我反对这个办法和意思,所以改成现在的样子。这封信的主要点:(一)既以共产国际政治秘书处的名义写,则当然要直接指出中国党第六次大会'不加紧反对富农'之不精确不彻底的定义;(二)说明联合富农口号之机会主义的错误;(三)说明富农的名词是包含小地主式(半地主)与自己经营农业雇用工人之两种富农……""关于富农的名词,中国用惯的意义,和这封信里所用的不大相同,也要注意。"他不

---

① 中共中央党史研究室第一研究部:《共产国际、联共(布)与中国革命档案资料丛书》第 8 卷,中央文献出版社 2002 年版,第 119 页。

②《中共中央文件选集》第 5 册,中共中央党校出版社 1990 年版,第 688—699 页。

得不强调"这信很重要,请中央特别注意。"①

7月上旬,中共中央收到"六月指示"后,作出决议,表示完全接受、执行,说对于农民问题——尤其是富农问题的讨论能有进一步的了解"。② 但是,李立三表示不满,认为共产国际关于农民问题的来信,贬低了中共中央的威信。这也是瞿秋白所担心的。

7月3日至19日,共产国际执委会举行第十次会议。大会在共产国际大厦举行,中共代表团瞿秋白、邓中夏、余飞和陆定一参加。斯大林、莫洛托夫、库西宁和瞿秋白等12人为大会主席团成员。瞿秋白为大会提供了《中国共产党的状况》材料。会议充满浓厚的反右倾斗争的气氛,瞿秋白也批评"共产国际内的右倾危险",批评有些兄弟党附和布哈林的观点和中共曾经"联合富农"的政策③。

大会作出《关于国际形势与共产国际的目前任务》的决议和解除布哈林共产国际职务的决议。瞿秋白也被卷入强大"左"倾旋涡,介绍和宣传"第三时期"理论。

不久,资本主义世界爆发空前的经济危机,西方各国工人运动和群众斗争有较大发展,部分知识分子向往社会主义的倾向日趋明显。这种形势延续到1932年底,使得共产国际"第三时期"理论宣传更热。但后来的事实证明,世界资本主义的统治并未临近崩溃。而中共"左"倾错误在共产国际"第三时期"理论和反右倾的方针影响下,继续发展了。后来李立三"左"倾冒险错误、王明"左"倾教条主义错误相继发生。

随着反右倾思潮愈益高涨,共产国际又连续两次向中共中央发出指示信。瞿秋白别无选择地也照着执行。

1929年6月25日至30日,中共中央召开六届二中全会,作出主要反右倾的决议,共产国际收到会议决议后,认为必须进行"革命高潮前夕"城市暴动的准备工作,责成瞿秋白为共产国际政治书记处书记起草《中国职工运动的议决案》(后称"八月指示")。

① 《瞿秋白文集》(政治理论编)第6卷,人民出版社1996年版,第377—379页。

② 中央档案馆《中共中央政治报告选辑(一九二七—一九三三)》,中共中央党校出版社1983年版,第45页。

③ 《瞿秋白文集》(政治理论编)第6卷,人民出版社1996年版,第404—415页。

9月7日,米夫和库丘莫夫写信给共产国际执委会远东局,认为"八月指示"的重点,应是领导工人罢工,于是要求中共掀起工人运动新高潮,公开赤色工会,将公开和秘密工会工作结合起来。这种全然不顾白色恐怖的严峻形势,"公开"蛮干,显然是"左"倾冒险。

米夫等写信给远东局,急于了解"八月指示"发出后的反应,特别强调指示有"很大的意义",要求"在中国党的整个工作中出现相应的转折"①。他们的头脑发热了。

在上海的远东局已经与中共中央在关于富农和红色工会等问题上都发生激烈争论,但都是批评对方有右倾和调和主义倾向。远东局向莫斯科汇报,共产国际政治书记处讨论后,还是要瞿秋白起草指示,即《共产国际执行委员会给中国共产党中央委员会的信》。这"十月指示"落款时间为1929年10月26日。

"十月指示"错误地认定"中国进到了深刻的全国危机的时期",列举十大危机表现,即各军阀混战,汪精卫、陈公博等改组派登上政治舞台、中东路事件等,认为"已经可以"实行"推翻地主资产阶级联盟的政权",提出城市工人要准备总政治罢工,强调首先反对的主要危险是"右倾的机会主义情绪和倾向"②。"十月指示"的重要背景之一是中东铁路事件冲突的白热化。10月7日,斯大林写信给莫洛托夫,认为应当"发动满洲军队起义","建立革命政权"。因而,"十月指示"提出"保卫苏联"的口号,提出要搞一个运动,"加强和扩大游击战争,特别是在满洲地区",立即发动武装起义、政治罢工,掀起革命高潮,保卫苏联。

1929年12月14日至1930年1月11日,中共中央先后通过决议,表示接受共产国际的"八月指示"和"十月指示",确定党目前的"总的政治路线":汇合各种斗争,"走向'变军阀战争为国内的阶级战争'以推翻国民党统治,以建立苏维埃政权"。十几天后,中共中央还据此发出第七十号通告,说已经不是要继续执行在革命低潮积蓄力量的策略,而是要执行集中力量积极进攻的策略,因而要求各地要组织工人政治罢工、

---

① 中共中央党史研究室第一研究部:《共产国际、联共(布)与中国革命档案资料丛书》第8卷,中央文献出版社2002年版,第211页。

②《中共中央文件选集》第5册,中共中央党校出版社1990年版,第791—799页。

地方暴动和兵变,集中红军进攻大城市,提出"必须以反军阀战争与武装保卫苏联为发展独立的群众革命运动的主要任务"等[1]。中共中央的实际主持者李立三的"左"倾思想急剧发展,迅速走向"左"倾冒险错误。周恩来后来说:"1929年的四封信都有错误,当时中心应反'左'倾残余,乃着重反右倾,对改组派等的政策都偏'左',而毫未重视利用间接后备军与开展群众日常工作问题。"[2]

瞿秋白担任中共代表团团长和参与共产国际执委会领导工作期间,在执行中共六大和共产国际六大决议和精神过程中提出了许多正确的意见,为土地革命的发展和纠正盲动错误多有贡献。同时也不可避免地受共产国际和联共的影响和掌控,参与起草"左"倾错误指示,虽然其间曾以"备忘录"等方式表示某些保留意见,但还是因服从共产国际的组织纪律和政治纪律而助长了错误倾向。

瞿秋白原来把恢复和发展中国革命的很大希望,寄托在贯彻落实中共六大和共产国际六大的决议上,然而事与愿违。他很累,也很苦恼,心力交瘁。

瞿秋白虽是共产国际执行委员,主席团成员,东方书记处成员和中国委员会委员,但除了出席有关会议,并无很多实际职责,他在莫斯科的实际领导职任主要是近东部长和中共驻共产国际代表团团长。作为中共驻共产国际代表团团长,他要领导代表团,遵照共产国际的各种意见指导中共在国内的工作。

1929年共产国际执委会第十次会议上解除了布哈林的共产国际执委领导职务。瞿秋白在9月15日信中要求中共中央政治局作出反布哈林决议,几个月后,再次催促掀起"反布哈林的宣传运动",说"现在意大利、法国、德国等大党都有中央委员会赞成苏联中央开除布哈林之政治局委员的决议"。共产国际要求中共必须有一正式的政治局决议对布哈林问题表态[3]。于是中共中央作出正式决议,表示完全同意。

大革命失败后,陈独秀问题一直受到共产国际和中共中央密切关

①《中共中央文件选集》第6册,中央党校出版社1989年版,第1—13、25—34页。
② 南山、南哲:《周恩来生平》(上),吉林人民出版社1997年版,第212页。
③《瞿秋白文集》(政治理论编)第6卷,人民出版社1996年版,第596页。

注。中共六大前后，瞿秋白较为客观地评价陈独秀，没有把大革命失败的责任完全推到陈独秀一人身上，也没有采用"陈独秀右倾机会主义"的提法。对此，陈独秀平静地接受，有人鼓动他反对六大，也被他拒绝了。但他1929年春看到托洛茨基论述中共革命的文件后，产生共鸣，认为托洛茨基对中国大革命失败的分析是正确的。经过一段时间的思考，他大致接受托洛茨基有关中国革命的理论和策略，后来便组织中共"左派反对派"。中东路事件发生后，他对联共和中共中央的政策十分不满，从8月至10月，接连写信给中共中央，并同时在党内散发，全面批评中共的方针政策，在中国社会性质、革命任务道路等问题上提出对立的理论和主张。共产国际和中共中央代表约他谈话，但劝说无效。10月6日，中共中央写信给陈独秀，指出他已经在政治上与党对立，要求他立即停止派别活动，但遭到陈独秀拒绝。不久，中共中央政治局会议通过《关于反对党内机会主义与托洛茨基反对派的决议》，批判陈独秀写给中央的信件内容，指出"这是很明显的公开的反对共产国际、反六次大会、反中央、反党的路线"。瞿秋白收到中共中央政治局来信后，回信说已向共产国际汇报。这表明中共对陈独秀的批判已被纳入共产国际反右倾斗争之中。

批判陈独秀成为瞿秋白的新任务。他写的《中国的取消派和机会主义》一文公开点名批判陈独秀，指出陈独秀写给中央的几封信，完全是取消主义，与党的方针政策完全对立。他从中国革命失败后的政权性质问题、革命的新高潮和策略问题和"党内统治问题"三个方面分析和驳斥陈独秀的观点，得出结论："陈独秀的反党斗争，现在已经是公开的树起取消主义的旗帜。"显然，这篇文章是表明中共代表团和共产国际执委会的立场。11月14日，瞿秋白写信给中共中央政治局，催促说，"独秀的三封信的汉文原稿，你们都没有送来"；"至于独秀，则必须采取'组织上的决定'，提出开除的问题。……党内对独秀有相当的调和主义倾向，此事尤其令人不能不十分注意到右倾危险。国际等你们的电信。"[1]

"组织上的决定"，即米夫等9月7日信中提出的要求开除陈独秀

---

[1]《瞿秋白文集》(政治理论编)第6卷，人民出版社1996年版，第720—721页。

党籍的处理意见。中共代表团内大多数人拥护开除陈独秀的决定,王若飞主张先要与陈独秀辩论,并向党内群众解释,不赞成立刻提出开除问题。这被共产国际和瞿秋白等人批评为是"右倾"。

就在瞿秋白写信的第二天,11 月 15 日,中央政治局通过《关于开除陈独秀党籍并批准江苏省委开除彭述之、汪泽楷、马玉夫、蔡振德四人决议案》。而陈独秀于 12 月 10 日发表《告全党同志书》,12 月 15 日,陈独秀等 81 人又发表《我们的政治意见书》,公开表达其主张。后由于他们的主张脱离中国实际,加之内部派系矛盾,其组织很快就分裂瘫痪。

第十五章　中共代表团团长

一、密切联系中共中央

共产国际六大期间,1928 年 8 月 6 日,瞿秋白致函联共代表团请他们"派一名负责同志"与中共代表团核心小组讨论 9 个问题:一、允许旅苏"中国同志"加入联共问题;二、联共为中国办的学校与中共关系;三、将旅苏"中国同志"召回中国的程序;四、"旅苏中国同志反对派集团"和中共之关系;五、出版宣传材料问题;六、苏联对远东和对华外交政策与中共的关系,尤其是中东铁路问题上之关系;七、中东铁路上的职工运动;八、联共派驻哈尔滨组织与中共的关系;九、外蒙古问题①。处理中共与联共的关系,是中共代表团工作的重心,瞿秋白提出"讨论"这些重要而敏感的问题,是需要勇气和魄力的。联共代表团 8 月 11 日开核心小组会议,决定派核心小组成员皮亚特尼茨基和一名代表团成员波波夫与中共代表团核心小组"会谈";联共中央监委书记雅罗斯拉夫斯基也参加。但此后"会谈"的结果,至今未见记载材料。从后来的事实来看,联共及其掌控的共产国际,在处理瞿秋白所提问题时始终自行其是,几乎没有中共"讨论"的余地。

为了保持与中共中央的经常性联系,瞿秋白 1928 年 11 月 4 日向中央政治局提出建议:每星期都有关于国际的、苏联的、中国时局观察

① 中共中央党史研究室第一研究部:《共产国际、联共(布)与中国革命档案资料丛书》第 7 卷,中央文献出版社 2002 年版,第 526—527 页。

的信件、材料来往。中央政治局"必须：（一）每星期规定星期一必发一电；（二）每星期一必发一简信，简要的叙明最近工作，并附以政治局常委之记录；（三）每月月底必须有一报告（政治、工、农、党、妇、青年）发出。""订购主要报章杂志，（其中按时夹以布报———按《布尔塞维克》杂志———及其他公开印刷品），每日投邮，直接寄莫，写英文地名Lux,Strachow,即鹿克思（按：即柳克思）旅馆史脱腊霍（按：即斯特拉霍夫）先生"①。他很想借此多了解党中央各项工作和中国时局动态。当时交通困难和其他条件限制，信息不畅，函件经常耽搁。

1928年，曾被斯大林誉为"我党最优秀的理论家"的布哈林，在经济问题上与斯大林的意见分歧尖锐化，联共的反右倾运动日趋激烈。11月4日，瞿秋白就在给中共中央的信中简略提及此事，随后提供标题为《布哈林、托姆斯基、李可夫与中央政治局多数派之分歧》的材料。为削弱布哈林等人的政治影响，联共中央政治局"通知各国党的代表"要求"极端秘密的通告各国中央"。瞿秋白按要求向中共中央吹风，告知联共将坚决反对各国右派，"主张取消他们派别的组织"②。1929年共产国际执委会第十次会议上解除了布哈林的共产国际执委领导职务。

布哈林的经济和哲学思想对瞿秋白有影响。他在1923年编写的《现代社会学》，是对布哈林的《历史唯物主义理论》一书的改译。起草中共六大报告时也吸取布哈林的观点。在共产国际反布哈林右倾的浪潮中，瞿秋白只能执行斯大林和共产国际有关指示，在批判托洛茨基派、布哈林的同时批判国内的"取消派"。

1929年9月7日，米夫和库丘莫夫写信给共产国际远东局，认为"无论如何不能让托派组织发展"；要以中央决定的形式"建议陈独秀立即就党的策略问题作出表态"，"不能允许"继续不明确态度；"要么争取使他在彻底承认错误和接受党的路线的基础上实际参加党的工作，要么决定他的党籍问题"，强调"必须"这样做。6天后，远东局代表在上海写信给共产国际，报告"陈独秀同托派结成了联盟，他们一起建立了

①《瞿秋白文集》（政治理论编）第6卷，人民出版社1996年版，第176页。
②《瞿秋白文集》（政治理论编）第6卷，人民出版社1996年版，第293—321页。

自己的中心"①。

1929 年 10 月 15 日，中央政治局通过《关于开除陈独秀党籍并批准江苏省委开除彭述之、汪泽楷、马玉夫、蔡振德四人决议案》。一个月后，中共中央政治局给共产国际寄去关于陈独秀等的材料，要求中共代表团明确表态，并向即将回国的党员留学生宣传，在党支部公开讨论，以求一致拥护中央开除陈独秀等党籍的决定。于是中国劳动者共产主义大学、列宁学院等学校里开展了关于开除陈独秀党籍的宣传教育活动。12 月底，瞿秋白在共产国际政治书记处会议上作"开除陈独秀党籍"的专题报告。会议认定："中共中央关于开除陈独秀的决定是正确的。把这个决定通知中共中央，并给予陈独秀在两个月期限内向国际监委提出申述的权利，让他自己来说清楚问题，把关于陈独秀的材料分送给主席团各位委员。"②1930 年 1 月 16 日，瞿秋白又写信给中共中央政治局，附上中共代表团讨论陈独秀问题的记录和决议，以及学校讨论的决议案。

二、起草党纲和讲授党史

在中共六届一中全会上，周恩来认为，瞿秋白、张国焘担任中共驻共产国际代表应是短期的，他提议在此期间他们两人要承担的四项任务的第一项是为中共起草党纲③。中共六大前，1928 年 4 月 7 日，共产国际执委会委员瓦尔加曾将他草拟的中共党纲"草案初稿"送斯大林、布哈林、米夫等，请求审议。他说此初稿由于不了解中国实际情况，"完全可能忽略一些重要内容"。此草案原拟在中共六大上讨论，后被取消④。

---

① 中共中央党史研究室第一研究部：《共产国际、联共（布）与中国革命档案资料丛书》第 8 卷，中央文献出版社 2002 年版，第 162、171 页。
② 中共中央党史研究室第一研究部：《共产国际、联共（布）与中国革命档案资料丛书》第 8 卷，中央文献出版社 2002 年版，第 319 页。
③《中国共产党第六次全国代表大会大事日志》，载《中共党史资料》1982 年第 3 辑。
④ 中共中央党史研究室第一研究部：《共产国际、联共（布）与中国革命档案资料丛书》第 7 卷，中央文献出版社 2002 年版，第 400—408 页。

1929 年 7 月,中共中央写信给中共代表团,要求三个月内完成,六个月内寄回国内,以备拟于 1930 年夏召开的中共七大用,指定瞿秋白为书记组成起草委员会,张国焘、陆定一、王若飞、蔡和森等为成员。其他人选由代表团和共产国际东方部协商决定。这封信在途中耽搁了 5 个月,12 月才寄到莫斯科。12 月 15 日,瞿秋白复信提议起草党纲的人员为:莫洛托夫、库西宁、米夫、萨发罗夫、瞿秋白、邓中夏、张国焘。信中说:为中共七大起草党纲,作"准备"是"非常重要"的,因为这"是中国革命理论基础的制定的问题",不过"需要的时间,必定较多,至少要五个月"。这样就须请求共产国际"批准我三个月的假——即不管其他一切杂事"①。

瞿秋白非常看重党纲的起草,拟暂置"杂事",首先做好起草工作。但事与愿违。12 月 15 日信发出不久,他又病倒了。1930 年 1 月,他在信中说:"我最近又因天气关系大病起来,简直差不多半个月晚上不能睡着了,因此最近不能做什么工作。即日要去休养治病。真正烦闷死人""去年十二月至今,我又是到了'冬蛰'的状态,简直不能做什么!!! 国际如果不能给我长期疗养,并使静静的工作,则将来身体一天天的坏下去,严重的工作如党纲、党史之类,简直没有希望! ——(虽然,党史,我已开始讲演)。"各种会议、"杂事"占去大部分时间,只能在八小时甚至十小时之外写作,加上病体支离,他感觉"只有丝毫的精力支持着自己的躯壳"②。

1929 年底起联共大规模的"清党"运动更打乱了起草党纲的工作,召开中共七大的计划也被撤下议事日程。新党纲草案终未拟成。

党史研究和教育是瞿秋白非常着力的工作。他的《中国革命和中国共产党》一书,实际上就是从建党至"六大"的中共党史。之前,蔡和森于 1925 年 10 月到莫斯科后写过《中国共产党史的发展(提纲)》,和大革命失败时写的《党的机会主义史》,都是早期党史研究之作。瞿秋白《中国革命和中国共产党》与之相比,除了通俗和时间跨度更长之外,还有更多方面的阐述,特点是高屋建瓴地讲"史",几乎不谈党内斗争中敏感的事情。它从辛亥革命说起,阐述帝国主义入侵后中国社会经济、政治的发展变化和世界革命的广阔背景,指出俄国十月革命推动了中

195

①《瞿秋白文集》(政治理论编)第 6 卷,人民出版社 1996 年版,第 744 页。
②《瞿秋白文集》(政治理论编)第 6 卷,人民出版社 1996 年版,第 812 页。

国革命的发展;五四运动将中国工人阶级推上中国政治舞台,为中共的诞生创造了必要条件。中国共产党建立后,"首先就指出中国革命要推翻帝国主义和军阀的目的,而参加世界革命,以达到共产主义为目的。中国共产党就根据这样的目的开始进行革命运动了。"以后,许多中共党史专著,对中国共产党的创建的表述,都与此相类似。瞿秋白还阐述了中共、中国革命与共产国际的关系,各国共产党"在列宁指导之下",组织共产国际,肯定共产国际领导世界革命的功绩,阐述"中国革命也成了世界革命的一部分"的史实。这是当时必须阐述的,也是真实的。

《中国革命和中国共产党》把大革命失败后,南昌起义、秋收起义和广州起义的阐述放在突出地位,指出这三次起义是挽救中国革命的行动,虽然失败或受严重挫折,但都具有"伟大意义"。最后说中共承认并且正在努力改正右倾错误和盲动错误,将领导中国革命取得最后胜利①。

1929 年,瞿秋白主持在莫斯科中国劳动者共产主义大学成立中共党史研究室,亲自担任该研究室主任。据《百年潮》杂志 2003 年第 4 期《俄罗斯所藏瞿秋白未刊启事》一文披露,瞿秋白当时曾发布《中国党史研究室征求回忆录启事》,原文如下:

> 诸位同志
>
> 现在中国劳动者共产主义大学开始讲中国党史,有一个调查表如下——请愿意写回忆录的同志,在一个月之内(到一九三〇年一月卅日为止),到中国党史研究室报名:愿意写某一事变,某一会议,愿意在某月某日交卷,以便登记。
>
> 中国党史研究室主任瞿秋白

他对于不同类型的回忆录还提出了不同的具体要求。对于参加中共工作的回忆录,要求起迄时间地点、什么工作"要很确切,实在记不清,也得写出一般大约的年月";写明"当时当地党的组织状况(人数、支部情况、机关的情况等等)";写明当时"党的政策和争论的问题",要"着重当时事变的叙述,不必用现在的眼光去多加推论和批评";写明当时"各阶级的情绪和相处的关系态度等等,群众组织的情况和党与群众的

---

① 《瞿秋白文集》(政治理论编)第 6 卷,人民出版社 1996 年版,第 178—256 页。

相互关系";写出"当时所谓'政治舞台'上的派别、系统的变化和相互关系"。对于参加会议的回忆录,要求写明会议类型、时间、地点、政治形势等背景,到会人数、成份比例、派别关系、议程日程、哪种主张的是哪些人、决议和执行情况及效果等,都"要说得很清楚"。文字,要求"精彩扼要",不要过长。针对怕写错的顾虑,说因系回忆录,"终不免有记错的地方",不必怕错,"尽管放心大胆的写"①。搜集材料的范围也包括大革命时期国共合作时国民党的组织状况、事件和会议等。瞿秋白对中共党史研究机构有创始之功,而且以实事求是的历史主义的科学态度,以谨严、过细、高效的学风和调查研究方法,为此后的中共党史研究立则创例。

1929 年冬天至 1930 年 6 月,瞿秋白在莫斯科列宁学院和"劳大"讲授中共党史,讲稿为《中国共产党历史概论》。最后一讲即第 12 讲,时在 1930 年 6 月 8 日。一个月后,他离开莫斯科回国。

讲授党史的半年期间,他不断来往于克里姆林宫的会场、学校和柳克思旅馆之间,每天工作非常繁忙。看他拟定该时期某一周的日程安排,每周讲三次"党史"。

	上午	下午	晚间
星期一	中国委员会		代表团会议
星期二	东方部政治会议 (十时)	列宁学院 (三时至五时)	——
星期三	中国党史 (十时至一时)	党校(四时)	——
星期四	近东会议(十时)	材料(十二时)	——
星期五	远东会议(十时)	政治秘书处会 (十二时)	——
星期六	东方部组织会议	党校(十二时至三时)	——②

① 转引自叶孟魁:《瞿秋白是最早的中共党史研究室创建者》,刘福勤主编《瞿秋白研究文丛》3,中共文联出版社,2009 年 10 月版,第 43—46 页。
② 陈铁健:《瞿秋白 从书生到领袖》上海人民出版社 1995 年第 1 版,第 345 页。

12讲的中共党史《概论》比《中国革命和中国共产党》更有系统性，呈现出中共党史的基本面貌。它将建党时期至六大分为9个阶段，每段先讲革命形势、工农运动，再叙会议、决议、方针政策，穿插共产国际指示与中共中央会议决议的对照，描述出决策的过程、意义和影响。其阶段划分未必尽妥，但可见其再现历史真实的努力和总结经验教训警启后人的苦心。

瞿秋白还参加中山大学附属的中国问题研究所主办的学术性俄文季刊《中国问题》编辑委员会，在《中国问题》上先后发表《中国职工运动问题》、《陈独秀主义的历史根源》等文；主编该校机关刊物《共产杂志》（共产国际东方书记处主办，中山大学负责出版）。他在《〈共产杂志〉发刊词》中说明这个刊物"一面要在国际及中国革命问题上教育干部，一面就要登载对于本校建设问题的讨论，我们生活的论述，中国革命实况的记载，国内外的通信等等。"[1]

从他所拟一周日程上看，每周有一次"近东会议"，此必与所任近东部领导职务相关。但我们至今未得见其他情况的材料，对他在共产国际近东部领导工作的叙述，只得遗憾地暂付缺如。

三、情系党和战友

中共六大闭幕后，中央领导班子大部分人陆续回国。政治局委员、中央工委书记苏兆征准备回国时，突然得了阑尾炎，瞿秋白劝他动手术，休息一段时间后再走，但是他执意要回国，去部署和开展新的工作。在1927年武汉时期，瞿秋白曾和他一起工作，一直持续到第二年共产国际六大之后，彼此情谊深厚。1929年1月，苏兆征回国，仅过了一个多月，病情恶化，救治无效，在上海去世。杨之华写信告知住在疗养院的瞿秋白，瞿秋白"震惊得不堪"，回信中沉痛地说：

一九二二年香港罢工（海员）的领袖，他是党里工人领袖中最

---

[1]《俄罗斯所藏瞿秋白未刊启事》，载《百年潮》2003年第4期。

直爽、最勇敢的,如何我党又有如此之大的损失呢?

······

我党的老同志凋谢得如此之早呵,仿佛觉得我还没有来得及做着丝毫呢!!①

此后他常常痛悼死者,责备自己当初没有坚持说服苏兆征留在莫斯科治病,是一个不能挽回的错误。

1929 年 12 月 15 日,他在致中共中央政治局的信中特别表达了对同志健康状况的关切:"听说恩来、向应同志都病,现在怎样了? 不胜悬念之至!!"②

1929 年夏秋之际,中央政治局委员彭湃、中央政治局候补委员杨殷等因叛徒出卖被捕。瞿秋白得知后,立即写信给中央政治局,深表关切:"此事宜亟设法,究竟用武力劫狱或贿买狱卒或其他方法救济,你们应能就地决定。如需特费,望速来电"。十几天后,他又催问:"杨彭如何,急死人了!!"③其实,彭湃、杨殷被捕 6 天后,已英勇就义。9 月下旬,瞿秋白得知后,悲痛不已。他整理出版《纪念彭湃》一书,其中收入彭湃遗文《海丰农民运动》,并写了《纪念彭湃同志》,在《真理报》上发表。文章详细介绍彭湃反叛自己的地主豪绅家族投身党的革命事业的经历,热情肯定他在农民土地问题上坚持正确的、不妥协的立场。瞿秋白说:

彭湃同志是中国农民运动第一个战士。当他开始在广东做农民运动的时候,那时候做领导工作的同志,还在否认中国革命问题中农民问题的存在呢!

他是做群众工作的模范,他是真正能深入到群众里面去的同志。他的勇敢、果决的精神,工作的能耐,在从来未有过的中国白色恐怖之下工作,这是党内同志无论哪一个都极端的佩服他的。他是中国劳苦的农民群众顶爱的,顶尊重的领袖,在海陆丰农民的

---

①《瞿秋白文集》(政治理论编)第 6 卷,人民出版社 1996 年版,第 290—291 页。
②《瞿秋白文集》(政治理论编)第 6 卷,人民出版社 1996 年版,第 746 页。
③《瞿秋白文集》(政治理论编)第 6 卷,人民出版社 1996 年版,第 598 页。

眼中,看得像父母兄弟一样的亲热。恐怕除湖南农民的(领袖)毛泽东同志以外,再没有别的同志能够和他相比了。①

在莫斯科,瞿秋白与张国焘、邓中夏、王若飞、陆定一等中共代表团的代表朝夕相处。代表团大多数人住在特维尔是卡亚大街(今高尔基大街)共产国际宿舍柳克思旅馆,邓中夏住在斜对面的团结旅馆,王若飞在列宁学院学习。开会都在柳克思旅馆,平时也常到此聚谈。邓中夏来得较多。瞿秋白与邓中夏以往多次长时间共事,关系亲密,对许多问题看法也比较一致。邓中夏为人爽朗,对同志开诚布公。他作为驻赤色职工国际代表,要出席国际的会议或者要写报告,常事先与瞿秋白商量,反复研究。他送交共产国际的一些俄文报告,常经过瞿秋白修订和翻译。

陆定一与瞿秋白在大革命时相识,一起出席过中共五大和八七会议。在莫斯科重逢时,他们长时间紧紧握手的情形十分感人。陆定一把瞿秋白看作老师,他在瞿秋白那里第一次听到"党内有斗争"的提醒。平时,他俩经常在一起商讨问题。瞿秋白与苏联文化界人士常有来往,曾带着陆定一到"出版之家"(苏联文学家的俱乐部)去吃饭,在那里能吃到一些好的食物。1929年夏天,他们与黄平、马基亚尔等一起到德国参加在法兰克福举行的国际反帝同盟的大会。当时苏联担心帝国主义国家发动反苏战争,要求各国共产党一致行动,制止战争,组织、领导"反帝国主义大同盟"。德国共产党是共产国际中仅次于联共的第二大党,被共产国际树立为资本主义国家共产党的榜样,因而委托德共主持召开"同盟"的这次(第二次)大会。瞿秋白在大会上作了报告。

瞿秋白和张国焘同为中共驻共产国际代表,虽彼此不够和谐,但也一起商量工作。二人在对米夫的看法等方面也有一致之处。瞿秋白疗养期间,张国焘主持代表团工作,瞿秋白在致中共中央信中予以肯定。

王若飞与瞿秋白来往不多,在陈独秀诸多问题上存在意见分歧,他也不多过问代表团的事。王若飞进列宁学院之前,曾有人向考试委员

---

① 《瞿秋白文集》(政治理论编)第6卷,人民出版社1996年版,第608—613页。

会反映意见,说他和陈独秀的关系密切,不能进该校学习。事后,王若飞曾质问瞿秋白,瞿秋白对他说:"你是忠于革命事业的。但你对陈独秀有感情。"王若飞说:"我反对人们自封布尔什维克,反对事后诸葛亮。"显然有批评瞿秋白之意。瞿秋白叹口气说:"你实际上是个忠诚的人。"①

柳克思旅馆里还住着其他国家共产党驻共产国际的代表,有不少是共产党领导人,有些与瞿秋白有着直接或间接来往。在新老朋友里,与瞿秋白接触较多的是曾在中国担任共产国际代表长达四年的鲍罗廷。瞿秋白与他一直延续着不同寻常的情谊。鲍罗廷 1927 年 7 月底回到苏联后,到塔斯社担任一般工作。他和其他共产国际驻华代表都受到严厉的政治批判。他被认为"在华工作中犯了重大的机会主义性质的政治错误,对共产国际执行委员会和联共中央有重大违反纪律的过失(公然不执行指示、向中共中央隐瞒这些指示等),造成了严重的不良后果"②。瞿秋白在中共六大上也曾公开批评鲍罗廷,但他仍然把鲍罗廷看作老朋友,与鲍罗廷夫妇保持友好的私人来往。

① 《关山渡若飞——王若飞百年诞辰纪念集》,中共党史出版社 1996 年版,第 524—525 页。
② 中共中央党史研究室第一研究部:《共产国际、联共(布)与中国革命档案资料丛书》第 8 卷,中央文献出版社 2002 年版,第 114 页。

第十六章　莫斯科中山大学风潮

一、"江浙同乡会"冤案

1925 年孙中山逝世后,联共为了纪念与他的友谊,于同年 9 月在莫斯科创办中国孙逸仙劳动大学,简称"中山大学",为中国革命培养人才。大革命失败后,1927 年 7 月 26 日,国民党中央声明"取缔"该校。同年 10 月,改为专门培养中共干部的学校。1929 年秋,另一所学校——东方劳动者共产主义大学(简称"东大")的中国学生并入中山大学,学生最多时约有五百人。后中山大学改名为中国劳动者共产主义大学①,但人们还是习惯地称"中山大学"。杨之华和瞿秋白的两个弟弟云白、景白都曾在校学习。1930 年秋该校停办。中山大学和苏联其他学校中的中国留学生的工作,是瞿秋白作为中共代表团团长的一项很棘手的工作。

作为中共代表团团长,做好中山大学和苏联其他校中的中国留学生的工作,是瞿秋白的重要职责之一。1928 年到 1930 年,他被卷入"江浙同乡会"案而遭到无端攻击。"江浙同乡会"案肇始于中国留学生的派别纠纷,由于莫斯科中山大学和东方大学的管理者的处理不妥当、不及时,以致学潮迭起。向忠发到莫斯科后,与"中大"校长米夫等粗暴处理,导致留学生的不满情绪愈演愈烈,造成了十分严重的冤案。

---

① 中共中央党史研究室第一研究部:《共产国际、联共(布)与中国革命档案资料丛书》第 8 卷,中央文献出版社 2002 年版,第 31—32 页。

1927 年 10 月,时任中共中央政治局委员的向忠发到莫斯科参加共产国际第九次执委全会和赤色职工国际四大。他离华之前,中共中央组织部长李维汉委托他考察留苏学生状况,提出改进工作的意见。向忠发到莫斯科后,有人对他说,学生中有一个“江浙同乡会”又叫“储金互助会”的“秘密”组织①。1928 年 1 月中旬,东大军事班学员又因对学校脱离中国实际的教学不满,和对缺乏实际斗争经验却专横跋扈的支部局负责人不满,到共产国际驻地游行请愿。有人说这次请愿是所谓“江浙同乡会”中原中大学生俞秀松、蒋经国、卢贻松等鼓动的。向忠发把听到的情报告诉中大校长米夫。米夫决定秘密检查有关学生信件,还通知克格勃侦察可疑人员②。

　　所谓“江浙同乡会”,是怎么回事呢? 曾被打成“江浙同乡会”骨干分子的孙冶方在 1980 年给中共中央纪律检查委员会和中央组织部的报告中回忆说,他和云泽(乌兰夫)当时在东大学习结束后留在东大当翻译,拿工资,有近百卢布,生活较好,而继续学习的学生则“只发给津贴,有些到军校学习的,按红军待遇,津贴特别少”。因此在暑假开学前,有几个初级军校的同学“敲竹杠”,叫他在星期天做中国饭给大家吃。这天,除约好的几位军校的同学外,董亦湘也来了,军事学院的陈启科、左权也来了,挤了一屋子的人。正热热闹闹地做饭时,中大学生公社主任王长熙从窗外经过,听到里面说话的都像是江浙人,回校后向别人讲,“某些人聚集在某人房间呱啦呱啦讲得很热闹,像开江浙同乡会似的(其实其中陈启科、左权两同志是湖南人)”。这话传到中大支部局,便添油加醋,说成“董亦湘等……成立了‘江浙同乡会’”③。同乡之间的感情联络和同学之间的生活互助,向忠发、米夫竟当作秘密政治组织追查了。

　　当时斯大林正在大搞反对托派的斗争,人们对“小组织”格外敏感。克格勃人员不久声称搜集到若干证据,说什么这个组织有名称、有章

① 杨奎松:《“江浙同乡会”事件始末》,《近代史研究》1994 年第 3 期,第 207—208 页。
② 杨奎松:《“江浙同乡会”事件始末》,《近代史研究》1994 年第 3 期,第 209、213 页。
③ 《孙冶芳致中共中央纪律检查委员会及中共中央组织部的报告(1980 年 1 月 20 日)》,转引自曹仲彬、戴茂林:《莫斯科中山大学与王明》,黑龙江人民出版社 1988 年,第 123 页。

程,还交会费,是确实存在的秘密组织。其实,"会费"、"名誉会员"只是学生拿吃饭付钱之事开玩笑的话。米夫据克格勃的不可靠材料,在 2 月 26 日召开中山大学党的活动分子会议,动员党员干部查清"江浙同乡会"①。追查搞成学生互相揭发、互相攻击的运动,搞得人心惶惶,人人自危。

这时王明异常活跃,推波助澜。王明是中山大学第一期学生,被选入速成班,能说一口流利的俄语,手腕圆滑,钦佩米夫,很快得到米夫的好感。1927 年米夫赴华列席中共五大,王明同往当他的翻译。所谓"江浙同乡会"事件发生时,王明又是向忠发的翻译、秘书。他这时公开在墙报上撰文,说"江浙同乡会"是一个由党内一切反对和不满意中国革命,准备脱离党另找出路的人,组织起来的一个反革命集团,他们与第三党有密切的联系②。

4 月中旬,兼任共产国际东方书记处中国部主任的米夫以共产国际东方部的名义召集中共代表向忠发、苏联军方代表和克格勃人员开会。克格勃人员提出所谓"江浙同乡会"12 个骨干名单,包括蒋经国、陈启科、左权等。联席会议正式决定,开除蒋经国等人军籍、党籍和团籍,审查俞秀松等人。会议还通过了由王明代向忠发起草的以中共代表团名义提出的一项决议,明确认定"江浙同乡会"是秘密的反党性质的小组织,不仅要用党纪处置,而且应动用专政机关给以制裁③。

本来就没有这样一个反党小组织,克格勃怎么查得出它的章程和组织结构系统? 直接参与其事的盛忠亮后来说,"只发现了一些微不足道的证据,含糊其事地说明存在这一组织的可能性","当时并不相信它曾正式存在过"。但"在权力斗争中,夸大其词的手法可谓屡见不鲜"④。

王明还向米夫建议,请留在莫斯科的向忠发到中山大学作报告。向忠发在报告中不仅声称"江浙同乡会"是"反党小组织",还捕风捉影地说,"他们与蒋介石有勾结,受蒋介石的经济帮助,还听说与日本领事

① 杨奎松:《"江浙同乡会"事件始末》,《近代史研究》1994 年第 3 期,第 213—214 页。
② 杨奎松:《"江浙同乡会"事件始末》,《近代史研究》1994 年第 3 期,第 214 页。
③ 杨奎松:《"江浙同乡会"事件始末(续)》,《近代史研究》1994 年第 4 期,第 213 页。
④ 盛岳:《莫斯科中山大学和中国革命》东方出版社 2004 年版,第 216 页。

馆有勾结",如果不解决,他们以后会"公开的反革命,投向蒋介石来屠杀工农",或"走到小资产阶级反动政党(如第三党)里去",或者"留在党内捣乱破坏"。他疾言厉色地说,须"消灭其组织","对组织中领袖和中心人物予以严厉的制裁",对积极分子应"开除党籍和留党察看"。他还威胁要"枪毙"一些人①。在场的学生听得目瞪口呆。

被诬陷和牵连的学生清醒过来后,愤怒地以各种方式申诉。这时,向忠发催促米夫尽快严厉处置"江浙同乡会",写信给共产国际执委会,表示对米夫拖延处理不满,认为"处理越快越坚决越好,立即消灭这个组织"②。一周后,共产国际作出回应,决定由共产国际负责人皮亚特尼茨基收集"江浙同乡会"材料,并让中共代表了解;中共代表团要发出公开信,说明"江浙同乡会"的性质和活动问题;中共代表团与有关学生谈话;对于被处理的学生应进一步采取哪些措施;责成米夫与联共中央协商,对所有学生进行审查,让有才干的学生回国工作,把那些不愿意学习的人遣送回国③。

此时,米夫觉得克格勃提供的"证据"中没有一件可以直接证明"江浙同乡会"的存在和它的性质,难以向各方面交代。6月26日,米夫在中山大学党务报告会上宣布,停止追查"江浙同乡会",说这不是中大的任务,这个组织已经解散,只需处罚为首分子,学生要停止有关争论和互相猜疑与揭发检举,务必改善同志之间的关系④。

但到7月14日,在中共六大上刚当选为政治局主席的向忠发,却又召集一个会议,讲所谓"江浙同乡会"事件经过,再次肯定这一所谓反党秘密组织存在,表示新一届中共中央查处的决心。王明在会上发言,俨然以总结的口气,大讲"江浙同乡会"的来源、性质、活动、发展趋势。会后,由向忠发主持通过了《对于江浙同乡会的意见》,强调"江浙同乡

---

① 向忠发:《中国工农代表团来苏经过报告》,转引自陈铁健《瞿秋白传》,上海人民出版社2009年版,第251页。
② 中共中央党史研究室第一研究部:《共产国际、联共(布)与中国革命档案资料丛书》第7卷,中央文献出版社2002年版,第463页。
③ 中共中央党史研究室第一研究部:《共产国际、联共(布)与中国革命档案资料丛书》第7卷,中央文献出版社2002年版,第487—489页。
④ 杨奎松:《"江浙同乡会"事件始末(续)》,《近代史研究》1994年第4期,第207—208页。

会"是有理论、有章程、有活动的反革命组织①。由于这个文件是由政治局主席向忠发亲自主持制定的,因而中共代表团只能根据它来处理"江浙同乡会"问题②。

中共六大闭幕后,1928年7月22日,因"江浙同乡会"案被开除的学生胡士杰等,到克里姆林宫求见斯大林和莫洛托夫,要求平反。斯大林等不在,联共中央监委书记雅罗斯列夫斯基受理此事,说已收到他们6月29日的申诉信。7月24日,联共中央监委调阅共产国际东方部和克格勃所有"江浙同乡会"案材料。紧接着,7月27日,成立了以雅罗斯列夫斯基为主席的联合审查委员会,重新审理所谓"江浙同乡会"案。共产国际东方部、苏联军委、克格勃和中共代表团都有代表参加,中共代表团正式代表为瞿秋白和周恩来,但按中共代表团建议暂由苏兆征、关向应代替。当时,正是共产国际六大开会期间,雅罗斯列夫斯基规定8月1日至6日"江浙同乡会"案审查委员会委员要到联共中央监委看材料,向涉案人提问,而瞿秋白正在共产国际六大会议上昼夜工作,8月4日,他还在第22次会上发言。因而提出由别人暂代他参加案子复查。至今没有材料证明他这时参加了案子复查工作。周恩来参加了,密档中他亲笔修改的文件可证。雅罗斯列夫斯基亲自阅材料,听证词,出席调查会。一次调查会上,他问中山大学学生公社主席王长熙,要他把所见到的情况说一下。王长熙竭力推卸责任,但也不得不承认并不存在"江浙同乡会"。雅罗斯列夫斯基又问孙冶方,那天在房间里聚集了哪些人?孙冶方如实作了回答。审查委员会还问了其他在场的当事人,他们也一致否认有所谓"江浙同乡会"。调查委员会查证了克格勃那封被作为江浙同乡会的所谓重要证据的蒋经国的信,那封信中只有"吃中国饭"、"会费还没有交"等语,与反党反革命的政治问题不沾边,基本澄清了事实。雅罗斯列夫斯基还与各方负责人包括库马罗(克格勃的负责者)、皮亚特尼茨基、布哈林、米夫和中共代表团谈话。8月10日他提出了《关于所谓"江浙同乡会"或"互助会"事件的报告大纲》,认

---

① 杨奎松:《"江浙同乡会"事件始末(续)》,《近代史研究》1994年第4期,第215—217页。

② 杨奎松:《"江浙同乡会"事件始末(续)》,《近代史研究》1994年第4期,第228页。

为"江浙同乡会"并不存在,"指控被怀疑参加这个互助会的同志反党、反革命、与国民党右翼军阀分子有联系、支持(谭平山等人的)第三党、试图夺取中共领导权和实现这类政治目的,这些都是没有根据的。"报告大纲从根本上否定了所谓"江浙同乡会"的存在及其反革命性质,指出解决这事件的正当办法是,对于企图组织互助性质的小组织而未向党报告的党团员,进行必要的党的教育。这个报告否定了先前把所谓"江浙同乡会"定为反动组织的调查材料。

报告中有一段话值得注意:"在材料中间的所有调查,有许多自相冲突的地方。……甚至于中共中央委员也有被说成与江浙同乡会有嫌疑的。有一个调查上说瞿秋白道:这是'一个政治投机者,在中国共产党分化的时候,夺取了总书记的位置,他想组织自己的一派,来用以进攻其他的负责人'。而在底下又说:'为使同乡会发展起见,必要与瞿秋白这一部分发生部分的关系'。……为什么做出了这样的调查?这仅仅是根据着个人的倾轧、猜忌、仇恨吧?"。报告的结论是:这种调查材料是"不能相信"的①。从这份调查中可以看出,别有用心的人想把瞿秋白卷到这个事件里,把他当作同乡会的后台。

联共中央监委、共产国际受理受害者的申诉、组织复查,显然同时是对向忠发在中共六大作为新的总书记主持会议作出的 7 月 14 日决议的复审。因而中共代表团虽参加联合审查委员会,却采取了维护 7 月 14 日决议的态度,曾到中大等学校与党部讨论,周恩来曾要求中大支部局提供一个确切的"江浙同乡会"人员名单。中大支部局提供了一个 71 人的名单,但在 7 月 27 日联合审查委员会听取俞秀松、周达文等受害人申辩的听证会上,中共代表团几乎拿不出任何证据证明俞、周等的申辩与事实不符。然而,参加联合审查委员会的中共代表直到雅罗斯列夫斯基作了结论性报告之后,仍然"坚持要处罚俞秀松等……多数同志",坚持"一定要把他们视为'反革命'"②。后来,中共代表团还是作

① 杨奎松:《"江浙同乡会"事件始末(续)》,《近代史研究》1994 年第 4 期,第 230—233 页。
② 《雅罗斯列夫斯基致联邦共产党中央委员会政治局》,1928 年 8 月 18 日,见中心档案,全宗号 495、目录号 154,卷宗号 342。转引自杨奎松:《"江浙同乡会"事件始末(续)》,《近代史研究》1994 年第 4 期,第 229—233 页。

了些让步,8月17日,周恩来代表代表团致信联共中央,作了一些妥协:一是放弃对众多学生的指控,将"江浙同乡会"分子锁定为蒋经国、孙冶方、卢贻松等12人,二是虽仍认定其组织存在并且严重怀疑为反党性质,但作为内部问题处理①。

8月下旬,经联共中央授意,联合审查委员会形成决议,责成雅罗斯列夫斯基、共产国际监委代表皮亚特尼茨基、米夫和中共代表起草告苏联境内中国学生和党团员书,试图统一认识,温和处理。但是这个文件,没有达到统一意见的预期效果,联共中央监委雅罗斯拉夫斯基起草的告苏联境内中国学生和党团员书,由周恩来作了多处修改,如将"企图组织"物质互助团体改为"曾经组织过",把"应采取党的教育方法"改为"主要是采取党的教育方法,然而……显出不足时……不能不采取最后的组织办法"②。

9月6日,联共中央政治局同意并转发联共中央监委8月10日决议,完全否定原案,申明不存在"江浙同乡会"反党秘密组织,要求在苏联境内有中国留学生的地方"立即消灭不健康的非同志式的关系",宣读号召书,"举行座谈会,彻底消除互相不信任气氛和互相中伤等行为";"重新考虑"涉案被处理学生的"调离问题"。这个决议中说"向米夫同志指出,他在中国劳动者大学学生大会上,根据未经核实的材料,说存在地下组织,并且未在任何相应的党的机关提出这个问题,他的这种做法是错误的",等等③。对米夫的批评,实际上自然也是对向忠发和中共的批评,只是碍于两党关系,没有点向忠发和7月14日中共中央决议的名。

9月6日,联共中央监委决议和告苏联境内全体中国学生书由联共中央政治局同时通过并转发后,问题并没有解决。因为告学生和党团员书中,还同时保留着中共代表的修改文字,而且没有正式公开对所谓"江浙同乡会"案及涉案受害人平反。这样,"江浙同乡会"到底有没有

---

① 张秋实:《瞿秋白与共产国际》,中共党史出版社2004年5月第1版,第274页。

② 张秋实:《瞿秋白与共产国际》,中共党史出版社2004年5月第1版,第274—275页。

③ 中共中央党史研究室第一研究部:《共产国际、联共(布)与中国革命档案资料丛书》第8卷,中央文献出版社2002年版,第23—25页。

的问题，是不是反党小组织的问题，仍然在留学生中不断酿成纠纷。部分人，尤其是王明等，继续利用向忠发的名义，利用 7 月 14 日决议，压制、打击以致迫害涉案者和持不同意见者。

瞿秋白从疗养地回莫斯科之后，原来处理此案的周恩来等都已回国，他无法回避此案的遗留问题。许多涉案受害人纷纷向代表团申述，反对把"江浙同乡会"打成反革命秘密组织的其他人也纷纷揭发有关谣言和诬陷。瞿秋白先是派邓中夏、余飞去调查，找申诉人等谈话了解情况，后又亲自去，但均受到王明宗派的反对和阻扰。王明宗派骨干分子盛岳后来的回忆录说瞿秋白"过问江浙同乡会问题时……向米夫和向忠发发起反击"，"亲自召见了十多位被当成是所传的江浙同乡会会员的人"，"要那些嫌疑分子向他提交书面材料，他们交了"，"支持他们"关于原案为冤案的"指控"。盛岳还说，瞿秋白"向中央"写过认为原案"证据不足"的"报告"，而且中大支部局按米夫指示向他们"几个人"传达了"这份报告"[①]。盛岳回忆的时间不确切，但他的总体印象——瞿秋白认为"证据不足"是不错的；但他们认定瞿秋白是要求平反的"嫌疑人"。联共中央在 1928 年 9 月 6 日同意并决定转发联共中央监委决议和告学生及党团员书之后，没有公开给冤案平反。只要求他们"弥缝和缓和"内斗。然而，瞿秋白仍然被王明宗派等认定为对立派别的庇护者。

这中间夹杂着瞿秋白与米夫的矛盾。瞿秋白的确对米夫在中山大学和共产国际东方部的工作很不满意，对他的工作作风、思想作风反感，所以在共产国际的库西宁征求有关人事安排时曾建议由鲍罗廷来代替米夫担任中山大学校长；张国焘也向库西宁提出，共产国际东方部的负责人和中山大学校长由米夫一人兼任，并不合适，因为东方部要指导中共，而中山大学校长免不了要参与处理中共内部的纠纷。联共中央宣传部主张解除米夫的共产国际执委职务。9 月 15 日，满腹牢骚的米夫被迫写信给共产国际负责人皮亚特尼茨基，提出解除他在共产国际执行委员会的工作或者学校里的工作。这是他的一个摊牌之举。他摊牌的结果是，9 月 18 日，联共驻共产国际代表团核心小组决定把米夫

① 盛岳：《莫斯科中山大学和中国革命》东方出版社 2004 年版，第 217—218 页。

的"工作问题"作为"悬案";同一天,米夫却被任命为共产国际东方部部长,瞿秋白被任命为近东部部长①。此后,米夫对中共代表团更加傲慢和专横。

米夫对瞿秋白的不满和排斥,还因为在一些理论、主张上瞿秋白与他观点不同,常有争论。瞿秋白对"第三时期"理论的质疑和对于富农问题的主张,被米夫认为是右倾"错误"。王明步步紧跟米夫,把瞿秋白的这些"错误"与"江浙同乡会"问题搅在一起,进行攻击、诋毁。瞿秋白是他们当时打击的主要对象。有人回忆说,"带有迫害性的'江浙同乡会'这个名字,仍旧像个鬼影似的被时常指责着,不时流传于人们的口上,有时还可以听到被引用来攻击某一个特定的人。这情形我当初不大明白,人们为什么要打这个并不存在的鬼。后来才逐渐弄清楚了,原来这是陈绍禹们的阴谋,目的在于打击瞿秋白。他们企图把瞿秋白描写为'同乡会'的最高领导者。"②

二、努力整顿中山大学

瞿秋白接手中山大学及其他有关中国留学生教育学校的一些工作后,一再指出校政和教学存在严重问题,但看不到改进的迹象,代表团又向共产国际和联共中央提出整顿的意见。于是,联共中央和共产国际就中山大学、各军校等中国学生中产生的问题,与中共代表团商讨如何改善管理和教学。

但决议下达后,联共方面没有谁认真地与中共代表团商讨如何实行③。瞿秋白则努力于整顿工作,希望有所改进。

1929 年 2 月 7 日,中共中央发信要求代表团调查中山大学学生情况。3 月初王明回国,但其宗派团体继续以米夫为后台,反对瞿秋白和

---

① 中共中央党史研究室第一研究部:《共产国际、联共(布)与中国革命档案资料丛书》第 8 卷,中央文献出版社 2002 年版,第 33—35 页。

② 王凡西:《双山回忆录》,东方出版社 2004 年版,第 70 页。

③《瞿秋白文集》(政治理论编)第 6 卷,人民出版社 1996 年版,第 726—727 页。

中共代表团,诬陷中共代表团在幕后指挥反党派别活动。4月,中共代表团开始调查。6月1日,写出书面报告,提出改造学校的具体意见。瞿秋白说:调查的主要目的是"帮助学校发见许多具体的教务校务上的缺点",准备提出建议,如"工人教本,生产学习,学科分配,汉文翻译改良的方法",6月17日将调查报告交到学校,同时给了苏联中央和共产国际东方部。这次调查,却被王明宗派说成"秘密调查",拿来作为打击中共代表团的把柄。

1929年初夏,王明宗派利用学校总支委名义召开党团员大会,经事先策划,邀中共代表团出席大会,以在会上发起对瞿秋白及代表团的攻击。"瞿秋白洞察他们的阴谋,没上这个圈套。"①代表团派张国焘去参加会议。会上,中山大学所在区的区委书记芬可夫斯基不了解情况,只按照米夫和王明小宗派的意图,猛烈攻击中共代表团和大多数学生,还说中共代表团干预中山大学,侵犯了他的职权,夸奖校支部局是"真正的布尔什维克"。他的话激起多数学生的强烈反对,两个工人出身的学生跳上讲台要把他拉下台。张国焘按代表团一致同意的观点,驳斥了芬可夫斯基。大会陷入僵局。事后瞿秋白亲自去找这个区委书记,向他解说该校实际情况,严肃指出他作为一个区委书记不宜站在与中共代表团对立的地位。那位区委书记不得不承认自己说话太冒失了。瞿秋白到会宣读了他与芬可夫斯基的共同声明,风波暂得平息。这次会议延续了10天,被称为"十天会议"。

一些学生后来回忆和分析说:"王明一伙最恨的是瞿秋白同志,因为他在共产国际和中共内部威信较高,不用说是他们夺权的主要对象,必须打倒之而后快。'中大'内部经常有人散布流言蜚语攻击代表团同志,对瞿秋白和邓中夏同志,甚至在墙报上公开画漫画丑化他们的形象,进行人身攻击"②。瞿秋白"常到劳动大学来了解情况,同大家交谈。他支持同学们的合理意见,对王明等人的错误言论进行了批评斗争。王明等人对瞿秋白恨之入骨"③。

① 陈清泉、宋广渭:《陆定一传》,中共党史出版社1999年版,第142页。
② 曹仲彬、戴茂林:《莫斯科中山大学与王明》,黑龙江人民出版社1988年版,第134页。
③ 陈一诚:《关于莫斯科中国共产主义劳动大学》,《党史资料》丛刊1980年第1期。

张国焘觉得中山大学的纠纷是一个泥潭,躲开了,到列宁学院去做旁听生,代表团的工作几乎全丢给了瞿秋白。瞿秋白从两个方面继续努力,希望能改造中山大学。一方面加紧对不良倾向性的斗争;另一方面抓紧教务、校务的改革。他特别强调,"加紧消灭派别纠纷的斗争",必须有审查和改良学生成分的切实具体的办法①。

6月15日,瞿秋白写信给中共中央政治局,附寄代表团向共产国际和联共提出的改进中大工作的"意见书"底稿。请中共中央务必"发表意见,正式写信到东方部和联共中央",以便代表团"遵照"中共中央的意见"和中大继续交涉"。信中说中大"改善很少","旧习太深,爱斗纠纷";校方要求多派工人来,但无适合的教材与教授方法;"必须……好好改组,然后送来的工人方能受着益处"。信中还说自己"无论如何不能兼顾中大方面的事务",而中大对邓中夏、余飞又"常表不满的态度",因而请求"特派一人参加管理学校事"。又说:"我绝对无组织上的才力,我至多只能在中大做笔译的翻译头,我也愿意的。撤退我的代表资格,我来干翻译。请快快给回音"②。这封信反映出瞿秋白难以解决的烦恼和无可奈何的心情,萌生了退意。

米夫终于从中山大学离职,改由威格尔担任校长。威格尔是一位老布尔什维克和富有教学经验的老教育家,很关心学生,学生也比较喜欢他。瞿秋白总算松了一口气,感到欣慰。但学校其他领导成员与王明宗派沆瀣一气,迫使威格尔不得不跟着走。不久,又开始了"清党"运动,瞿秋白与新校长威格尔改造中山大学的计划连同正常工作都被迫中止。

三、遭遇"清党"运动

从1929年下半年起,随着斯大林与布哈林的分歧发展成公开冲

---

① 中共中央党史研究室第一研究部:《共产国际、联共(布)与中国革命档案资料丛书》第 8 卷,中央文献出版社 2002 年版,第 275—293 页。

②《瞿秋白文集》(政治理论编)第 6 卷,人民出版社 1996 年版,第 379 页。

突,联共在全国掀起了"清党"运动。中山大学的全体中共党员作为联共党员,也参加"清党"运动。王明宗派的活动变本加厉。周恩来后来回忆说:"六大后,中山大学的宗派斗争继续发展。王明宗派反对中共代表团,实质上是反对党中央,认为中国党的中央不行了,要换人,到1929、1930 年,再加上联共清党的影响,就搞得更混乱了"①。

1929 年 9 月,联共中央监委派红军总参谋部情报部副部长贝尔津任中大清党委员会主席,成员包括学校领导。运动采取互相揭发、"人人过关"的办法。王明宗派成员轻松过关,受到重用。他们以是否拥护学校支部局作为是非标准,混淆少数托派和对领导有意见的多数学生之间的界限,捕风捉影,栽赃诬陷,一大批人惨遭迫害,有人自杀,有人发疯,有的被秘密枪决,有的被逮捕流放,或是被开除党籍。中共代表团无权过问。事后,清党委员会才把被清除、被重点审查的中共党团员数字通知中共代表团:有"证据"的 12 人,有"人证"的 13 人,其他是有"嫌疑"的,共有 56 人②。

其势汹汹的"清党"运动,也冲击瞿秋白及中共代表团其他人。王明宗派乘机四处搜罗中共代表团成员的各种讲话和文件,逐字逐句寻找可攻击之点。盛岳后来回忆说:"我公开谴责瞿秋白及其同伙犯了机会主义的罪行。瞿秋白犯了左倾机会主义。而张国焘则是右倾机会主义。我谴责他们都在中山大学培植'反党第二条路线联盟'。为了论证我的指责,我引证了他们大量的讲话和文章,和提供了他们进行幕后活动的充分证据"。破获托派组织后,他们进而把瞿秋白与托派联系在一起,公开指责瞿秋白与托派分子来往密切。在一次大会上,他们集中攻击瞿秋白。瞿秋白的三弟瞿景白一怒之下,当场把联共党员党证退给联共区委,当天,他就"失踪"了。瞿秋白很清楚这是针对着他的,"瞿秋白说,他肯定被捕了,被苏联保安机关枪毙了。这事对他的刺激很大"③。杨之华一直谨言慎行,也还是因反对王明宗派,受到严厉的审查和指责。陆定一的妻子唐义贞则被开除团籍。陆定一气愤地说:"项庄

①《周恩来选集》下卷,人民出版社 1980 年版,第 380 页。
② 陈清泉、宋广渭:《陆定一传》,中共党史出版社 1999 年版,第 143—144 页。
③ 曹仲彬、戴茂林:《莫斯科中山大学与王明》,黑龙江人民出版社 1988 年版,第 153 页。

舞剑,意在沛公,开除义贞同志是为了打倒我,打倒代表团。最终目的是篡夺党中央和团中央。"①

中大的工作,使瞿秋白十分烦恼,但他忠于职守,仍继续尽力。1929 年 10 月 30 日,他给中共中央写信说:中大"风潮愈闹愈凶,没有群众工作经验的'指导者'实在是大闯穷祸。"②11 月,又给联共中央写信说:中大的情形,"真不堪言。真的,它是不能保证完成为中共准备多数派的干部的任务";"无论怎么样,中山大学是应根本改造,并且要很快的改造"。国内很需要干部,中共中央再三要调一批学生回国。中共代表团拟出名单,多次与学校清党委员会交涉未果。12 月 15 日,他在给中共中央政治局的信中说:苏联中央为解决中大风潮而派出的"调查委员会的主席纪尔桑诺华同志已经对我及国际宣传部委员会正式报告:中大支部党的工作(托·白达尔)的确有浓厚的机会主义及官僚主义成分"。以前,中大的指导机关完全没有给回国学生写评语,"其党部、教务处机关之零乱混蛋,已至不可言喻的地步。代表团向之要求名单及评语,至十五次之多,而始终交不出。"③

信中所说的纪尔桑诺华(按:又译基萨诺娃),是联共中央委员、列宁学院院长,她尚能主持公道,也找受处分的学生谈话。12 月 16 日,她向联共中央书记处报告了调查结果,指出中大的现状极其不能令人满意,根本不能保证学校完成为中共培养布尔什维克式干部的任务;认为这种状况,不小部分是共产国际东方部的领导不当、不力造成的。当天联共中央书记处作出决议,采纳调查报告改造学校的建议,由联共中央和共产国际宣传部会同中共代表团一起"清查"学校人员,并将东方大学外国部和中山大学合并④。随后瞿秋白据此报告和决议材料,写了《清校问题》一文⑤。该文说,中大总支委"不但不改正"政治错误,"反而利用托派的挑拨手段",客观上"助长派别纠纷——把此"校中的派别纠

---

① 陈清泉、宋广渭:《陆定一传》,中共党史出版社 1999 年版,第 323—324 页。

② 《瞿秋白文集》(政治理论编)第 6 卷,人民出版社 1996 年版,第 671 页。

③ 《瞿秋白文集》(政治理论编)第 6 卷,人民出版社 1996 年版,第 745 页。

④ 中共中央党史研究室第一研究部:《共产国际、联共(布)与中国革命档案资料丛书》第 8 卷,中央文献出版社 2002 年版,第 274—275 页。

⑤ 《瞿秋白文集》(政治理论编)第 6 卷,人民出版社 1996 年版,第 838—873 页。

纷"扩大到中共党内,"固定一部分学生同志反对中国党中央委员会的派别成见,想借此把中大不能保证培养布尔塞维克干部的糟糕情形的责任,推卸到中国党的代表团身上。这是我们要提出极端严重的抗议,而且正式提到国际监察委员会的"。他这样一针见血地指出中山大学风潮的要害,揭穿宗派主义者们的卑劣心理和伎俩(《清校问题》当时未发表,8卷本《瞿秋白文集》政治理论编出版时才收入)。

今发现共产国际秘密档案中有瞿秋白、邓中夏署名的写给联共中央、共产国际的申诉书,内容与《清校问题》内容近似。当时,瞿秋白起草的中共代表团《告中大学生书草案》,认为纪尔桑诺华(基萨诺娃)的调查报告,"非常之好,非常之清楚——正和代表团所得的结论完全相同",必须坚决"改善学校成分","必须纠正过去领导机关的缺点和错误,根本改造学校"①。但是,此后仍旧事与愿违。

1930年1月底至3月,瞿秋白病重住医院治疗。3月18日,他与邓中夏在中大"清党"会议上讲话时,受到王明宗派疯狂攻击。他们妄责中共代表团有违背共产国际方针的行动纲领,诬蔑代表团在学生中成立"右派组织"②。中大的"清党"酿成恶果,改造该校的设想无法实行。4月5日,联共中央政治局会议不得不同意将中大"撤消"③。

这时,中共代表团的王若飞在列宁学院被打成托派,几乎被开除党籍。邓中夏、余飞准备回国。而张国焘则于4月17日,给共产国际主席团和监察委员会写信表示他同代表团的多数人"有分歧"。信中说,中大有些人指责中共代表团"站在反对共产国际和中国党领导的右倾立场上",帮助与托派勾结的"右派派别集团",虽然夸大了代表团的"错误",但瞿秋白、邓中夏在3月18日作反批评的讲话和瞿秋白以代表团名义发表的《声明》也有错误,他们没有考虑到他张国焘的立场,没有按他张国焘事先已申述的观点指出学生中与他们以前一样对富农问题的错误认识和鲍罗廷在1929年1月"陈独秀主义的历史根源"会议上的

① 《瞿秋白文集》(政治理论编)第6卷,人民出版社1996年版,第868—873页。
② 中共中央党史研究室第一研究部:《共产国际、联共(布)与中国革命档案资料丛书》第9卷,中央文献出版社2002年版,第75页。
③ 中共中央党史研究室第一研究部:《共产国际、联共(布)与中国革命档案资料丛书》第9卷,中央文献出版社2002年版,第91页。

讲话,有机会主义的错误。张国焘的反戈,令瞿秋白措手不及。

5月15日,瞿秋白和4月间从国内到莫斯科的周恩来写信给共产国际政治书记处,建议成立专门委员会"研究中国代表团的问题"。当天,米夫表示赞成①。6月6日,共产国际政治书记处召开会议,听取安加雷蒂斯关于在中大、列宁学校和东大清党运动中提出的"对中共代表团及其个别成员的指控的通报"。瞿秋白、周恩来、张国焘与曼努伊尔斯基、米夫、基萨诺娃、库西宁、格克尔特等参加讨论。会议决定"坚决谴责"中共代表团成员对待中大派别斗争的"行为方式",建议中共中央"更新其代表团必要数量的成员",新的任命须与共产国际政治书记处"商定";还决定成立"由米夫、莫斯克文(周恩来)、格克尔特、安加雷蒂斯和基萨诺娃同志组成的委员会提出上述决定的理由"。同时责成周恩来同志"提请东方书记处审议有关学生和大学的问题"②。

6月28日的共产国际政治书记处会议听取米夫关于上述谴责中共代表团理由的专题报告和所谓"论证"后,由库西宁"定稿"③。形成正式《决议》,该决议对中共代表团的指责都不符合事实:说中共代表团不仅没有"帮助彻底肃清派别活动,反而实际上支持中大中国学生中的派别活动",代表团多数即瞿秋白、邓中夏、余飞等"领导"了中大一"小集团"的活动,该小集团"实际上堕落到与托派和右派结盟的地步",代表团少数成员即张国焘"只是后来"才与其他成员"有所区别","代表团没有与托洛茨基主义进行充分的思想斗争",个别成员有同情托派的嫌疑;"代表团成员的某些政治错误","助长了托派扩大其在学生群众中的影响和瓦解学校的活动"④。瞿秋白的中共代表团团长职务由此而终止,还受了"谴责"。瞿秋白受此横暴批判,在极重的压力之下,落入对手们的阴谋陷阱,已经无法挽回局面了。

---

① 中共中央党史研究室第一研究部:《共产国际、联共(布)与中国革命档案资料丛书》第9卷,中央文献出版社2002年版,第146页。

② 中共中央党史研究室第一研究部:《共产国际、联共(布)与中国革命档案资料丛书》第9卷,中央文献出版社2002年版,第162页。

③ 中共中央党史研究室第一研究部:《共产国际、联共(布)与中国革命档案资料丛书》第9卷,中央文献出版社2002年版,第212页。

④ 中共中央党史研究室第一研究部:《共产国际、联共(布)与中国革命档案资料丛书》第9卷,中央文献出版社2002年版,第213—214页。

瞿秋白在就义前回忆这段经历时写道：中山大学的"学生中间发生非常剧烈的斗争，我向来没有知人之明，只想弥缝缓和这些内斗，觉得互相攻讦批评的许多同志都是好的，听他们所说的事情却往往有些非常出奇，似乎都是故意扩大事实奉为'打倒'对方的理由。因此我就站在调和的立场。这使得那里的党部认为我恰好是机会主义和异己分子的庇护者，结果撤消了我的中国共产党驻莫代表的职务，准备回国"①。

第十六章　莫斯科中山大学风潮

①《瞿秋白文集》（政治理论编）第7卷，人民出版社1991年版，第710页。

第十七章　温馨的亲情

一、新的家——柳克思旅馆

1928年6月至1930年7月，瞿秋白一家三口在莫斯科度过了难忘的岁月。

当初，瞿秋白抵达莫斯科筹备中共六大的一个多月后，1928年5月下旬，杨之华也带着女儿独伊与李文宜（罗亦农烈士夫人）结伴同往苏联。

两年中，瞿秋白在繁忙的中共六大、共产国际六大期间，在重病反复发作的时候，在辛勤写作、研究和讲课、忙"杂务"的日子，在经受政治打击，经历因爱弟"失踪"而极其悲痛、心力交瘁的时期，多亏有个和谐温馨的三口之家，多亏其爱妻杨之华的温存体贴和政治上的支持，给了他精神上的安慰。相对于在国内被通缉的艰危日子，在这里还算留下了少有的家的美好回忆。

夫妇二人都参加中共六大，都在会上受到批评，瞿秋白为中共中央盲动错误承担责任，杨之华是作为上一届中央委员和1927年11月下旬之前的中央妇女部部长，要因一阶段妇女运动的错误指导思想而接受严肃尖锐的批评。

只有小小的独伊给他们带来快乐。瞿秋白夫妇忙于开会，难以分身，无法照顾瞿独伊，只得带她到六大开会驻地。会议休息时间，天真活泼的瞿独伊为伯伯、叔叔、阿姨们表演在国内流传甚广的儿童歌舞

《可怜的秋香》："暖和的太阳,太阳,太阳他记得……",独伊又唱又跳,旁边围看的叔叔、阿姨还不时上前纠正她的动作,引起一阵阵欢笑,她成了大家的"开心果"。平时她由会务工作人员李文宜带着,得到无微不至的照顾,晚上她俩睡在一起。

瞿秋白从会场附近的田野上采来鲜花,送给独伊,花儿散发着大自然的清香。独伊高兴地跳起来,小脸蛋涨得通红,接过鲜花,用力嗅嗅,"妈妈,真的好香"。杨之华也乐了,爱抚地理理独伊的头发。多年后,瞿独伊还记忆犹新,"父亲偶尔带我到野外去玩,采集各种野花。我到现在还能记起爸爸在大自然中那兴奋和欢快的面容,他和我一起漫步在葱绿的草地上,兴致勃勃地逗我玩耍嬉笑。"[1]

六大之后,杨之华被允许留在莫斯科照顾瞿秋白。他们住在柳克思旅馆二楼 12 号。柳克思旅馆是公寓式的,前厅地板光洁,吊灯华丽,左侧是大理石楼梯,楼梯口有一尊雕像。

一进大门,独伊就跑跑跳跳地冲上二楼,推开 12 号房门:这里就是家。家里陈设很简单,一张办公桌,一个书架,几把椅子,厨房和厕所是公用的。在七岁的瞿独伊心目中,这间房子很大,房间深处有一个很大的壁龛,竟能容下一张大床,那是在冬天用来生火取暖的。前半间办公,后半间是卧室,靠窗摆放着书桌,瞿秋白经常坐在那里工作到深夜。桌上放着杨之华与独伊的合照,题有"慈母爱女",这是瞿秋白的笔迹。书桌旁边是阳台,夏天摆满了花。独伊虽不是瞿秋白的亲生女儿,但瞿秋白一直待她胜似亲生女儿。这使杨之华非常欣慰。

这里的一桌一椅都给瞿独伊留下温馨的回忆,那张沙发,白天来客坐着说话,晚上就成了她的床。夜晚,瞿秋白在灯下写文章,杨之华在另一头学习俄语,不时过去看看睡着的独伊,为她披一下被子。过去独伊很少与父母住在一起,因此全家团聚在柳克思旅馆的日子,令她终身难忘。

代表团成员或者朋友经常前来瞿秋白家里商量工作,瞿秋白的两个弟弟瞿云白和瞿景白也常来这里。瞿云白 1925 年进入莫斯科中山大学学习,后来曾在中山大学及其附属的莫斯科中文印刷所等处工作。

---

[1] 杜魏华:《先驱者的后代》,中国民主法制出版社 1990 年版,第 11 页。

瞿景白大革命失败后被派到中山大学学习，与曾任向警予秘书的陈修良是同年级同学。他曾参加中共六大的秘书工作，列席会议；曾与瞿秋白合编了《中国职工运动材料汇编》。陈修良说，瞿景白"很聪敏，长于文字，追求真理，为人正直，敢说敢为。他对于以王明（陈绍禹）为首的宗派小集团的言论行动，十分不满，特别对以共产国际东方部长米夫为首的'中大'支部局的领导作风，非常不满……景白对秋白很尊敬，同嫂嫂杨之华同志也很友好……景白经常到秋白住的共产国际的宿舍来探望兄嫂，来必谈'中大'的本来情况，他因此遭到王明宗派集团的嫉视。"①

瞿秋白总是忙得忘记休息，杨之华常故意上前说几句逗趣的话，引他放下笔，或叫他去做点什么，放松一下。节假日，在列宁学院学习的庄东晓会来看望瞿秋白夫妇。寒暄几句后，瞿秋白又去伏案写作。杨之华向庄东晓递个眼色，笑着说："有个人连脸都懒得洗，洗手也只洗手心，连手背也不洗，这个人更不喜欢搞卫生，房子里有气味，他就洒点香水，你们猜这个人是谁？"她俩哈哈大笑，瞿秋白只好放下笔，转过身一起说笑，休息一会。

1928年9月，瞿秋白夫妇俩一同随共产国际六大各国代表到苏联南方参观，到过黑海商港巴统、南高加索工业商业中心第比利斯、黑海石油城巴库、北高加索交通枢纽罗斯托夫商港、黑壤农业区乌法、工商业中心哈尔科夫等地。黑海海滨是世界著名的旅游胜地。瞿秋白夫妇曾在那里留下一张合影，背景是海滨，瞿秋白穿着西装，头戴当地民族黑白相间的小圆帽，杨之华披着俄罗斯大围巾，斜靠在他身前，两人幸福地笑着。参观后，瞿秋白留下休养，杨之华回莫斯科到中山大学特别班学习。

瞿秋白回莫斯科后，还是经常疾病缠身。杨之华尽可能照护好他。家里有时飘着热鸡汤的诱人香味。一天，陈修良敲门进来，闻到香味说，"哎，又在熬鸡汤吧"。自从结婚以来，杨之华从未吃过鸡腿，"全让秋白同志吃"，陈修良多年后回忆此事还感叹不已："从这小小的生活细

---

① 《陈修良文集》上海社会科学院出版社1999年版，第374—375页。

节,可知之华同志对人的态度,她是多么舍己为人啊!"

瞿秋白一身重病,又屡受政治打击的煎迫,却仍勉力工作不息。常常有人来商谈,他总是热情接待,不显露一点疲惫神态。有些同志关切地劝他去休养,只要还有点精力坚持,他还是说:"我的病不要紧的,现在已经好多了。"大家看到的是他充满激情的文章,但他为此要付出多么沉重的代价啊。杨之华心痛而又无奈。

二、丰富多彩的两地书

1929年2月,瞿秋白肺病加重,再难继续工作,不得不告别杨之华,去疗养院。莫斯科南数百里的库尔斯克州利哥夫县玛丽诺休养所,环境幽雅,空气清新,瞿秋白在这里疗养。

这时瞿秋白三口之家分在三处,女儿早已送到儿童院,他俩又暂时分手。急事发电报,平时主要靠书信来往通消息,寄情思。

柳克思旅馆12号房间里因瞿秋白的离去冷清了,杨之华只有在女儿回来的时候才有欢笑。中国传统的春节,她带领女儿去剧院,观看童话剧《青鸟》。平时一直"关"在儿童院的独伊这天又唱又跳,一口流利的俄语说个不停。童话剧开始演出,红色丝绒大幕缓缓拉开,美妙的音乐旋律,曲折动人的故事吸引得小独伊静下来。舞台上奇异的人物、多样多彩的服装、舞台表演艺术和场景音响效果之美,也引得杨之华出神。散场后,独伊仍长时间兴奋不已,忆述剧中有趣的细节。杨之华将这些写在信上,告诉瞿秋白。

瞿秋白的回信写道:"之华……你的信,是如此之甜蜜,我像饮了醇酒一样,陶醉着。我知道你同着独伊去看《青鸟》,我心里非常之高兴。"[1]

杨之华每次来信,都会在瞿秋白的心底激起层层涟漪,他们相互的爱是那么深切而炽热:"之华,我只是想着你,想着你的心——这是多么甜蜜和陶醉。我的爱是日益的增长着,像火山的喷烈……"[2]"在字里行

①《瞿秋白文集》(政治理论编)第6卷,人民出版社1996年版,第287页。
②《瞿秋白文集》(政治理论编)第6卷,人民出版社1996年版,第291页。

间我追随着你的忧愁或高兴,我觉得到你的一切一切!!"①

瞿秋白扳着指头数日子,盼着疗养的结束,杨之华知道他急于回来,倒去信劝他首先要想着把身体养好。瞿秋白又回信说:"之华……我如何是好呢?我又想快些快些见着你,又想依你的话多休息几星期。"他们情融意洽地谈现在,想将来,谈生活,计划工作。瞿秋白的信中说:"我最近几天觉得人的兴致好些,我要运动,要滑雪,要打乒乓,想着将来的工作计划,想着如何的同你在莫斯科玩耍,如何的帮你读俄文,教你练习汉文。我自己将来想做的工作,我想是越简单越好,以前总是'贪多少做'。"②

但是,杨之华的信有时不得不告诉他噩耗,例如苏兆征的病逝。瞿秋白为此悲伤得在冷清清的走廊里,孤独地来回走着,甚至讨厌周围的笑语声。他说:"之华,你写的信里说得太不明白了。他是如何死的呢?""我昨天因为兆征死的消息和念着你的病,一夜没有安眠,乱梦和恶梦颠倒神魂,今天觉得很不好过。"③

他时时惦记杨之华的学习身体健康:"你说,决定暂时不用功而注意身体。这是很好,我原是时时想着的,时时说的。之华,最不好是灰心,而是要觉得自由自在的。自己勉强固然是必须的,但是不是要自己苦自己。我俩虽已到中年了,可是至少还有二十年的生活呢,不要心急,不好焦灼"。他在复杂多事的现实政治环境中和承担艰巨斗争任务之时,还不忘文字研究等为"将来"作准备的事情,憧憬为大众的"百年"之计:"我最近又常常想起注音字母,常常想起罗马字母的发明是很重要的,我想同你一起研究,你可以帮我做许多工作,这是很有趣味的事。有许多人会跟着我们的发端,逐渐的改良,以致于可以通用到实际上去,使中国工农群众不要受汉字的苦。这或许要到五十年一百年之后,但是发端是不能怕难的。之华,我们每人必须找着一件有趣的大部分力量和生活放进去的事,生活就更好有意趣了!"④

①《瞿秋白文集》(文学编)第3卷,人民出版社1989年版,第319—320页。

②《瞿秋白文集》(政治理论编)第6卷,人民出版社1996年版,第288页。

③《瞿秋白文集》(政治理论编)第6卷,人民出版社1996年版,第291页。

④《瞿秋白文集》(文学编)第3卷,人民出版社1989年版,第319页。

夫妻分在两地的一个多月，瞿秋白不断写信，有时一天写两封，可见其至爱之情，殷殷之意。休养将近结束时，3月12日，他写信的心情是那么迫不及待："一准二十一日早晨动身回莫。"他让杨之华通知弟弟瞿云白设法找辆汽车，22日早上去车站接他。信尾说："之华，你能来接我更好了!!!"①3月18日的信又说："再过四天，我俩可以见面了。我是多么高兴! 今天这里的天气非常好，青天白云，太阳光耀着，冷风之中已经含着春意，在那里祝贺我俩的聚首呢。""我俩快见面了!!!""我数了一数你写给我的中俄文信一总有三十封了! 我读了又读。"②他写给杨之华的信至少也应该有三十多封。现在保存下来的却很少。实在令人遗憾!

1929年7月，瞿秋白到德国法兰克福参加国际反帝同盟大会；稍后杨之华将作为中国代表团成员去海参崴，参加第三次太平洋劳动大会，对这一次短期离别，瞿秋白也十分动情。他写信说："临走的时候，极想你能送我一站，你竟徘徊着。海风是如此的飘漾，晴明的天日照着我俩的离怀。相思的滋味又上心头，六年以来，这是第几次呢? 空阔的天穹和碧落的海光，令人深深的了解那'天涯'的意义。海鸥绕着桅樯，像是依恋不舍，其实双双栖宿的海鸥，有着自由的两翅，还羡慕人间的鞖掌。我俩只是少健康，否则如今正是好时光，像海鸥样的自由，像海天般的空旷，正好准备着我俩的力量，携手上沙场。"信中还说"你去那里，尽心的准备着工作，见着娘家的人，多么好的机会。""娘家的人"指来自国内出席大会的同志。最后，他遗憾地写道："可惜，这次不能写信。你不能写信，我要你弄一本小书，将你要写的话，写在书上，等我回来看! 好不好?"③

这些"两地书"生动地反映了瞿秋白生动丰富的内心世界，他的细腻、真挚的感情，凸现了"生命之伴侣"的真义。这些"两地书"还保留了许多珍贵的史料。

---

①《瞿秋白文集》（政治理论编）第6卷，人民出版社1996年版，第291页。
②《忆秋白》，人民文学出版社1981年版，第210—212页。
③《瞿秋白文集》（政治理论编）第6卷，人民出版社1996年版，第466页。

三、深切的父爱

一家三口聚少离多。独伊先后在几个儿童院生活,节假日才见到双亲。但瞿秋白给她的深切父爱,那颗温暖的慈父之心,她终生铭于灵府。

幼小的独伊,起初不愿意进幼儿园。后来才慢慢习惯。[39]瞿秋白多方安慰和引导她。知道她爱吃牛奶渣,瞿秋白从共产国际机关下班回来,路过店铺子,总不忘买一些,给她带到幼儿园去。每逢周末,独伊和其他孩子一样,焦急地等待亲人来看她。瞿秋白只要抽得出身,就会和杨之华一起去看她,送给她礼物。

冬天到了,独伊被转到莫斯科郊区"森林"学校,一座儿童疗养院。那里的生活好多了,学校讲究卫生。但全体儿童不分男女都得剃光头。小独伊剃了光头非常不高兴,瞿秋白写了一封信给她:

独伊:

我的好独伊。你的头发都剪了,都剃了吗?

哈哈,独伊成了小和尚了。

好爸爸的头发长长了,却不是大和尚了。

你会不会写俄文信呢?

你要听先生的话,要听妈妈的话,要和同学要好,

我喜欢你,乖乖的小独伊,小和尚。

好爸爸

充满爱和风趣的信,使小独伊感到温暖,安心在那里学习了。

路远,瞿秋白、杨之华去看望独伊的次数更少了。但每次去,都会带给独伊许多温暖和快乐,一家三口玩得特别高兴。

到儿童院去,要坐一夜火车。星期六晚上,瞿秋白夫妇带着许多食物,在车厢里过夜,第二天早晨,走进幼儿园时,把带来的食品、玩具和其他家长带的放在一起,连同孩子大家一起玩,然后分别把自己的孩子带出幼儿园去玩。独伊走在父母中间,又奔又跳,脸上洋溢着幸福的笑

容。森林里,空气清新,绿荫宜人,弯弯曲曲的小径通幽。瞿秋白暂时忘却繁杂事务,愉快地尽为父之责。"爸爸,我在这里。"瞿独伊的声音从树后传出来。"爸爸找不到你,独伊,快出来吧。"瞿秋白故意逗女儿玩。他还作画和折纸送给独伊,独伊高兴得直拍手。夏天,他们在树林里采蘑菇,冬天,拉雪橇玩,小雪橇里铺上厚厚的毡,瞿秋白把独伊放在上面,他拉着跑。有时故意拉得忽快忽慢;有时假装跑不动了,或者假装摔一跤,用手蒙着脸,哭起来。天真的独伊叫起来:"妈妈,我跌一跤不哭,你看爸爸跌一跤就哭了。"瞿秋白一听,松开双手,哈哈大笑。杨之华看着父女俩玩得高兴的模样,心里十分欣慰。她后来写道:"秋白无论在我和独伊或在其他人面前,总不使人感到独伊不是他亲生女儿。独伊从小没有感到秋白不是自己的亲爸爸。"①

瞿秋白无论在莫斯科还是外出工作或休养都心系女儿。他写信给杨之华,总是同时对独伊那么关切:"之华,独伊如此的和我亲热,我心上极其欢喜,我欢喜她,想着她的有趣齐整的笑容,这是你制造出来的啊!之华,我每天总是梦着你或是独伊。"②

1929 年 3 月 15 日,瞿秋白在给杨之华的信里写了一首诗:

> 小小的蓓蕾,
> 含孕着几多生命,
> 陈旧的死灰,
> 几乎不掩没光明。
> 看那沙场的血花灿烂,
> 经过风暴之后的再生。
> 谁道是无意中的赤化?
> 却是赤爱的新的结晶。

此诗手迹的第一行有"好独伊,亲独伊!"的呼语。瞿秋白在给爱妻写信,说到、想到女儿,小独伊的可爱就引发出他心海的波涛,流泻出炽热父爱的真情呼语,可爱的小独伊在诗思、诗的意境里化为"小小的蓓

① 《忆秋白》,人民文学出版社 1981 年版,第 210—212 页。
② 《瞿秋白文集》(政治理论编)第 6 卷,人民出版社 1996 年版,第 288 页。

蕾"了。这可爱的新"生命",如果不是遇上革命大潮,如果没有革命斗士的"血花灿烂"、父母辈的奋斗,就很可能被"死灰"般的旧物"掩没"。这可爱的新生命,是"赤爱"——主要指他与杨之华的革命感情相合之"爱"的结晶,"赤爱"着的夫妻在自觉地造就朝着理想方向发展的新生命。这首诗不是写给当时的独伊看的,是以独伊为诗,写给杨之华看的。但独伊长大之后,对这首诗直感是准确的,诗里确如她所说,"跳动"着"一颗炽热的慈父的心",期望着"小小的蓓蕾"开出最美的花。这不单是对一个独伊的期望。

他有许多信给独伊:"独伊:我画一个你,你在笑。为什么笑你?因为你想着:你是好爸爸和姆妈生出来的。"画上一个女孩子——独伊,牵着一只兔子,充满童趣。"你会写信了——我非常之高兴。你不病,我欢喜了。我很念着你。我的病快要好了,过三个星期我要回莫斯科,那时要回来看你,一定来看你。我的小独伊。再见,再见。好爸爸"①。有一次写给杨之华的信说:"独伊想起我吗?你一定要将地名留下,我在回来之时,要去看她一趟。下年她要能换一个学校,一定是更好了。"②

这年夏天,就把独伊转到莫斯科郊外的瓦斯基诺国际儿童院,独伊在那里学习和生活了4年。那里百余名孩子都是各国著名共产党人的子女,其中有苏兆征、张太雷、蔡畅、林伯渠、郭亮等中国共产党人的孩子。瞿秋白夫妇每次来看独伊,都多带糖果、点心,也分给其他孩子,使那些没有父母探望的孩子们也感到温暖的爱。

1930年7月下旬,瞿秋白夫妇要回国了,临行前把独伊托付给鲍罗廷夫妇。回国途径德国柏林时,特地给独伊寄了一封信和一张明信片,明信片上有一束美丽的"勿忘我"鲜花,封面左下侧写着"独伊",背面用俄文写着:"送给独伊。妈妈,1930年8月1日"。独伊收到明信片后,一眼就认出中、俄文字都是父亲的笔迹。但是,她没有料到从此再也见不到亲爱的好爸爸——瞿秋白。

①《忆秋白》,人民文学出版社1981年版,第212页。
②《瞿秋白文集》(政治理论编)第6卷,人民出版社1996年版,第466页。

第十八章 纠正立三冒险错误

一、回国

1930年7月底,共产国际决定派瞿秋白和周恩来回国去纠正李立三的"左"倾冒险错误。

1929年9月底,共产国际驻华远东局就曾请求共产国际派瞿秋白回中国。他们给东方书记处写信说,当时中共中央的工作都落到李立三身上,李"很有活力和能力",但是"有很大的缺点",需要瞿秋白回国"从事理论工作"。11月共产国际驻华代表又在信里说"有必要让瞿秋白回来"。年底,中共中央政治局委员彭湃、杨殷等被捕牺牲,远东局再次提出瞿秋白回国的建议。共产国际政治书记处会议认为当时暂不能采纳此项建议,理由是莫斯科还需要他,他也需要"在回国之前"在莫斯科"取得国际经验"①。

李立三在1929、1930年间实际上主持中共中央工作中形成了左倾冒险错误。李立三在中共六大以后,经向忠发提议,进入政治局常委会,担任宣传部长兼党报委员会主任,成为向忠发在常委会中的依靠对象。向忠发在1929年3月26日政治局会议上强调反对盲动主义的任务已经完结,此后的任务是"如何消灭右倾危险"。李立三按此方针连续发表许多文章,为中共中央起草一系列决议、报告和指示,逐渐成了

① 中共中央党史研究室第一研究部:《共产国际、联共(布)与中国革命档案资料丛书》第8卷,中央文献出版社2002年版,第171、319—320页。

中共在国内实际起主导作用的领导人。

共产国际的反右倾要求，是向忠发、李立三错误决策的根本原因。共产国际 1929 年"八月指示"、"十月指示"以及其后急遽"左"倾的政策和理论，要求中共把"右倾"作为主要危险首先反对，导致中共中央变本加厉的"左"倾冒险。向忠发、李立三等错误地估计当时的国内外形势，急于成就一番大事业，头脑发起热来。

李立三很快提出了一整套关于中国革命进程的设想，要求全国准备马上起义，首先夺取中心城市以形成全国革命高潮的中心，实际上改变了中共六大的方针。1930 年 6 月 11 日，他主持中央政治局会议通过了他起草制定的一个在全国中心城市举行武装起义和集中全国红军攻打大城市的冒险计划。他虚幻地预计，在武汉、南京暴动胜利后，苏维埃中央政府将在武汉成立；与此同时，在北方搞冀鲁豫暴动，在南方搞广州、香港暴动，引起帝国主义国家与苏联的战争，推进世界革命。这种"左"倾冒险错误左右了中共中央，而且日益严重。

瞿秋白虽然跟随着共产国际的反右思路，但还保持着一份清醒。当他看到 6 月 11 日中共中央决议时，他敏锐地意识到李立三超越了共产国际"反右"的限度，而且触动了苏联与西方国家关系上的敏感神经。

此前，1930 年 4 月 15 日在共产国际东方书记处会上，马马耶夫作《中国的游击运动》的报告，瞿秋白参加讨论，会后参与报告的修订。报告肯定首先要在农村建立苏维埃根据地的思路。而中共中央 6 月 11 日决议和李立三的冒险计划，则与此大相径庭。况且，驻上海的共产国际远东局坚决反对中共中央政治局 6 月 11 日决议。4 月 17 日，李立三写给周恩来和瞿秋白的信，在要求他们向共产国际提出尽快召开中共七大的同时，提出改组"右倾"的远东局，已使瞿秋白担心李立三的鲁莽，6 月 11 日决议和提出改组远东局，激化了中共中央与共产国际远东局的矛盾，更使得局面难以控制了。

7 月 16 日，瞿秋白出席共产国际政治书记处扩大会议。会议主要讨论李立三错误的有关问题。7 月 23 日，会议通过了瞿秋白和米夫共同起草的《关于中国问题的决议案》，认为中国革命运动虽在个别地区出现"新的高涨"，但"暂时我们还没有全中国的客观革命形势"，指出中共中央 6 月 11 日决议等有冒险错误。不过,这个"七月决议",没有点向忠发、李立三的名,更没有说他们犯了路线错误。瞿秋白和周恩来即按这个"七月决议"回国纠正李立三错误。

瞿秋白和周恩来还在回国路上的时候,李立三的"左"倾错误急遽发展。7 月 25 日至 8 月 6 日,彭德怀率领的红三军团一度攻占长沙,李立三认为形势已发展到了"历史伟大事变的前夜",更不顾共产国际和中共党内、红军内的不满,提出"会师武汉、饮马长江"的口号。8 月初,宣布合并党、团、工会组织,组成中央行动委员会,作为领导各地武装暴动和总同盟罢工的最高指挥机构,贸然决定在哈尔滨、大连等地举行暴动,试图引起日本和苏联的冲突。认为"苏联和共产国际也要准备采取进攻路线,配合中国革命",等等。

远东局得知后,立即写信给中共中央和共青团中央,要求停止实行暴动计划。但是,向忠发、李立三等仍然打电报给共产国际,向忠发还写信给斯大林,要求得到积极支持。8 月 13 日,斯大林在给莫洛托夫的电报中严厉批评:"中国人的倾向是荒诞的和危险的。在当前形势下,在中国举行总暴动,简直是胡闹。建立苏维埃政府就是实行暴动的方针。但不是在全中国,而是在有可能成功的地方。中国人急于攻占长沙,已经干了蠢事。现在他们想在全中国干蠢事。决不能容许这样做。"①斯大林最不愿意苏联卷入战争,并且对李立三竟敢于貌视莫斯科的权威很为恼怒。这使共产国际重新审视李立三的错误,改变了原来"温和"的批评态度。8 月 24 日,共产国际负责人萨发罗夫在《真理报》发表《中国革命的高潮问题》,认为中国革命高潮很不平衡,"如果按照托洛茨基的做法……宣布中国新的革命已是一个完全成熟的果子,这就是冒险主义"。第二天,联共中央政治局召开会议,讨论并通过共产国际给中共中央的电报稿,再次反对中共中央在各大城市举行武装暴动和红军进攻大城市的计划,第一次点名批评李立三"根本不想尊重事实",批评中共中央的计划是"最有害的""冒险主义的盲动",要求李立

① 中共中央党史研究室第一研究部:《共产国际、联共(布)与中国革命档案资料丛书》第 9 卷,中央文献出版社 2002 年版,第 300 页。

三"务必尽快"来莫斯科①。已经离开莫斯科的瞿秋白和周恩来不知道事态的这些新变化,不知道莫斯科对李立三的态度已变得十分严厉。

1930年7月下旬,瞿秋白夫妇动身回国,真的要告别莫斯科,离开柳克思旅馆,还真有点恋恋不舍,毕竟在这里生活了两年多。临行前,他俩特地去拍照留影,照片上的瞿秋白穿着一套西装,杨之华身着白上衣,外套深色无领的连衣裙,这是他俩最后一张全身合影照。就要回国了,他们的心情比较愉快。他们是和周恩来一起绕道欧洲回国的。途经德国柏林时,参加了柏林失业工人于8月1日举行的示威大会。周恩来先行回国。瞿秋白在柏林逗留的时间里,还让当地民间艺人为他剪纸留影,这是一张黑色的侧面剪纸像,轮廓清晰,英姿宛然。

8月26日,瞿秋白夫妇回到上海,住在原中山大学学生刘少文(曾任远东局翻译、中共中央秘书处翻译科科长等职)家里。

二、试图保护李立三

瞿秋白与周恩来一起主持筹备中共六届三中全会。他们先同向忠发、李立三交谈,正式向中共中央传达共产国际的"七月决议",批评他们的错误。李立三和中央政治局一面声言他们是完全按照共产国际的路线工作的,一面也"承认最近期间的策略是有害的",表示坚决执行"七月决议";但认为"右倾"分子利用纠错来反中共中央。他们把反对李立三"左"倾冒险错误的何孟雄等也看成"右倾分子"。向忠发请求允许李立三不去莫斯科。瞿秋白表示同意向忠发的请求,试图保护李立三。这给共产国际一种印象,似乎瞿秋白站在李立三的立场上讲话。9月12日,远东局的雷利斯基发电报给共产国际执委会,说李立三在事实的压力下,开始承认自己的错误,因而李立三不能再留在政治局和中国,认为他应立即动身去莫斯科。这使瞿秋

① 中共中央党史研究室第一研究部:《共产国际、联共(布)与中国革命档案资料丛书》第9卷,中央文献出版社2002年版,第330—332页。

白的善良愿望无法实现。

9月16日,远东局写信给瞿秋白和周恩来,重申李立三错误的严重性,要求三中全会"不掩饰李立三同志所犯的错误,全面说明他的错误,并让全党都知道他的错误"。认为:应该把李立三的错误同中共的缺点分开,中共中央不应对李的错误承担责任,说"你们"必须"从思想上克服李立三同志所犯的错误";认为李立三不能作全会的报告人,报告人应是刚从共产国际回来的瞿秋白或周恩来;从10月1日起解除李立三的工作,他必须在10月15日前赴莫斯科。事后,远东局写信给共产国际,说瞿秋白和周恩来"行动谨慎,毫无疑问他们想纠正错误,认真地着手执行莫斯科通过的决议,但是他们又不想给李立三和向忠发带来痛苦,他们想尽可能避免任何斗争"①。

远东局给周恩来和瞿秋白写信的同一天,中共中央会议讨论瞿秋白起草的中共六届三中全会政治决议草案。认为:"第一,中央路线与国际路线是一致的;第二,中央在策略上有相当错误,主要是对工农斗争力量的估量、红军力量的配合,犯有冒险主义的错误。"9月20日,在瞿秋白参加的中央政治局会议上,通过《中央工作大纲》,酝酿补选毛泽东、顾顺章、李维汉、温裕成为中央政治局候补委员,准备提交三中全会讨论决定②。

三、主持六届三中全会

9月24日至28日,瞿秋白、周恩来主持召开中共六届三中扩大全会。会议主题是贯彻共产国际"七月决议"和"八月决议"。向忠发作《中央政治局工作报告》,周恩来传达共产国际决议,周恩来、项英分别报告组织问题和职工运动。瞿秋白作题为《三中扩大会议政治讨论的结论》的报告,共产国际远东局代表奥斯藤(雷利斯基)到会发言,他和

---

① 中共中央党史研究室第一研究部:《共产国际、联共(布)与中国革命档案资料丛书》第9卷,中央文献出版社2002年版,第349—350、393页。
② 周永祥:《瞿秋白年谱新编》,学林出版社1992年版,第291页。

罗伯特斯还一直参与讨论。

向忠发的报告按照中央政治局事先讨论通过的意见,认为中共中央与共产国际"路线"一致,但是"中央确实犯有部分的策略的错误,最近两三月来,这种政治错误,犯得更其严重";每次错误都得到共产国际的坚决指正,中共中央在"切实的讨论与检查"之后,都"坚决的执行自我批评的精神来纠正";这次全会"公开的实行自我批评,以领导全党执行策略上的转变"。同时,向忠发错误地指责何孟雄为"右倾机会主义者",认为他"竟利用中央某些错误,加以造谣污蔑,来实行反中央的活动"。李立三作检讨时,表示"完全同意"会议指出中央过去在某些工作上的错误与缺点,说自己"应当负更多的责任"。他承认和检讨了形势估量、急于"革命转变"和组织总行动委员会的错误①。

瞿秋白的报告肯定与会同志的发言具有自我批评精神,李立三的发言"尤其能够用布尔塞维克的精神,来批评检查自己和政治局过去的错误"。他在批评冒险错误时,认为"决不是总的政治路线不正确","中央一向是站在国际路线之下的,就是完全同意中国革命新高潮一定到来的总路线上的"。显然,他很注意维护中共中央的威信,以期保持全党团结一致,执行新的方针政策,去争取新的胜利:"我们现在的问题是:怎样在过去的错误上得到正确的教训,来学习进攻。进攻丝毫没有错,错在进攻的方法不对。"

瞿秋白强调建立、巩固和发展苏维埃根据地是"第一等重要任务";在反动统治区积极准备武装暴动。他要求按照共产国际指示精神,"实行两条路线斗争",既反对"主要危险"的右倾机会主义;又反对"加强这种机会主义的'左倾'的'过火'",对这两种倾向"都不能采取任何的调和主义的态度"。他在谈及反对"右倾机会主义倾向和派别"时,点名批评张国焘和何孟雄,认为"这不是反对个人,而是为党反对倾向,我们必须将张国焘、何孟雄的问题公诸全党,在政治上郑重的解决"。他根据中央政治局事先议定的意见,把何孟雄继续作为打击的对象;关于张国焘,则事先与周恩来等人统一过意见,否定尚在共产国际担任中共代表

① 《中共中央文件选集》第 6 册,中共中央党校出版社 1989 年版,第 304—400 页。

的张国焘所说的"李立三领导下的中共中央政治局歪曲了共产国际的路线"①。瞿秋白顾全大局的心愿和既反对右倾机会主义又反对"左倾"过火策略的态度，后来被共产国际认为犯了"调和主义"的错误。

会上，远东局代表对李立三的检讨表示满意，认为他的检查"给大家留下了很好的印象"。李维汉后来说，李立三"检查错误的态度是严肃诚恳的，不文过饰非，勇于承担责任，并有改正的决心"②。

会议通过了《对中央政治局报告的决议》和瞿秋白起草的《中共中央关于政治状况和党的总任务议决案》，表示完全接受共产国际"决议"，承认中共中央前一段时期的策略"有个别的冒险主义倾向的错误"；不点名地批评李立三对形势估评错误；阐明目前任务是：巩固和发展苏区，集中农民斗争的力量，加强对于红军的直接领导，"建立苏维埃根据地的临时中央政府，去组织革命战争——争取一省几省的首先胜利"；领导反动统治区域各种群众斗争，扩大中心城市的工作，争取广大群众，积极准备武装暴动③。

根据中共六大以后中央委员和政治局委员有的牺牲、有的病故等变化情况，会议补选中央委员，改选中央政治局。向忠发、项英、周恩来、瞿秋白、李立三、关向应、张国焘为政治局委员。毛泽东重新选为中央政治局候补委员，朱德被选为候补中央委员。

瞿秋白、周恩来主持的六届三中全会纠正了李立三"左"倾冒险错误，确定了基本正确的方针，但是，对错误没有在思想上、理论上彻底清算，没有解决被"立三路线"打击的何孟雄等人的问题，反而错误地更强调反右倾，而这些缺点都与共产国际的"左"倾指导有密切的关系。

会议决定撤消李立三中央政治局常委兼中央宣传部部长、党报委员会主任的职务，由瞿秋白任中央宣传部部长和党报委员会主任。不过改选后的中央政治局委员中仍然保留李立三的名字（实际上会后他已离开中央领导岗位）。这是大家选举的结果，然而以后这成为严厉批判瞿秋白的重要理由之一。

---

① 《瞿秋白文集》（政治理论编）第7卷，人民出版社1991年版，第1—30页。
② 李维汉：《回忆与研究》（上），中共党史出版社1986年版，第314页。
③ 《瞿秋白文集》（政治理论编）第7卷，人民出版社1991年版，第35—60页。

对于李立三的"左"倾错误，瞿秋白总觉得自己有责任。后来他曾写道："老实说，立三路线是我的许多错误观念——有人说是瞿秋白主义——的逻辑的发展。""假定六大之后，留在中国直接领导的不是立三而是我，那末，在实际上我也会走到这样的错误路线，不过不致于像立三这样鲁莽，也可以说，不会有立三那样的勇气。我当然间接的负着立三路线的责任。"①

瞿秋白这些是说得很坦率和实在的。其一，作为共产国际的中国支部——中共中央必须执行共产国际的决议，无论是李立三还是瞿秋白都会顺从共产国际的"左"倾思路，只是在具体执行中会有所区别。其二，瞿秋白在共产国际执委会工作时，为共产国际起草了不少关于中国革命的决议和指示信，他当然明白这些指示与李立三"左"倾冒险错误之间的内在联系。其三，瞿秋白自己曾犯"左"倾盲动错误，感受特别深刻，他能发现前后者之间的相通之处。他在《多余的话》中说当时"整个路线"错误，说分辨不出"立三路线"与"国际路线"的"不同"，这实际上包含着对共产国际错误的反思和批评。

1945 年 4 月 20 日中共六届七中全会所作的《关于若干历史问题的决议》，对瞿秋白主持的六届三中全会作了客观、公正的评价："一九三〇年九月党的第六届中央委员会第三次全体会议（六届三中全会）及其后的中央，对于立三路线的停止执行是起了积极作用的。虽然六届三中全会的文件还表现了对立三路线调和妥协的精神（如否定它是路线错误，说它只是"策略上的错误"等），虽然六届三中全会在组织上还继续着宗派主义的错误，但是六届三中全会既然纠正了立三路线对于中国革命形势的极左估计，停止了组织全国总起义和集中全国红军进攻中心城市的计划，恢复了党、团、工会的独立组织和经常工作，因而它就结束了作为立三路线主要特征的那些错误。"②六届三中全会的功绩是主要的。

---

① 《瞿秋白文集》（政治理论编）第 7 卷，人民出版社 1991 年版，第 710—711 页。
② 《关于若干历史问题的决议》，载《毛泽东选集》第 3 卷，人民出版社 1991 年版，第 961 页。

第十九章　被"赶出政治局"

一、共产国际推翻原指示

1930年9月28日三中会议闭幕的这一天,远东局的罗伯特斯写信给瞿秋白等,说李立三犯了"原则性错误",不过在"路线"问题上,他说他的看法与瞿秋白起草的决议的基本精神相同,仍然认为中共中央"是与共产国际的路线一致的"①。

六届三中全会后,瞿秋白实际主持着中央工作。9月29日,他主持新改选的中共中央政治局第一次会议,10月3日又主持政治局会议,决定由向忠发、周恩来、徐锡根组成中央常委会,向忠发为主席。5日,政治局致电共产国际主席团,正式汇报六届三中全会情况,说"李立三将在10月中动身"赴莫斯科②。12日,中央发出通告第九十一号《三中扩大会的总结与精神》。17日,瞿秋白又主持中央政治局会议,决定由项英、毛泽东、周恩来、任弼时、朱德等组成中共苏区中央局,周恩来任书记,暂时由项英代理;决定由项英、毛泽东、任弼时、朱德、彭德怀、贺龙等组成苏区军事委员会,并于当天发出《中共三中全会告同志书》。

瞿秋白还与周恩来一起与共产国际远东局商讨贯彻三中全会决

① 中共中央党史研究室第一研究部:《共产国际、联共(布)与中国革命档案资料丛书》第9卷,中央文献出版社2002年版,第351—354页。

② 中共中央党史研究室第一研究部:《共产国际、联共(布)与中国革命档案资料丛书》第9卷,中央文献出版社2002年版,第358—359页。

议,瞿秋白态度坦诚。远东局写信给共产国际负责人,说现在中共中央"政治局和远东局之间的关系很好"。

　　然而这时,莫斯科不仅将李立三错误的性质升级了,并由此否定中共六届三中全会。原来,此前共产国际东方书记处得到王明小宗派的小报告和其他渠道的情报,10 月 9 日向政治书记处写了"关于中共内部状况",严厉指责李立三主持工作时,不仅不执行共产国际的指示,坚决拒绝共产国际驻华代表的意见,而且在政治局的会议上曾发起"反对远东局和共产国际的运动",曾建议中共中央要求共产国际调动蒙古军队,要求苏联"把红军开进满洲",对日本宣战;中共中央政治局"其他委员也都随声附和,完全支持李立三的讲话"。报告还说,远东局则"从一开始就坚决反对李立三的路线"①。

　　这份报告把错误的责任全推给李立三和中共中央,根本否认共产国际指导的错误,还全然否定中共六届三中全会决议。他们的目的在于把瞿秋白等逐出领导班子,扶持王明小宗派上台。

　　东方书记处报告发出后,米夫、马季亚尔、库丘莫夫即起草了一封《共产国际执委会关于立三路线问题给中共中央的信》。10 月 13 日,共产国际政治书记处批准这封信,并以政治委员会的名义发出。此信被称为共产国际"十月来信"。

　　"十月来信"推翻了"七月决议",认为李立三"用自己的路线去和国际执委的政治路线互相对立"。信中还说:"立三同志竟用了共产主义的'左'右叛徒所用过而已经被打碎的理论,就是说共产国际不知道当地情形,说中国的例外情形,说共产国际不了解中国革命的方针趋势的理论。他竟敢于把对共产国际的忠实和对于中国革命的忠实互相对立起来,他在 8 月 3 日政治局会议上说,忠实于共产国际,遵守共产国际的纪律是一件事,忠实于中国革命又是一件事,说占领武汉之后,再去和共产国际说话就不同了等等"。这封来信,把李立三的错误定为"敌视布尔什维克、敌视共产国际的行为"了,同时也就因此否定中共六届三中全会,把反共产国际的政治大帽子套在瞿秋白头上。

---

① 中共中央党史研究室第一研究部:《共产国际、联共(布)与中国革命档案资料丛书》第 9 卷,中央文献出版社 2002 年版,第 361—368 页。

这封信,中共中央直到 11 月 16 日才收到。之前,远东局也不完全清楚事情的变化,10 月 20 日写给共产国际负责人的信中,还没提到"错误路线",还为瞿秋白和周恩来说了一些好话,认为他俩"回来后,政治局本身的工作有改进",还说三中会议、军事会议、工会全会,开得很好①。

米夫和王明小宗派的活动起了很坏的作用。1929 年 3 月上旬王明回国到上海,起初安排他去苏区,他希望留在中央机关,中央让他担任中央党报采访员兼送报;后改任沪东区委宣传干事,兼《红旗》报通讯员。这期间他写了三十多篇文章,他按照共产国际文件"左"的调子,论及中国革命的性质、对象、动力、领导权、当前形势与任务等。他不把中共中央放在眼里,违反组织纪律,暗地搞宗派活动,设接头处,密切联系相继从莫斯科回国的持相似教条主义观点的年轻党员,还试图拉拢其他人。他们与米夫保持联系,得到他的支持。1930 年 1 月 12 日上午,他在上海英租界垃圾桥附近被捕。受审讯时,供出党的机关地址鸭绿路,不过说"号数不知"。他托巡捕给党的机关送信,泄露了机关所在地,造成不少麻烦和经济损失。被释放出狱后,他写了两封信:一封写给米夫,诡称狱中遭毒打,抱怨中共中央把他丢到了脑后;另一封写给中央,长达 29 页纸,为自己错误辩护。中央审查了他被捕的经过,回信指出他犯了几种重大错误,据此给他警告处分。随后,李立三安排他到全国总工会宣传部任《劳动》三日刊的编辑。他满腹牢骚,说东方部派他回国不是做普通工作,而是要做领导工作的。他还与他人大谈什么中央政策还"左"得不够,苏区存在严重的右倾等等。中共中央知道后,严肃批评了他。1930 年 6 月,他被调任中央宣传部秘书。

李立三的错误受到毛泽东、何孟雄、恽代英、李求实等人的反对和抵制时,王明与刚回国的王稼祥、博古、何子述等也不断地与向忠发、李立三、项英等政治局负责人谈话,提出过与李立三等不同的意见,但也多有出于"左"倾教条主义的指责。他们多次写信给米夫,信中多使用暗语如"公司总理事会"、"老板"指责中共中央政治局,指责中共领导

① 中共中央党史研究室第一研究部:《共产国际、联共(布)与中国革命档案资料丛书》第 9 卷,中央文献出版社 2002 年版,第 405 页。

人。6月26日,王明写给米夫的信中发牢骚说:"现在我和所谓的派别马克松、博格涅尔……时时刻刻都有被永远赶出公司的危险！当然我是首当其冲,因为我在许多问题上不同意老板的看法已非今日始。"(按:信中的"马克松、博格涅尔"分别指何子述、博古)"不知道究竟到什么时候才会真正弄清。我在那里?！或许我已经不在自己心爱的公司里了!!! 唉,'怎么办'？我敬爱的！心如刀割！（泪水)不断!"他发狠说:"中国办事处（按:指中共)不从组织上和政治上认真改组,生意即使现在也决不能取得彻底胜利的发展。"①

向忠发、李立三对王明的言行十分恼火,宣布王明等人政治上是"右派"、组织上是"宗派"分子,撤销了他的中宣部秘书的职务,给予"留党察看三个月"的处分,下放到江苏省委宣传部工作。此后,王明更是一封又一封地给他"敬爱的"的米夫写信,把自己打扮成反"立三路线"的英雄,诉说如何受到指责,迫切希望米夫能出来主持公正。他在信中详细介绍自己和何子述、秦邦宪等受到严厉指责和撤职等处分的情况,他说"我和其他人决定与右倾机会主义者作殊死斗争"②。

周恩来、瞿秋白回国后,王明预感到他们将会按"七月决议"定下的中共中央与共产国际不存在原则分歧的基调,不会与李立三等作"殊死斗争";而且他知道瞿秋白一向不欣赏他,他对此一直耿耿于怀。三中全会后,没有撤销对他的处分,没有提拔他,他对瞿秋白更为不满。表面上拥护"七月决议"和三中全会决议,暗地里仍然坚持要改组中共中央。10月17日,王明写信给米夫,说"老板们（不只是一个老板)患的病过于严重。这种病具有很深的社会历史根基和来源。对这种病的治疗只局限于寄来决议和撤销有关领导人的职务……是远远不够的"③。

王明回国后暗地里进行的派别活动,瞿秋白知道一些。他在三中会议上发言时,就批评了"无原则斗争",严肃指出,"我们对于用私人活

---

① 中共中央党史研究室第一研究部:《共产国际、联共(布)与中国革命档案资料丛书》第9卷,中央文献出版社2002年版,第209—211页。

② 中共中央党史研究室第一研究部:《共产国际、联共(布)与中国革命档案资料丛书》第9卷,中央文献出版社2002年版,第269—270页。

③ 中共中央党史研究室第一研究部:《共产国际、联共(布)与中国革命档案资料丛书》第9卷,中央文献出版社2002年版,第378—381页。

动、背后说话、会场上说'同意'的国民党的办法一定要肃清"①。他所说的"私人活动",应包括王明小宗派的活动。

王明等人的一封封密告信,使米夫愈来愈认为中共中央领导人严重"右倾",认为瞿秋白也没有执行共产国际的指示;只有王明等才是新生力量,可以用来"彻底改组"中共中央。

沈泽民、夏曦、陈昌浩、何克全、李竹声等1930年10月下旬陆续回国,他们在莫斯科从米夫那里了解到的"十月来信"的精神和背景,没有告诉中共中央,而首先告诉了王明。王明马上改变了调子,立即否定和批判六届三中全会,竭力标榜自己的"正确"。

王明按"十月来信"的调子,教条式地大放厥词,批判六届三中全会造成严重的思想混乱。他写了一本《两条路线》小册子(后改名为《为中共更加布尔塞维克化而斗争》),在小宗派中传阅,成为他们的思想纲领。这本小册子所代表的"左"倾教条主义错误倾向,统治党内达四年之久,给中国革命造成极大损失。后来,刘少奇说,这是一本"罪恶的小册子"。②

11月13日,王明、秦邦宪联名写信给中共中央,说三中全会没有揭露李立三错误的"机会主义的实质",延续着"李立三路线"。这条路线"是右倾机会主义和'左'倾机会主义的混合物,是托洛茨基主义陈独秀主义布浪基主义的混合物。立三同志的路线和国际路线是不能并容的。"③这封信大多照抄"十月来信"的词句。

三天后瞿秋白等看到"十月来信"时,发现其中对李立三问题的定性竟然与王、秦联名信基本相同,信中说"立三同志的一条政治路线""是和国际执委会的路线互相对立的"。只是为了掩饰共产国际指示的前后不一,"十月来信"的最后说道:"国际执委以前对于中国问题的决议和指示,完全是继续有效的。"④

11月18日,瞿秋白主持中央政治局紧急会议,首先发言,主要说了

---

①《瞿秋白文集》(政治理论编)第7卷,人民出版社1991年版,第27页。

② 周国全、郭德宏、李明三:《王明评传》,安徽人民出版社1989年版,第139页。

③ 周国全、郭德宏、李明三:《王明评传》,安徽人民出版社1989年版,第110—111页。

④《中共中央文件选集》第6册,中共中央党校出版社1989年版,第644—655页。

三点：

1. 这封信中最重要的就是指出了李立三的错误，并且没有说中央的整个路线是错误的。

2. 信中根据一些材料和8月1日和3日（中共中央政治局）会议所通过的工作决议指出了李立三的错误。

6月11日的政治局决议和8月15日的宣言没有偏离正确的路线，然而，"左"倾和右倾的错误解释与中央和党的正确路线不一致。我们只是在三中全会前和会议期间没有明确而深刻地予以揭露，但也没有表现出调和主义倾向。

3. 来信的某些部分与事实不符，必须予以纠正。但是这涉及的是一些很次要的和不重要的问题。①

瞿秋白的态度十分坦诚。以瞿秋白之敏，定然已清楚觉察共产国际调子的变化，而这将给李立三以至主持三中全会的自己带来严重后果。他如果看风使舵，迎合这一变化，鼓动大家一起按此调子批判李立三，把所有的责任都推到李立三身上，或许尚能稳固自己的政治地位。但他没有这么做，他仍然想维护三中全会的积极成果，指明"十月来信"并没有说"中央的整个路线是错误的"，仍然为6月11日政治局决议和8月15日中央宣言辩护，仍然认定李立三和中央政治局是接受共产国际的"路线"的，只是从"左"倾方面作了错误的理解②。他显然希望以此既维护共产国际的威信，又避免把李立三的错误看成是中共中央的路线错误，纠缠不休，而集中力量于实施当前的主要任务。

周恩来赞成"十月来信"对李立三错误的严厉批评，检讨自己当初没有与李立三作坚决的斗争；赞同瞿秋白的意见。对于何孟雄、王明等，他说应该召集那些已经知道共产国际来信的同志们开个会，号召他们站在巩固党和帮助中央领导的立场上，"不允许他们不经组织同意采取分裂党的方式"，"不允许进行广泛的辩论"。徐锡根、温裕成说，一些

---

① 中共中央党史研究室第一研究部：《共产国际、联共（布）与中国革命档案资料丛书》第9卷，中央文献出版社2002年版，第455—456页。

②《瞿秋白文集》（政治理论编）第7卷，人民出版社1991年版，第43—45页。

人在中央收到"十月来信"之前已经知道内容,兴奋地谈论中央的错误,是怪现象,"应予以纠正"。

11月22日,中共中央政治局召开扩大会议,继续讨论"十月来信",瞿秋白主持会议并作报告。他不得不按"十月来信",对李立三的错误也采取了"盲动冒险主义的路线,实行了'左倾'掩盖下的机会主义"的提法,他只能承认六届三中全会仅指出李立三"策略上的与某部分的错误",没有指出"原则上路线上的问题"。他作了严格的自我批评,说自己对李立三的错误"路线"采取了"错误的调和态度",说自己对于李立三的错误"总是采取一种小资产阶级的原谅态度,这是极严重的政治错误"。

谈到王明等人问题时,瞿秋白严肃指出:王明等"要求讨论立三的路线,并且要求将与立三争论经过公布于党,这一观点是算旧帐的方式,而且他们在此前并没有指出过那时有立三路线,尤其他们的整个精神是站在成见方面出发,他们提出的问题亦是在很小的问题来批评,对三中全会的文件,仅在某一语句上、文字上来吹求,以为还是立三路线。这与国际信中的意思没有相同之处";批评他们"不公开说已知国际有来信,请求政局(按:指中央政治局)应如何办,反而突然的在工作会议上来提出,这可使一般同志很奇异与发生其他倾向"。瞿秋白最后说:"这充分表现不是帮助中央,而是进攻中央,依然表现无原则的斗争"①。

这是对王明、秦邦宪在11月13日和17日写给中央的信发表意见。说王明等在那两封信中标榜自己一开始就反对"立三路线","政治意见绝对正确",要求中央正式公开宣布李立三错误实质,公布他们与李立三争论的经过,撤销对他们的处罚,禁止对他们的"污蔑"和"造谣"②。瞿秋白对他们的无原则的宗派行为的批评,今天来看也仍然是站得住的。

但这时,发生了瞿秋白没有料到的情况:米夫突然出现在上海。

---

① 《瞿秋白文集》(政治理论编)第7卷,人民出版社1991年版,第96—108页。
② 周国全、郭德宏、李明三:《王明评传》,安徽人民出版社1989年版,第114页。

二、米夫的策划与王明的宗派活动

米夫于1930年7月底被任命为共产国际执委会远东局书记；11月以共产国际代表的身份来到中国。他绕道欧洲时，特地作了整容手术，然后悄悄地到达上海。

斯大林至米夫等显然怀疑中共领导人尤其是瞿秋白、李立三对莫斯科的忠诚，至少是怕他们在中国问题上自主思考、自行其是，可能走到共产国际不易控制的地步，于是急于解决所谓"立三"路线和瞿秋白的问题，扶植他们更信任、更易控制的王明等一班人。他们兵分两路，一路由米夫带一班人到中国坐阵，直接干预，指挥操纵；一路在莫斯科审查、批判李立三，并通过对李立三的清算，"揭露"和清算瞿秋白，以至于中共原领导班子。

米夫到上海首先检查远东局的工作。他很不愿意看到远东局与瞿秋白、周恩来的密切合作，很不愿意听到远东局所说与中共中央政治局关系的大有改善，尤其反感远东局为瞿秋白等辩护的倾向，认为这些都是必须立即纠正的"调和主义"。在中共中央政治局召开扩大会议的第二天，11月23日，来华后尚未与中共中央领导人见面的米夫，为远东局起草了一个决议，表示"接受"瞿秋白为政治局扩大会议起草的决议，"把它看作是对三中全会决议的补充"；"同意不宜就此问题在党的队伍中进行公开辩论的决定"。这些语句，看起来好像是在支持中共中央的工作，其实米夫已责成远东局几名工作人员"在最短时间内审查与三中全会有关的所有文件"，着重审查远东局曾与瞿秋白等人的密切合作关系，重新审查六届三中全会决议。这个做法，引起远东局有关工作人员的不满。他拟的远东局决议，为了保护王明等，说要特别"通知中共中央，未经与远东局事先协商，不应把党的负责工作人员，特别是由于政治原因而开除出党"。这里的"党的负责工作人员"，是暗指受处分的王明等人——他们曾向米夫告状，说他们可能被开除；认为应审查王明等人11月17日提出的"声明"，提出处理意见①。这同时是对瞿秋白等人的一种警告。

一天,瞿秋白等突然接到到远东局开会的紧急通知,到了那里他们惊讶地看到米夫在场。米夫来华,而且到了上海,中共中央竟毫不知情,共产国际对中共中央如此保密,这对瞿秋白和中共中央显然是不祥之兆。米夫与瞿秋白寒喧几句,便切入正题:"十月来信"把"李立三路线说成与共产国际路线完全对立",这是需要认真对待的严重问题。经过讨论,11月25日中共中央政治局开会作出《中央政治局关于最近国际来信的决议》:完全同意"十月来信",认为三中全会已接受"共产国际路线",李立三也已承认错误,但"没有把和国际路线互相矛盾的立三同志的半托洛茨基路线彻底的揭发出来,亦没有对于立三同志路线的影响占着优势的时期里面政治局的工作,给以正确的估量"而采取了"调和主义的态度";同时强调"露骨的机会主义"者要把三中会议与"共产国际路线对立"起来,企图"改换党的路线"变成"退却的路线"②。这个决议既表示接受和将贯彻"十月来信",作自我批评,又试图维护和继续贯彻六届三中全会基本正确的决议,瞿秋白感到此事好像已告一段落。然而米夫有其既定计划。

米夫到上海后,多次与王明等见面,密查中共中央内部尤其是瞿秋白的情况。王明等喜出望外,加紧宗派活动。这时,他们的矛头主要指向六届三中全会,对着中央领导班子,尤其对着瞿秋白。11月21日,陈道原写信给米夫,说中共中央像打击"反革命分子"那样打击他和王明等,他们却"仍然像以前那样,在努力加强和发展"维护"国际路线"的活动;"坚决认为"六届三中全会"实际上没有执行您的正确路线,没有指出与您的路线相对立的李(立三)反伊基(按:共产国际)路线,事实很多,全会没有接受您的意见,但却说是一致的"③。

12月1日,远东局雷利斯基(奥斯藤)写信给共产国际执委会,为自己和远东局在处理李立三问题时的工作申辩。他反驳米夫起草的11

① 中共中央党史研究室第一研究部:《共产国际、联共(布)与中国革命档案资料丛书》第9卷,中央文献出版社2002年版,第466—467页。
②《中共中央文件选集》第6册,中共中央党校出版社1989年版,第500—502页。
③《中共中央文件选集》第6册,中共中央党校出版社1989年版,第500—502页。

月 23 日远东局决议的指责,认为自己和当时的远东局"与李立三主义作斗争时的活动都是正确"的,"始终都是在遵循共产国际执委会的指示";同时指责瞿秋白、周恩来等对他们"采取了不老实的态度"。信中说瞿秋白、周恩来"利用远东局中谁都不能审阅中文表述这一情况,歪曲了与他们商定的建议","在全会上没有提出"商定的那种表述,"关于这一情况他们甚至都没有预先告诉远东局——这是事实,斯特朗(按:瞿秋白)同志本人在与约瑟夫同志谈话时证实了这一点"①。这封信加深了共产国际执委会对瞿秋白的不信任。共产国际认定这是瞿秋白"两面派"手段和"调和主义"的一个突出事例。米夫 12 月 2 日的信也讲这个事例;同时赞扬王明等人,并希望张国焘和蔡和森尽快回国。米夫还计划将瞿秋白调离中共中央领导机构去苏区,由"可靠的"留苏学生回来做工会、宣传和政治军事工作,以实现其"从上到下加以改造"中共的设想。

在莫斯科,在共产国际东方部的组织下,瞿秋白成了被批判的"缺席被告"。1930 年 11 月底,李立三到达莫斯科,被责令反省、写书面材料,并参加共产国际东方部的有关讨论,接受批判。他说三中全会不执行共产国际指示,"没有实行路线上的转变",对右倾错误采取"调和"态度。他检讨说,"立三主义的理论是和秋白主义相同的。无疑的,我是在秋白影响之下",最近二年"检讨其实际工作上的错误",也是"在秋白同志影响之下"。② 李立三受到瞿秋白理论思想之影响,应当是事实,但强调他组织小"团体"、"两面派"云云,则在于极度迎合共产国际对瞿秋白的批判。

张国焘、黄平等也同时批判瞿秋白组织"小团体",和"两面派的对待共产国际的态度",还特地为王明等鸣冤叫屈。会上,共产国际主席团成员库丘莫夫还以王明来信为据,完全违背事实,张冠李戴,说王明受留党察看处分,是因为反对六届三中全会。这样,就把王明等捧为捍

---

① 孙武霞、许俊基编:《共产国际与中国革命资料选辑(1928—1934)》,人民出版社 1988 年版,第 202—258 页。

② 参见《布尔塞维克》第 4 卷第 3 期(1931 年 5 月 10 日)所载《共产国际执委主席团关于立三路线的讨论》。

卫"国际路线"的英雄,把瞿秋白定为报复、压制"新干部"的"专制者"。参加会议的、曾经与瞿秋白共同工作多年的那些人竟然也表示赞同。

原来对瞿秋白比较了解的库西宁也改变了态度,也批判他,说瞿秋白习惯运用"东方式的外交";说让瞿秋白回国"纠错"的本身就是"一个错误";他还说,李立三的自我批评"很好","没有两面派的手段","秋白同志从来没有作过这样的自我批评"①。相对于几乎全体到会者气势汹汹地对瞿秋白火上加油的批判,库西宁的话还算留了点余地。

远东局于12月3日接到共产国际执委会政治书记处关于改组中共中央领导班子的电报指示后,米夫一面通知中共中央,一面加紧与反对三中全会的各类人联系,对瞿秋白等施加压力。何孟雄、李求实、林育南等较早起来反对李立三"左"倾冒险错误,但受到错误的打击。中共中央收到"十月来信"后,何孟雄提出召开紧急会议,改选中央领导机构。罗章龙和徐锡根、王克全等也反对六届三中全会,也主张"召集党的紧急会议"②。

12月9日,瞿秋白主持的中共中央政治局会议《关于召集中央紧急会议的决议》,承认六届三中全会的"调和主义"错误;提出要"产生新的政治决议来代替三中全会的一切决议"③。

米夫却不同意召开紧急会议,紧急会议未必能达到他的目的。12月10日,米夫主持远东局写给中共中央政治局的信说,"没有必要来证明共产国际的正确性",再次指责六届三中全会的"调和主义",和"中共领导对共产国际执委会代表机构所表现出来的不能容忍的不老实态度",要求继续追查;同时提出了召开六届四中全会的建议和11条具体意见,其中包括检讨中共领导对共产国际的"不老实态度"、把"新干部",提拔到"领导岗位"、让李立三"退出政治局"等。这封信盛气凌人

① 孙武霞、许俊基编:《共产国际与中国革命资料选辑(1928—1934)》,人民出版社1988年版,第202—258页。
② 中共中央党史研究室第一研究部:《共产国际、联共(布)与中国革命档案资料丛书》第9卷,中央文献出版社2002年版,第565—572页。
③《瞿秋白文集》(政治理论编)第7卷,人民出版社1991年版,第710页。

地下命令似地要求中共中央将决议草案交给他们"修改。"①这样蛮横无理直接操纵中共党内事务,在共产国际运动史上实属罕见。

事态的发展完全纳入了米夫设计的运行轨道。按米夫的要求,中共中央政治局12月14日决定召开六届四中全会;两天后,发出《关于取消陈韶玉(按:即陈绍禹)、秦邦宪、王稼祥、何子述四同志的处分问题的决议》,不仅为王明等"平反",而且承认处分是"错误"的;作出《关于何孟雄同志问题的决议》,肯定何孟雄的意见基本"正确",取消了对他的错误处分,决定公布他的意见书。

这时王明等转而公开攻击何孟雄、罗章龙、林育南等,把他们看作是异己分子,为夺得政治领导地位加紧宗派活动。12月17日,王明写信给共产国际萨发罗夫、米夫、马季亚尔等,再次渲染中共党内的不满情绪、政治"危机",说什么"不对所有领导机构进行认真的改组,贯彻执委路线是不可想象的"②。

12月12日和15日,共产国际主席团召开扩大会议,张国焘、黄平也参加。会上,库丘莫夫就瞿秋白和周恩来的"错误"递交一份记录稿,指责他们"不忠实于共产国际(对共产国际耍两面派手腕)的立场",而主要批判瞿秋白的"错误",认为他要为三中全会的"调和主义","未揭示在组织方面所采取的右倾主义立场","不忠实于共产国际指示"等错误负责③。

12月18日,共产国际执委会政治书记处给远东局发出了一封绝密电报:

> 我们认为,即将召开的全会的任务是:
>
> (1)无条件地执行共产国际执委会在电报和信函中提出的路线;

---

① 中共中央党史研究室第一研究部:《共产国际、联共(布)与中国革命档案资料丛书》第9卷,中央文献出版社2002年版,第525—529页。

② 中共中央党史研究室第一研究部:《共产国际、联共(布)与中国革命档案资料丛书》第9卷,中央文献出版社2002年版,第540—541页。

③ 中共中央党史研究室第一研究部:《共产国际、联共(布)与中国革命档案资料丛书》第9卷,中央文献出版社2002年版,第550—554页。

（2）修改和批判三中全会的决议，制止斯特拉霍夫（按：瞿秋白）的两面派行为和消除宗派主义；

（3）团结全党去执行共产国际执委会的路线。

必须对李立三半托洛茨基主义的路线和三中全会的错误，其中包括斯特拉霍夫的错误，进行最广泛的和最全面的说明，在党的组织中不搞可能会削弱党组织的辩论。应该取消三中全会进行的把李立三的支持者拉进中央的补选，鉴于斯特拉霍夫的调和主义和两面派行为，应该把他赶出政治局，用新的力量补充中央委员会，达到新老干部的团结并坚决消除他们之间发生冲突的可能性。如果为了使四中全会能够顺利召开，避免政治局部分成员再次粉饰分歧，需要把全会推迟一段时间的话，我们将不反对。①

至此，瞿秋白被"赶出政治局"、彻底退出中共中央领导机关，已成定局。

阴冷的上海之冬，时有寒风裹着凄雨。瞿秋白处于党内"残酷斗争，无情斗争"的气氛中。他仍然忍辱负重，为中央政治局起草《中央紧急通告（中央通告九十六号）——为坚决执行国际路线反对立三路线与调和主义号召全党》。通告的草稿经过远东局米夫等修改审定，于12月23日通过。

瞿秋白起草这份通告时，不仅要用别人蛮横强加的帽子作自我批判，推翻自己曾经辛辛苦苦工作的积极成果，等待严厉的政治处分，而且还要为王明等"新干部"上台铺平道路。他被迫扭曲自己的心灵，来实现对共产国际的忠诚。

发出紧急通告的同时，米夫提议由王明担任中共江苏省委书记，中央政治局没有完全接受，决定由还在苏联的刘少奇担任，刘归国前由王明代理；还决定将秦邦宪补选为团中央委员。但由于米夫坚持，中央政治局无奈于12月25日发文任命王明为江南省委（按：即江苏省委）书记。米夫如此坚持，是为王明进入中央设置一个台阶。王明上任后，就以省委为

247

---

① 中共中央党史研究室第一研究部：《共产国际、联共（布）与中国革命档案资料丛书》第9卷，中央文献出版社2002年版，第543—544页。

据点,围攻和打击何孟雄等一批对他有意见的干部,采取撤销工作、停发生活费、强迫迁移住处等卑鄙手段,使正直的干部在政治上和生活上受到孤立和折磨。曾是江苏省委主要负责人李维汉说:"这个时候中央很软,他们很硬。他们为什么很硬?后来才知道他们有米夫作后台。"①

12 月 29 日,向忠发、周恩来以及王明和远东局代表就召开六届四中全会问题举行联席会议。会上,远东局提议,瞿秋白、李立三、李维汉退出政治局,王明等人加入。时任江苏省委秘书长的刘晓后来回忆说,王明等当时趁机"在上海党组织中公开攻击中央,并进行夺取上海党组织领导权的活动",王明"派出他的亲信到上海各区委参加讨论,并授权给这些人必要时可以改组区委"②。

米夫、王明宗派有了莫斯科把瞿秋白"赶出政治局"的旨意,更肆无忌惮,他们找许多人谈话,一些中央委员也就倚势要撤销瞿秋白等人的职务。米夫等人又反转来把这些开会和谈话记录之类作为把瞿秋白赶出政治局的理由之一方面,所谓中共党内的"呼声"。

1931 年 1 月 2 日,共产国际东方书记处写信对共产国际主席团的电报指示作解释,掩盖其前后指示的矛盾和破绽,而对瞿秋白的有关发言和起草的决议中的所谓"致命的错误",逐字逐句地批判③。这些内容以后都出现在米夫、王明等精心炮制的六届四中决议中,被作为批判和解除瞿秋白职务的根据。

1 月 3 日,共产国际政治书记处决定由"远东局承担对中国共产党活动的实际领导工作"④。共产国际远东局直接取代了中共中央政治局,直接指挥中共中央的工作,这是干脆给了米夫以全权,让他直接操纵中共六届四中全会。

瞿秋白心里明白将要发生什么事情,而且无意再继续担任中共政治领导的职位。他曾向周恩来提议,一起退出中央政治局,为六届三中

---

① 李维汉:《回忆与研究》(上),中共党史资料出版社 1986 年版,第 323 页。
② 刘晓:《党的六届三、四中全会前后白区党内斗争》,载《中共党史资料》第 14 辑。
③ 中共中央党史研究室第一研究部:《共产国际、联共(布)与中国革命档案资料丛书》第 9 卷,中央文献出版社 2002 年版,第 577—582 页。
④ 中共中央党史研究室第一研究部:《共产国际、联共(布)与中国革命档案资料丛书》第 9 卷,中央文献出版社 2002 年版,第 583 页。

全会的"错误"承担责任以保证"国际路线"的执行,以避免中共党内出现混乱和分裂局面。他推荐何孟雄去见米夫,在讨论六届四中全会补选中央委员名单时,他还提名何孟雄。瞿秋白这种顾全大局、忍辱负重之心,之行,光可鉴世。

六届四中全会举行之前,1月4日,瞿秋白看到决议草案,写信给米夫并抄送远东局:

> 现给您寄去同远东局协商过的(中共)三中全会关于政治局报告的决议的最后稿。这个稿子证明当时我们在什么问题上(即在对政治局在一定时期的错误的评价问题上)同远东局达成了一致意见。这个稿子,即用俄文给远东局的抄送稿,已经没有"反共产国际斗争"的说法。我记得在远东局对政治决议提出的修改意见中(我们当即同意了这些意见),也没有政治局的"反共产国际斗争"的说法。(修改意见稿是用德文写的,我们没有保留)。但就像那次我和莫斯克文(周恩来——引者)对您说的,我现在重申:
>
> (1)对调和主义的做法,远东局没有责任,我们要负责,特别是斯特朗(按:瞿秋白)要负责,因为我们当时不止一次地反对把反共产国际斗争"加到"李立三同志和当时的政治局头上,而远东局坚持要揭露这个事实。
>
> (2)由于我们不同意,当时的远东局最后(在修改稿中)已经不提这个提法。
>
> 所说的这些只是为了确认事实的存在,没有任何减轻我们的责任,特别是我的责任的意思。一句话,对共产国际执行委员会代表机构及其意见,确曾有过不能允许的不忠实态度,我当时对待李立三路线的腐朽的、机会主义的调和主义态度,更加说明了这一点。而像中共四中全会决议草案中所说的"协商一致"和"协调一致"则未曾有过。
>
> 在政治局讨论草案时,我和莫斯克文都未提到这个问题,因为我认为,这会成为对原远东局领导人的攻击。这个问题可以在您那里解决。
>
> 请答复我怎么办:是否需要对决议草案作相应的修改。顺便

说一句,对这一点的修改,如果是这样改的话,丝毫不会改变事情的实质,即对"不忠实行为"的严厉谴责。此致

敬礼

斯特朗①

这封信是本着客观历史事实的抗诉。米夫不得不接受,不得不从六届四中全会决议草案中删除了瞿秋白信中指出的歪曲事实的说法。但是,心胸狭窄的米夫将此信内容透露给向忠发等人,六届四中全会之后批判瞿秋白的时候,这封信竟成为他"不尊重国际代表"的罪状之一。

在当时混淆是非、大扣政治帽子的情况下,瞿秋白不畏强权,实话实说,在共产国际作为中共的上级组织、代表着世界无产阶级革命整体利益和权威的当时,他代其承担"错误"的主要责任,还为其他同志申辩,表现出无私无畏、光明磊落的品格。

三、在六届四中全会上

1931 年 1 月 7 日,米夫直接以高压手段控制的中共六届四中扩大会议,在上海武定路修德坊 6 号(现武定路 930 弄 14 号)秘密召开。出席会议的有中央委员、候补委员 22 人,加上列席者共 37 人。会议只开了一天。向忠发先作报告,讨论之后米夫代表远东局作结论,最后补选中央委员与改选中央政治局委员。

会议上有三十多人发言,充满激烈争论。瞿秋白对各种针对他的批判,都很沉静地听,都不作辩解,只在被点名要求发言时作自我批评,没有说过其他的话。

向忠发的《中央政治局报告》,除了最后作了简短的检讨之外,主要内容与米夫等起草的会议决议几乎完全相同。他说三中全会及其后的"错误",瞿秋白要负最主要的责任,而且把瞿秋白从中共六大之前直到

① 中共中央党史研究室第一研究部:《共产国际、联共(布)与中国革命档案资料丛书》第 9 卷,中央文献出版社 2002 年版,第 589—590 页。

1930年12月下旬起草"九十六号通告"期间所有能够吹毛求疵地找出的"错误"都狠狠批判了一通。那报告自然主要是米夫、王明的"杰作"。

向忠发作报告后，许多人要求发言。王明以"理论家"的姿态作长篇发言，一开场就说《两条路线》小册子没有带来，要大家回去详细地看看。他先批判李立三，接着就着重地高调批判瞿秋白，然后讲只撤换几个中央领导人是不够的，卖弄他那一套极"左"倾的教条主义滥调，什么必须发展全党的"政治斗争"呀，什么"全面彻底改造党"呀，加紧反对右倾机会主义呀，更不忘处处奴颜婢膝地竭力吹捧"国际"的"绝对正确"。

何孟雄发言时提议，让中央政治局同志发言，听听他们是否改正了错误。提议得到一些人的赞同，于是周恩来、关向应、瞿秋白、向忠发、李维汉等发言。

瞿秋白只作检讨。这次检讨除了和他在1930年11月22日在中共中央政治局会议上的自我批评，和他1931年1月4日致米夫的信中所说自要承担的责任相同的内容外，又有所增加。他说："我从六大大会以前直到三中全会前后，都有好些和立三同志大致相同的观点。因此，三中全会的时候——虽然我是参加国际七月决议案的讨论的，虽然自以为是了解国际路线的，可是，看见了考察了立三的意见和当时政治局的路线，居然会以为不过是个别错误，而不是路线上和国际不同。""立三同志的许多观点，只是我在六大大会之前的错误观点的'发扬光大'……所以立三路线，亦可以叫他做秋白路线——从党的历史上的思想来源说，更正确更公平些"。他这样追溯立三错误的"历史上的思想来源"，作自我批评，很耐人寻味。

这次会议是以极"左"反"左"，把一切错误都归之于"右倾"，包括李立三的错误也是以"'左倾'词句掩盖着实际上的右倾机会主义"。但是，瞿秋白在反右倾的同时，还是不愿放弃自己原来的一份清醒意识，在他的检讨发言中，还是提出要"反对'左'倾机会主义"[①]。虽然这仅仅是一句话，无法与浓厚"左"倾气氛相抗衡，但多么难能可贵。

晚上十时左右，会议停止讨论，米夫作结论。他以居高临下的架

①《瞿秋白文集》（政治理论编）第7卷，人民出版社1991年版，第121—127页。

势,用嘲讽的口气说:"三中全会党的领导很聪明的,他一方面向共产国际行鞠躬礼,另一方面向立三主义行鞠躬礼,这样行鞠躬礼的时候,将国际路线推到立三路线后面去了。""特别是秋白的文章,不仅没有揭破立三路线的根源,而且他一句不讲,比三中全会的决议还退后。在组织上三中全会是执行了斗争的,但不是反对立三同志,而是反对那些反对立三同志的同志"。他提出了费尽心机策划的"改造党的指导机关"的方案:"忠发、锡根、向荣(应)、温玉(裕)成,他们是工人同志,他们虽有错误,我们现在决不让他们滚蛋……恩来同志自然应该打他的屁股,但也不是要他滚蛋,而是在工作中纠正他"①。他主要是要实现把瞿秋白"赶出政治局"的目标。

选举时,先公布了远东局和中共中央政治局商议的候选人名单,罗章龙等立即表示反对,提出了另拟的名单。米夫急忙制止,要求先表决远东局和中央政治局提出的名单,然后再提议其他人。有人问,什么人有表决权? 米夫说,现在出席的都有表决权。他这种违背章程的专擅决定,使得本无资格的王明等人获得了表决权,使得选举的结果完全实现了他们的预期。李维汉和贺昌未进入中央委员会,补选了王明、沈泽民等多人。有人还提议六届三中全会补选的中央委员应该全部退出,另选中央委员。罗章龙等也表示反对,要退出会场。米夫等急忙制止。瞿秋白、李立三和李维汉被"赶"出了中央政治局,陈郁、任弼时、王明、刘少奇、王克全当选为政治局委员或候补委员。中央委员和候补委员分别多达 32 人和 15 人,大大超过了中共六大确定的人数。列席会议的王明不仅如愿进了中央委员会,而且成为中央政治局九个委员之一。

李维汉后来说,"王明等人之所以能够上台","一是得到了共产国际的赏识和支持,这是最主要的原因;二是教条主义唬住了一些人,一部分同志对他们实行妥协和支持;三是八七会议以来党内一直存在着的'左'倾情绪和政策还浓厚地存在着,容易为王明的一套更'左'的理论和政策所迷惑。"②

1945 年 4 月 20 日中共六届七中全会通过的《关于若干历史问题的

---

① 李维汉:《回忆与研究》(上),中共党史资料出版社 1986 年版,第 326 页。
② 李维汉:《回忆与研究》(上),中共党史资料出版社 1986 年版,第 328 页。

决议》指出：六届四中全会"没有任何积极的建设作用，其结果就是接受了新的'左'倾路线，使它在中央领导机关内取得胜利，而开始了土地革命战争时期'左'倾路线对党的第三次统治"；"六届四中全会及其后的中央，一方面提拔了那些'左'的教条主义和宗派主义的同志到中央的领导地位，另一方面过分地打击了犯立三路线错误的同志，错误地打击了以瞿秋白同志为首的所谓犯'调和路线错误'的同志"①。

六届四中全会以后，总书记虽然仍是向忠发，但实权却握在王明手里。从此，王明"左"倾机会主义和教条主义统治全党达四年之久，给中国革命造成了极大的损失。

1931年1月17日，瞿秋白写信给共产国际执委会和中共中央，不得不表态拥护六届四中全会决议，表示要"在共产国际执委和中央的领导之下，坚决的纠正自己的错误，反对立三路线，反对其他一切形式的'左'右倾机会主义，及其调和主义"。1月27日中央政治局作出《关于开除罗章龙中央委员及党籍的决议案》，王明等要瞿秋白和李维汉必须表明态度。第二天，已向中央请了长期病假的瞿秋白又写《声明书》，表示完全拥护这个决议。

瞿秋白完全放弃了辩解。他的心太累了，不愿再去思考变化无常的党内斗争问题。后来，他回忆说，自回国"纠错"到被解除职务，历时不到半年，却觉得"几乎比五十年还长！人的精力已经像完全用尽了似的"。这期间，他以超乎寻常的意志承受了来自各方的巨大压力，在共产国际、远东局和中共中央之间周旋，希望形成中共和共产国际的一致，维护革命的大局。然而他的善良和忠诚之心被无情地践踏，自己吞下了苦果。同时，他又觉得这是一种解脱，他很"感谢"被解除职务，使他"卸去了千钧重担"②。

此后，在病假中，瞿秋白曾被任命为中央苏区中央局的委员。1931年2月10日，在上海的共产国际远东局委员、中共中央军事顾问组领导人盖利斯写信给别尔津说，"委任的（苏区）中央局由9人组成"：项英、任弼时、瞿秋白"（他在四中全会后承认了自己的错误，但他身患疾

①《关于若干历史问题的决议》，载《毛泽东选集》第3卷，人民出版社1991年版，第963、964页。
②《瞿秋白文集》（政治理论编）第7卷，人民出版社1991年版，第711页。

病——肺结核)"、王稼祥、蔡和森、毛泽东、朱德、顾作霖和李文林。书记处由项英(政治书记)、任弼时(组织书记)、毛泽东三人组成①。2月20日共产国际批准了远东局的这个决定。

米夫曾为此与瞿秋白谈话。2月下旬,米夫给共产国际的一份报告中描述了这个经过:"关于斯特拉霍夫,四中全会后我就同他谈过话。谈了他后来写的声明(现寄给你们)。我提出让他搞政治工作的问题。他摇摆着手脚表示拒绝。他更乐意从事翻译,讲讲课,研究苏维埃运动的经验。他现在病了,将完全脱离工作两个月。我认为,以后可以利用他做些非独立的,但却是政治性的工作"②。所谓"非独立的"、"政治性的工作",应就是担任由九人组成的苏区中央局的委员。

但是,瞿秋白拒绝了。他不愿意再做政治工作。

随后,六届四中全会后的中共中央提出把瞿秋白送到苏联去治病,1931年5月7日,共产国际执委会表示同意。由于当时中共中央要求驻共产国际代表黄平回国工作,5月17日,共产国际政治书记处曾要求把瞿秋白作为中共中央驻共产国际代表派往莫斯科③,但这个决定没能实行。至今未见有资料说明具体原因。当时米夫还在中国,王明已经是中共中央政治局委员,很可能是他们的阻止而致共产国际这一要求的搁置。同年10月,王明前往莫斯科担任了这个职务。而瞿秋白失去了到莫斯科治病的机会。

---

① 中共中央党史研究室第一研究部:《共产国际、联共(布)与中国革命档案资料丛书》第10卷,中央文献出版社2002年版,第63—64页。

② 中共中央党史研究室第一研究部:《共产国际、联共(布)与中国革命档案资料丛书》第10卷,中央文献出版社2002年版,第137页。

③ 中共中央党史研究室第一研究部:《共产国际、联共(布)与中国革命档案资料丛书》第10卷,中央文献出版社2002年版,第312页。

第二十章　重返文学岗位

一、"田园将芜胡不归"

瞿秋白受到极"左"的沉重政治打击后，1931 年 1 月离开了中共中央领导机关。他觉得卸去了千钧重担，得到了某种程度的解脱。但他为共产主义事业奋斗的初衷和坚定的革命意志丝毫没有改变。他对深感委屈、一时觉得无所适从的杨之华说："革命需要我们做的工作多得很，在这种情况下，我们要学会独立工作，要自觉地、主动地寻找合适的工作去做。"

瞿秋白主动地走上了革命的文学战线。这不仅是他觉得合适的工作，而且是他一直深爱、时时眷念的所在。后来长年集中精力于政治领导工作，至今荒废不少。于是他寻找机会，重返文学领域，希望为革命文学事业尽力，作出自己的贡献。

在革命政治工作十分繁忙的岁月中，他未曾忘怀文学，仍然关注着革命作家。1927 年 10 月上旬，他从武汉回到上海后，通过郑超麟了解到茅盾小说创作的情况，当时茅盾的《幻灭》、《动摇》、《追求》已在《小说月报》上发表；后又在这个刊物上看到署名丁玲的短篇小说《梦珂》，从小说的人物和情节，他能猜到"丁玲"就是他所熟悉的蒋祎（蒋冰之）。1928 年春，他在《布尔塞维克》编委会会议上，提起创造社请求中共中央派人去指导的事。当时创造社的李民治（李一氓）和欧阳继修（阳翰笺)办了一个小型刊物《流沙》。会议指定郑超麟与创造社联系①。瞿秋白还与蒋光慈有较多交往。蒋光慈对瞿秋白很钦佩。1927年1月蒋光慈汇集自己的8篇小说编成《鸭绿江上》,请瞿秋白修改。同年,蒋光慈创作反映上海工人武装起义的中篇小说《短裤党》,分别以瞿秋白和杨之华为原型,塑造杨直夫和秋华两个人物。小说的标题《短裤党》也是瞿秋白提议的。瞿秋白不很赞赏这篇小说的艺术表现,而肯定蒋光慈用文学为革命事业服务的目标和小说的思想意义。1927年冬天,蒋光慈与钱杏邨等成立太阳社,翌年初与创造社先后提出无产阶级"革命文学"的口号。瞿秋白偶尔参加过太阳社的活动。

　　1930年8月下旬,瞿秋白从莫斯科回到上海后,听说茅盾已从日本回来,便用暗号写信托开明书店转交,约茅盾面叙,了解文坛动向。茅盾夫妇如约来拜访。瞿秋白夫妇住在普通的楼房里,楼上卧室兼做书房,楼下是客厅,平时吃饭也在楼下。瞿秋白夫妇热情地请茅盾夫妇上楼谈话。瞿秋白关切地问起茅盾在日本的生活,以及茅盾母亲的身体,还说沈泽民、张琴秋夫妇不久要回国,张琴秋生了一个女孩。茅盾已经两年远离政治活动,瞿秋白仍然把他当作自己人,这让茅盾颇为感动。茅盾坦率地说,从日本回国后,一直过着地下生活,不可能也不想找公开的职业,只好专事创作。经历了多次党内斗争的瞿秋白已理解茅盾的处境,并没有按照党内"左"倾的思维方式,强求茅盾重新投入复杂尖锐的政治斗争,而是支持他写小说。

　　如果说瞿秋白不责怪茅盾,反而鼓励他写作,这与党内浓厚的"左"倾气氛并不协调,那么同年底他突然造访丁玲夫妇,就更有意味,更值得注意了。1930年冬天,六届四中全会的前夕,他已背上极不公正的严重政治罪名。这时,他在一次会议上遇到胡也频,就带信给丁玲。这封信对丁玲表示深切的关心,信末署名"韦护"。他以前对丁玲说过,"韦护"是守护神韦陀菩萨的名字,他疾恶如仇,看见人间不平之事就要生气,所以韦陀菩萨的神像历来不朝外,而是面朝如来佛,只让他看佛面。这也是用"屈维陀"为别名的因由。此事给丁玲印象很深。她在

---

① 郑超麟:《史事与回忆》第1卷,香港天地图书有限公司1998年版,第317页。

1929 年构思小说时,就以"韦护"作为小说中的男主角名字,也作为小说的题目。这篇小说 1930 年初开始在《小说月报》连载,同年 9 月大江书铺印成单行本出版。

《韦护》描写革命者韦护与小资产阶级女性丽嘉之间革命与恋爱的冲突,最后革命战胜恋爱。韦护与丽嘉的原型分别是瞿秋白和王剑虹。丁玲说:"我想写秋白、写剑虹,已有许久了。他的矛盾究竟在哪里?模模糊糊地感觉一些。但我却只写了他的革命工作与恋爱的矛盾。当时,我并不认为秋白就是这样,但要写得深刻一些,却是我力量所达不到的。"[1]瞿秋白看了丁玲写的《韦护》,想说的话太多太多,但在信中难以表述。以他的政治修养、审美取向和鉴赏水平,《韦护》难以使他满意,况且他处于当时那种险恶政治环境之中,怎能轻易落笔评论呢?于是只在信尾署名"韦护",表达难尽之意。

丁玲看到那熟悉的秀气字迹,百感交集,但是她无法回信。瞿秋白当然也不会等待她的回信。他去登门看望丁玲夫妇。12 月底的一个夜晚,在吕班路(今重庆南路)的昏暗路灯下,出现了瞿秋白和弟弟瞿云白拖长的身影。拐进万宜坊,他们敲开了丁玲家门。"秋白……"胡也频、丁玲夫妇感到很突然,又很兴奋。当时,他们已加入左联,胡也频作为左联执委还被选为苏维埃第一次代表大会代表。瞿秋白总带点儿抑郁,笑着对丁玲说:"士别三日,当刮目相看,你现在是一个有名的作家了。"丁玲没有感到一丝嘲笑,或是假意恭维。他看了丁玲刚出生的儿子,笑着说:"应该叫韦护,这是你又一个伟大的作品"。他真喜欢《韦护》吗?丁玲心里正有疑问,瞿秋白却感慨万分地以陶渊明"田园将芜胡不归!"的诗句代发心声。丁玲理解他的心境,"他不是爱《韦护》,而是爱文学",他想到多年来对于文学的荒疏。他是不是对政治生活有些厌倦了呢?后来,丁玲知道了瞿秋白那时的困难处境,更为他难过[2]。

六届四中全会刚结束,他就写信给俄国挚友郭质生,说"病得更利害"了,"可以休息两三个月的工夫"[3],写信主要是请郭质生寄汉字拉丁

① 丁玲:《我所认识的瞿秋白同志》,载《忆秋白》,人民文学出版社 1981 年版,第 146 页。
② 丁玲:《我所认识的瞿秋白同志》,载《忆秋白》,人民文学出版社 1981 年版,第 147 页。
③《瞿秋白文集》(文学编)第 3 卷,人民文学出版社 1991 年版,第 325 页。

化小册子、小说和其他书籍杂志来，——他已经动手在文化、文学园地劳作了。一个月后，又写信给郭质生，谈中国文坛、艺坛状况，说"几乎还没有自己的作家和美术家，到处是市侩习气，盛行的只是马路文学"，大众缺乏健康向上的精神食粮，因而"再次三跪九叩首地请求"经常寄"一些俄文书籍：小说，短篇小说，新的或是旧的文学作品都可以。还要各种文艺杂志"①。急切心情跃然纸上。

瞿秋白这时确实病得很厉害，平时坐久了，腰也会疼起来。杨之华又急又心疼，想方设法为他求医治病。对于瞿秋白的遭遇，很多人深表同情。然而瞿秋白已置之度外，就是对杨之华也三缄其口。有人问他："为什么你对那些无中生有的诬蔑，不置一词，不为自己辩解呢？"他回答说："我个人的问题，算不得什么，这些都是枝节问题。我倒是担心革命的前途啊！"夏衍回忆说："日常谈话的时候他是那样的乐观，那样的'潇洒'，那样的幽默"；"小资产阶级出身的知识分子最经不起打击——特别是来自内部的打击，而在秋白同志身上，是一点也找不到牢骚、委屈之类的个人主义情绪的痕迹的。他从来不谈个人的事，不谈过去的事，在任何困难危险的情况之下，他永远是那样的爽朗、愉快，丝毫没有感情上的阴影"②。

生病期间，医生不准他写作，但是他哪里闲得住。在不得不写检查文章之外，他不无愉快地埋头文学著译，或继续拟订中断了的汉字拉丁化拼音改革方案。

二、介入"左联"

1931 年春天，瞿秋白夫妇搬家住到大西路（今延安西路）两宜里。夫妻俩仅靠中共中央发给只相当于当时上海工人中等月工资的一半的生活费，每月仅十六七元，维持最低生活需要。

一天，瞿秋白夫妇家里来了不速之客——沈泽民、张琴秋夫妇。双

---

① 夏衍：《追念瞿秋白同志》，载《忆秋白》，第 313—314 页。
②《瞿秋白文集》（文学编）第 3 卷，人民文学出版社 1991 年版，第 325—329 页。

方原来很熟悉，当初瞿秋白、杨之华结婚后曾与沈泽民、张琴秋夫妇为邻。杨之华又是张琴秋的入团介绍人，她们那时常在一起讨论工作。1930年秋，沈泽民从莫斯科回上海后，杨之华曾偶遇沈泽民。六届四中全会前后，沈泽民也毫不留情的批判瞿秋白。见沈泽民夫妇登门来看望，瞿秋白夫妇略感意外，但马上平静下来，像对待老朋友一样热情接待他们。沈泽民夫妇即将赴鄂豫皖苏区工作。瞿秋白与沈泽民长谈，相约革命胜利后，在上海相会。临走时，瞿秋白把一块苏联制的钢怀表送给沈泽民，说："你到苏区天天要打仗，这只表对你有用，留作纪念吧。"后来沈泽民把这块表转送给徐海东，抗日战争时，徐海东又转送给彭德怀。全国解放后，彭德怀把表还给杨之华，现在这块表保存在中国革命博物馆里。

4月下旬的一天下午，瞿秋白正在写文章，有人敲门，房东太太开了门，来人问："何先生在家吗？""这里没有姓何的！"房东太太不耐烦。杨之华已听出来人是茅盾夫妇，急忙大声说："有姓何的！"并对满脸狐疑的房东太太解释说："我娘家姓何，他们是我的朋友。"茅盾夫妇上楼进屋后，杨之华才悄悄告诉他们，"秋白又改名换姓了，不再姓何，改叫林复。"

略叙家常之后，瞿秋白问茅盾在写什么？茅盾说已写完了小说《路》。这篇小说，以武汉学生运动为背景，写一个叫火薪传的中学生对现实不满，反对当时的教育制度，参加学生运动遭受挫折和失败后，变成虚无主义者，后来得到革命者的引导，走上新的人生道路。瞿秋白看了前几章，建议把主人公的身份改为大学生，以便深化主题思想。茅盾按这个建议作了修改。1932年瞿秋白又看了光华书局出版的该小说全书，认为有些恋爱描写可以删去。此书再版时，茅盾照瞿秋白的这一意见删去三四页[①]。

茅盾写完《路》之前，已在构思长篇小说《夕阳》（后改名为《子夜》）。茅盾把前几章的情节告诉瞿秋白。瞿秋白很感兴趣，又问全书的情节。二人相约下次再谈。两天后，茅盾夫妇再次来到瞿秋白家里，带来《子

---

① 茅盾:《〈路〉改版后记》,《茅盾全集》第2卷,人民文学出版社年版,第282—283页。

夜》已写好的几章草稿和各章大纲。瞿秋白一边翻看,一边说着意见。两人谈了整整一个下午,茅盾乐意多听听瞿秋白的意见。瞿秋白详细介绍了红军及苏区的发展情况,解释中共当时的政策何者是成功的,何者是失败的,建议修改小说中农民暴动一章,以及描写工人罢工的章节①。

　　杨之华见他俩谈得很投入,悄悄地张罗晚饭。晚饭摆上桌,王一知来了,杨之华叫她一起吃饭。这时来了一封警报信:你们的母亲病得很厉害,快回去看看吧! 这警报是要求马上转移。原来中共中央政治局候补委员、中央特科负责人顾顺章被捕叛变了,幸好打入敌人内部的钱壮飞获得消息,及时报告中央,中央机关及江苏省委机关和有关人员全部紧急转移,避免了重大损失。接到警报的当天,瞿秋白夫妇分头转移,杨之华随王一知去找住处,瞿秋白到茅盾家。茅盾夫妇住在公共租界静安寺附近的愚园路树德里,1930 年 5 月搬来这里。茅盾对二房东说,来客是他家的亲戚,到上海看病,不久要回去。瞿秋白随着茅盾夫妇登上三楼,房间扁窄得很。茅盾叫孩子睡在地板上,把床让给瞿秋白睡。这时,有人敲门,进来的是杨之华,她因无处落脚,只好也来茅盾家。这给茅盾夫妇增添不少麻烦,瞿秋白夫妇深感不安。然而危难时刻见真情,大家亲如一家。

　　在茅盾家里避难时,瞿秋白几乎天天与茅盾谈《子夜》。茅盾原来对小说结尾的设计是民族工业资本家和金融买办资本家两大集团"在共同对付共产党的默契下又握手言和"。瞿秋白则建议改为前者斗不过后者。瞿秋白说:"中国民族资产阶级是没有出路的"。茅盾接受瞿秋白的建议,深化了小说的思想蕴涵。茅盾原来构思的工人第三次罢工的原因,是赵伯韬为了整垮吴荪甫而挑起的。瞿秋白认为不合理,把工人阶级的觉悟降低了。茅盾也欣然接受建议,删去这一情节。对人物刻划,瞿秋白也提出不少建议。例如他认为吴荪甫那样的"大资本家愤怒绝顶而又绝望就要破坏什么乃至兽行发作"。于是茅盾在写到吴荪甫得知 8 个厂的工人准备"打场、放火"而束手无策时,就写他产生了

---

① 茅盾:《我走过的道路》(中),人民文学出版社 1981 年版,第 109—110 页。

"一个单纯而野蛮的冲动":将端着燕窝粥进来的女佣王妈奸污了,从而凸现出这个刚愎自用的资本家性格的另一面:虚弱和丑恶。瞿秋白看稿很仔细,发现吴荪甫乘坐的是福特牌轿车,说这不符合大资本家的身份,应改为更高级的雪铁龙牌轿车。茅盾也照此建议作了修改①。

瞿秋白对茅盾《子夜》的创作有多方面的启迪和影响。自然,茅盾有他自己的生活实感和审美要求。茅盾回忆说:"关于农民暴动和红军活动,我没有按照他的意见继续写下去,因为我发觉,仅仅根据这方面的一些耳食的材料,是写不好的,而当时我又不可能实地去体验这些生活,与其写成概念化的东西,不如割爱。于是我就把原定的计划再次缩小,又重新改写了分章大纲,这一次是只写都市而不再正面写农村了。"②

1933年2月,开明书店出版《子夜》单行本后,瞿秋白写了两篇评论文章。其中《〈子夜〉和国货年》一文,认为《子夜》"是中国第一部写实主义的成功的长篇小说",充分肯定其社会意义,并借此阐述当时中国复杂的阶级关系和尖锐的社会矛盾,指出当局已处处露出败象。4个月后,他又发表《读〈子夜〉》,再次充分肯定《子夜》是"文学革命后"的"第一部""表现社会的长篇小说","的确是中国文坛上新的收获","值得夸耀"。文章从政治、历史以至知识分子问题和女性问题等方面,具体分析和评价《子夜》,并与辛克莱等外国作家的作品作比较研究,也指出小说结构上的不足之处③。

在茅盾家里避难的日子里,他们还谈文界状况,谈中国左翼作家联盟的工作。瞿秋白问到鲁迅先生,这时茅盾才知道瞿秋白和鲁迅还没有见过面。茅盾说:"等方便的时候,我和你一起去拜访鲁迅。"自从中共六届四中以来,杨之华还是第一次看到瞿秋白的心情这么好,好像全然忘了党内的无情斗争和敌人的追捕,忘了所处的险恶环境。

稍后,瞿秋白通过茅盾,稍后又通过冯雪峰,很快介入左联的领导工作。茅盾刚从日本回来时,也是通过冯雪峰得知左联成立和工作情

---

① 茅盾:《我走过的道路》(中),人民文学出版社1981年版,第110—111页。
② 茅盾:《我走过的道路》(中),人民文学出版社1981年版,第110—111页。
③《瞿秋白文集》(文学编)第2卷,人民文学出版社1986年版,第68—71、第88—93页。

况的。1930 年 4 月,茅盾第一次见到冯雪峰。冯雪峰早年与潘漠华、应修人、汪静之等组织湖畔诗社,1927 年大革命失败后加入中共,两年后,奉中共组织之命与鲁迅商谈成立左联的问题。他见到茅盾时介绍说,鲁迅和创造社、太阳社的朋友联合了,不久前成立了左联。同月,茅盾参加左联,发现左联存在着"关门主义"倾向,冯雪峰有同感,说鲁迅也反对这样做。茅盾对瞿秋白谈了大概情况。

1931 年 5 月初,冯雪峰突然来到茅盾家里,带来刚印出来的《前哨》。茅盾家里已经够拥挤的,哪里还有瞿秋白的藏身之处?冯雪峰一看屋里有一位陌生人,不由得愣了一下,茅盾立即上前作了介绍,于是瞿秋白第一次与冯雪峰相识。当时,冯雪峰担任左联党团书记(次年 2 月担任"文委"书记),党团成员有夏衍、阿英、阳翰笙等。冯雪峰带来的《前哨》是左联机关刊物,刚刚创刊,这本创刊号是"纪念战死者专号",以纪念左联作家李伟森等五烈士和"剧联"盟员宗晖烈士。上面有鲁迅的文章《中国无产阶级革命文学和前驱的血》和冯雪峰的《我们的同志的死和走狗们的卑劣》。瞿秋白接过《前哨》来读,当看到鲁迅的文章时,瞿秋白说:"写得好,究竟是鲁迅!"①

茅盾觉得自己的住处条件太差了,如果闯进来生人,瞿秋白的安全就很成问题,想到鲁迅那里安全些,但瞿秋白与鲁迅还没见过面,于是问冯雪峰,贸然去是否妥当?冯雪峰摇摇头说:"这不是长久之计。"他想起一个好友,叫谢澹如,其父原是大商人,开过钱庄,家住南市,房屋宽敞,瞿秋白可以住到那里,不过先要征得谢澹如的同意,并要做些准备。

几天后,冯雪峰再次到茅盾家去,看见瞿秋白夫妇还住在茅盾家中。瞿秋白主动问冯雪峰,在上海有无商人之类的朋友或可靠的社会关系,他想找一个可以比较长时间居住的地方。并且说因身体不好,组织上要他休养,想借此机会,翻译一些苏联的文学作品。冯雪峰一听很高兴,就介绍了谢澹如的情况。瞿秋白点头同意。

谢澹如与冯雪峰、应修人等早就认识,均被称为"湖畔诗人",谢澹

---

① 《雪峰文集》第 4 卷,人民出版社 1985 年版,第 217—218 页。

如自费出版过诗集《苜蓿花》。1929 年谢澹如与周全平在上海老西门开设西门书店，出版经销各种左翼书刊。他还在老西门附近和老靶子路(今武进路)开设公道书店，不以牟利为目的，并且成了左联的秘密通讯、联络机关，应修人、冯雪峰、楼适夷等常常到那里去联系工作。

谢澹如也是秘密印刷《前哨》的幕后英雄，《前哨》是他和几个人用铅版在脚踏印刷机上直接印的；手工加盖木刻《前哨》刊名，粘贴烈士肖像以及装订工作，都是在公道书店和附近民房完成的。冯雪峰说有朋友很需要借房住时，谢澹如虽知道事关重大，要担风险，甚至会掉脑袋，但他一口答应了。为了安全，他特意在报纸上登一则"余屋出租"的广告；然后冯雪峰陪同瞿秋白到紫霞路 68 号来。他们带着刊有广告的报纸，瞿秋白用"林祺祥"化名，一副刚从乡间来上海的模样，剪个平头，戴一副墨镜，身穿浅灰色长衫，脚上是布鞋，像个教书先生。夫妇俩只带一个小皮包，后来有人又送来两口大皮箱。这里是谢家在南市的一所住宅，占地七分多，座南朝北，三开间三进；有后门通街，邻近是旧式住宅和一些小商铺。有谢家富裕家庭背景作掩护，很适合瞿秋白夫妇居住。

谢澹如二十多岁，身材修长，面目清秀，态度谦和，戴着金丝眼镜，一副儒商模样。瞿秋白夫妇住下之后，谢澹如谢绝外客，也不让老母亲和妻子知道瞿秋白夫妇的真实姓名和来历。

瞿秋白夫妇住在二楼东厢房，陈设简单而实用，东南面铺一张大床，北面靠阳台处放着一张旧沙发，西面后半端一排四扇窗户，窗前是一张方桌和几只凳子。还有一张特制的西式拉盖书桌，上半一侧有抽屉，下半两旁也有抽屉，台面之上有活动的组合木板盖，写作时将木板板盖向上掀起，不用时，拉下木板盖，可以连抽屉和桌面上的文件、用具一起锁起来，不易被人发现。这张书桌以后被搬到大陆新村鲁迅故居作为纪念。

刚住进谢家一个月后，瞿秋白突然接到秘密通知，到杨树浦的一个公园里与人接头。来接头的是驻天津的中华全国铁路总工会党团书记马辉之，曾在莫斯科中山大学工人特别班学习，听过瞿秋白讲课。中共中央听马辉之汇报河北省委遭到破坏的情况后，讨论决定让瞿秋白去河北省委任职，通知马辉之与瞿秋白一起北上。马辉之向瞿秋白传达中央决定。瞿秋白当即表示："党中央要我去河北,坚决服从,只要革命需要,去哪里,干什么,都诚恳接受。"沉思一下又说:"你先走,我随后就到。我在平津的熟人很多,一起走对组织的安全不利。"事后,马辉之考虑到瞿秋白和组织的安全,向组织请求另派他人,组织上接受了他的意见①。马辉之回到河北,不久,因叛徒出卖,和新上任的河北省委书记殷鉴、唐山市委书记胡锡奎等在北平被捕。如果瞿秋白去河北省委工作,也很可能被捕。

在紫霞路 68 号,瞿秋白夫妇很少和外界来往,过着严格的秘密生活,没日没夜地伏案看书、写作。休息,也只是在那张旧沙发上坐坐,独自玩骨牌"过五关",或是在房间里踱步。不过因为一日三餐与谢家人一起吃,饭后茶余,喜欢和谢澹如谈天,听收音机。有一次听评弹《三笑》,还边听边议论,谈笑风生。有时,他还给谢澹如的大孩子讲故事。1932 年上海"一·二八"淞沪战争时,瞿秋白夫妇随谢澹如一家搬迁到法租界毕勋路(今汾阳路)毕兴坊 10 号。淞沪战争结束又搬回来,改住在三楼中间正房里。同年冬,发生"警报",曾短期离开,1933 年 2 月间搬家到别处。

将近两年的时间,瞿秋白由谢澹如掩护,住在紫霞路 68 号,避开了敌人的追捕,渡过了一段难得的较稳定的生活。他主要通过冯雪峰与外界联系。每隔几天至多隔一周,冯雪峰就去一次谢家,谈"左联"工作和有关情况,取走他为左联刊物写的稿件。在这里,瞿秋白比较系统地译介马克思列宁主义文艺理论和高尔基的作品,留下宝贵的精神财富。

"左联"设行政书记。5 月下旬,茅盾担任了左联的行政书记、与宣传部、组织部组成秘书处,下设马克思主义文艺理论、国际文化、文艺大众化三个研究会。茅盾觉得左联像政党,不重视文学创作,又存在着"关门主义"倾向。瞿秋白介入后建议继续办好《前哨》作为理论指导刊物;再办一个文学刊物,专登创作;还提出要研究和总结五四以来的新文学运动,以及 1928 年以来的无产阶级革命文学运动,吸取经验教训,希望茅盾能带个头。于是茅盾赶写了《"五四"运动的检讨——马克思

---

① 马辉之:《怀念瞿秋白同志》,载《忆秋白》,第 254 页。

主义文艺理论研究报告》、《关于"创作"》两文。因为事前与瞿秋白交换过意见，文中有的观点也包含了瞿秋白的看法。

考虑到《前哨》这个刊名容易引起反动当局的注意，自第2期起改名《文学导报》，为半月刊，着重批评国民党鼓吹的民族主义文学。瞿秋白以"史铁儿"的笔名在该刊上发表了《屠夫文学》（收入《乱弹》时改题《狗样的英雄》）①、《青年的九月》②等杂文，尖锐抨击民族主义文学作品《陇海线上》、《国门之战》是反动派的"杀人的号筒"，"民族主义文艺运动"是"法西斯主义的"。

按照瞿秋白的建议，左联创办了大型文学刊物《北斗》，由丁玲主编，1931年9月20日出版了创刊号。茅盾称创办《北斗》是左联"第一次重大的努力"。《北斗》扩大了作者面，克服了关门主义和宗派主义，创刊号上的作者不仅有左联作家，也有冰心、叶圣陶、郑振铎、徐志摩等，这对当时的官办文艺震动很大。瞿秋白对左联工作的建议产生了良好效果，《北斗》很受青年欢迎，它与《文学导报》相配合，使左翼文学产生颇大社会影响。可惜《北斗》出了第3期后，丁玲忙于其他事情，刊物"红"了起来，冰心等"中间"作家的作品不见了。1932年7月20日《北斗》第2卷第3、4期合刊出版后被查禁。

瞿秋白在《北斗》创刊号发表了谈文学语言大众化的《哑巴文学》和评论张天翼小说《鬼土日记》的《画狗罢》两篇文章。此外还写了不少杂文。从1931年10月到1932年7月，他在该刊发表了四组杂文：《笑峰乱弹》五篇、《水陆道场》六篇、《新英雄》六篇和《财神还是反财神?》6篇。杨之华创作的小说《豆腐阿姐》，经瞿秋白修改也在该刊发表。瞿秋白夫妇在鲁迅家里曾与丁玲相见，丁玲后来回忆说，那"是一个冷静的编辑同一个多才的作家"的谈话，她作为《北斗》主编与瞿秋白谈稿件。她在失去丈夫胡也频烈士的悲恸中，瞿秋白绝不去触动她"一丝伤痛的琴弦"。

瞿秋白在《北斗》上发表的杂文，如《一种云》、《"匪徒"》等，常用象征、比喻或夸张的手法，抓住主要特征，简捷、明快地勾勒当时社会的黑暗和荒诞，揭露侵略者的强盗本性和反动政府的卖国行径，歌颂人民的

———————————
①《瞿秋白文集》（文学编）第1卷，人民文学出版社1985年版，第367—371页。
②《瞿秋白文集》（文学编）第2卷，人民文学出版社1986年版，第31—38页。

伟力和革命意志,形象生动,激情昂扬。如《"匪徒"》一文写道:"他们虽然用着最旧式的武器,甚至于没有武器,他们虽然饿着冻着,它们虽然'没有教育'——然而他们学会了新兴阶级的战斗精神,学会了组织和团结,有规划地整顿自己的队伍,有系统的进行自己的战斗,……只有他们——这些所谓'匪徒',能够打胜帝国主义,能够解放中国,能够创造真正几万万民众自己的中国!"①这显而易见是对苏区和红军的大声宣传和热烈赞颂。

三、推动左翼文化运动蓬勃发展

瞿秋白对左联工作的指导,更为尽力。左联成立时受中共"左"倾错误的影响,要求左联成员参加飞行集会、示威游行、散发和张贴传单,到工厂去作鼓动工作,这既是冒险行动,又离开了作家文学写作的本职。1930年8月左联的决议《无产阶级文学运动新的情势及我们的任务》,根本不提作家的创作活动,反对"作品主义",生硬搬照苏联经验,把"工农通信员"运动当作压倒一切的工作;蔑视小资产阶级作家的作用。这使得左联不能发挥应有的作用。

瞿秋白从冯雪峰、茅盾那里了解了这些情况,又看了这个决议,认为决议中"有些论点不妥",建议起草一个新的决议。1931年11月,左联执行委员会开会,通过了冯雪峰起草、瞿秋白修改定稿的《中国无产阶级革命文学的新任务》的决议。这个决议指出左联是中国革命文学的基本队伍,要担负起引领中国革命文学潮流的历史使命,必须克服右和"左"两种倾向,尤其反对"左"倾空谈,而从文艺大众化、创作、理论斗争与批评等方面规定具体的新任务,说要"从文学的思想领域完成中国工农兵苏维埃革命所要求的"这些"任务":在大众化问题上,提出以"容易为工农大众所接受为原则",要使用工农大众的语言;把"创作问题"提到"十分重要的地位",强调不应"忽视作品",注意"中国现实社会生

---

① 《瞿秋白文集》(文学编)第1卷,人民文学出版社1985年版,第431—432页。

活中广大的题材",在创作的题材、方法、形式三个方面分别提出要求；要求研究马列主义,研究一切伟大的文学遗产,研究国际无产阶级的文学创作和批评；思想方法和创作方法,要反对"观念论,机械论,主观论,浪漫主义,粉饰主义,假的客观主义,标语口号主义"等①。这个决议,在共产国际和中共总的"左"倾大背景下,仍受到"左"倾影响,但它确认作家的主要职责是创作,并就此对各个环节提出具体意见。茅盾等人立即感到这是一种"转变",具有重要意义,因而感到欣慰。茅盾认为：

> 这个决议在'左联'历史上有十分重要的作用,它标志着一个旧阶段的结束和一个新阶段的开始。可以说,从'左联'成立到一九三一年十一月是'左联'的前期,也是它从左倾错误路线影响下逐渐摆脱出来的阶段；从一九三一年十一月起是'左联'的成熟期,它已基本上摆脱了'左'的桎梏,开始了蓬勃发展、四面出击的阶段。促成这个转变的,应该给瞿秋白记头功。"②

瞿秋白重返文学战线时,已是相当成熟的革命家、理论家和宣传家,一开始就为左联提供了指导性的意见。接着,他更多地参与对左翼文艺以至整个左翼文化运动的领导。他还参与中共中央宣传部所辖中央文化委员会的工作。

1931 年 10 月或 11 月,瞿秋白为"文委"起草了一份指示性文件《苏维埃的文化革命》。这个文件根据中共六大"争取群众、统一群众、团结群众""实行土地革命,力争工农民权独裁制的苏维埃的政权"的基本精神,提出"苏维埃的文化革命"总的策略口号,并对苏区和白区的文化、教育、宣传、出版事业等分别提出总任务和要求。其中特别强调发动群众——"文化运动的大众化",希望在上海积极开辟与"夺取苏维埃政权"政治斗争相呼应的第二条战线——苏维埃文化革命,抵御反动当局的文化"围剿"。

文件写道,"苏维埃的文化革命,是在文化战线上彻底完成民权革命的任务,为着社会主义而斗争",要继续完成五四运动没有完成的反

① 马良春、张大明：《三十年代左翼文艺资料选编》,四川人民出版社 1980 年版,第 180—182 页。
② 茅盾：《我走过的道路》(中),人民文学出版社 1984 年版,第 86—87 页。

封建文化任务,在"无产阶级立场上去批判地主资产阶级的意识和文化生活,要使广大的群众能够接受人类历史上的一切真正有价值的文化工具和知识";"文委"的任务,是在文化战线上,动员广大民众参加无产阶级领导之下的工农苏维埃革命,把文化运动与一般的革命斗争联系起来;革命的文化团体要帮助和发展苏区的一切文化事业,"尤其是关系到几千万群众的教育事业";在白区也要开展革命教育运动,利用和争取一切公开机会,发动"平民教育运动"和识字运动。

文件附有社联、左联、教联、记者联和剧联等五大联盟的工作计划纲要。其中左联(按:文件上写为"文学")的工作是:一、政治参加;二、创作批评(理论斗争);三、大众文艺新作家的养成;四、文艺理论的宣传(翻译);五、文研的指导("文新")。第五部分又分为1、创作和文艺理论的斗争;2、大众文艺——新作家;3、文艺理论的宣传;4、文研的指导①。这个文件说明瞿秋白对左翼文化运动有一个整体设想和具体部署。前述11月冯雪峰起草、瞿秋白修改的左联执委会《中国无产阶级革命文学的新任务》决议,就是这个文件文学方面的具体化。

1932年3月,上海南京路大三元酒店的一间雅座房间里,叶以群、田汉、丁玲、刘风斯等围着酒席,谈笑风生,其实这里是在为他们举行入党仪式。主持人是文委负责人潘梓年,瞿秋白代表中央宣传部出席,丁玲没有想到会在这里看到瞿秋白。丁玲等人说了许多志愿入党的感人话语,瞿秋白和潘梓年也讲了话,热情鼓励大家。不久,瞿秋白又出现在福煦路的一幢弄堂房子里,出席文委扩大会议,左联执委夏衍(负责理论研究和宣传工作)在这里第一次见到了瞿秋白。

在文委扩大会议上,瞿秋白听取剧联、社联、美联等各联盟党团书记汇报工作,对于不了解的情况问得很详细,看得出他事先已作了准备,翻看过不少左联书刊,了解一些情况。听到一个陌生名字,他就用铅笔记在纸上。剧联负责人田汉谈到,南国社和艺术剧社被禁演和勒令解散之后,剧联组织"蓝衫剧社"等到学校、工厂去演出。瞿秋白指出,左联成员也应该到学生、工人群众中去,用群众能够听懂的形式,宣

---

① 《瞿秋白文集》(政治理论编)第7卷,人民出版社1991年版,第231—235页。

传团结抗日。

田汉曾在 1930 年 4 月写了长篇论文《我们的自己批判》，近十万字，发表于同月《南国月刊》第 2 卷第 1 期。这篇长文标志着他转向左翼文艺战线，也包含不少"左"倾教条思想和理论。瞿秋白曾翻阅过此文，又在田汉等人入党时见过面，便在会上向田汉提了一些意见。

"九一八"事变和"一·二八"淞沪抗战，使形势急剧变化，民族矛盾上升，瞿秋白及时地要求左联等各联盟改变策略，灵活出击，利用各种机会和合法手段，有计划地开辟文化新战地。1932 年 5 月，明星电影公司老板张石川为适应形势，争取观众，采纳洪深的建议，拟聘几位左翼作家去当"编剧顾问"，并请该公司的剧评家周剑云找同乡钱杏邨帮忙。钱杏邨与夏衍、郑伯奇商量决定后写了报告给文委。瞿秋白主持文委会议讨论此事。与会者多顾忌电影界风气、名声不好，影片又多为武侠、恋爱、旧伦理之类，瞿秋白认为应进一步了解情况。6 月底，在文委会议上夏衍等人报告调查的情况时，瞿秋白问："就是你们三个？"夏衍说："他们还打算请几个年轻的话剧演员。"瞿秋白表示同意，说："在文化艺术领域中，电影是最富群众性的艺术，将来我们'取得了天下'之后，一定要大力发展电影事业。现在有这么一个机会，不妨试一下"，但提醒他们"不要抱太大的希望，更不要幻想资本家会让你们拍无产阶级的电影。况且他们只请你们三个人，你们既没办电影的经验，又没有和资本家打交道的本领，所以要特别当心。"夏衍等对"特别要当心"这句话印象非常深刻，认为是告诫大家要小心谨慎，坚持立场。防止沾染不良习气。钱杏邨、夏衍、郑伯奇正式接受明星电影公司的邀请后，计划认真地帮助公司拍几部好电影，先站稳脚跟，然后"稳步发展"。瞿秋白、冯雪峰等听取并同意他们的计划。在电影界初步站稳脚跟后，田汉、钱杏邨、夏衍曾在文委会议上详细汇报，瞿秋白很感兴趣，赞成他们的做法，但再次提醒："不要因为初战告捷而放松警惕"[1]。1933 年春，文委成立电影小组以强化领导，夏衍为组长，成员有钱杏邨、王尘无、石凌鹤、司徒慧敏；决定从编剧、影评、输送新人、译介苏联电影等四个方

---

[1] 夏衍：《懒寻旧梦录》（增补本），生活·读书·新知三联书店 2000 年版，第 151—153 页（另参见夏衍《追念瞿秋白同志》），第 159 页。

面开展工作。电影界很快出现了新局面。文委直辖的"电影小组"和"剧联"领导的"影评人小组",几乎占领上海所有大报的电影副刊;苏联电影理论得以有计划的介绍。一批进步电影陆续上映,其中有田汉的《母性之光》、《三个摩登女性》,夏衍的《春蚕》、《上海二十四小时》,沈西苓的《女性的呐喊》,钱杏邨的《盐潮》,阳翰笙的《铁板红泪录》,郑伯奇的《时代的儿女》等等,揭开中国电影史上光辉的一页。

田汉、夏衍等为宣传抗日,设法打进法国商人的百代唱片公司,拟通过这个影响广大的公司灌制进步歌曲唱片。为此,他们专门请示瞿秋白。瞿秋白完全同意,高兴地说:"这是一个好机会。"于是,聂耳、冼星海、田汉、孙师毅等人的歌曲由百代公司录制成唱片,《渔光曲》、《毕业歌》、《义勇军进行曲》等等唱遍全国。夏衍深有感触地说,这些,"在秋白同志领导文艺工作之前,我们是不可能做到的"。

文委决定四面出击,左联也改变了"左"的"作茧自缚"的做法,允许左翼作家在国民党报刊上发表文章。于是石凌鹤当了销量最大的《申报》的《电影专刊》编辑,王尘无担任《晨报》上《每日电影》栏的实际编辑。广大读者发现《东方杂志》、《申报月刊》等刊物上许多批判国民党"先安内后攘外"反动主张的杂文、随笔和漫画等。夏衍说:"多亏有了秋白同志的一度领导才改变了王明路线时期的那一套关门主义作风,广泛地打入资产阶级和敌人的阵营,扩大了我们的影响,推进了我们的工作。"①

瞿秋白很注意团结左翼同人,发挥他们的长处,也毫不客气地批评他们的一些观点,其中有左联执委郑伯奇的观点。郑伯奇于1921年参加创造社,是一位有多方面成就的作家、戏剧家和评论家。他以何大白为笔名发表《大众化的核心》一文,瞿秋白认为郑文代表着小资产阶级知识分子自居大众之外、之上的倾向,于是撰文《"我们是谁?"》,批评说:"何大白说的'我们'是谁!? 他用'我们'和大众对立起来。这个'我们'是在大众之外的。他根本不感觉到这个'我们'只是'大众'之中的一部分。这样,所以他就不能够认识自己的错误,不能够抛弃'智识阶

---

① 夏衍:《"左联"成立前后》,《左联回忆录》(上),中国社会科学出版社1982年版,第53—55页。

级'的身分。"①

郑伯奇有点受不了。瞿秋白闻讯后,在夏衍家里约见郑伯奇。夏衍家住在爱文义路(今北京西路)普益里的一幢石库房子里,是文委几个成员聚会之处。见面时瞿秋白神情沉稳,态度和蔼,细心地引导着话题。郑伯奇原来紧张的心情放松了,他谈了自己的看法。瞿秋白认真地听,并且用他自己制订的拉丁化文字记录郑伯奇谈的内容。交谈中,郑伯奇认识到自己的文章有矛盾之处,也确有不正确的观点,表示应该向大众学习,学习他们活的语言和喜闻乐见的形式。一抹阳光斜照在对面屋顶上,他们已谈了一个多小时,增进了彼此的了解。多年后郑伯奇还能清晰地回想起这次谈话的情景和瞿秋白的言谈举止,说自己服膺瞿秋白的主要观点,钦佩其为人②。

瞿秋白参与左翼文艺运动领导工作之后,与同志们共同努力,摆脱困境,走出低谷,进入蓬勃发展时期,后来发展到约四百人,除上海外,在北平、天津、保定、青岛、广州等地及东京也先后建立组织,与社联、剧联、美联、教联及电影、音乐小组等左翼文化团体,形成一支左翼文化大军,改变了当时中国文化界格局和整体面貌,对此后的中国文化史进程的影响深远而广泛。茅盾后来说:

> 鲁迅是左联的主帅……但是他毕竟不是党员,是"统战对象",所以"左联"盟员中的党员同志多数对他是尊敬有余,服从则不足。秋白不同,虽然他那时受王明路线的排挤,在党中央"靠边站"了,然而他在党员中的威望和他在文学艺术上的造诣,使得党员们人人折服。所以当他参加了"左联"的领导工作,加之他对鲁迅的充分信赖和支持,就使得鲁迅如虎添翼。鲁迅和秋白的亲密合作,产生了这样一种奇特的现象:在王明左倾路线在全党占统治的情况下,以上海为中心的左翼文艺运动,却高举了马列主义的旗帜,在日益严重的白色恐怖下(一九三二年以后上海的白色恐怖,比之三〇年、三一年是更猖獗了),开辟了无产阶级革命文学的道路,并且

①《瞿秋白文集》(文学编)第1卷,人民文学出版社1985年版,第487页。
② 郑伯奇:《回忆瞿秋白烈士》,载《忆秋白》,人民文学出版社1981年版,第320页。

取得了辉煌的成就！①

茅盾还以"左翼文台两领导,瞿霜鲁迅各千秋"的诗句②表达瞿秋白与鲁迅领导 30 年代革命文学事业的功绩。

四、汉字改革的开创者之一

瞿秋白是我国文字改革的开创者之一,对汉语言文字拼音化和"现代中国普通话"作了深入的研究。三十年代,他把他在莫斯科出版的《中国拉丁化的字母》小册子订正为《新中国文草案》,并把文字改革与文艺大众化联系起来,置于建设"苏维埃文化"的总框架之中。

中国的汉字改革可以追溯到五四运动之前。1918 年,北京政府教育部公布五年前由"读音统一会"拟订的"注音字母"方案,产生很大影响,但学用很麻烦。五四前后,蔡元培、赵元任、黎锦熙、钱玄同等提出"汉字革命"的口号。1926 年赵元任等拟订《国语罗马字方案》,采用拉丁字母拼音,但局限于学术圈子。

瞿秋白深受五四新文化影响,很早就致力于"汉字革命"。第一次赴俄时,苏俄政府采用拉丁字母创制少数民族的新文字,取得了扫盲工作的显著成就。他受到启发,开始研究汉字的拉丁化拼写。他应邀住在汉学家郭质生家里时,促膝长谈的广泛话题中就有汉字拉丁化的问题。他告诉郭质生,他第二次见到列宁时,列宁说:"拉丁化对东方语言是一个革命的因素。"③列宁的话对他更有激励作用。他挤出时间,孜孜不倦地研究,多方搜寻资料,整理成两大本,存放在郭质生家里。第二次赴俄,郭质生送来他的这些研究成果,他进一步进行深入的研究。他在 1929 年 3 月住疗养院期间,写给杨之华的信说起此事,认为这是使

---

① 茅盾:《我走过的道路》(中),人民文学出版社 1984 年版,第 156 页。

② 此诗句出自茅盾于 1980 年 11 月在病中所写《赠丁景唐》一诗。全诗四句,后两句为:"文章烟海待研证,捷足何人踞上游。"见丁景唐:《记茅盾对秋白的崇高评价——从茅盾一首遗诗谈起》,《江海学刊》1985 年第 4 期。

③ 瞿独伊:《寻觅双亲的足迹》,《环球》1986 年第 12 期。

中国大众不"受汉字的苦"的"发端"工作,实行或要"五十年一百年之后",但是现在就要不怕困难地来"发端"①。他与林伯渠、吴玉章等自动组成小组,研究中国文字改革问题。吴玉章回忆说,印象"最深的是中国新文字的创造,他主张中国文字改革必须是文字革命,应当采取拼音制度,用罗马(拉丁)字母拼音,制造一种新的中国文字,方才能够达到'言文一致'的目的。"②

1929年2月,他制订出的《中国拉丁式字母草案》,由莫斯科"劳大"出版社出版了大开本的小册子,印了200份。随后他又作了修改,改名为《中国拉丁化的字母》,这是他设计得较好的拼写汉字的方案,已接近于解放后全国推行的《汉语拼音方案》。其中有28个字母、26个声母和36个韵母,并规定三条简单的拼音规则③。他在方案前面写道:"我根据北京政府教育部的'罗马字'加以相当的修改,写了一个《中国拉丁式字母草案》。这个草案只不过要说明'五声'的理论。后来我又研究:实用上的'五声'(阴平,阳平,上声,去声,入声),是不是有五种分别得很清楚的声音?研究的结果,我觉得实用上只有三个声音。所以我又写了第二个草案。第二个草案也不过要分析普通话里的实用上的五声。现在我根据'五声'的分析,认为'五声'在实用上不过是音调的变化,和外国文里的'重音',有些相同。所以拉丁化的中国字母里,用不着把那种很微细的分别表示在拼音上"④。

1930年春,《中国拉丁化的字母》首先在莫斯科《中国问题》第2期上发表(署名瞿维托),后出版单行本,用汉字、瞿式拉丁化新文字和俄文排印,印了3000册。该单行本除了正文之外,还有新文字和汉字的对照读物,以及两个附表:《新拉丁字母的一览表》和《汉字拼音表》。

瞿秋白对待这项工作是非常执著、认真和严谨的。他反复研究,多次修改、补充,充分考虑拉丁化汉字的实用性,同时深化自己的理论思考。

1931年1月,瞿秋白被逐出中共中央政治局后,在大病中就立即着

① 《瞿秋白文集》(文学编)第3卷,人民文学出版社1989年版,第319页。
② 吴玉章:《纪念瞿秋白同志》,载《忆秋白》,人民文学出版社1981年版,第249—250页。
③ 《瞿秋白文集》(文学编)第3卷,人民文学出版社1989年版,第351—419页。
④ 《瞿秋白文集》(文学编)第3卷,人民文学出版社1989年版,第352页。

手准备继续研究文字改革问题，接连写信给郭质生，同时寄上1928年2月中华书局出版的黎锦熙著《国语罗马字模范读本》，说黎著"是依照政府公布的拼音方式编的，比我们的方式繁难复杂得多"，说此书以北京方言为依据，与以前注音的拼法有些不同，可以作为参考材料。信中还说："我以为普通话仍旧要保存，发展，方言同时要制造拼音方法——让他们'并存'"；"至于四声的分别拼法，实在是非常之困难，这本书可以做一个例子。"①他迫切请求郭质生寄资料来，同时，他寄去上海《申报》关于成立"中国语言文字学会"报道的摘要。他在信中说，"倘若你有兴趣以你本人或某个团体的名义和这个学会联系，那么就可以通过你提出我们主张的方案，用它来批判南京官方的草案。"②南京官方的草案，指南京国民政府于1928年颁布的《国语罗马字拼音法式》③。

1931年9月，在海参崴召开的"中国新文字第一次代表大会"，正是以瞿秋白《中国拉丁化的字母》为基础正式作出了中国新文字的新方案《中国汉字拉丁化的原则和规则》。瞿秋白的汉字改革方案"使中国文字改革有了一个正确的方向，受到了广大人民的欢迎，开辟了中国新文字发展的道路。"④当时在侨居苏联的十万华工中，曾将此新方案用于扫盲，达到预期的效果。

瞿秋白继续作精益求精的研究，修订《中国拉丁化的字母》，于1931年底，完成了《新中国文草案》。他在"绪言"中说："中国的几万万民众，差不多有极大多数是不识字的，即使识得几个字，也还有许多人仍旧不能够自由运用自己的言语和文字。这里除开根本的原因，还有中国文字本身的困难：汉字的复杂和紊乱，以及文言或者假白话的不能够成为口头上的言语，以致于文字和言语几乎完全分离，所以最彻底的文字革命是十分必要的了。⋯⋯而现在正在发展着的'现代中国普通话'——从日常谈话到政治演说，直到深奥的科学演讲，——总之，就是真正口头上的白话，以及根据这种白话而选出来的真正白话文，却已经有采取

---

① 《瞿秋白文集》（文学编）第3卷，人民文学出版社1989年版，第325—326页。

② 吴玉章：《纪念瞿秋白同志》，载《忆秋白》，人民文学出版社1981年版，第250页。

③ 《瞿秋白文集》（文学编）第3卷，人民文学出版社1989年版，第328—329页。

④ 钟嘉陵：《瞿秋白在汉字改革方面的实践活动》，《上海师范学院学报》1982年第4期。

简便的拼音制度的可能";"我们这个草案就是拟定'新中国的普通话文'的一种尝试,希望能够经过详细的讨论和修改,而达到发动彻底的文字革命的目的。"①草案分为十个部分:绪言;字母表(27 个);声母表(22 个);韵母表(32 个);拼音规则(18 条);书法大纲(规定词的连写原则);文法规则(对虚词等联写或分写作了具体规定);拼音和书法的说明(与"旧国语"拼法上的不同点);新中国文拼音表(汉语常用字的拼式总表,以此查汉字);汉字检音表(以此查拼音)。

草案凝聚了瞿秋白多年心血精研细究的结晶,虽仍存在着一些缺憾,如对舌前音 z、c、s 和舌后音 zh、ch、sh 都用 z、c、s 表示,没有加以区别等,但已经相对地比较精到、比较完善了,超越了以前各种同类方案。它是在提倡大众语的背景下提出来的,有深厚的群众基础,"一提出来就得各方面的赞同",在进步文化界里形成一种时尚风气,"大家真诚的为中国的四亿文盲担忧,为中国的落后担忧"。瞿秋白把文字改革与革命文艺大众化、与文化普及联系起来,认为要实现文艺大众化,汉字改革是一个重要前提。

他作研究很注重调查,有一次鲁迅夫妇上门作客,他就征询他们的意见,并向他们作调查。许广平是广东人,他就找出些字来请她发音,以资对证。有时,还特邀可靠的熟人协助研究。有段时间,每逢星期三,彭玲由应修人陪同到紫霞路 68 号与瞿秋白一同研讨。瞿秋白对彭玲说:"中国的方言太复杂,分歧太大了,尤其是广东话、福建话,你们的湖南话,我们的江浙话,互相简直听不懂。将来我们一定要推行逐步统一的普通话。"他认为,中国文化艺术的统一,文字起了很大维系作用。可是方块字难学,是文化普及的拦路虎,必须改革。

他平时还以写信、写便条和会议记录作使用拉丁化汉字的实验。有一次他写信给彭玲,就全用拉丁化新文字②。

不过,对于学术范畴里的汉字改革问题,瞿秋白有时也常不适当地和政治斗争联系起来。他在 1931 年 5 月至 7 月撰写的《罗马字的中国文还是肉麻字中国文?》、《鬼门关以外的战争》、《学阀万岁!》等文章,论

---

①《瞿秋白文集》(文学编)第 3 卷,人民文学出版社 1989 年版,第 423—424 页。
② 彭玲:《难忘的星期三——回忆秋白、之华夫妇》,《新文学史料》1982 年第 4 期。

学术之处也激烈得超出学术层面了。他严厉批评赵元任、黎锦熙等人汉字改革的观点，是因为他们依照的是政府当局颁布的标准。

瞿秋白及其汉字改革研究，后来被周有光等专家认为是我国汉字改革"中间高潮的关键人物，有承前启后的历史作用"①。1955 年全国文字改革会议把"国语"改称"普通话"，也是受了瞿秋白的影响。确实，瞿秋白创制汉语拉丁化字的努力和成果，应当与他推动左翼文艺运动发展的杰出贡献一起载入史册。至于汉字改革何时应改到何种程度，汉字在将来要不要、会不会被废除，拉丁化拼音文字是否各方面都优于汉字，是否必须用来完全取代汉字，这都在学术上可以长久讨论的问题。

---

① 周有光：《瞿秋白和中文拼音化》，1985 年江苏省举行的瞿秋白学术讨论会的油印稿；此前，周有光说："汉语的拉丁化新文字是中国共产党员瞿秋白首先倡议设计的。"（周有光《汉字改革概论》，文字改革出版社 1979 年版，第 44 页。）

第二十一章 "人生得一知己足矣"

一、共同浇灌苏联文学翻译之花

瞿秋白与鲁迅相识并亲密合作,对推动中国左翼文学运动起了重要的作用,是中国现代文学史上光辉动人的一页。

瞿秋白是经过冯雪峰的介绍开始与鲁迅交往的。先是,冯雪峰带给瞿秋白一本鲁迅编定的《前哨》"纪念战死者专号",瞿秋白翻阅后,赞扬鲁迅的文章写得好。他介入左联工作后,经常向冯雪峰问起鲁迅的情况:"鲁迅近来好吗? 又写了些什么文章?"

鲁迅早就知道瞿秋白是著名共产党人,又很有文学才华。从冯雪峰那里得知瞿秋白正从事文艺著译和关注左联,就很看重瞿秋白的意见。此后,冯雪峰经常向鲁迅谈起瞿秋白及其对左联工作的意见。鲁迅专注地听着,很少插话。

一次,冯雪峰见瞿秋白正阅读鲁迅从日文转译的马克思文艺论著,谈话间瞿秋白对鲁迅的译文提出一些意见,希望转告给鲁迅。冯雪峰如实相告后,鲁迅没有急于回答和解释,而是怕错过机会似地说:"我们抓住他! 要他从原文多翻译这类作品! 以他的俄文和中文,确是最适宜的了。"[1]

鲁迅自从与创造社、太阳社争论革命文学问题,翻译了普列汉诺夫

---

[1] 冯雪峰《回忆鲁迅》,《鲁迅回忆录》专著中册,北京出版社 1999 年版,第 636 页。

和卢那察尔斯基的文艺论著,认为马克思主义的文艺理论可以解决争论中的问题。但他是根据日文版转译的。他认为"马克思主义的文艺理论,能够译得精确流畅,现在是最要紧的。"①鲁迅还很重视苏联作品的翻译,说现在"还是战斗的作品最为紧要"②。如今有了瞿秋白这位能直接从俄文翻译马克思主义文艺理论和苏联文学作品的人,十分高兴。此时,瞿秋白正翻译苏联作家格拉特柯夫的长篇小说《新土地》,请在苏联的曹靖华设法寄些有关资料来。为避免这些资料被反动当局查获,曹靖华把瞿秋白所需的书籍报刊经欧洲寄给鲁迅,由鲁迅再转给瞿秋白。后,曹靖华写信给瞿秋白说:"这书已译好,交商务印行,出版时,我要写一篇序文印在书前,这序文只有五个大字,就是'并非乌托邦!'"③可惜译稿在商务印书馆焚于"一·二八"战火,今只留下几页未定稿。

　　1931年,鲁迅准备出版曹靖华翻译的苏联作家绥拉菲摩维奇的长篇小说《铁流》,拟在译本中加上木刻插图,但是一时找不到,更引以为憾的是缺少一篇好的序文。鲁迅就委托冯雪峰将苏联文学评论家格·涅拉陀夫写的俄文序言转交给瞿秋白翻译。瞿秋白欣然同意,立即翻译了这篇两万多字的序文;还把自己的译文、曹靖华小说译稿与原著对照校核一遍。瞿秋白给鲁迅和冯雪峰写了一封信:

迅、雪:

　　这篇序是译完了。简直是一篇很好的论普洛创作的论文。其中所引《铁流》原句只有一半光景是照曹译的,其余,不是曹译不在我手边(在下半部),就是作序者自己更动了些字句,我想可以不必一致,这是"无关宏旨的"。不过,当我引着下面一段中的几句时,我细把《铁流》原文和曹译对过……④

　　信后附上四段曹靖华翻译的文字,让鲁迅参考。瞿秋白的译文准确、流畅,鲁迅很为赞赏,信中对序言原著的高度评价,也引起鲁迅的共鸣。鲁迅在《〈铁流〉编校后记》中说:"在现状之下,很不容易出一本较

① 冯雪峰《回忆鲁迅》,《鲁迅回忆录》专著中册,北京出版社1999年版,第638页。
②《鲁迅全集》第6卷,人民文学出版社1981年版,第19页。
③ 杨之华《回忆秋白》,人民出版社1984年版,第127页。
④《瞿秋白文集》(文学编)第2卷,人民文学出版社1986年版,第415页。

好的书,这书虽然仅仅是一种翻译小说,但却是尽三人的微力而成,——译的译,补的补,校的校,而又没有一个是存着借此来自己消闲,或乘机哄骗读者的意思的。"①

鲁迅原拟选择苏俄"十种世界上早有定评的剧本和小说",翻译过来,其中有卢那察尔斯基的剧作《解放了的堂·吉诃德》。1930年秋,据该剧本的日文版和德文版,动手转译了第一场,发表在《北斗》第1卷第3期上,署名"隋洛文"。鲁迅得到俄文原著后停止翻译,认为让精通俄文的瞿秋白直接翻译更合适。瞿秋白愉快地同意了,很快动手翻译。译文署译者名为"易嘉",从1931年12月20日《北斗》第1卷第4期起连载,刊至第四场,因《北斗》停刊而中止。以后鲁迅将瞿秋白的译稿找齐,交给上海联华书局出单行本。鲁迅补译《作者传略》,配上毕斯凯莱夫的木刻插图,为此译本的校对、编排做了大量工作。他在后记中写道:"从原文直接译出的完全的稿子,由第二场续登下去,那时我的高兴,真是所谓'不可以言语形容'"。后来辗转觅得未刊的译稿,鲁迅才发现瞿秋白还重译了第一场,"和我的旧译颇不同,而且注解详明,是一部极可信任的本子。藏在箱子里,已将一年,总没有刊印的机会。现在有联华书局给它出版,使中国又多一部好书,这是极可庆幸的。"②1934年4月,上海联华书局出版这个译本时,瞿秋白已经离开上海。

1931年9月,鲁迅从日文转译了苏联作家法捷耶夫的小说《毁灭》,由大江书铺出版,也署名"隋洛文",但马上遭到反动当局的查禁。11月下旬,鲁迅又以"三闲书屋"的名义,自费印行了《毁灭》第二版,并且干脆署名为"鲁迅",以示反抗。瞿秋白收到鲁迅赠送的第二版《毁灭》,再看看署名,不由得佩服鲁迅硬骨头的精神。他把这个译本与俄文原著校读后,写了一封长信给鲁迅,开头称呼鲁迅为"敬爱的同志"。

瞿秋白在信中说:"你译的《毁灭》出版,当然是中国文艺生活里面的极可纪念的事迹。翻译世界无产阶级文学的名著,并且有系统的介绍给中国读者……这是中国普洛文学者的重要任务之一。""每一个革命的文学战线上的战士,每一个革命的读者,应当庆祝这一个胜利;虽

①《鲁迅全集》第7卷,第369、374页。
②《鲁迅全集》第7卷,第403页。

然这还是小小的胜利。"瞿秋白已经把鲁迅看作是"中国普洛文学者"，很赞同他有系统地"翻译世界无产阶级文学的名著"的计划。瞿秋白对鲁迅的译文给予充分肯定："你的译文，的确是非常忠实的，'决不欺骗读者'这一句话，决不是广告！这也可见得一个诚挚，热心，为着光明而斗争的人，不能够不是刻苦而负责的"。"我也许和你自己一样，看着这本《毁灭》，简直非常的激动：我爱它，像爱自己的儿女一样。咱们的这种爱，一定能够帮助我们，使我们的精力增加起来，使我们的小小的事业扩大起来。"同时，与鲁迅讨论他长期以来思考的语言问题。他认为，"翻译——除出能够介绍原本的内容给中国读者之外——还有一个很重要的作用：就是帮助我们创作出新的中国的现代言语"。这是五四新文化运动没有完成的任务，现在"无产阶级必须完成继续去彻底完成这个任务，领导这个运动。翻译，的确可以帮助我们创作出许多新的字眼，新的句法，丰富的字汇和细腻的精密的正确的表现"。"对于翻译，就不能够不要求：绝对的正确和绝对的中国白话文。"

瞿秋白认为严复以"雅"字打消了他自己主张的"信"和"达"，而赵景深的"宁错而务顺"是"蒙蔽读者"。另一方面，瞿秋白认为鲁迅的译文，"做到了'正确'，还没有做到'绝对的白话'"。他还指出了鲁迅的一两处误译。最后，瞿秋白说：

> 所有这些话，我都这样不客气的说着，仿佛自称自赞的。对于一班庸俗的人，这自然是"没有礼貌"。但是，我们是这样亲密的人，没有见面的时候就这样亲密的人。这种感觉，使我对于你说话的时候，和对自己说话一样，自己和自己商量一样。"①

鲁迅觉得瞿秋白这封信很重要，就以《论翻译》为题，分为两次刊登在他和冯雪峰合编的左联刊物《十字街头》上，希望引起大家注意。鲁迅还在《北斗》上发表《几条"顺"的翻译》、《风马牛》两文，批评赵景深的翻译观，也反驳其他人有关"硬译"的批评。在《十字街头》续登瞿秋白长信的 12 月 28 日，鲁迅回信给瞿秋白，也以"敬爱的 J·K 同志"(按：J·K 是秋白来信时的署名)相称。写信的开头称"同志"，在鲁迅一生中是绝

---

① 《瞿秋白文集》(文学编)第 1 卷，人民文学出版社 1985 年版，第 512 页。

无仅有的,他对瞿秋白确实有"亲密"的感觉。他说:"看见你那关于翻译的信以后,使我非常高兴"。"我真如你来信所说那样,就像亲生的儿子一般爱他,并且由他想到儿子的儿子。"他感谢瞿秋白提出的意见,说"如来信所举的译例,我都可以承认比我译得更'达',也可推定并且更'信',对于译者和读者,都有很大的益处";"在你未曾指出之前,我还自以为这见解是很高明的哩,这是必须对于读者,赶紧声明改正的"。但是,对于瞿秋白提出的"绝对的白话"这一翻译标准,鲁迅直率地表示不同意,而认为必须"区别了种种的读者层,有种种的译作"。大众中因为受教育程度的不同,读书的"胃口"也不同,对较高程度的读者,译文不妨"宁信而不顺",以便输入新的表现法,促使汉语精密起来,也可以丰富群众的语言①。

在如何运用白话的问题上,两人存在意见分歧,而毫无顾虑地发表和坚持自己的意见,表现出相同的追求真理的学术态度。他们在争论中进一步加深了友谊。此后他们更加互相配合,互相支持。

二、知己真情

1932年夏,瞿秋白第一次拜访鲁迅。当时鲁迅住在北四川路194号拉摩斯公寓(现为四川北路2093号)。这座公寓是一排西欧风格的4层楼建筑(现为四川北路2077—2099号北川公寓),沿街坐南朝北,马路对面是工部局学校,斜对面江湾路1号是日本海军陆战队司令部。1930年春,鲁迅受到反动当局的通缉,经内山完造介绍租下这里的三楼四室。

见到瞿秋白,许广平觉得与1923年在北京讲演的瞿秋白很不一样了,当年他是"英气勃勃"的青年宣传员的样子,而今显得沉稳,圆面孔,剃光了头,似乎换了个人,若非事先知道,真是认不出来了。

瞿秋白与鲁迅有着说不完的话,从日常生活、淞沪战争、彼此的遭遇和文学界的情况等等,一个话题接着一个话题。为了庆贺这一次会

①《鲁迅全集》第4卷,第384—385页。

见,吃午饭时瞿秋白破例地喝了一些酒,脸上泛着红晕。下午两人放弃午睡,一直谈到夜幕降临,瞿秋白才离去。

6月10日,鲁迅寄了一本《九品中正与六朝门阀》(杨筠如著,1930年商务印书馆出版)给瞿秋白。瞿秋白回信谈整理文学史的问题。他认为"这是一个巨大的工程",强调要注意社会历史和"经济条件的材料",并以"门阀"等级制度的演变为例,阐述了中外封建社会制度的共性和特点,认为"中国的等级制度既然有这样长期的历史和转变,有这样复杂的变动的过程,它在文学上是不会没有反映的。文言文学和白话文学的划分,显然带着等级的痕迹。"①他是以唯物史观看文学史的,颇有卓见,但也表现出简单化的倾向。

9月1日上午,在初秋的疏雨中,鲁迅一家三口应邀来到瞿秋白夫妇居住的紫霞路68号。瞿秋白拿出他关于文字改革的书稿,兴致勃勃地与鲁迅交谈。为了招待鲁迅一家,杨之华特地到饭馆叫了几个菜。吃的时候才发现菜是凉的,味道也不好,杨之华感到很内疚和不安。鲁迅却毫不在意,仍然和瞿秋白谈笑风生。这一天,鲁迅在日记中写道:"午前同广平携海婴访何家夫妇,在其寓午餐。""何家夫妇",即瞿秋白夫妇,这是第一次在日记中留下与瞿秋白交往的痕迹。此后的鲁迅日记中,"文尹夫妇"、"何君"、"维宁"、"何凝"、"它"、"宜宾"等,都是对瞿秋白夫妇和瞿秋白的称呼。

9月14日,瞿秋白夫妇再次访问鲁迅。当时鲁迅"神经痛"和"右足发肿"初愈②,尚未完全康复。9月27日是鲁迅的儿子海婴的生日,瞿秋白夫妇于9月18日赠给3岁的海婴一盒金铃子和两盒叫呱呱,同时有信致鲁迅。

鲁迅知道瞿秋白夫妇生活比较困难,总想着帮助他们。11月4日,鲁迅将编译的苏联短篇小说集《一天的工作》交给良友公司出版,其中绥拉菲摩维奇《一天的工作》和《岔道夫》两篇,是由杨之华译出初稿,再由瞿秋白校改定稿的。书稿刚寄给良友公司,还没有得到稿酬,鲁迅就先拿出60元给他们,这真是雪中送炭。为了让瞿秋白多挣些版税,鲁

---

① 《瞿秋白文集》(文学编)第3卷,人民文学出版1989年版,第75—80页。
② 《鲁迅全集》第12卷,第107页。

迅还把自己的《二心集》和瞿秋白翻译的高尔基四篇短篇小说一起交合众书店出版。但合众书店不愿买下瞿秋白的译作。于是鲁迅提出把《二心集》的版权和瞿秋白的译作一起出售,合众书店才同意。为了帮助瞿秋白,鲁迅不惜出售了这本杂文集的版权。《二心集》因而成为鲁迅著作中唯一出售版权的书。

患难之中见真情,两家关系愈益密切。白色恐怖愈益猖獗,王明"左"倾错误的恶果日增,中共组织遭到严重破坏。1932 年 11 月下旬,瞿秋白夫妇接到中共中央特科联络员发来的警报,说是有一个叛徒在跟踪杨之华,必须马上转移。他们夫妇首先想到转移到鲁迅家去。为了分散目标,他们决定分头出门,约好在鲁迅家碰头。瞿秋白在街上兜个圈子,确定没有特务盯梢后,才去鲁迅家。鲁迅不在家,到北京看母亲去了,许广平接待了瞿秋白。可是,没等来杨之华,第二天还没来,瞿秋白着急了。这两天杨之华一直东躲西转,生怕特务还在盯梢,给瞿秋白和鲁迅带来严重后果。瞿秋白和许广平焦急万分,请人到街头去寻找,终于在马路上遇见杨之华。因为是在白天,杨之华仍不放心,请那人先走,她自己继续在街上兜转。天黑了,路灯亮了,精疲力竭的杨之华确信没有"尾巴"跟踪了,才来到鲁迅家里。11 月 30 日晚上,鲁迅从北京回来。两家人非常融洽。这是瞿秋白第一次在鲁迅家避难,他和鲁迅常常促膝长谈,把鲁迅看作最亲密和最可信赖的师友,两人推心置腹,谈及家庭身世。12 月 7 日,瞿秋白用毛笔书写了一首七绝旧作:"雪意凄其心悃然 江南旧梦已如烟 天寒沽酒长安市 犹折梅花伴醉眠",后书跋语:"此种颓唐气息今日思之恍如隔世然作此诗时正是青年时代殆所谓'忏悔的贵族'心情也"①。他把此条幅赠送给鲁迅,袒露自己的旧日情怀,解剖自己的心路历程。

朝夕相处,亲如一家。海婴与杨之华熟悉了,亲切地喊杨之华为"何家姆妈"。12 月 9 日下午,瞿秋白夫妇托人到一家大公司买了一盒高级玩具送给周海婴。这盒玩具的零件比较多,有大小轮子、长方形底座及许多不同形态的条、轴和摇把等,可以组合成天秤、椅子、跷跷板、

---

① 瞿秋白文集》(文学编)第 2 卷,人民文学出版社 1986 年版,第 359 页。

火车、飞机、起重机等不同模型。瞿秋白在玩具盒盖上写明了某个零件有几件,共有多少件等等,写得很详细,以便随时核对。并意味深长地说:"留个纪念,让小孩大起来也知道有个何先生。"

鲁迅夫妇看到这样贵重礼物,心里很不安,但体会到瞿秋白夫妇培养孩子科学兴趣的一片好意,还是收下了。两天后是星期天,鲁迅夫妇准备家庭晚宴,瞿秋白夫妇之外,还把冯雪峰请来,鲁迅的三弟周建人也来了,大家欢聚一堂。周建人曾由茅盾、瞿秋白推荐,在上海大学讲授达尔文的进化论。这次在鲁迅家重逢,更增情谊。后来周建人夫妇对危难之中的瞿秋白也多有帮助。

转眼间,瞿秋白夫妇在鲁迅家里避难近一个月。12月23日,时任全国总工会党团书记的陈云来接瞿秋白夫妇。晚11点多钟,下着雨。听见轻轻的敲门声,许广平开门,得知是来找瞿秋白的,很客气地请陈云进屋。瞿秋白夫妇已整理好两个小包,一个里面放着瞿秋白的几篇稿子和几本书,另一个放着他和杨之华的换洗衣服。陈云问:"还有别的东西吗?"瞿秋白摆摆手:"没有了。""为什么没有提箱?""我一生的财产都在这里了。"陈云准备下楼去叫黄包车,鲁迅拦住他,招呼许广平去叫车。瞿秋白向陈云介绍鲁迅。"久仰得很",27岁的陈云尊敬地说。瞿秋白与鲁迅告别时,陈云亲眼目睹了他们两人的深情厚谊,留下了难忘的印象。鲁迅逝世后,1936年10月30日的巴黎《救国时报》(按:实际上在莫斯科编辑、出版)发表陈云署名史平的《一个深晚》一文,他用质朴的文字写道:

> 一会儿女主人回来说:"车子已经停在门口。"我说"走吧",就帮助之华提了一个包袱,走到门口,秋白同志向鲁迅说:"我要的那两本书,请你以后就交给××带给我。"又指着我向鲁迅说:"或者再请×同志到你这里来拿一下。"我就顺便插口:"隔几天我来拿。"正想开门下楼去,之华还在后间与女主人话别。我们稍等了一下,鲁迅就对秋白同志说:"今晚上你平安的到达那里以后,明天叫××来告诉我一声,免得我担心。"秋白同志答应了。一会儿,我们三人出了他们的房门下楼去,鲁迅和女主人在门口连连说:"好走,不送了。"当我们下半只楼梯的时候,我们回头去望望,鲁迅与女主人

还在门口目送我们,看他那副庄严而带着忧愁的脸色上,表现出非常担心我们安全的神气。①

瞿秋白回到紫霞路,第二天托人给鲁迅带信来,并赠火腿爪一枚,鲁迅当即回赠文旦饴两盒。此后,两人信件往来不断。12 月 28 日,瞿秋白寄信给鲁迅,还书写了一首诗附上:"不向刀丛向舞楼,摩登风气遍神州。旧书摊畔新名士,正为西门说自由。"②此诗抨击上海报刊上无聊、颓废的文章,无视帝国主义和新军阀反动统治的"刀丛",而为西门庆之流"说自由"。

1933 年 2 月上旬,又有警报,上海中央局组织部部长黄文容急忙赶到紫霞路 68 号,叫瞿秋白夫妇转移。他们还是决定到鲁迅家避难。夜幕降临,他们分乘三辆黄包车到鲁迅家。黄文容按响门铃,身穿长衫的鲁迅开门,见是陌生人,显出惊奇神色,黄文容转身把瞿秋白推进门,鲁迅立刻明白了,请他们进屋,黄文容起身告辞时,与瞿秋白、鲁迅预定联系方法,待找到住处后,再来接走瞿秋白夫妇。2 月 9 日晚上,鲁迅在给曹靖华的信中,告知瞿秋白"曾咯血数口",止住后,"在编译关于文艺理论之论文"③。

2 月中旬,诺贝尔文学奖获得者、英国著名作家萧伯纳和夫人应邀来上海,各种消息满天飞。2 月 17 日早晨 5 时余,宋庆龄、杨杏佛等乘小火轮到吴淞口迎接,设午宴招待,伊罗生、史沫特莱、杨杏佛、林语堂、蔡元培等作陪。宴席到一半时,鲁迅才赶来。饭后,大家合影留念。萧伯纳还访问了蔡元培、杨杏佛发起的"笔会"组织,然后在宋庆龄寓所草坪上举行记者招待会;当晚离沪。

各种报刊,各种文章,对同一个萧伯纳的同一次谈话,记载各异,更有许多奇谈怪论,折射出光怪陆离的社会心态。"何不编成一本书呢?"这天傍晚,鲁迅与瞿秋白回家后即决定动手编一本。许广平外出买回一大堆报纸,鲁迅和瞿秋白边看边圈定篇目,整理,翻译,编辑,许广平

① 史平《一个深晚》,1936 年 10 月 30 日巴黎《救国时报》;1980 年 5 月 3 日《人民日报》重新刊登。载《忆秋白》,人民文学出版社 1981 年版,第 286 页。
②《瞿秋白文集》(文学编)第 2 卷,人民文学出版社 1986 年版,第 397 页。
③《鲁迅全集》第 12 卷,第 149 页。

和杨之华剪贴。瞿秋白作注释,加按语,写引言。鲁迅修改书稿,写序言,最后校阅全书。鲁迅还曾写信给友人,搜集 2 月 17 日之后的有关报道。几天中,为编辑此书,有时来不及烧饭,就打个电话叫附近小饭馆送饭来。从 2 月 17 日开始动手,到 3 月 24 日出版,这本书前后仅花了 30 多天,书名为《萧伯纳在上海》,署"乐雯剪贴翻译并编校 鲁迅序"。全书分为五个部分,第一部分为"Welcome"(意即"欢迎"),收入鲁迅、茅盾、郁达夫、邹韬奋、洪深等人文章;第二部分汇集了攻击、污蔑、诽谤萧伯纳的文字,起名为"呸萧的国际联合战线";第三部分摘译中外报纸上的文字,称之为"政治凹凸镜"。第四五部分是"萧伯纳的真言"、"萧伯纳及其批评"。全书显示出瞿秋白和鲁迅深刻的洞察力和出色的新闻捕捉才能。编者的语言犀利、生动;对"怪"现状的冷嘲热讽,尤其精彩。瞿秋白在《写在前面》中指出:"萧伯纳是个激进的文学家,戏剧家。他反对那些干文字游戏的虚伪'作家',他把大人先生圣贤豪杰都剥掉了衣裳,赤裸裸的搬上舞台。他从资产阶级社会里出来,而揭穿这个社会的内幕。他真正为着光明奋斗。""所以真正欢迎他的,只有中国的民众,以及站在民众方面的文艺界。"①鲁迅在序言中说:"萧在上海不到一整天,而故事竟有这么多","好像一面大镜子,从去照或不愿去照里,都装模作样的显出了藏着的原形"。"在上海的一部分,虽然用笔和舌的还没有北平的外国记者和中国学者的巧妙,但已经有不少的花样。"②两人的文章,互相呼应,相得益彰,有如"导读",成为这本书的最大亮点。

书出版后,赠送野草书屋 20 本,鲁迅自费购买了 30 本,赠送台静农等友人,并撰写广告,以扩大影响。所得的稿费,鲁迅全部给了瞿秋白夫妇,这也是鲁迅编这本书的一个原因。这本书的编写和出版,既凝聚着瞿秋白和鲁迅两人的心血,也再次表现出鲁迅对瞿秋白夫妇生活的关切。

2 月底,又是一个雨天,黄文容从鲁迅家接走瞿秋白夫妇。鲁迅一再让瞿秋白避居在他家里,瞿秋白可能从未当面称谢,然日后瞿秋白几次与黄文容谈起,充满了感激之情。他说:"我是在危难中去他家,他那

①《瞿秋白文集》(文学编)第 2 卷,人民文学出版社 1986 年版,第 299—355 页。
②《鲁迅全集》第 4 卷,501—502 页。

种亲切与同志式的慰勉,临危不惧的精神,实在感人至深。"他还说,他们相处,真是一见如故,交谈得那么深,思想、意见上那样相投,许多问题看法上那样一致,实在是沁人肺腑①。

为了使瞿秋白有个比较安全的生活和写作环境,鲁迅委托日本友人出面租合适的住所。3月1日,鲁迅和内山完造夫人一起去施高塔路东照里(今山阴路133弄)看房子;两天后,鲁迅再去东照里,租定12号仿日式的三层建筑的二楼南间。面积16平方米,方形。南为四扇大窗,光线充足,北墙两头各有一门,东门为出入门,西门通厕所,东墙中央有壁炉。瞿秋白夫妇搬入后,6日下午,鲁迅去祝贺他们乔迁之喜,还带去一盆堇花,这花是三天前内山夫人赠送给鲁迅的。搬进这新家,杨之华满心欢喜,把屋里收拾得干干净净。此后不久,墙上挂上了鲁迅书赠的一幅对联:

疑仌道兄属

人生得一知己足矣

斯世当以同怀视之

洛文录何瓦琴句②

疑仌是将"凝"字拆为两个字,因为瞿秋白曾以"何凝"为笔名。"仌"是"冰"的古体字。洛文是鲁迅的笔名之一,何瓦琴即何溱,清朝钱塘人。鲁迅所书录之句出自何氏自集禊帖联句。

瞿秋白搬进东照里之后不久,鲁迅也把家迁到附近的大陆新村。这样他们来往更为方便。鲁迅几乎每天都要到东照里来坐坐谈谈。瞿秋白见到鲁迅,立即改变不爱说话的性情,边谈边笑。有时,鲁迅夫妇还特地送来刚出炉的面包,热乎乎的。他们是那么亲密,愉快。鲁迅夫妇看到瞿秋白平安无事,他们这一天晚上就睡得很安心。

但东照里也不很安全。6月初的一天,女房东对杨之华说,上海滩上有土匪,有骗子;共产党是看得出来的,在他们的抽屉里可以找到小

---

① 唐天然、张傲卉《送秋白同志到鲁迅家避难——记黄玠然同志的一段回忆》,1980年5月3日《光明日报》。

② 杨之华《回忆秋白》,人民出版社1984年版,第139页。

条子。还要杨之华同她一起到房客的房间里去看看,说完随手打开房客的房门,翻开抽屉,很得意地说:"你看,我的房客都不是共产党吧。"这让杨之华大吃一惊,突然想起前几天他们外出看望鲁迅时,房东也有可能检查过他们的房间。为了防止意外,瞿秋白夫妇决定尽快转移。他们转移到王家沙鸣玉坊一家花店的楼上,这里是中共江苏省委机关所在地。冯雪峰也住在这里,时任江苏省委宣传部长。瞿秋白在这里有时帮助通讯社审改稿件,也为党刊写文章。不到两个月,一个机关暴露,可能牵连瞿秋白,必须在半小时之内搬走。他们对冯雪峰说:"到周先生家里去吧!"于是冒着雨,急匆匆又转移到鲁迅家。住了几天后,杨之华被分配担任上海中央局组织部秘书,夫妇俩搬到"地下"交通主任高文华家里。

一个多月以后的一个深夜,又传来警报,他们再次到鲁迅家去。已是凌晨两点,鲁迅全家被急促的敲门声惊醒。许广平拦住要起身的鲁迅,自己起身去听动静,听出是瞿秋白的声音,这才放心地开门。瞿秋白挟着一个小包,匆匆进门。刚上楼进屋,后门又响起敲门声,鲁迅夫妇不由得想:莫非是敌人跟踪而来?许广平又急忙下楼去,原来是杨之华带着一个小姑娘(高文华的女儿)也来了。如此惊扰鲁迅一家,瞿秋白夫妇很过意不去,但鲁迅夫妇仍像以往一样,非常热情地接待他们,许广平特意为他们端来了夜宵。几天后,高文华帮瞿秋白夫妇在中共另一机关安排好住处,他们才离开鲁迅家。这是他们在鲁迅家的第四次避难。

此后,鲁迅与三弟周建人、王蕴如夫妇商量,拟由周建人夫妇出面租房子,与瞿秋白、杨之华夫妇住在一起。看过几处住房,杨之华都觉得不合适。后因瞿秋白要去中央苏区,此事作罢。

瞿秋白离开上海一个月后,曹靖华来到鲁迅家里。鲁迅带他上了三楼,房间不大,还保留着瞿秋白暂住时的样子。桌子上放着削好的铅笔、毛笔、墨盒、信封和拍纸簿等。桌前放着一把靠椅,其后有一张单人床。鲁迅说:"秋白等了你很久,等不着你来;你来了,他走了,到那边(按:苏区)去了……"

三、密切合作杂文

住在东照里的三个月,瞿秋白写了十余篇杂文,其中大多数是与鲁迅事先漫谈,写出初稿又经鲁迅过目,略作修改的,而且用鲁迅常用杂文的笔名发表。这也是他们战斗友谊的见证。

鲁迅看过瞿秋白写的杂文,认为"尖锐,明白,很有才华",同时指出"深刻性不够,少含蓄",第二遍读起来有"一览无余"的感觉。对此,瞿秋白也承认①。不过,鲁迅说的"缺点",也是瞿秋白杂文的特点,通俗易懂,锋芒毕露,重点突出,易于传播。

刚住进东照里,3 月 6 日,就在《申报·自由谈》发表了《王道诗话》,署名"干"。这篇杂文,主要批判胡适的《人权论集》和有关言论。

《人权论集》于 1930 年 2 月上海新月书店出版,收入胡适、罗隆基、梁实秋关于拥护人权的 10 篇文章,大致是以"净友"的姿态,批评国民党政府,要求改善人权状况。胡适在《人权论集·序》中引用鹦鹉救山火的典故,表示自己无力改变人权状况,施以批评只是尽心而已。瞿秋白的《王道诗话》指出胡适鼓吹"政府权"和"王道",实际上还是为国民党政府着想。鲁迅曾先后撰写《新月社批评家的任务》、《"好政府主义"》批判胡适等"批评家"。瞿秋白与鲁迅交往之后,1931 年冬天也写过《中国人权派的真面目》、《鹦哥儿》等文,指出"中国的人权派表面上反对摧残人权,要求保障自由,实际上却并不是反对什么国民党,并不是反对什么压迫和剥削,而是反对共产党,反对国民党压迫剥削的不得法!"②他们编写《萧伯纳在上海》时,在《字林西报》上又看到胡适有关言论,于是有《王道诗话》之作。文章指出胡适等与国民党当局的政治立场在根本上是一致的,即如篇末一首讽刺诗所云:"人权王权两翻新,为感君恩奏圣明,虐政何妨援律例,杀人如草不闻声"③。这篇杂文写成两天前,3 月 3 日,中国民权保障同盟决议开除任北平分盟主席的胡适,3

---

① 冯雪峰《回忆鲁迅》,《鲁迅回忆录》专著中册,北京出版社 1999 年版,639 页。
②《瞿秋白文集》(政治理论编)第 7 卷,人民出版社 1991 年版,第 172 页。
③ 瞿秋白文集》(文学编)第 2 卷,人民文学出版社 1986 年版,第 48—50 页。

月 18 日总会全体大会予以追认①。

　　写这篇杂文时，先是瞿秋白说出自己的构思，与鲁迅交换意见；瞿秋白模仿鲁迅笔法草成后，鲁迅把瞿秋白原稿中"这大概就叫做'实验主义'"中的"这大概"三个字删去，使语气更为肯定。讽刺诗中"孟轲"改为"孟子"。原文中的疑问句后的"吗"，改为"么"，这是鲁迅的用字习惯，使此文更像是鲁迅写的。最后由许广平誊写、寄出。

　　半个月后的《出卖灵魂的秘诀》，可以看作是《王道诗话》的姐妹篇。3 月 18 日，胡适与北平记者谈话时认为，日本"只有一个方法可以征服中国，即彻底停止侵略，反过来征服中国民族的心"，2 月 24 日胡适在《独立评论》上又发表类似的言论。3 月 22 日《申报》披露了胡适的北平谈话。当天，与鲁迅商讨后，瞿秋白就写成这篇千字文。文章讽刺说："可惜的是这'唯一方法'的实行，完全要靠日本陛下的觉悟。"文中还说，胡适向日本帝国主义的进言，若叫咱"中国小百姓"说，那是"出卖灵魂的唯一秘诀"②。

　　一年后，鲁迅在《关于中国的二三事》一文中也指出："征服中国民族的心，这是胡适博士给中国之所谓王道所下的定义，然而我想，他自己恐怕也未必相信自己的话的罢。"对于"王道"和"霸道"的关系，他说："在中国的王道，看上去虽然好象是和霸道对立的东西，其实却是兄弟，这之前和之后，一定要有霸道跑来的。"③由此可知鲁迅的看法与瞿秋白基本一致，而更深刻精到。此后合作的《伸冤》、《曲的解放》、《迎头经》、《内外》诸篇可以看作一组杂文，都取材于时事新闻，揭露和抨击反动政府。

　　1932 年英国爵士李顿率领国际联盟调查团来华调查"九一八"事件，所写出的《国际调查团报告书》，不仅歪曲事实，而且提出损害中国主权的"满洲自治"的荒唐主张。而中国当局对日"忍耐"，为着"使它悔悟"，迎合国联，只埋头"肃清匪共"。然而李顿却在巴黎发表演说，表示对国民党政府有点不信任：一说中国还没有"国家意识的统一力量"，其

---

① 丁景唐、王保林《鲁迅和瞿秋白合作的杂文及其它》，陕西人民出版社 1986 年版，第 28 页。
②《瞿秋白文集》(文学编)第 2 卷，人民文学出版社 1986 年版，第 61—62 页。
③《鲁迅全集》第 6 卷，第 9—10 页。

实他是为"国际共管"中国提供"根据"；二表示怀疑中国会"变更"亲英美的倾向。于是瞿秋白又起草一篇杂文，写道："我们要想答复李顿爵士已经好多天了，只是没有相当的文件。这使人苦闷得很。今天突然在报上发见了一件宝贝，可以……来反驳李大人的怀疑。""宝贝"指《申报》刊登的汉口官方布告。这布告完全替列强讲话，把处理帝国主义资本家与中国劳工关系的权力交由前者自己直接任意处理，而如果有中国劳工"违者"则"拿办"，"构成严重事态者，处死刑"。此外，报上披露：南京还有人竟然感谢李顿的报告，称他"不仅为中国好友，且为世界和平及人道正义的保障者。"①这些新闻材料，经瞿秋白巧妙点评，就把列强瓜分中国的罪恶意图和中国当局反共卖国的嘴脸揭露了出来。按文章的来由，瞿秋白原稿以《苦闷的答复》为题，文中述中国官方那么迎合国联，称颂李顿；文末有"李顿爵士还怀疑中国会'变更其倾向'，这就未免太冤枉了"之句。鲁迅把标题改为《伸冤》，更具讽刺意味。

1933 年 2 月，日军进犯，热河省政府主席汤玉麟不战而逃，全省沦陷。南京政府照唱"攘外必先安内"的调子，不抵抗的罪名让张学良顶着，对临阵脱逃的"热汤"唱一出"查办"装腔。对此，瞿秋白以杂文《曲的解放》予以抨击、嘲讽②。这篇杂文形式独特，把某刊物的"词的解放"的口号，翻造为"曲的解放"，大致仿杂剧形式，又自造《颠倒阳春曲》的曲牌，与《短柱天净沙》相配，再度创作出一出"平津会"。生、旦、丑，诸角色各有特指，其神毕肖，语多双关而诙谐，又不失辛辣，直刺反动当局居最高位者。该文章以鲁迅杂文常用的"何家干"署名。刊登后，朋友以为是鲁迅写的，鲁迅笑答："我不会作曲，此乃另一高手，暂不宣布。"③

1933 年 4 月 11 日，晴天，鲁迅全家搬到与瞿秋白的东照里住处仅相隔一条马路的大陆新村。这一天，瞿秋白写了四篇杂文：《内外》、《真假董吉诃德》、《透底》、《关于女人》。4 月 10 日蒋介石在南昌对高级将领发表"剿匪"演讲，说什么"安内始能攘外"，不剿灭共产党，就绝不抗

① 《瞿秋白文集》（文学编）第 2 卷，人民文学出版社 1986 年版，第 51—53 页。
② 《瞿秋白文集》（文学编）第 2 卷，人民文学出版社 1986 年版，第 55—57 页。
③ 丁景唐、王保林《鲁迅和瞿秋白合作的杂文及其它》，陕西人民出版社 1986 年版，第 49 页。

日，"违者即予严厉处罚。"《内外》针对蒋氏之言而作①。《真假董吉诃德》借用著名的文学典型形象唐·吉诃德，揭露和抨击那些"故意做些傻相给别人看"，以"愚弄老百姓"的"假吉诃德"们，明明是不抵抗，偏要说是"诱敌深入"；明明是为了"搜括一些杀猪经费"，却要说是"飞机捐"（发行航空奖券，强行募捐）；明知"中国固有文化"咒不死侵略者，偏要高喊恢复"民族精神"等等②。鲁迅曾发表过《中华民国的新"堂·吉诃德们"》一文。在修改瞿秋白原稿时，鲁迅改题为《真假堂吉诃德》，又把最后一段中"你要认真和他辩驳"，改为"你要是把假痴假呆当做真痴真呆"，使之与前文中的"假吉诃德是故意做些傻相给别人看"相呼应，并更为精炼、传神。

瞿秋白深受"左"倾"无情斗争"之害，对于极"左"论调非常厌恶，此时以《透底》一文批判其"虚无主义"的特征。文章从祝秀侠十多天前发表的《论"新八股"》说起，指出"左"的论调真实一种新八股。文章说："凡事彻底都好，而'透底'就不见得高明。""因为连续的向左转"，"结果却碰见了向右转的朋友，那时候彼此点头会意，脸上会要辣辣的。""好比要打倒偶像，偶像急了，就指着活人说：'他们都像我，'于是你跑去把貌似偶像的人统统打倒；回来，偶像还奖励你，说是打倒'打倒偶像'者，透底之至。"最透底的是旧政府倒下，新的站起时，有人指责革命党："怎么自己又来做政府？"那革命党立即拔剑割下自己的头，身子却不倒，变成了僵尸③。

《透底》发表后，祝秀侠误以为鲁迅专门针对他的《论"新八股"》，就写信给鲁迅作辩解，同时对《透底》有所批评。鲁迅复信肯定祝文及来信中批判"礼拜五六派"之意，但指出"礼拜五六派的病根不全在他们的八股性"，同时说《透底》只是把祝文中的"一句"作为"例子"之一，并非"专为"此例而写。鲁迅此信还说"只会'辱骂''恐吓'甚至于'判决'，而不肯具体地切实地运用科学所求得的公式，去解释每天的新的事实，新的现象，而只抄一通公式，往一切事实上乱凑，这也是一种八股。"这几

---

①《瞿秋白文集》（文学编）第2卷，人民文学出版社1986年版，第73—74页。

②《瞿秋白文集》（文学编）第2卷，人民文学出版社1986年版，第81—83页。

③《瞿秋白文集》（文学编）第2卷，人民文学出版社1986年版，第75—76页。

句话，以至这封信，很可能是鲁迅和瞿秋白共同意思的表述①。

这些话有其特定背景。原来，1932 年 10 月，《文学月报》第 1 卷第 3 期刊登了瞿秋白翻译的苏联诗人别德纳依的讽刺诗《没功夫唾骂》，接下来的一期《文学月报》发表《汉奸的供状》一诗，署名"芸生"（邱九如），模仿瞿秋白的译诗，嘲讽胡秋原、苏汶等，却充满辱骂和恐吓的词句。文委书记冯雪峰认为不妥，要《文学月报》主编周扬纠正，但被拒绝。冯雪峰与瞿秋白谈起此事。鲁迅知道后，自己出面写信给周扬，该信发表在《文学月报》第 1 卷第 4、5 期的合刊上，题为《辱骂和恐吓决不是战斗》，批评《汉奸的供状》等所表现的极"左"的骂、吓文风。编者加按语，表示尊重鲁迅的意见。但是，祝秀侠化名为"首甲"，与方萌、邱东平等联名发表《对鲁迅先生的〈恐吓辱骂决不是战斗〉有言》，指责鲁迅"陷入了主要的危险——右倾机会主义的陷阱"，是"戴白手套革命"。

当时瞿秋白在鲁迅家里避难，他写了《鬼脸的辩护——对于首甲等的批评》一文。芸生和首甲等错在"只用辱骂来代替真正的攻击和批判"，认为"鲁迅决没有什么右倾机会主义的色彩，而自己愿意戴上鬼脸的首甲等却的确是'左'倾机会主义的观点"。文章肯定鲁迅的主张"完全正确"，希望首甲等能够正确了解和纠正错误②。

《鬼脸的辩护》当时没有发表，但是现在我们可以当作《透底》和鲁迅给祝秀侠的回信的注解来读。

瞿秋白用鲁迅笔名的杂文还有《关于女人》、《大观园的人才》和《中国文与中国人》。所有经与鲁迅交谈，经鲁迅修改的杂文，显然比瞿秋白此前的杂文，更深刻、更精炼。同期的《〈子夜〉和国货年》、《"儿时"》很明显地不像鲁迅杂文，未经与鲁迅讨论，但也经鲁迅修改过。

作为作家，在最为珍视的创作上如此默契地合作，足见瞿秋白和鲁迅相知之深。鲁迅后来把《王道诗话》等 11 篇杂文，作为自己的杂文，分别收入他的《南腔北调集》、《伪自由书》和《准风月谈》三本集子之中，这是对瞿秋白永久的纪念。

---

① 《鲁迅全集》第 5 卷，第 105—106 页。
② 《鲁迅全集》第 5 卷，第 105—106 页。

四、鲁迅研究史上的丰碑

刚搬到东照里，瞿秋白就对杨之华说，他要做一件重要的事情：应鲁迅之请，编一本鲁迅的杂感集，精心写作一篇序文。又说："我和鲁迅谈了不少，又反复研究他的作品，可以算是了解鲁迅了。"瞿秋白决意写这篇序文，不仅是为了纪念鲁迅给予他的深厚友谊，更是为了让左翼作家和文化界进步人士了解鲁迅，正确地认识鲁迅。他认为，这对于促进当时进步文化队伍的团结和左翼文学的发展是迫切需要的。

瞿秋白想集中精力做这件事，但周围房客杂，女房东又时常来串门，他们就设法"谢客"，说瞿秋白养病，关起房门看书，杨之华在门口熬汤药，药味弥漫，闲人果然不再来打扰。瞿秋白花四天时间，写完约一万七千字的《〈鲁迅杂感选集〉序言》。

从五四前后起，大多数新文化人士和文学青年，感受到鲁迅见解卓异，对旧社会的批判勇猛而切中要害，具有杰出的文学才能，小说"没有不好的"。但直到三十年代初，对他的思想及其在中国近现代思想史上的意义并无清楚的认识。另有些人则不断地攻击他、歪曲他、贬损他。左联成立后，更有一些浅薄之徒和反动文人，讥嘲他接受马克思主义和参加左联是为了避免"没落"，失去了知识分子的独立性，甚至诋毁他是为了拿卢布。最使瞿秋白觉得迫切需要解决的问题，是左翼内部一些人不理解鲁迅。曾在"革命文学"论争中攻击鲁迅的人这时虽表面上尊他为"盟主"，实际上并不把他当作真正的同志，甚至以革命正宗自居，不时奚落、排斥和攻击他。针对这种状况，瞿秋白以比较宽广的思想政治视野、马克思主义素养，加上在此期间对鲁迅杂文的深入研究和亲密相处所得的认识和感受，相当系统、全面地阐述了鲁迅的思想发展历程，鲁迅杂文的价值，和他在中国近现代思想文化史上的重要地位以及鲁迅精神的可贵。

序言说革命的作家总是公开表示与社会斗争的联系，但在中国，急遽、剧烈的社会斗争，迫使作家不能从容地把思想和情感熔铸到创作里去，"表现在具体的形象和典型里"；同时，残酷、强暴的压力，又不容许作家的言论采取通常的形式。鲁迅的幽默才能，帮助他用艺术的形式来表现政治立场，以及对于社会的深刻观察，对于民众斗争的深切同情。"杂感这种文体，将要因为鲁迅而变成文艺性的论文"，"它的特点是更直接的更迅速的反应社会上的日常事变"。瞿秋白对原来受人轻视的鲁迅杂文的文体特征、思想与艺术价值作出了精辟的概括和高度评价。

序言主要论述鲁迅的思想发展历程。他指出，辛亥革命前，鲁迅写《文化偏至论》、《摩罗诗力说》等，真正介绍了欧洲文艺思想，提出面对群众的落后，要提倡个性的解放，思想的自由，让人们发出"自觉"的声音，这完全不同于一些革命者党人的"愚民政策"。辛亥革命后，中国思想界完成第一次"伟大的分裂"，鲁迅毫不犹豫地埋葬和解剖自己的过去，脚踏实地在实践中寻找国家和民族的出路。五四以后，他在许多表达"直感的生活经验"的文章里，已"包含着猛烈的攻击阶级统治的火焰"，同时又不以青年的导师自居，而甘愿做一个"革命军马前卒"。大革命失败后，"经过一番暴风雨的剧变而进到了新的阶段"。鲁迅的思想反映了"一般被蹂躏被侮辱被欺骗的人们的彷徨和愤激，他才从进化论最终的走到了阶级论，从进取的争求解放的个性主义进到了战斗的改造世界的集体主义"。他作为"最优秀的最真诚的不肯自己背叛自己的光明理想的分子"，最终坚决地走上"真正革命的道路"。然后，序言批评左翼文学队伍中一些小资产阶级知识分子的左右摇摆，和"自以为独得了'工人阶级的文化代表的委任状'"，表现出要由他们"'包办'工人阶级文艺代表的事务"的"小集团主义"即宗派主义。瞿秋白指出这种错误不应当再继续下去，他们应当正确了解和对待鲁迅。瞿秋白深刻地揭示了鲁迅的思想及其发展进程：

> 鲁迅从进化论进到阶级论，从绅士阶级的逆子贰臣进到无产阶级和劳动群众的真正的友人，以至于战士，他是经历了辛亥革命以前直到现在的四分之一世纪的战斗，从痛苦的经验和深刻的观察之中，带着宝贵的革命传统到新的阵营里来的。他终于宣言："原先是憎恶这熟识的本阶级，毫不可惜它的溃灭，后来又由于事实的教训，以为惟新兴的无产者才有将来。"

序言把鲁迅的宝贵的精神"传统"概括为：一、"最清醒的现实主义"；二、"韧的战斗"；三、"反自由主义"——瞿秋白以"鲁迅的著名的'打落水狗'"，以"反妥协主义的宣言"、反"市侩"、"反中庸"来解释这一"传统"，就是"对于一切种种黑暗的旧势力"都决不妥协，都坚决"打到底"；四、"反虚伪的精神"，"他的现实主义，他的打硬仗，他的反中庸的主张，都是用这种真实，这种反虚伪做基础"。

序言最后说：

> 为着文艺战线上的新的任务，特别指出杂感的价值和鲁迅在思想斗争史上的重要地位，我们应当向他学习，我们应当同着他前进。"①

这是作为左翼文学运动的领导者之一的瞿秋白对左翼作家的号召，是他写这篇文章的主要目的所在。序言发表后，瞿秋白那些对鲁迅的分析和评价，深入人心，启示了许多左翼的和进步的文化人士，增进了左翼内部的凝聚力。

为了鲜明地显示鲁迅思想历程和杂文特点，《鲁迅杂感选集》精心选入了鲁迅不同时期的杂文，共75篇，时间跨度从1918年至1932年。《热风》中选9篇，《坟》中选10篇，《华盖集》中选11篇，《华盖集续编》中选11篇，《而已集》中选13篇，《三闲集》中选11篇，《二心集》中选10篇。

从鲁迅的1930至1931年杂文结集《二心集》中选出的《对于左翼作家联盟的意见》、《中国无产阶级革命文学和前驱的血》、《黑暗中国的文艺界的现状》、《"民族主义文学"的任务和运命》、《中华民国的新"堂·吉诃德"们》等文章中，体现着鲁迅对左翼文学运动的热情肯定和正确引导，对当时中共领导的革命斗争的响应和支持，表现出他的马克思主义的立场观点。

鲁迅又来到瞿秋白家里，坐下来，吸着烟，与瞿秋白夫妇交谈。瞿秋白把《〈鲁迅杂感选集〉序言》拿给他看。鲁迅认真地看着，看了很久，显露出感动和满意的神情。香烟头燃着青烟，快烧到手指头，他也没有

---

①《瞿秋白文集》（文学编）第3卷，人民文学出版1989年版，第95—120页。

感觉到。他说:"只觉得说的太好了,应该对坏的地方也多提起些。"事后,他在冯雪峰面前提起这篇序言,"很看重和赞赏"。他说:"序言的分析是对的,以前没有人这样批评过"。

《鲁迅杂感选集》的编辑,《序言》的写作、问世,八十多年来,一直为中国文学界以至整个文化界、思想界所重视,瞿秋白因而被认为是以马克思主义观点和方法研究鲁迅的第一人,这篇序言的意义远不止于文学,至今在中国整个思想史、文化史上熠熠生辉。

1933 年 4 月 5 日,瞿秋白把《鲁迅杂感选集》书稿交给鲁迅。鲁迅立即联系出版,4 月 13 日,致北新书局老板李小峰的信说:"序言因尚须在刊物上发表一次",本文"也须略看一回"①。4 月 26 日,又写信给李小峰,请李派人来取已批好的《杂感选集》书稿,信中还说:序文中"有稍激烈处,但当无妨于出版"。鲁迅精心校改书样,并叮嘱李小峰,"此书印行,似以速为佳。"②7 月,北新书局以青光书局的名义出版了《鲁迅杂感选集》,封面和扉页上都署"何凝编录并制序"。并且特地设计为 25 开毛边本,书前还有一幅司徒乔画的鲁迅头像的速写。此书以后多次重版,影响甚广。

一个月后,8 月 14 日、15 日《华北日报》连载评介《鲁迅杂感选集》的文章,署名为"叶宜"。文章述作者买到此书的兴奋心情,特地介绍序言说:"长长的一篇,占了整整二十五页","评论鲁迅的杂感,分析鲁迅的思想……确是值得一读的序言"。买一本看看,总觉得"他的话并不假"。文章还说鲁迅的杂文"把大家欲说的话说了,大家要骂的他骂了,所以,读他的杂感之后使人感到痛快。"

鲁迅请瞿秋白编选杂感集,最初主要是想借此资助瞿秋白,使他们夫妇俩经济上不至过于困窘,虽然他明知这本杂感选集出版后,势必影响自己的单本杂文集的发行量。而且在书尚未出版时,就几次写信给李小峰,要求预支,"即由我将来此书之版税中扣除,实亦等于买稿"。信中还说,瞿秋白编辑时,"似颇用心,故我拟送他三百元。其办法可仿

①《鲁迅全集》第 12 卷,第 167 页。
②《鲁迅全集》第 12 卷,第 169、167 页。

《两地书》，每发行一千，由兄给我百元，由我转寄。"①7月8日，鲁迅收到《鲁迅杂感选集》20本和版税百元。两天后，下大雨，鲁迅收到良友图书公司版税240元，立即付给杨之华30元翻译苏联小说的稿费。另外付给瞿秋白200元"编辑费"，实际上一半是鲁迅垫付的。以后鲁迅在一封信中就说到他请瞿秋白编杂感选集，可以"卖几个钱"的②。请瞿秋白编自己的杂感选集，又一次表现出鲁迅对瞿秋白生活上的关切。而这引出了《鲁迅杂感选集》的《序言》，成为了中国现代文学史和思想史上的丰碑。

①《鲁迅全集》第12卷，第166—167页。
②《鲁迅全集》第13卷，第379页。

第二十二章　文艺理论家和翻译家

一、"革命的文艺必须向着大众去"

从 1931 年初重返文学战线,至 1934 年初离沪赴江西中央苏区之前,是瞿秋白第二个文学活动阶段,文学的写作和翻译数量上远远超过五四时期。他这阶段的杂文、文学论文和翻译的马克思主义经典作家的文论,深入探讨或触及了中国无产阶级文学运动和整个新文学的不少重大理论问题;所翻译的苏联等国的文学作品,也对中国新文学的发展,产生一定的影响。在文学思想和理论上,如果说,瞿秋白在五四前后的阶段,主要是向往社会主义的"光明",执着于"现实"同时又崇尚"个性",那么,他在三十年代重建的文学思想理论中,凸显的是"向着大众"、"帮助革命"和"看重现实",这是一种革命的大众的现实主义的文论。他的文论中,有时有所偏误,然而其基本观点,在那个风雨如晦的年代里,为中国革命和新文学作出了难以磨灭的贡献。再加上他对左联所做的富有成效的实际领导工作,使他成为中国革命文学事业主要奠基者之一。

瞿秋白这个时期关注最早、研究最力、著述数量最多的是文学大众化问题,而且持之以恒。实现文学大众化,是他这个时期的文学思想理论的重心,他力图让革命文学走进大众中去,逐渐消除封建残余思想和资产阶级意识在大众中的影响,使大众成为推翻旧社会的伟大力量。按八十年代出版的《瞿秋白文集(文学编)》所收的瞿秋白的文字来计算,他关于文学大众化的论述和方案,在他的全部文学论文和相关随笔中,占 50％还多一点(还不算他写的很多通俗唱词和评书)。在他的全部散文、诗歌和论文总数(不包括译作)中,也占 42％左右。

瞿秋白的文学大众化思想有一个显著的特点,是始终与提倡汉字罗马字母(拉丁字)拼音和"现代中国普通话"相联系。他认为,消除语言文字与民众的隔离状态,是文学大众化的"先决条件",而这就应该采用罗马字母"从象形文字转变到拼音文字",创制"新中国文字",建立中国"现代普通话"①。前者是解决文字"和言语一致"的问题,使之既能"看"又"能够读";后者是让语言接近"现代普通人嘴里讲的话","读出来可以听得懂"②。他认为用这样的语言文字写成的文学作品,才能进入到普通民众之中,为他们所接受。反之,无论作品的内容——包括真正的革命文学作品的内容"是多么好",也"和平民群众没有关系"③。在瞿秋白的大众化文论中,饱含着他对普通民众尤其是工农大众的巨大热情。

罗马化拼音文字——现代中国普通话——革命的大众文学,这就是瞿秋白文学大众化的理论思路。这个思路,他终生未变。

这个思路,早在他 1923 年写的散文《荒漠里——一九二三年的中国文学》里已初露端倪。后在共产国际工作期间,对汉字改革倾注了极大的热情。1931 年瞿秋白拥有了大块可以自己支配的时间之后,就着手做这项工作。从 5 月到 7 月,他连续写了《鬼门关以外的战争》、《学阀万岁》等九篇文章和关于普通话、罗马字拼音的说明。这些文章没有发表,但系统表达了他的基本观点。他认为应当建立"现代的普通话",并认为这种现代的普通话实际上正在社会生活中产生出来。它将不同于"古代文言"、"现代文言"、"旧式白话";也不同于现行的"新式白话"。"新式白话"夹杂文言和旧式白话腔调与"外国文法",也是能看不能听的,实际可称作"新式文言",使新文学还是"非驴非马的骡子文学"。他

---

① 《瞿秋白文集》(文学编)第 3 卷,人民文学出版社 1989 年版,第 164—165 页。
② 《瞿秋白文集》(文学编)第 3 卷,人民文学出版社 1989 年版,第 17 页。
③ 《瞿秋白文集》(文学编)第 3 卷,人民文学出版社 1989 年版,第 13 页。

认为直到今天,这种语言造成了"学阀的城墙,使它们和愚民隔离着"①。"九·一八"事变发生后,瞿秋白写了《大众文艺和反对帝国主义的战争》一文,公开发表。文章中说,现在发生了如此巨大的事变,新文学却不能呼应民众"沸腾的情绪",与民众的"绝缘",就是因为那些作品的语言不是普通人可以懂得的真正的白话。他在文中呼:"革命的文学,必须'向着大众'去!""革命的文艺,向着大众去!""革命的文艺必须向着大众!"②

瞿秋白身体力行,学习用群众的语言写作通俗作品。1931年6月,瞿秋白夫妇借住的南市紫霞路68号谢澹如家,离老城隍庙不远。那一带聚集了许多民间艺人,常即兴编词,用各地曲调演唱,以此谋生。其中有一种叫"小热昏"的马路说唱艺术,边卖梨膏糖,边打着小锣说唱,曲调丰富,内容有笑话、故事和时事新闻等,很受人们欢迎。瞿秋白多次化装,戴着墨镜,压低帽檐,在周围一片嘈杂声中仔细听艺人说唱。回家后,他分析和研究这些受大众喜爱的曲调,动手创作《东洋人出兵——乱来腔》等歌谣和评书。

歌谣《东洋人出兵》③全篇有15小节,长达168行,分成上海话和北方话两部分;最后一节可以"循环"说唱。其"上海话"部分的第一节是:"说起出兵满洲格东洋人,/先要问问为仔啥事情。/只为一般有钱格中国人,/生成狗肺搭狼心,/日日夜夜吃穷人,/吃得来头昏眼暗发热昏。/有仔刀,杀工人,/有仔枪,打农民,/等到日本出兵占勒东三省,/乌龟头末就缩缩进,/总司令末叫退兵,/国民党末叫镇静,/不过难为仔我倪小百姓,/只叫做,拿倪四万万人做人情。"此后,从1931年前后到1932年1933年之交,瞿秋白还写了《上海打仗景致》、评书《江北人拆姘头》、《英雄巧计献上海》④。此外,有《工人要求新唱春》、《工人格福气》、《十月革命调》、《苏维埃歌》、《可恶的日本》,以及一首无标题的按一年12个月的顺序写每月重要纪念事件的歌谣。它们大多是根据流行小

①《瞿秋白文集》(文学编)第3卷,人民文学出版社1989年版,第138、154—162、177、179、200页。
②《瞿秋白文集》(文学编)第3卷,人民文学出版社1989年版,第4、5页。
③ 瞿秋白文集》(文学编)第2卷,人民文学出版社1986年版,第375—394页。
④ 瞿秋白文集》(文学编)第2卷,人民文学出版社1986年版,第395—396、399、407页。

调创作的,如《工人要求新唱春》是"仿唱春调"民谣,《可恶的日本》按照当时广为流行的《可怜的秋香》的曲调写成,都句式整齐、押韵,便于传唱。《苏维埃歌》的曲调则来自俄罗斯的民歌《同志们,勇敢地前进!》,并配上简谱①。

这些歌谣和评书,尽量采用群众语言,琅琅上口,易懂易记,充分体现出瞿秋白倡导文艺大众化的热忱和努力。

左联于1930年成立后不久,进行了关于文艺大众化的讨论。到1931年10月25日,左联秘书处发出通告,特别强调文艺大众化是左联的重要工作。同年11月,冯雪峰起草、瞿秋白帮助修改定稿的左联决议《中国无产阶级革命文学的新任务》,指出"中国无产阶级革命文学必须确定新的路线",其中第一个问题就是文学大众化,提出要"使广大工农劳动群众成为无产阶级革命文学的主要读者和拥护者,并且从中产生无产阶级革命的作家及指导者。"同时要求实行作品和批评的大众化、作者生活的大众化;必须从无产阶级的观点、世界观来观察生活,描写生活;必须使用大众化语言,简明易懂,改变知识分子的句法和腔调②。1932年3月,为了落实这个决议,左联秘书处扩大会议又作出《关于左联目前具体工作的决议》,认为左翼文学"还没有真正的实行着转变——'向着群众'"③,这个提法,与同年9月瞿秋白《大众文艺和反对帝国主义的战争》一文中的"向着大众"的呼吁,如出一人之口。

1932年上半年,左联进行第二次文学大众化问题的讨论。3月、4月和5月,瞿秋白接连撰写并发表《大众文艺的问题》(同年6月发表)④、《普洛大众文艺的现实问题》⑤与《"五四"和新的文化革命》(这两篇当月发表)⑥。到7月,止敬(茅盾)与方光焘在同一刊物发表了相关文章,其中茅盾的《问题中的大众文艺》,表示不同意瞿秋白在《大众文

---

① 王铁仙:《瞿秋白文学评传》,百花文艺出版社1987年版,第163—164页中说,三十年代瞿秋白在上海写的民谣说唱有十几首,其中印成传单的有《十月革命调》、《苏维埃歌》、《可恶的日本》等。另见《瞿秋白诗歌鉴赏》,中国文联出版社2005年版,第162—206页。

② 马良春、张大明:《三十年代左翼文艺资料选编》,四川人民出版社1980年版,第180页。

③ 马良春、张大明:《三十年代左翼文艺资料选编》,四川人民出版社1980年版,第195页。

④ 《瞿秋白文集》(文学编)第3卷,人民文学出版社1989年版,第12—21页。

⑤ 《瞿秋白文集》(文学编)第1卷,人民文学出版社1985年版,第461—483页。

⑥ 《瞿秋白文集》(文学编)第3卷,人民文学出版社1989年版,第22—31页。

艺的问题》中以语言文字为主的观点；另一刊物刊出周扬、何大白（郑伯奇）等四人的论文和在"文学大众问题征文"栏目下陈望道等11人的应征文章。后瞿秋白又作《"我们"是谁?》和《欧化文艺》①（均未发表）。其中前一篇针对郑伯奇的"站在大众之上去教训大众"的态度，提出批评。10月，还写了一篇相当长的《再论大众文艺答止敬》，与茅盾进行认真的论辩。

瞿秋白上述3篇公开发表的文章，由于是即时参与文学大众化问题的讨论，因而已不限于谈语言文字问题，尤其是《普洛大众文艺的现实问题》一文，作了比较全面的论述。

在这些文章里，瞿秋白除了在作品的形式上坚持语言文字是大众化的"先决问题"外，把思想内容放在重要的位置，指出革命的大众文艺"应当在思想上，意识上，情绪上，一般文化问题上，去武装无产阶级和劳动群众"②；在内容和形式上，认为既要有鼓动革命情绪、反映阶级斗争的作品，也须有主要写大众的包括恋爱故事在内的私人的日常生活，以帮助他们在实际生活中摆脱封建观念和资产阶级意识，形成正确的人生观；并要采用民族的、与口头文学接近的样式和现实主义方法，使大众容易接受。他认为，这样的革命的大众文艺可以去消除、取代现存的"反动的大众文艺"。因为旧的大众文艺，都采用那些唱词、小调、评书、演义的形式，而充满着封建宗法思想、封建礼教、奴才心理和因果报应之类的"人生观"以及资产阶级的"市侩主义"，愚弄和蒙蔽大众③。由于深切感受到建宗法思想对大众的影响严重，他认为，资产阶级领导的五四反封建思想的斗争，只限于知识分子，没有解决大众的思想意识问题，因而"要有一个无产阶级的'五四'"④，要用无产阶级的革命的大众文艺去挖除大众的"奴隶的心"⑤。

瞿秋白在《普洛大众文艺的现实问题》等文章里，提出了一个很深刻的观点。那就是在一般民众中，中国传统的封建主义思想观念，以及

①《瞿秋白文集》（文学编）第1卷，人民文学出版社1985年版，第486—497页。
②《瞿秋白文集》（文学编）第1卷，人民文学出版社1985年版，第461—483页。
③《瞿秋白文集》（文学编）第1卷，人民文学出版社1985年版，第486—497页。
④《瞿秋白文集》（文学编）第1卷，人民文学出版社1985年版，第475页。
⑤《瞿秋白文集》（文学编）第1卷，人民文学出版社1985年版，第409页。

与资产主义经济初步发展交织在一起的"市侩主义"（斤斤计较的"小菜场的道德"等利己意识），是极有市场的。这些"宇宙观人生观"好像是"大众所固有"，其实却是统治阶级思想统治潜移默化的结果①。而流行的旧的大众文艺，则是一条切近的灌输渠道，对于文化水平不高的底层民众尤其是如此。因此他虽然反对居高临下的"教化"大众的姿态，但要求革命的大众文艺以大众所习惯接受的形式，去消除那些思想、心理，用正确的、革命的艺术形态去"武装"他们。他说，解决上述问题本是民主革命的任务，但现在中国资产阶级"绝对没有能力完成民权主义革命的任务"②，只有无产阶级才能继续领导完成这个民主革命的任务，因此无产阶级要争取这个文艺革命（有时他称"文化革命"）的领导权。这是"无产阶级文艺运动的中心问题"，而革命的文艺大众化，是"争取文艺革命领导权的具体任务"③。他在这里尖锐地提出了一个意识形态领导权的问题，认为它是"和一般政治经济的斗争联系着的，是总的革命斗争之中的一个队伍"④，关系到整个革命的胜利。

瞿秋白这个关于争取意识形态领导权的观点，在理论上至今仍具有很大的意义。不过，在谁能掌握领导权的问题上，他排除了"知识分子"的地位和作用，又急于实施，是他的偏误。他认为当时的知识分子大多是资产阶级和小资产阶级的，他们在政治上是消极的甚至是"反革命的力量"，这是与包括他在内的当时左翼理论家中普遍的"左"倾情绪造成的。

茅盾不同意瞿秋白《大众文艺的问题》中大众化作品可以不讲究"技术"的观点。他在《问题中的大众文艺》一文中提出："大众文艺既是文艺，所以在读得出听得懂的起码条件而外，还有一个主要条件，就是必须能够使听者或读者感动"，如果没有大众能够接受的艺术手法，作品"终于跑不进大众堆里"。他认为在形式上，革命的大众文艺，"技术是主"，"文字本身是末"，而不能本末倒置⑤。瞿秋白写了答辩文章《再论大众文艺答止敬》，再次强调"我是主张用现代中国话来写一切东西，

---

① 《瞿秋白文集》（文学编）第 3 卷，人民文学出版社 1989 年版，第 37 页。
② 《瞿秋白文集》（文学编）第 3 卷，人民文学出版社 1989 年版，第 22 页。
③ 《瞿秋白文集》（文学编）第 1 卷，人民文学出版社 1985 年版，第 492 页。
④ 《瞿秋白文集》（文学编）第 3 卷，人民文学出版社 1989 年版，第 28 页。
⑤ 《文学月报》第 2 号（1932 年 7 月 10 日出版）。

而尤其要用最浅近的现代话来写大众文艺,来创造新的中国的普通话"①,仍然坚持语言文字是大众化的"先决问题"的主张。

究竟什么是大众文艺中的关键问题?瞿秋白的观点有轻视文艺的审美性质之嫌,但他把文艺作品的语言问题放在大众化的首位,也是有道理的,并且从瞿秋白的相关言论和创作大众化作品的尝试来看,他实际上并不认为创作大众化作品可以置审美性于不顾,他是强调语言的通俗是更为基本的、迫切的问题。

后来,毛泽东在《新民主主义论》谈普及与提高问题时说:"文字必须在一定条件下加以改革,言语必须接近民众,须知民众就是革命文化的无限丰富的源泉"②。他的看法与瞿秋白颇有相同之处。瞿秋白为毛泽东提出的人民大众的文化的建设和文艺为工农兵服务的方向,提供了有益的思想材料。

二、"用文艺来帮助革命"

在研究汉语言文字改革的日子里,瞿秋白还抽出时间,批判当时反动的"民族主义文学",后来又参加与"第三种人"、"自由人"的论辩。在后一场论辩中,瞿秋白旗帜鲜明地提出了"用文艺来帮助革命"的观点。

这时期,蒋介石对中央苏区发动军事"围剿",陈立夫等则对中共领导的进步文化界发动文化"围剿",迫害进步文化人,实行"文化暗杀政策",钳制新闻出版,同时炮制"民族主义"的文艺理论和作品来对抗左翼文学运动。

左联第一次文艺大众化讨论接近尾声的 1930 年 6 月,在国民党上海市党部策动下,潘公展、王平陵、朱应鹏、傅彦长等发起"民族主义文艺运动",集合在这旗帜下的还有张若谷、黄震遐等人。他们创办《前锋周报》、《前锋月报》等刊物,发表《民族主义文艺运动的宣言》,宣扬所谓

①《瞿秋白文集》(文学编)第 3 卷,人民文学出版社 1989 年版,第 36 页。
②《毛泽东选集》第 2 卷,人民出版社 1991 年版,第 708 页。

"民族意识",否认阶级矛盾,歌颂法西斯主义。从 1931 年 2 月到 4 月,又在其创办的杂志上连续发表小说《陇海线上》、《国门之战》和"诗剧"《黄人之血》,以壮声势。

"民族主义文艺运动"一出现,就引起左联的注意,同年 8 月初左联执委会通过的决议《无产阶级文学运动新的情势及我们的任务》,在阐述反动统治阶级向革命营垒的进攻的情况时,有一句提到"童子军的检阅及民族主义文学的结合"①,但无人专门作出反击。如前所述,瞿秋白于 1931 年 8 月,写了《屠夫文学》,紧接着又发表《青年的九月》,揭露黄震遐的《陇海线上》、万国安的小说《国门之战》的内涵,指出"民族主义文艺"是"法西斯主义的表现",其手法是利用民族意识否定阶级斗争,表现出瞿秋白的革命家的敏锐的眼光和鲜明的立场。茅盾在瞿秋白发表《青年的九月》的同时,也发表了批判"民族主义文艺"的文章。此后鲁迅等更多的左翼作家挥笔上阵,使"民族主义文艺"声名狼藉,难成气候。

1931 年底起,左翼文学运动又面临另一种理论上的挑战。原来与左翼文学人士有联系的胡秋原,自称"自由人",激烈批评以文学阶级性和"武器"论为核心的文学观。12 月 15 日,胡秋原主持的《文化评论》创刊号上,刊登了他撰写的发刊词《真理之檄》和《阿狗文艺论》,此后又发表《文艺运动问题》、《勿侵略文艺》、《钱杏邨理论之清算与民族文学理论之批判》等文。他把"民族主义文学"与"急进的社会主义者"相提并论,宣称"文学与艺术至死也是自由的,民主的","将艺术堕落到一种政治的留声机,那是艺术的叛徒"。② 他提出"勿侵略文艺",不要"把持文坛"③。1932 年 7 月,又有苏汶自称"第三种人",站出来支持胡秋原。于是发生左翼作家与胡秋原、苏汶等关于"文艺自由"的论辩。

如果说左翼文学阵营批判"民族主义文艺运动"是一场政治分野鲜明的较量,那么与胡秋原、苏汶等人的论辩大体上是左翼范围内不同文艺观点的论争。论辩中涉及文学与阶级、文学与政治革命、文艺与生活、文艺与人民的关系等问题。由于当时处于尖锐复杂的政治斗争形

① 马良春、张大明:《三十年代左翼文艺资料选编》,四川人民出版社 1980 年版,第 150 页。
②《文化评论》创刊号(1931 年 12 月 25 日出版),《文化评论》第 4 期(1932 年 4 月 20 日出版)。
③《文化评论》创刊号(1931 年 12 月 25 日出版),《文化评论》第 4 期(1932 年 4 月 20 日出版)。

势，这场论辩中弥漫着浓厚的政治气氛，争论十分激烈。

1932年5月、10月，瞿秋白先后发表《"自由人"的文化运动——答覆胡秋原和〈文化评论〉》、《文艺的自由和文学家的不自由》两文。后文开头引录列宁《党的组织和党的出版物》中对资产阶级虚伪的文艺自由的批判，强调作家始终是某一阶级意识的代表，文艺是阶级斗争的工具之一，强调郭沫若1928年提出过的"留声机"论，认为无产阶级"要用文艺来帮助革命，这是要用文艺来做改造群众的宇宙观和人生观的武器"。

瞿秋白看到，胡秋原也是反对"民族主义文学"的，也是承认文艺有阶级性的；但瞿秋白认为，胡秋原"勿侵略文艺"、不要"把持文坛"等论调，同时明显地构成了对左翼文艺的否定，帮助了反动当局。瞿秋白认为，在这个阶级斗争激烈的年代，左翼文艺应当尽可能去影响阶级斗争，推动革命事业的发展，因而胡秋原的文章引起了他强烈的反感和警觉。瞿秋白与胡秋原争论，主要是在两个问题上：一是阶级文艺是不是"高尚"的文艺？二是革命作家是否应当用文艺去"影响生活"、"帮助革命"？在前一个问题上，胡秋原认为文艺是独立的、高尚的，"利用"文艺做政治的手段，就是亵渎文艺的尊严。瞿秋白指出胡秋原的理论是"艺术至上论"，"蔑视大众"，实际上是反对阶级文学的理论。在后一个问题上，胡秋原认为文学只是"生活的表现、认识和批评"，而无关乎政治，反对把文学与大众的革命斗争联系起来。出来支持胡秋原的苏汶，以"死抓住文学不肯放手"的"作者之群"相标榜，进一步认为文学与革命不能并存，指责左翼作家不要文学。在激烈的论辩气氛中，瞿秋白写下了这样两段话："文艺——广泛的说起来——都是煽动和宣传，有意的无意的都是宣传。文艺也永远是，到处是政治的'留声机'。问题是在于做那一个阶级的'留声机'。并且做得巧妙不巧妙。""每一个文学家，不论他们有意的，无意的，不论他是在动笔，或者是沉默着，他始终是某一阶级的意识形态的代表。在这天罗地网的阶级社会里，你逃不到什么地方去，也就做不成什么'第三种人'"。

"留声机"论是胡秋原在《阿狗文艺论》中提到并加以抨击的，他认为"将艺术堕落到一种政治的留声机，那是艺术的叛徒"。最早从正面提出"留声机"论的，是1928年郭沫若《英雄树》和《留声机的回音——文艺青年应取的态度的考察》两篇文章,对文学与政治关系作了简单化、绝对化的理解。现在瞿秋白关于"留声机"的一段话,本意在于反驳胡秋原文学与革命不能并存的观点,而强调文学是可以用于宣传,可以为某一阶级的政治服务。但由于当时左翼文论界,普遍存在对文学本质的偏颇认识,认为任何文学都具有阶级性,而且只有敌对两方,非此即彼,没有中间状态,瞿秋白也有这种偏向,加上激烈的论辩氛围,因而他把文学的阶级斗争的工具作用,推向一种全称判断,导致失误。

但是,瞿秋白在作出这个偏激的判断之前,在分析胡秋原、苏汶的言论时,指出其"虚伪的客观主义"和"虚伪的旁观主义"性质,却是正确的,因为当时左翼革命文学与国民党政权及其文化势力的斗争非常尖锐。胡秋原、苏汶并非没有看到这种形势,却一味谈"学理",不提形势,无视左翼文坛被压迫受摧残的地位,只讲文学的"高尚"和独立性,确实是自外于左翼的客观主义。瞿秋白在对其客观主义、旁观主义的揭示中,提出一个中肯的观点:一切阶级的文艺,"不但反映生活,而且还在影响着生活;文艺现象是和一切社会现象联系着的,它虽然是所谓意识形态的表现,是上层建筑中最高的一层,它虽然不能够决定社会制度的变更,他(它)虽然结算起来始终也是被生产力的状态和阶级关系所规定的,——可是,艺术能够回转去影响社会生活,在相当的程度之内促进或者阻碍阶级斗争的发展,稍微变动这种斗争的形势,加强或者削弱某一阶级的力量。"①

这段话,比较全面而合乎分寸地阐述了文学与社会生活包括政治斗争的关系。后来,胡秋原虽然说瞿秋白关于"留声机"的说法武断,但也"赞美"他"平心静气地讨论真理"的态度。而既然文学可以在一定程度之内影响阶级斗争的形势,因此瞿秋白说"新兴阶级要革命,——同时也就要用文艺来帮助革命。这是要用文艺来做改造群众宇宙观和人生观的武器",这应当成为无产阶级革命家的文学目标。瞿秋白的这个结论是合乎逻辑的,并表现出共产党人的公开表

---

① 《瞿秋白文集》(文学编)第 3 卷,人民文学出版社 1989 年版,第 55—70 页。

明态度的风格。但是"留声机"论这种片面化、绝对化表述,在理论上消解文学的审美特性,导致人们把文学的社会政治功能看作文学的本质,这是他左联时期文论中明显的缺陷,在当时特别是后来对文学的发展造成了负面影响。

三、"看重现实"

1932 年,瞿秋白根据不久前苏联共产主义学院《文学遗产》上中的材料,编译马克思、恩格斯、普列汉诺夫、拉法格等马克思主义经典作家关于现实主义的论述,辑成《"现实"——马克斯主义文艺论文集》。首篇为《马克斯、恩格斯和文学上的现实主义》。下分四辑:《恩格斯论巴尔札克》、《社会主义的早期"同路人"——女作家哈克纳斯》、《恩格斯和文学上的机械论》、《恩格斯论易卜生的信》)、《文艺理论家的普列汉诺夫》、《易卜生的成功(普列汉诺夫)》、《别林斯基的百年纪念(普列汉诺夫)》、《法国的戏剧文学和法国的图画(普列汉诺夫)》、《唯物史观的艺术论(普列汉诺夫)》,《拉法格和他的文学批评》、《左拉的〈金钱〉》(拉法格)、《关于左拉》。最后是《后记》[①]。其中,《马克斯、恩格斯和文学上的现实主义》一文,1933 年 4 月发表于《现代》第 2 卷第 6 期,其他当时都没有发表,1936 年由鲁迅编入《海上述林》上卷《辨林》。在此以前,国内还没有这样比较全面的马克思主义文学理论著述。

《马克斯、恩格斯和文学上的现实主义》是这本论文集中最重要的文章。在这篇文章开头,瞿秋白说:"马克斯和恩格斯对于文学上的现实主义,是非常之看重的。"[②]全文介绍马克思、恩格斯对现实主义的精辟论述和对巴尔扎克等资产阶级作家的推崇,并在介绍中努力作出自己的解释。

现实主义本来就是瞿秋白文学观的基石。他于 1931 年重返文学园地后,十分强调革命文学作品要反映阶级斗争,同时也一再提醒作家

---

①《瞿秋白文集》(文学编)第 4 卷,人民文学出版社 1986 年版,第 1—226 页。
②《瞿秋白文集》(文学编)第 4 卷,人民文学出版社 1986 年版,第 3 页。

要注意阶级性在现实生活中的复杂表现。他在当年 9 月评论张天翼的《鬼土日记》时，指出"共同的社会公律和历史过程"（指阶级斗争的规律和发展趋势），表现在"现实生活是复杂到万分"，不能"图式化"①。后来评论茅盾的《三人行》时，指出"仅仅有革命的立场是不够的"，不应把现实写成"机械主义的公式"②；还在《革命的浪漫缔克》一文中，批评华汉（阳翰笙）的《地泉》把人物的革命转变"理想化"了③。在所有这些批评中，都没有离开他的现实主义主张。

瞿秋白当时把自己的现实主义主张，概括为"普洛现实主义"。他说，"普洛现实主义的方法"，要去写种种"社会关系，社会斗争"，"应当经过具体的形象，——个别的人物和群众，个别的事变，个别的场合，个别的一定地方的一定时间的社会关系，用'描写''表现'的方法，而不是用'推论''归纳'的方法"④。他反对诸如"浅薄的人道主义"（空洞"感情主义"）、"个人英雄决定一切"而不顾社会关系制约的"个人主义"、"痛苦"——"宣传"——"觉悟"——"斗争"——"胜利"，反对"一些百分之百的'好人'打倒了百分之百的'坏人'"的"简单公式主义"以及对人物作京剧里"脸谱"式描画的"简单化艺术"。而要克服这种"图式化"、"公式化"，必须是要深入到大众的生活和民间艺人的活动中去，"去体验"、"去观察""工人和贫民的生活和斗争，真正能够同着他们一块儿感觉到另外一个天地。要知道：单是有无产阶级的思想是不够的，还要会像无产阶级一样的去感觉"⑤，只有这样，才能进入到他们的情感世界里去，真切地表现他们。瞿秋白强调作家要深入到大众中去"体验"、"观察"以使自己的感情发生变化、形成内心感觉，与后来毛泽东《在延安文艺座谈会上的讲话》中关于作家"到唯一的最广大最丰富的源泉中去，观察、体验、研究、分析一切人"的要求相近。

在此期间，瞿秋白接触到苏联"拉普"关于"唯物辩证法的创作方法"的机械唯物论和庸俗社会学的观点。1931 年 11 月至翌年 7 月，他

①《瞿秋白文集》（文学编）第 1 卷，人民文学出版社 1985 年版，第 356—357 页。
②《瞿秋白文集》（文学编）第 1 卷，人民文学出版社 1985 年版，第 449 页。
③《瞿秋白文集》（文学编）第 1 卷，人民文学出版社 1985 年版，第 459 页。
④《瞿秋白文集》（文学编）第 1 卷，人民文学出版社 1985 年版，第 476 页
⑤《瞿秋白文集》（文学编）第 1 卷，人民文学出版社 1985 年版，第 481 页。

撰写或编译了6篇文章:《斯大林与文学》、《论弗理契》、《苏联文学的新阶段》、《谈谈〈三人行〉》、《革命的浪漫缔克》和《马克思文艺论底断篇后记》(有两篇未发表)。在这些文章中,表现出他赞同"拉普"要求揭示现实的规律、本质的观点;但是他并不赞成"拉普"的少数派(很长时间里处于主导地位)把个人当作时代精神的号筒的倾向,而用"拉普"多数派法捷耶夫等人的"活人"论来反对图式化、概念化。(按:"拉普"多数派的"活人论"主张重视作家的"直接印象"和对人物作包括"下意识"在内的心理描写,用以反对少数派完全用一般的认识论代替艺术方法。)但是,瞿秋白同时也受了"拉普"片面地强调世界观对具体的文学创作的指导这种倾向的影响,忽视了他本来所注重的文学是作家的完整个性的自然表现这个特性。

《"现实"》之外,还有"列宁论托尔斯泰"、"译论辑存"两辑,鲁迅一起收入《海上述林》上卷,而改副标题为《科学的文艺论文集》(解放后出版的《瞿秋白文集》恢复了原样)。

鲁迅在《绍介〈海上述林〉上卷》中,对《"现实"》和"列宁论托尔斯泰"、"译论辑存"给予很高的评价,他说:

> 本卷所收,都是文艺论文,作者既系大家,译者又是名手,信而且达,并世无两。其中《写实主义文学论》和《高尔基论文选集》两种,尤为煌煌巨制。此外论说,亦无一不佳,足以益人,足以传世。"①

所说《写实主义文学论》即《"现实"——马克斯主义文艺论文集》。此前,传入中国的马克思主义理论大都是哲学、政治经济学等方面的理论;鲁迅、冯雪峰等人译介的马克思主义文艺理论,则主要是普列汉诺夫、卢那察尔斯基、梅林格等人的文论。因此,瞿秋白的《"现实"——马克斯主义文艺论文集》在当时作为第一本较为全面的马克思主义经典作家的文论,对于中国文学理论尤其是现实主义理论发展显然具有重要意义,这些译述,也显示出瞿秋白的中国革命文学事业重要奠基者之一的历史地位。

---

① 《鲁迅全集》第8卷,人民文学出版社1981年版,第465页。

四、译介高尔基作品

瞿秋白翻译的苏联等国的文学作品,在他牺牲后,则由鲁迅编入《海上述林》下卷《藻林》出版。

五四前后,在文学方面,俄国文学动态和文学作品一直是瞿秋白的重点译介对象,其中包括高尔基的作品。到三十年代,他对苏联的文学作品的翻译和介绍,数量更多,质量很高,深得鲁迅赞赏。鲁迅编辑的《海上述林》下卷中,收有他的《高尔基创作选集》、《高尔基论文选集》、高尔基早年创作的《二十六个和一个》与《马尔华》①。

其中的《海燕》,高尔基写于二十世纪初期俄国大革命前夜,是一篇号召俄国人民起来革命,推翻沙皇制度的激情昂扬的散文诗,当时在俄国社会各界激起强烈反响。瞿秋白在五四运动后翻译过《暴风鸟的歌》(《海燕》的初稿),十年后重译,对原来译稿作了较大修改,定名为《海燕》。他不仅把握住《海燕》原稿的内涵和意境,而且译文准确贴切,简洁流畅,音韵谐美,铿锵有力,达到"意美"和"形美"(节奏美、音律美、语言美)相结合的境界,堪称是诗歌译文中的精品。如今不少的《海燕(之歌)》译文,是在瞿秋白译文的基础上加工而成的②。

瞿秋白译编的《高尔基论文选集》,是根据苏联1931年出版的高尔基《社会论文》选译的,收入高尔基的原序以及他近三年写的23篇文章。这些评论、政论性书信、随感等是用散文笔法写成的文艺论。这些论文能够帮助中国一般读者了解苏联社会各个方面,能够帮助中国文学界更深刻地提出许多从来没有人注意的问题,例如反市侩主义的问题等等。他还把高尔基的这些文章与鲁迅杂文相比,指出都是作家直接向社会说出自己的见解和感情的文艺性的论文。

---

① 《瞿秋白文集》(文学编)第5卷,人民文学出版社1987年版,第3—592页。
② 瞿独伊:《从〈暴风鸟的歌〉到〈海燕〉——据一篇佚稿谈瞿秋白同志的翻译》,《翻译通讯》1983年第2期;朱钧侃等:《总想为大家辟一条光明的路——瞿秋白大事记述》,南京大学出版社1999年版,第386—396页。

此外，瞿秋白还翻译了普希金的《茨冈》（未完）、卢那察尔斯基的《解放了的堂·诃吉诃德》、帕甫伦德珂的《第十三篇关于列尔孟托夫的小说》、马尔赫维察（按：德国矿工出身的作家）的《爱森的袭击》等文学作品。

瞿秋白三十年代的译文，被认为"非常正确、明晓和优美，是我们翻译文学上的最高成就和典范"，"对于这些译文，现在的文学工作者和翻译工作者，就必须采取像鲁迅那样的重视态度加以研究和学习"①。

瞿秋白翻译文学作品，态度严谨、认真，精益求精。他翻译普希金长篇叙事诗《茨冈》，采用白话和意译的方式。从译文手稿上看，几乎每一句、每一节都经过几次修改。上面有许多符号，那是衡量音节的抑扬而画上的，还在许多纸片上画着很多小方格，试验着字句的长短。如果方格不能够用时，则用自创的拉丁化新文字先写下来。有时写一个词，或一句，或一大段，然后再用方块汉字翻译出来，再修改，务必达到流畅明晓的程度。他把《茨冈》未完译稿（后由瞿独伊的丈夫李何补译完）交给彭玲时说："同一节诗，用几种格式翻译，放在一起，以后有机会，可以征求其他同志的意见，研究品评，抛砖引玉。"

瞿秋白说："翻译不是一件容易事，译诗则更是难事了。对两国的语文仅仅通晓是不够的，必须精通烂熟才行，然后才能体会原作的神韵。"他认为，神韵，决不是只译出字句表面上的意思能达到的，必须对那个民族的风俗、历史和性格有充分的了解，更要把握住诗人特殊的个性和语言风格，才能做到；必须有坚实的中文根底，对中国旧诗和新诗有较全面的涉猎，才能够找到体现这种神韵的最合适的形式（诗体、格律、用韵等等）。他说，译者既钦羡原作的神韵，又得意于译文的形式，就会不自觉地与原诗人取得心灵上的共鸣，或许就是"心有灵犀一点通"吧。保持这种状态，就可以施展文辞的技巧，用探索和联想去字斟句酌，如果松懈、草率，神韵立刻会从笔下溜走。揣摩、选择、提炼、再创作，不仅会得到一篇好的译诗，而且"会赢得无上的快乐和久久的陶醉，甚至忘乎所以，以为这竟是自己的新作。"②

① 《瞿秋白文集》（文学编）第 1 卷，人民文学出版社 1985 年版，第 Ⅳ 页。
② 彭玲：《难忘的星期三——回忆秋白、之华夫妇》，《新文学史料》1982 年第 4 期。

第二十二章 文艺理论家和翻译家

1954年8月,在中国作家协会召开全国文学翻译工作会议上,茅盾高度评价鲁迅翻译的《死魂灵》、瞿秋白翻译的《茨冈》和高尔基短篇小说,认为这是一种"艺术创造性的翻译"的卓越典范。"

第二十三章　再遭打击

一、政论和哲学著、译

瞿秋白被"赶出政治局"之后，一方面仍有来自党内的"无情打击"，另一方面时刻面临被国民党反动当局拘捕的危险。报上时有革命者被枪杀的消息，便衣特务伪装成小贩、鞋匠，到处窥视，半夜里小巷常会响起逮捕人的声音。

1931年9月1日，国民党中央组织部部长陈立夫给国民党中央执委会打了一个报告：

> 查有瞿秋白、周恩来、陈绍禹、沈泽民、张闻天、罗效贤、秦邦宪等七人，系共产党中央委员，指挥国内各地赤匪扰乱治安，图谋危害民国，逆迹显著，兹拟一律悬赏通缉……计瞿秋白、周恩来二人各二万元，其陈绍禹、沈泽民、张闻天、罗效贤、秦邦宪等五人各一万元，当否？即请转陈核定，并函咨国民政府办理。

9月21日，南京国民政府行政院将报告呈蒋介石，并签发第4395号公函，函云："查照办理"，令"转各省市政府饬属查缉并布告，又令军政部转饬各军一体协缉"①。通缉名单中把已经离开中央领导机构的瞿秋白列为第一。看来反动当局最欲抓获他们视为眼中钉的瞿秋白。此前，6月22日向忠发被捕叛变，两天后被处死；7月25日，中央农民部

---

① 朱钧侃：《蒋、汪悬赏通缉"共产党头号要犯"瞿秋白的秘史》，《瞿秋白研究论丛》2005年第1期。

副部长杨匏安、中央宣传部副部长罗绮园等23人被捕,中共组织遭严重破坏。王明趁共产国际需要中共代表的机会,将去莫斯科。周恩来将赴中央苏区。王明赴莫斯科之前,中共中央与共产国际远东局商谈成立临时政治局,由秦邦宪(博古,总负责)、张闻天、卢坦福、李竹声、陈云、康生组成临时中央政治局,其中秦邦宪、张闻天、卢坦福为常委(此后又增加人员),后报请共产国际批准。

国民党政府通缉令发布后,瞿秋白的安全也被中共中央关注。每次"警报",能得到通知,及时转移。

但由于生活艰危,加上长期重病,瞿秋白的样子变得让人认不出了。有一次,茅盾的内弟孔另境在茅盾家里遇见他,竟以为是陌生人,没打招呼,径直进了另一房间。瞿秋白笑起来:"哈哈,他竟不认识我了!"直到吃饭时,大家围坐在一起,孔另境才认出他来。

每次"警报",瞿秋白夫妇东躲西藏,急促搬家,但瞿秋白总是安定自如,就像平时出门访友一样,还总是忘不了带上几本书,以随时阅读和写作。他设法弄来俄文版的列宁著作《卡尔·马克思》,其中有马克思小传、"马克思的学说"、"马克思的经济学说"、"社会主义"、"无产阶级斗争的策略"等。他只翻译了其中的马克思小传、"马克思的学说"的简短提要和"哲学唯物主义"(未译完)。"马克思的学说"一节主要阐述马克思主义的三个主要理论来源,阐述马克思、恩格斯辩证唯物主义的观点,批判"旧"的唯物主义的主要缺点:机械的唯物主义,非历史、非辩证的唯物主义等[1]。这是当时中国哲学界尚未注意到的,瞿秋白这一译作很有价值。可惜他因环境不安,未能全译《卡尔·马克思》。瞿秋白未译完的《卡尔·马克思》和改写的《列宁的青年时代》(即曾发表的《列宁》),后来作为附录收入上海霞社1939年2月版的《社会科学概论》。

瞿秋白还引用了列宁《卡尔·马克思》的部分材料,改写成《马克思和昂格思》、《列宁》等文,刊登于叶圣陶主编的《中学生》第25期(1932年6月1日)。1933年3月马克思逝世50周年纪念日(3月14日)之际,他又写了一万五千多字的《马克思主义和中国革命》。文章回顾马

---

[1]《社会科学概论》附录,上海霞社1939年2月版;参见朱钧侃等《总想为大家辟一条光明的路—瞿秋白大事记述》,南京大学出版社1999年版,第381—382页。

克思主义传入中国的经过,以及产生的重大影响和实践意义,分析了中国社会经济的特点和革命性质、任务、前途、领导权等基本问题。他指出:"中国革命的本身,现在已经是群众化的实力化的马克思主义理论。马克思主义——国际无产阶级的理论,是唯一适合于各国国情的学理,中国革命也只有在真正的马克思主义指导下,才能够得到胜利。"他作为马克思主义的传播者和努力付诸实践的革命者,回首历程,再三强调说:"马克思主义的主要内容,就在于它不是什么教条,而是行动的指南,不是什么空想的乌托邦,而是社会现象的科学规律,是认识了社会的现实而指示出改造这个现实的道路"①。此外,他还翻译了《德国革命的失败和苏联建设社会主义的可能问题》等一组文章。

中国左翼文化总同盟秘书季楚书后来回忆瞿秋白为该"文总"主办的周刊《中国与世界》写稿的情况:"瞿秋白不仅是政治活动家,而且是文章能手,独扛一支健笔,每期都给周刊写上一二篇文章。同时写得一手好字(用毛笔写在毛边纸上),文稿明净,极少改抹。著论以讥评时政为多,持论尽管尖锐,而说理透辟入里,逻辑性很强。行文也不是剑拔弩张,而是从容不迫,圆润流畅。文中词汇丰富,尤喜熔铸新词,譬如他独用'绅商阶级'来代替当时通称的'豪绅地主资产阶级'这词儿。……他的文章妙语如珠,机智,新颖,别具风格。在驾驭中国语文的娴熟技巧中,显见出他对古典文学的深湛素养。此外,瞿在落笔精警处,往往用圆点或四号字着重标出。由于这些特点,尽管文章不署真名,也可以仔细辨认出来。"②

1931 年间,瞿秋白还受时任中央政治局委员、组织部长和中央特委负责人周恩来的委托,起草了《文件处置办法》。周恩来对中央秘书处的黄文容说,现在你们保存的文件不便于秘密管理,可请阿秋(瞿秋白)提出几条整理文件的办法,供你们参照整理。瞿秋白很快拟了出来。这份文件规定:一、中央文件应当分为四大类(最高机关决议及指示,对外宣言和告民众书等,中央政治局记录,中央议决案及通告、宣传

① 《瞿秋白文集》(政治理论编)第 7 卷,人民出版社 1991 年版,第 572—595 页。
② 季楚书:《纪念"左联",缅怀战友》,《左联回忆录》(上),中国社会科学出版社 1982 年版,第 201—202 页。

大纲）；二、所有上述四类条目编一总号数，在每一件上注明小类的号数，并编抄译本分类目录；三、各省区材料，中央所接到的，亦按此处理；四、"凡是事务性质的来往函件，以及绝无内容报告等等，都可以销毁"；五、中央及地方、团体的机关报须尽力保存一全份，并编一本分类目录；六、中央所取得的全总、苏维埃政府、C·Y·中央、互济会等的文件，按同样办法处理；七、"事务性质和小信，只须将内容简要记入一本流水账，可随时毁去，勿使积存"。最后是一个"总注"："如可能，当然最理想的是每种二份，一份存阅（备调用，即归还），一份入库，备交将来（我们天下）之党史委员会。"①瞿秋白还在"将来"两字旁打上了圈点，表现出革命胜利的信心及这个文件的长远意义。周恩来作了批示："试办下，看可否便当。"这份《文件处置办法》成了中共中央最早的关于文件管理的规定。

中共中央秘书处在《文件处置办法》基础上，又起草了《关于文件编目问题的规定》，作更具体的规定。此后，曾指定曾任满洲省委书记兼宣传部长的陈为人主持这项工作。自 1932 年夏天起，陈为人冒着生命危险，以家庭为掩护，使中央文件资料得以安全保存，其中有瞿秋白和苏兆征、彭湃、罗亦农等人的遗墨、遗嘱与遗像等。

二、"狄康"事件

中共中央临时政治局把《红旗周报》的附刊转为独立的刊物《斗争》，于 1932 年 1 月 21 日在上海创刊，油印本，由临时政治局常委兼中央宣传部长、中央党报委员会主任张闻天主编。该期"卷头话"说《红旗周报》印刷困难不能按期出版，《斗争》则"更有经常性与秩序性"。后来《斗争》实际上也不能正常出版，月出 3 至 4 期，有时两期合刊。临时中央 1933 年迁往苏区后，该油印的《斗争》第 35 期起由上海中央局（1933年 1 月下旬成立）以中共中央的名义继续出版，1935 年 2 月 18 日停刊。

---

① 《瞿秋白文集》（政治理论编）第 7 卷，人民出版社 1991 年版，第 237—239 页。

1933 年 1 月,迁到瑞金的临时中央将苏区中央局原来出版的《实话》、《党的建设》合并为一个刊物,也以《斗争》为刊名。为了与上海油印版《斗争》相区别,1933 年 2 月 4 日起苏区出版的《斗争》新排次第,为第 1 期,主编也为张闻天,他的助手是杨尚昆。这一份理论刊物,与《红色中华》、《红星报》并称为中央苏区三大红色报刊。上海油印的《斗争》虽与苏区的《斗争》有联系,却是两个刊物,权威性也有区别。

瞿秋白当时还是不断为党刊写政论,发表在《布尔塞维克》、《中国与世界》、《红旗周报》、《列宁生活》、《斗争》上。发表于上海油印版《斗争》上的文章,长的几千字,短的几百字。现收入《瞿秋白文集》政治理论编的有 19 篇。其中许多文章揭露和抨击帝国主义和国民党政府。这些文章署名“狄康”、“康”等,集中发表于 1933 年 6 月、7 月、8 月,每期上至少 2 篇,多则 4 篇或 5 篇。

1933 年 9 月 7 日上海版《斗争》第 54 期刊登了中共中央《关于帝国主义国民党五次“围剿”与我们党的任务的决议》一文。这篇文章要求“开展党内反对‘左’右倾机会主义与罗明路线的思想斗争,把一切对于党的战斗任务消极、怠工或感觉到疲倦的分子,驱逐出去”。罗明是当时中共福建省委代理书记,他认同毛泽东的意见,主张从闽西的实际情况出发有步骤地扩大红军,被指责为取消主义和逃跑退却路线。有些领导人认为瞿秋白发表在《斗争》上的一些文章也存在“严重”右倾错误。9 月 22 日,临时中央政治局发出《中央关于狄康(瞿秋白)同志的错误的决定》,对这些文章横加指责:其一,“根据狄康同志最近在《斗争》上所发表的几篇文章,中央认为狄康同志犯了非常严重的有系统的机会主义的错误”;“主要的是由于他对于目前的革命形势估计不足,看不到苏维埃与红军的伟大力量,因此在新的任务面前表示惊慌失措,又来偷运和继续他过去的腐朽的机会主义,同时在客观上,他是成了阶级敌人在党内的应声虫”;其二,“他还不愿意承认自己的错误”,只认为是“偶然‘流露’与‘过分估量了革命的形势’,根本否认是有系统的右倾机会主义的错误,甚至多方掩饰,拒绝在党的会议上承认自己的错误”。文件还严厉批评了《斗争》的编者,说:“这样严重的机会主义的错误,居然能在《斗争》上好几篇文章中发现,这证明编者的腐朽的自由主义与缺乏布尔塞维克的警惕性。"因此也责令编者作"自我批评,严格的检查《斗争》上的一切文章与其他刊物上的质量"。文件最后说:"中央认为各级党部对于狄康同志的机会主义错误,应在组织中开展最无情的斗争,来教育同志,并检查自己队伍中的机会主义的动摇,坚决的打击一切对于机会主义的调和倾向,以保证彻底执行中央关于反对五次'围剿'的决议。"①

9月27日,瞿秋白写了《我对于错误的认识》,刊登在10月15日的第56期上海《斗争》上。10月底出版的中央理论刊物《红旗周报》第61期的社论《白区在反对五次"围剿"中的战斗任务》,甚至借用高尔基的名言"敌人不愿意解除武装,我们就必须消灭他",把瞿秋白当"敌人"打击。同期《红旗周报》第三篇文章《粉碎五次"围剿"与反倾向斗争》,历数党内的多次斗争,算瞿秋白的"盲动"和"两面派的调和主义"的老账。说他"不但没有完全改正,而且在一定时候重复表现出来",而"现在的表现实际上是罗明路线的一种形式,是悲观失望的右倾主义"。这篇文章对瞿秋白的批判文字超过批判"罗明路线"的篇幅,占了全文的一半。11月,苏区的《斗争》全文转载这篇长文,把对瞿秋白的批判扩展到苏区。同时整顿上海版《斗争》编辑部,成立编委会,规定"以后一切比较重要的文章必须经过集体的审查,方可发表"。

瞿秋白在《斗争》上的文章是否如批判者所说的那样,犯了"悲观失望的右倾主义"的错误呢?且看一看批判者点出的几篇吧。《国民党棉麦大借款的目的》明明说国民党大借款是为了"进攻中国的工农红军",批判者却说瞿秋白根本否认这一点;瞿秋白明明说红军和苏维埃"是能够解放中国的",批判者却硬说他"诬蔑"苏维埃与红军的"实际力量"。瞿秋白的《庐山会议的大阴谋》明明是揭露蒋介石的反动目的,筹划对中央苏区进行第五次"围剿",揭露国民党"围剿"苏区的罪恶行径,批判者却以"阶级敌人在党内的应声虫"等政治罪名强加给他。瞿秋白在揭露反动派的屠杀政策同时,写敌人在作"临死的呼号",而热情歌颂红军几年中反"围剿"的胜利,文章激情高昂,批判者却硬说他"否认了国民

①《六大以来》(下),人民出版社1981年版,第56页。

党的军事","否认国民党的恐怖屠杀政策"做了蒋介石"宣传的俘虏"。应该说,现在看来瞿秋白的文章也有缺失之处,但其失误主要在于是受到共产国际和当时中共中央文件"左"倾指示的影响,例如对于蔡廷锴等在福建"人民革命政府"的"平均地权""民生主义"不信任,指责他们是"缓和人心"。

欲加之罪,何患无词! 当时中共中央的某些"左"倾领导者看到瞿秋白仍有那么多政论,仍然有政治影响,仍然有威信,深恐其"东山再起"。于是,再发起对他的政治批判,无中生有,捏造罪名,或断章取义,新账老账一起算,强行压制打击他,借以维持"左"倾的错误统治。

苏区的《斗争》全文转载上海《斗争》上的批瞿长文之后,11 月 30 日晚上,驻莫斯科的王明在共产国际执委会第十三次全会上说:"过去的一年对于中国共产党来说,是更加布尔什维克化的一年","一直进行着反对目前阶段的主要危险——右倾的尖锐斗争",这种右倾始终表现为"悲观失望的情绪和观点"。他还追溯到"1931 年 1 月的四中全会以前",批判说"部分领导不但不执行共产国际的总路线,反而歪曲、修改和离开这条路线",点了瞿秋白的名①。足见 1933 年对瞿秋白的再次打击是王明极"左"宗派主义的继续。

起初,瞿秋白对党内对他的严厉批判并不服气。他在写给《斗争》编辑部的信《我对于错误的认识》中,虽然承认"对于革命的军事物质力量估量太低,而对于革命的政治力量(兵士和民众之中的党及苏维埃影响)估量得过高",但也作了一些辩解②。但中央局的李竹声对此非常不满。李竹声在莫斯科中山大学成为王明宗派的核心成员,当时就参与对瞿秋白的打击。临时中央迁离上海后,李竹声等成为上海中央局主要成员。王明宗派小集团的王云程、孙国明等相继叛变后,李竹声担任上海中央局书记,后来在 1934 年 6 月被捕叛变,供出上海和苏区的许多机密。1933 年《斗争》事件中,在上海就是他为首的一班人对瞿秋白发动"最无情的斗争"。在党小组会上,瞿秋白平心静气地申述意见。李竹声理屈词穷,蛮横地叫喊:"像你这样的人,我只有把你一棍子敲出

①《共产国际有关中国革命的文献资料》第 2 辑,中国社会科学出版社 1982 年版,第 213—214 页。
②《瞿秋白文集》(政治理论编)第 7 卷,人民出版社 1991 年版,第 651 页。

党外去!"会后,李竹声一走,一些同志为瞿秋白鸣不平,他们想不通瞿秋白为什么还要作检查,说他在《斗争》上发表的文章并没有错。瞿秋白却劝大家不要为他鸣不平,说自己作检讨是希望大家认识得更加清楚,检讨以前的盲动等是为了从中吸取历史教训,对现实斗争有好处。他说:"只要能够分清大是大非,对党有利的事,我都应该做。至于人家怎样对待我个人,那只是枝节问题,不必计较。"①

瞿秋白态度如此诚恳,李竹声等却更加猖狂,于是就有了《关于狄康同志的错误的决定》《红旗周报》社论等一系列的批判,打击。《决定》下达一周后,瞿秋白按那文件定的调子,写了长达3000多字的《我对于错误的认识》。

对照当时中共中央《关于帝国主义国民党五次"围剿"与我们党的任务的决议》,瞿秋白的检讨承认《斗争》上文章"有一个系统的整个的立场",与"中央和布尔什维克的立场"不相同,"这是个机会主义的立场";承认《庐山会议的大阴谋》等文"对两个政权对立的剧烈程度估量得太低";承认仍然站在"以前的立场上",没有看到当时中共中央所说的"革命形势的开展正走到一个急剧的转变的关头",没认识到这"转变关头"的意义,于是对于"阶级力量的对比",没有"正确的估量"。"中央同志说我从'左'的错误到右的错误","替悲观主义做开路先锋",这都是"的确不错的",他甚至还写道:"中央说我的错误在基本上是和罗明路线相同","我诚恳的接受这个批评","我认为必须继续开展这个斗争,对我有严格的批评。"②这显然是违心的检讨。

实际上是王明宗派的极"左"错误日益严重,是他们盲目乐观地过高估量革命形势,错误实行军事冒险,已给各革命根据地造成重大损失。中央苏区的红军第五次反"围剿"因他们的错误方针而连遭失败,红军已陷于被动。然而,王明却还在共产国际执委会第十三次全会上吹牛:"12月初,在围剿开始三个月以后,中国共产党代表团可以……向全世界宣布:国民党和帝国主义者对苏区的第六次(应为第五次——

---

① 杨之华:《回忆秋白》,人民出版社1984年版,第91—92页。
②《瞿秋白文集》(政治理论编)第7卷,人民出版社1991年版,第647—653页。

引者)围剿,已经基本上破产了。"①

三、《儿时》的复杂心情

瞿秋白写完书面检查的第二天,9 月 28 日,写了一篇散文《"儿时"》。此文曲折地表达了真实思想感情。文前引录晚清诗人龚自珍的诗《猛忆》:"狂胪文献耗中年,亦是今生后起缘;猛忆儿时心力异:一灯红接混茫前。"龚自珍一生命运多舛,生性耿介。瞿秋白接连遭受打击,不由得想起龚自珍其人其诗。文章感慨中年以后的"衰退",想到儿时的单纯和对光明、美好世界的向往。他说,那时"件件都是'知',你每天可以做大科学家和大哲学家,每天在发现什么新的现象,新的真理。现在'什么'都已经知道了,熟悉了,每一个人的脸都已经看厌了。宇宙和社会是那么陈旧,无味"。他祈望"儿时"回来,希望摆脱消沉和衰退,决不使生命"停止"。他仍然认定,自己生命的意义只在于中国人民的解放事业之中。于是,他振作起来,用诗一般的语言写道:

> 假使他的生命溶化在大众的里面,假使他天天在为这世界干些什么,那末,他总是在生长,虽然衰老病死仍旧是逃避不了,然而他的事业——大众的事业是不死的,他会领会到"永久的青年"。②

这篇《"儿时"》中表达的某些心情,与他后来的《多余的话》相似。既有遭受连续打击后的悒郁,又有对王明之流每张"脸"的"厌",更表现出坚定的革命信念和顽强意志。过了一段时间,瞿秋白把《"儿时"》寄给了鲁迅。鲁迅改了一个标点,署上自己的笔名"子明",作为自己的文章,于 1933 年 12 月 12 日寄给《申报·自由谈》编者黎烈文,三天后发表。事后,鲁迅写信给黎烈文,说《"儿时"》"一类之文,因近来心粗气浮,颇不易为;一涉笔,终不免含有芒刺,真是如何是好"③。透露出鲁迅

①《共产国际有关中国革命的文献资料》第 2 辑,中国社会科学出版社 1982 年版,第 233 页。
②《瞿秋白文集》(文学编)第 2 卷,人民文学出版社 1986 年版,第 95—96 页。
③《鲁迅全集》第 12 卷,人民文学出版社 1998 年版,第 324 页。

对瞿秋白此时的处境和心情的同情与理解。直到解放初整理出版瞿秋白文集时,发现了瞿秋白《"儿时"》的手稿,人们才知道这是瞿秋白的文章。

写完《"儿时"》后,12月3日,瞿秋白重译高尔基讽刺短诗《市侩颂》。11年前,瞿秋白躺在苏联疗养院里意译过这首诗,题为《阿弥陀佛》,收编入《赤都心史》。现在重译这首诗,采取"直译"方式,更接近诗作的原意,不过最后一句仍然是"阿弥陀佛"。重译这首诗,想表达的心情亦与《"儿时"》相仿。瞿秋白一辈子反对目光短浅、得过且过的"市侩主义"。现在又用高尔基这首讽刺诗,从反面来激励自己。

中共六届五中全会之前,瞿秋白又被迫表态,再作思想检讨,他在1933年12月10日写信给中央委员会,除了表示拥护共产国际和中央最近一切指示和决议之外,再次说自己犯了右倾机会主义的"错误"。不过,信中说要为"正确的政治路线而斗争,反对一切种种机会主义",但"可惜,我关于实际的具体的问题不能够有什么贡献,又不幸不能够出席而受着直接的教训!只能够写这一点空话,希望能帮助大家想起一些问题"①,后一句却是可能有言外之意的。这是后来《多余的话》所说"停止"思考的表现之一,就算"做戏"也得继续演下去。这种无奈、苦闷和愤慨交织的心情,后来在《多余的话》中充分地表达出来:"我自己不愿意有什么和中央不同的政见。我总是立刻'放弃'这些错误的见解,其实我连想也没有仔细想,不过觉得争辩起来太麻烦了,既然无关紧要就算了罢。"②

1934年1月召开的六届五中全会继续指责"右倾机会主义者怀疑革命的发展,忽视群众的力量,在敌人进攻面前惊惶失措,妨害革命运动的发展","帮助敌人的进攻,引导革命到失败的道路"。极"左"的王明宗派把瞿秋白等批判为"右倾机会主义",当作"主要危险"③来反对,结果,"左"倾冒险错误发展到了极端。

①《瞿秋白文集》(政治理论编)第7卷,人民出版社1991年版,第654—656页。
②《瞿秋白文集》(政治理论编)第7卷,人民出版社1991年版,第694、712页。
③《瞿秋白文集》(政治理论编)第7卷,人民出版社1991年版,第694、712页。

第二十四章　中华苏维埃教育人民委员

一、振兴苏区教育事业

1934 年 1 月 11 日深夜,瞿秋白根据党中央指令,乘船出吴淞口,离开上海,经香港前往江西中央苏区。2 月 5 日,瞿秋白到达瑞金。

瑞金地处闽赣边境,距离赣州约一百五十公里。1931 年 9 月,红军取得了粉碎国民党军队第三次"围剿"的胜利,赣南和赣西两个根据地连成一片,建立了中央革命根据地(亦称"中央苏区")。同年 11 月,在瑞金召开中华苏维埃第一次全国代表大会,选举产生最高政权机关——中央执行委员会,宣告中华苏维埃共和国临时中央政府成立,中央执行委员会正副主席是毛泽东和项英、张国焘,瞿秋白当选为中央执委委员。中央执行委员会下设人民委员会,分设外交、军事、劳动、土地财政、教育等部,瞿秋白任教育人民委员。教育人民委员相当于教育部部长,这是仿照苏联的体制。瞿秋白在上海时,由徐特立代理。

1933 年 1 月,临时中央迁到中央苏区后,按照共产国际的指示,与原苏区中央局合并,博古被推选为总负责人。同年 4 月,党、政、军、群等机关从瑞金城东北的叶坪迁移到该城西约四公里的沙洲坝。沙洲坝头枕观音山,背靠鹅公山,地势十分险要。

1934 年 1 月 15 日至 18 日,临时中央召开六届五中全会。会议强调"必须在理论上与实际上揭露右倾机会主义","揭露两面派的右倾机会主义的实质"①,会议错误估量革命形势,王明极"左"冒险主义错误发展到了顶点。会议举行时,瞿秋白在前往瑞金的途中。他到达时,"左"倾宗派正高调贯彻这次全会决议。全会决议对他形成很大压力,按那极"左"决议,实际已被剥夺,"左"倾宗派随时可以"旧话重提",对他作"无情斗争"。因而他在中央苏区时期几乎不谈大政方针。

1月22日至2月1日,中华苏维埃第二次全国代表大会在沙洲坝中央政府大礼堂举行。土木结构的大礼堂,建在沙洲坝老茶亭北侧的树林间。毛泽东主持会议,选出中央执行委员会,其中正式委员175人,候补委员36人,瞿秋白继续当选为中央执行委员、教育人民委员。

在江西建立苏维埃红色政权,是中共执政的一次实践。瞿秋白先前早已写下《苏维埃是什么? 红军是什么?》《工农兵会议的劳动法》、《工农兵会议大革命!》等文章,阐述政权的性质、职能和宗旨等,满怀信心地预言中国革命必胜,他呼吁:"打倒国民政府! 成立全国苏维埃!"②

"红都"瑞金,没有国民党的白色恐怖,与当时的上海相比,瞿秋白也和同志们一样感到人民当家的欣慰。与白区相比,周围的一切都是新鲜的。这里的冬天也比上海暖和些。他在新的职任上尽心尽力,做实事,多贡献。

在教育部土墙草房的简陋办公室里,李伯钊、钱壮飞、胡底等忽见一位戴副深边眼镜的同志出现在门口,穿着合身的灰色中式棉袄,面容清癯。"秋白——秋白——"顿时屋里热闹起来。曾在莫斯科留学的同志情不自禁地叫他的俄文名字,"斯特拉霍夫同志,你好!"大家把他包围起来,与他拥抱、握手,问这问那。有的同志来到中央苏区一年多了,还是第一次看到这样热烈相会的场面,深受感动。

稍后,庄东晓也从白区来到苏区,也到教育部来工作。瞿秋白对庄东晓说:"我听说你要来中央苏区,便提出要你来这里工作,你的问题没有解决,不能过组织生活,是够痛苦的。想开些,看远些,好好工作,问题迟早会解决的。"当时庄东晓和丈夫遭到"左"倾错误打击,丈夫被害,

①《中共中央文件选集》第10卷,中共中央党校出版社1991年版,第48页。
②《瞿秋白文集》(政治理论编)第7卷,人民出版社1991年版,第279页。

她也深受打击,死里逃生。同样遭受"无情打击"的瞿秋白却在安慰她,还顶着风险让她来教育部工作。庄东晓后来激动地说:"这些老大哥般的、动人肺腑的劝勉,对我这个一肚子苦水、心事重重的人来说,是多大的鼓舞呵!我之所以能背着冤情,强打精神,安心地继续工作下来,多半是由于秋白同志的关怀和帮助。"①

教育部的办公处邻近中央大礼堂,是一处低矮的房屋,井字结构,人字屋顶,一色黄土墙,内分两间,与左邻右舍农房无异。里间一张木板床,一张破旧的桌子和一条长凳,成为瞿秋白的住处。瞿秋白来到后,在墙边搁上一块长木板,充当书架,旧桌上放着一个墨盒,几枝毛笔,还有苏区制作的粗黑纸张,瞿秋白用这些简陋的文具,起草了许多重要文件。外间有一张旧长条桌,几张长板凳,作为开会场所。每次开会时,瞿秋白总是热情地与大家打招呼,倒开水。尽管喝的是白开水,会场气氛却很和谐热烈。

教育部下设教育局、教材编审委员会(徐特立兼主任)、中央图书馆等部门,还管辖列宁师范学校(校长徐特立)、高尔基戏剧学校(前身为蓝衫剧团学校,校长李伯钊)。瞿秋白主持的教育部,其实是教育、文化部,不仅领导各级教育部门、组织和编审、出版教材,还负责文化建设和宣传工作。后来他又担任苏维埃大学校长,主持中央政府机关报《红色中华》等,工作量很大,十分繁忙。

中央苏区为应对敌人的严密经济封锁,作出"收集粮食、保障红军给养的突击运动的决定"。教育部也组成粮食突击队,深入基层。不久《中央教育部粮食突击队员通信》刊登在 2 月 24 日《红色中华》头版上。瞿秋白还写了《节省每一粒谷子来帮助战争》的文章,说收集粮食的运动相当成功,"我们能够防止或最后战胜粮食困难,胜利是我们的"②。

当时实行军事共产主义供给制,中央各机关每人每天 1 斤 2 两米。菜更少,连铁制小盆的盆底都盖不住,还没有油。每天只吃两顿饭,中午前后饥饿难忍。当时还缺盐,食物无味。住在别处的徐特立因事到教育部去,瞿秋白热情地留他吃中饭,说是有同志送来几两盐,请他吃

① 庄东晓:《瞿秋白同志在中央苏区》,载《忆秋白》,人民文学出版社 1981 年版,第 333—334 页。
②《瞿秋白文集》(政治理论编)第 7 卷,人民出版社 1991 年版,第 658 页。

了一顿有盐的菜，就觉得味道特别好。"节省粮食，支持前线！"大家积极响应号召，瞿秋白带头节省。

饿着肚子去图书馆，消瘦的瞿秋白在那里会遇到毛泽东等熟人。苏区图书馆分为公共图书馆、机关图书馆和农村俱乐部阅览室。图书馆最初是由毛泽东指示红军将攻占漳州中缴获的一大批图书运回瑞金，逐步建立起来的。以后中央教育部发动苏区各机关和广大军民捐赠书籍，丰富了馆藏。中央图书馆对外开放，配有专职管理人员。

毛泽东也屡遭"左"倾错误批判，被排挤出中央政治局，中央人民委员会主席一职也被解除。瞿秋白与毛泽东在许多问题上有共同见解。他俩有时坐在树荫下或草坪上，背靠背，互相吟咏酬唱，其间也曲折表达对"左"倾指导思想的不满。

来苏区前，杨之华为瞿秋白编织了一顶绒线帽，做了一套衣裤。现在他穿戴后，扎起裤腿，骑上一匹黑马，马蹄"得得"生风，弯曲小路上扬起尘烟。"这是秋白吗？"中央各机关人员见到此情景，都觉得很惊讶。为了对付敌人空袭，中央各机关之间一般相隔几里路，为了节省时间，瞿秋白学会了骑马。他出现在哪里，哪里就会有欢声笑语。有同志说："看不出他是个有病的人。"

参加有关会议时，瞿秋白要向他的直接领导人张闻天汇报工作。他俩在莫斯科相识，先后卷入中大风潮。他们曾激烈论辩。瞿秋白在当时未发表的《清校问题》文中，谈到张闻天等人时说，"如果切实的学习实际工作"，加以研究而发表自己的见解，抛弃许多小资产阶级的虚荣心，"亦许可以造成党的极其得用的人才，甚至于政治领袖"①。张闻天任中共中央宣传部长参加政治局常委会之后，虽写过批判瞿秋白的文章，但也逐渐意识到"左"倾教条主义错误带来的危害，在经济、政治、文化方面都提出了一些比较切合实际的理论。瞿秋白注意到张闻天的变化。

瞿秋白到中央苏区之前，张闻天已写了《论苏维埃政权的文化教育政策》一文，公开批评党内取消文化教育的"左"倾错误思想，提出扫除

①《瞿秋白文集》(政治理论编)第6卷，人民出版社1996年版，第851页。

文盲、普及义务教育、开展社会教育、养成工农知识分子、造就专门人才的任务，他特别强调利用旧知识分字的"绝对必要"。他严肃批评文化教育的领导机关"怕知识分子闹反革命"的思想，认为因党员的家庭出身是剥削阶级而开除他们，这是"左"的倾向，"必须立刻纠正"①。这引起瞿秋白的注意，他主持教育部工作，也重视对这种倾向的纠正。

瞿秋白很注意围绕反"围剿"这个中心做工作。但是，教育有其自身规律和具体特点，瞿秋白花很大精力，改革整顿，建章立制，把违反规律的做法改正过来。他赞成张闻天的观点，充分利用旧知识分子，即使他们是地主资产阶级出身，也可以利用，让他们担任教员，或做技术工作。他认同地引用张闻天观点，明确表示反对"左"倾错误，同时也"反对那种脱离阶级路线的右倾机会主义"②。

不久，瞿秋白桌上出现了一份新文件《小学教员优待条例》，是由张闻天以中华苏维埃共和国人民委员会主席名义颁布的。条例规定：小学教员享受与苏维埃工作人员的同等待遇；乡组织群众为小学教员代耕土地；小学教员可以减免土地税，享受免费医疗等。这是苏区在物资严重缺乏的条件下最早施行关于优待教师的文件，对提高教师工作的积极性起到了良好的作用。

瞿秋白改变了原来终日伏案写作的习惯，随时接待来请示工作的人员。来人很多，而且几乎都立等着他的答复。他的小小卧室兼办公室，经常挤满了人，常常忙得顾不上吃饭。他太劳累，又发病了。中央红军医院院长傅连暲几乎天天来给他看病、开药、打针。然而即使卧病在床，他还是看文件，处理日常事务。

热心的同志特地跑到几里外买回鱼和鸡蛋，煮给他吃。他总是问东西从哪里来的，旁人是否也有？邓颖超与杨之华曾同在中共中央妇女部工作，还因地下工作需要，一起与其他工作人员结拜为八姐妹。庄东晓最小，被称为"八妹"，她告诉邓颖超，"秋白病了，之华姐没有来，你去看看吧。"邓颖超抽出时间赶了几里地，送来亲手烙的糖饼，在当时这是很珍贵的营养品。

①《张闻天文集》第 1 卷，中共党史资料出版社 1991 年版，第 401—410 页。
②《瞿秋白文集》（政治理论编）第 7 卷，人民出版社 1991 年版，第 666—673 页。

经过调查研究，瞿秋白针对发现的问题，进行调整和改革。

3月12日至14日，举行江西省第一次全省各县教育部长联席会议。瞿秋白事先找了许多较早到苏区工作的同志交换意见，参看许多报告材料，起草文件；会上他又认真听取意见，作总结发言，认真修改文件草案。会议通过的《江西省第一次教育会议的决议案》，明确指出中央苏区文化教育工作的方针和任务。从此，各县转变工作方式，克服官僚主义做法，严格执行中央颁发的《教育工作纲要》。还采取"巡视员"巡查的办法，抽查工作，召集个别县区的教育部长及职员谈话，到基层了解情况，树立模范，推动落后的县区。他保持着一贯的认真细致的工作作风。

接着又先后起草《教育行政纲要》修正案，规定中央教育部除了巡视委员会，还设五个局：初等教育局、高等教育局、社会教育局、艺术局（局长先后为沙可夫、李伯钊、赵品三）、编审局（局长庄东晓）；起草《苏区文化教育工作计划》，制订或修订许多文化、教育方面的条例、制度。1934年4月汇编为一本《苏维埃教育法规》。这是包括小学、中学、大学、师范和社会教育等苏区教育法规大全，经上级批准后正式颁布。其中有《教育行政纲要》、《小学管理法大纲》、《业余补习学校的办法》、《中央农业学校简章》、《高尔基戏剧学校简章》、《苏维埃大学简章》等二十多个文件。这些文件明确和完善了苏区义务教育、社会教育、干部教育的宗旨和法规，从而使苏区的教育和文化有法可依，有章可循。这些文件体现了瞿秋白的教育思想，对完善苏区教育和文化制度，对教育、文化的正规化、法令化作出了重要贡献，产生了深远的影响。

中央苏区许多县地处山区，交通很不方便，文化事业非常落后，群众大部分是文盲。他切实贯彻《中华苏维埃共和国宪法大纲》，努力保证工农劳苦民众有受教育的权利，施行完全免费的普及教育，主持召开教育部会议，逐步建立健全县、区、乡教育机构，与各群众团体互相检查，互相配合，以期形成一个覆盖中央苏区的教育机构和普及教育的网络。

瞿秋白亲自组织制定《中华苏维埃共和国小学校制度暂行条例》，

强调"要用教育来提高生产劳动的知识和技术,使教育和劳动统一起来"①;强调改善教学方法和课程安排,给学生更多切合实际需要的文化科学知识。

了解各地乡村教育情况后,瞿秋白感慨地说:"苏区人民的文化水平太低了,一定要设法扫除文盲。"他把社会教育与义务教育同等看待,提倡根据苏区的特点开展扫除文盲运动,要让群众互教互学,丈夫教妻子,儿子教父亲,识字的教不识字的,识字多的教识字少的,使更多的人较快地提高文化水平。他与徐特立重新审定《消灭文盲协会章程》,修改以前章程草案的"不适宜"处,使之合实际,并切实施行。各区、乡都办起俱乐部、夜校、业余补习学校、识字班。中央教育部颁发的《识字班办法》、《夜学校及半日学校的办法》、《俱乐部纲要》等规定:公民都加入所在地的俱乐部,工人及其家属都参加业余补习学校学习,还规定"一切不能加入夜校或半日学校的完全文盲,都得编入识字班"。

瞿秋白主持的苏区教育,取得可喜成果。根据《红色中华》有关报道,江西、福建、粤赣、瑞金等地有小学达 3199 所,学生达 10 万人;补习夜校 4562 个,识字班 23286 个,仅江西苏区参加者约 12 万;俱乐部 1917 个,参加的固定成员有 9300 余人。妇女与男子同样享有学习的权利,在许多学校里妇女占了很大比例。兴国县千余夜校 16 万学生中妇女占了一半以上,还有许多妇女既当教员,又是学校的负责人②。

江西省苏维埃主席刘启尧原来不识一个字。经识字班的学习,能看懂《红色中华》报了。他还告诉瞿秋白,许许多多的乡亲学习了文化,和他一样摘掉了"文盲"帽子,脑子"也开窍了",妇女上了夜校,能写简单的书信,寄给参加红军的丈夫,鼓舞了士气。

各类学校多了,严重缺乏教育干部和教师。于是教育部在瑞金创办师范学校,分本科和预料,半年毕业。福建和江西苏区创办的师范学校,大部分是短期训练班。教育部还制定了高级师范学校、初级师范学

---

① 王其森:《瞿秋白与苏区教育》,《瞿秋白研究》第 3 辑,学林出版社 1991 年版。
② 王昌期:《苏区教育的发展》,《红色中华》1934 年 9 月 29 日。

校、短期师范学校、小学教员训练班简章等①。中央苏区出版的报刊也很多,有大小报刊 34 种,党、政、军领导机关和各群众团体组织都办有报刊杂志,其中,中共中央机关报《斗争》、苏维埃中央政府机关报《红色中华》、青年团中央《青年实话》、红军机关报《红星报》影响最大。

二、主编《红色中华》

《红色中华》报是在中华苏维埃第一次全国代表大会日刊的基础上创办的。从 1931 年 12 月 11 日至 1937 年 1 月 25 日,共出版 324 期(中间因红军长征停刊一年多)。瞿秋白曾任主编。

《红色中华》报社与红色中华通讯社为一个组织机构、一套工作班子,事多人少。瞿秋白上任后,又调进几个无线电报务员,专门抄收国民党中央社播发的新闻稿,有时也抄收一些苏联塔斯社英文新闻稿。加上报社工作人员,最多时也只有十几个人。编辑部人员既要组稿,编稿,还要外出采访,兼校对工作,以及帮助刻写油印刊物《参考消息》(亦称《无线电材料》、《每日电讯》),送给中央领导人参阅。瞿秋白更是忙个不停,拖着病躯,还写稿、审稿,常常工作到深夜。

瞿秋白主编的《红色中华》丰富多彩。它不定期增"苏维埃建设"、"党的生活"等不定期专版;设定众多栏目,社论、专电、要闻、来电、时评、红色区域建设、中央革命根据地消息、赤色战士通讯、红色小辞典、工农通讯、工农兵法庭、突击队、警钟等等,从第 70 期起又设"红角"栏,专登文艺性短文和识字材料;另有批评专栏"黑板"和表扬专栏"红匾",以及配有插图的文艺副刊《赤焰》,刊登文艺作品。反"围剿"获得重大胜利时,发号外,作专题报道,重要纪念日或重大事件,出"纪念专号"或特刊。版面设计,也多有改进,满足不同层次读者的需求。

后来,因形势变化,《红色中华》减少苏区以外的时事报道,增加苏

① 朱钧侃等:《总想为大家辟一条光明的路——瞿秋白大事记述》,南京大学出版社 1999 年版,第350—354 页。

区内的新闻;减少上层活动的报道,增加基层群众活动消息;减少法令、条例的刊布,增加报社出面的号召。

瞿秋白在苏区写的不多的论文,都发表于《红色中华》,除前文提及的,还有《努力开展我们的春耕运动》《纪念"五一"与援助华北工人斗争》《中国能否抗日?》等。其中第一篇是他为《红色中华》写的唯一的社论,还是强调保卫苏维埃的利益,保证红军给养,粉碎敌人"围剿"①。《中国能否抗日?》驳斥国民党的"中国无力抗日"的谬论,谴责敌人对苏区的"围剿",是企图消灭抗日力量,以达到破坏、阻碍、瓦解抗日力量的罪恶目的②。

1934 年 10 月,第五次反"围剿"失败,红军主力被迫战略转移。《红色中华》部分编委随主力红军长征,瞿秋白担任苏区中央分局宣传部长,与韩进等少数人员继续编发《红色中华》。10 月 14 日,出席新成立的苏区中央分局第一次会议。项英传达中共中央的要求,宣布正式成立苏区中央分局和中央政府办事处。为了掩护中共中央和红军主力转移,项英要求党政机关仍然要保持原来的样子,正常办公。《红色中华》尽可能保持原来的样子,社址不变,印刷厂名不变,版式不变,仍然是铅印四开四版形式,表示中共中央和中央政府仍然在中央苏区,以安定军心、民心,迷惑敌人。内容仍以战讯为主,刊登各苏区战事捷报,但不报导红军行动情况。

10 月下旬,敌人发觉红军主力已突围转移,加紧向中央苏区进攻。瞿秋白率领报社人员随中央分局机关从瑞金转移到于都县宽田地区,后又转移到南面几十里外的黄龙区(今黄麟乡)井塘村。环境越来越恶劣,消息来源大为减少,大家都随时要参加战斗。《红色中华》从每周三期减少为两期,最后一周一期,印数也只有 3000 份。这时瞿秋白更注意把报纸办得生动活泼,图文并茂。随着形势的变化,《红色中华》加重反"围剿"报道的份量,增加各地扩大地方武装、动员群众坚壁清野、储藏粮食等内容。为了鼓舞士气,编委韩进写下诗歌《游击队员进行曲》:"我们是工人农民的游击队,高举自己的苏维埃旗帜!……"在《红色中

①《瞿秋白文集》(政治理论编)第 7 卷,人民出版社 1991 年版,第 661—663 页。
②《瞿秋白文集》(政治理论编)第 7 卷,人民出版社 1991 年版,第 674—682 页。

华》发表后,瞿秋白崔音波谱曲,在工农剧社传唱开了。

生活更加艰苦了。瞿秋白这时所在的井塘村,在于都县西部与会昌交界的山区,在山脚下一条狭长的山坑里,村前有个水塘,塘边有口井。全村只有十几个屋场。一新屋成了中央分局的驻扎地,各机关分在农民家里,整个村子架满了电线。中央分局在新屋大厅办公,项英夫妇住大厅右面正房,瞿秋白等住厢房。瞿秋白有个药罐子,泡好的药经常放在身边。报社也设在这里,印刷厂则在会昌县白鹅乡梓坑村的深山密林里,编辑部与印刷厂相距20多里。此时《红色中华》改由中共中央分局和苏维埃中央办事处主办,因在赣南印刷,后被称为"赣南版"。"赣南版"不再播发新闻,但继续抄收国内外新闻电讯。

报社其他人员大都分配到各个部队里,只有瞿秋白和韩进在报社。稿源大减,瞿秋白自己就必须多写,没日没夜地写,还得做其他多种必不可缺的工作,一直坚持到出版最后一期《红色中华》。

三、开创群众文艺新局面

瞿秋白作为教育人民委员,还负责组织、领导戏剧等文艺运动。在他和教育人民委员部的努力下,开创出苏区群众文艺的新局面。

露天戏剧演出瞿秋白领导的苏区文艺活动的内容之一,深受民众喜爱。天黑了,四面八方出现一个个火把亮点,闪烁着,跳跃着,逐渐汇聚成一串串,周围乡亲们赶过来,夹着说笑声——"看大戏喽"。村口简易的舞台用黄土垒起,或用木板搭设,用被单拼起幕布,"滋滋"燃烧的松明是主要的照明灯光。土台后,苏维埃剧团演员紧张地化妆,用猪油代替"凡士林",木碳用油调和,就成了黑油彩,湿红纸涂到脸上就是"胭脂"。演出服装是自己做的,还设计出一种特制的多用服装。

"我们是工农革命的战士,艺术是我革命武器,为苏维埃而斗争!暴露旧社会的黑暗面,指示新社会的光明……创造工农大众的艺术,阶级斗争的工具,为苏维埃而斗争!"这是李伯钊和崔音波合作为工农剧社创作的社歌,它唱出了苏区革命文艺的宗旨和任务,在中央苏区广为流传。

工农剧社成立于 1932 年夏天,其前身为苏区第一个剧团八一剧社。各部队和各地先后成立分社、支社。为培训戏剧人才,1933 年春成立附属蓝衫剧团和蓝衫剧团学校。李伯钊任团长兼校长。李伯钊、石联星、刘月华被誉为"三大赤色跳舞明星"。还有钱壮飞、胡底等,他们都多才多艺。李伯钊是杨尚昆的妻子,在莫斯科中山大学学习时,认识瞿秋白,当时她就与沙可夫等开始从事戏剧活动。她在那时的"清党"运动中,被错误地开除团籍,到苏区后,仍然背着那个处分,没有撤销,不能过组织生活,但她还是积极工作。熟知情况的瞿秋白顶着压力,让她担任中央教育部下属的艺术局局长,分管中央苏区的文艺工作,充分发挥她的组织能力、创作激情和表演才能。

瞿秋白对中央苏区的戏剧工作的领导,先是有针对性地整顿组织,明确方针,完善制度。办晚会演戏之外,还须结合现实斗争需求,举办政治演讲会、谈话会,开展读报和讲报活动,开展大众喜闻乐见的文体活动和墙报等工作。瞿秋白亲自修订工农剧社和苏维埃剧团的有关章程,要求"结合政治斗争,为工农兵服务"。同时审定有关文件,梳理俱乐部与工农剧社之间的组织隶属关系,加强领导,以避免出现组织混乱情况。他建议把原来的"蓝衫剧团"改名为苏维埃剧团;将"蓝衫剧团学校"改名为高尔基戏剧学校,直属中央教育部。高尔基戏剧学校设在一座破旧的庙里,略加修理,建成了室内剧场的模样。学员年龄相差很大,小的只有七八岁,大的已有三四十岁。文化水平参差不齐,有的能看书读报,有的却是文盲。办学很艰难,瞿秋白他鼓励大家说:"路是人走出来的。""革命戏剧学校在苏区还是初生的婴孩,慢慢抚养,不要心急。"瞿秋白主张戏剧学校除普通班外,还应增设红军班和地方班,为部队和地方培养艺术干部。他还准备设置专业和业余两类文艺团体,专业的要在中央教育部的领导下定期巡回表演,"用表演戏剧等……赞助工农红军的革命战争";"在戏剧的技巧内容等方面,帮助广大工农群众的工农剧社运动的发展"①。

---

① 《苏区文艺运动资料》,上海文艺出版社 1985 年版,第 27—33 页。

学校后来搬到教育部附近,瞿秋白经常去看望师生们,为教职员讲政治课,解答时事问题。他深入浅出地讲授马克思主义原理,大家听得津津有味,不时发出笑声。他很喜爱两个小演员邱兰、郭滴海。邱兰的父母被杀害了,红军把她从火坑里救出来。郭滴海是贫农的孩子,天真活泼,他与邱兰像兄妹俩。还有一位女歌手刘秀章,唱民歌的开头总是"哎呀来",许多喜欢听她唱歌的群众都称她为"哎呀来"。瞿秋白和她们有说有笑时,邱兰挤在中间,抬着头听着,脸上露出笑容,就像置身于一个温暖的大家庭。瞿秋白临走时,师生还是围着他,很想和他多聊一会儿,瞿秋白说:"隔两天我再来,听听'哎呀来'的兴国山歌,好吗?"在热烈掌声中,瞿秋白与大家挥手告别,由邱兰、郭滴海伴随着回到教育部。

邱兰等小演员学习努力,表演出色。瞿秋白制订培养"童星"的计划,让他们成为其他儿童的学习榜样。他亲自检查训练成果,为他们举行晚会,给他们挂上红领巾,佩戴红花,由此来带动其他儿童的积极性。

瞿秋白提倡集体创作,认为"集体创作,不但能多产生剧本,同时能很快提高每个人的写剧水平。"要求每个人应定出写作计划,并由剧团领导综合归纳,排成总计划。根据自己的写作经验,他认为应先学会写故事,再编剧本。他说,"先写故事是写剧本的最好的方法之一,但故事要有真实性和典型性,要注意收集故事。"他自己也动手写故事,他说:"我不会写剧本,只能提供一些故事给你们。"其中有上海工人与巡捕、警察、红头阿三斗争的情形。他希望在收集故事的过程中,要真切地体验各种生活。

剧团按照瞿秋白的指示精神,既有计划地安排集体创作,也鼓励个人创作,产生了许多较好的剧本。其中有《李保莲》、《堡垒中的士兵》、《追击》、《你教我打手枪》、《换哨》、《抢粮》、《埋伏》、《地雷》、《收租粮》等话剧,以及《搜山》、《突火阵》、《缴枪》、《冲锋》等舞剧,这些剧本为中国现代革命戏剧运动留下崭新一页。

瞿秋白与李伯钊等人商量后,规定剧本的审查和预演制度,先由剧团讨论,提出修改意见,再由他审查。瞿秋白说:"要经过预演,才知道剧本的好坏,剧本的成功,必须经过写和预演两个步骤。演一次,改一次,才能有好的剧本产生。"一些原来很差的剧本,经过预演,改成了具有一定水平的剧本。

花了几个月的时间,瞿秋白选校了五个剧本:《李保莲》、《牺牲》、《不要脸》、《非人生活》和《游击》,编成一本《号炮集》,并写了通俗的序言,油印三百多份,散发到全苏区。由沙可夫负责的工农剧社编审委员会曾在《红色中华》上刊登启事,准备把征集的剧本编印成册。瞿秋白编选的这个剧本合集显示最新的创作成果,具有鲜明的反围剿斗争生活特征。瞿秋白打算由地下交通员带到上海去出版,因种种原因未能实现。

中央苏区戏剧运动掀起高潮的同时,红色歌谣运动也在蓬勃发展。这些歌谣具有鲜明的革命性、强烈的战斗性和广泛的群众性,深受广大军民的喜爱。瞿秋白还把 1923 年在《新青年》上发表的《赤潮曲》修改如下:"赤潮彭湃,//红霞飞动,//惊醒了工农,//中国工农举起了红旗,//高声歌颂,苏维埃万岁!//猛攻,猛攻,//捶碎帝国主义国民党,//奋勇,奋勇,//为我们工农群众的解放。//无论黑白黄,//无复奴隶种,//同在列宁主义的旗帜下,//为解放而奋斗,看赤潮万丈涌。"修改后的歌词更适合变化了的形势,适于在苏区唱,也更容易懂了。经他人重新谱曲,在苏区军民中广泛传唱。苏区出现很多新的民间歌曲、民谣。红军战士多来自农村,还常常按照熟悉的山歌、小调自编自唱,见什么编什么,做什么就唱什么;老百姓也男女老少都喜欢唱歌他们自己的歌。瞿秋白感到耳目一新,他说:"民间歌曲,对群众的教育更大,歌词是发自群众肺腑的心声,内容通俗易懂,好听好唱。"

瞿秋白领导苏区文艺运动所取得的丰硕成果,已载入史册。后来在延安,萧三对毛泽东谈起已经牺牲的瞿秋白,毛泽东沉默良久,叹道:瞿秋白如果还活着,现在领导边区的文化运动该有多好啊![1]

红军主力转移后,瞿秋白居住在瑞金下肖区一座孤零零的茅草屋里,前面有一块菜园地。一天,石联星带着二十多名青少年演员,按紧急通知,到前线去慰问演出,已经步行了整整三天,天黑了,才见到站在

[1]《忆秋白》,人民文学出版社 1981 年版,第 176 页。

屋檐下等候多时的瞿秋白。这时石联星和小演员们知道中央红军走了。山脚下传来部队转移的急促脚步声和铁器撞击声。他们不由得大声哭起来。瞿秋白摸摸孩子们的头,说:"不要难过,将来我们一定会再看到他们的。"孩子们去吃饭时,瞿秋白让石联星进屋坐下来,然后他把油灯芯拨了拨,把已转移的石联星爱人留下的被子、蚊帐、毛衣和苏区钞票转交给她。当她看爱人的信时,忍不住掉下泪来。瞿秋白再三安慰她说:"你们一定会再见面的。""我们还有部队,还有中央同志留下来。你们也留下来,到群众中去,能演出就演出,不能演出就做些口头宣传工作也好呵!"

按照中央分局部署,要开展游击战争。瞿秋白把剧校、剧社和红军学校人员编为工农剧团总社,下分三个剧团分别到红军各部队去演出,定期会合。原来用作道具的武器换为真的红樱枪、大刀、手榴弹。在三个剧团分散之前,瞿秋白随大家一起行军。他常常发烧,但始终打起精神,坚持爬山。为鼓舞大家,他建议让刘秀章唱"哎呀来……",大家也一个接一个唱。每到一个目的地,别人休息,他还要忙着写稿、审稿。

按照瞿秋白定的计划,火星、红旗、战号三个剧团在各自战区宣传、演出后,元宵节前,汇集到中央分局驻地。瞿秋白帮他们修改新的创作和收集或新编的山歌,排练节目准备会演。他常来审看,提出修改意见。

会演时,新搭的简易戏台下,挤满了来自周围山乡的群众。中央分局的领导人项英、陈毅、毛泽覃、陈潭秋、何叔衡、刘伯坚……也都来了,站在人群中间。数九寒天,可大家都忘了寒冷,台上台下一片欢腾。演出中,下雨了,还越下越大,但是群众没有一个走的。演出了《牺牲》等几个话剧、《搜山》等舞剧,还有小提琴独奏,口琴独奏。台上唱起大家熟悉的《想念北方红军》等歌曲时,台下群众不由自主地与台上同唱,歌声响彻山村的雨夜。鸡都叫了,会演才结束,群众还迟迟不愿离去。这是瞿秋白总导演的最后一次苏区群众文艺汇演。

27年后,赵品三还记忆犹新,他有诗写道:"十里听歌冒雨来,辉煌灯火照山台。军民同乐逢佳节,星月联华叹妙才。东边唱罢西边和,前幕收场后幕开。披蓑张盖通宵立,三度闻鸡不肯回。元宵结采赣江春,壮舞高歌洗战尘。夜雨绵绵弦韵急，红灯冉冉掌声频……"①

会演的第二天，瞿秋白亲自评奖，说准备把这些节目整理出版。最后，他给大家颁奖。

第三天晚上，赵品三、石联星等来看望他。警卫员在帮他收拾东西，他也在整理文件和书籍。他亲切地对大家说："你们要正式到部队里去了，……有机会能演出就演出……"这时他的身体很虚弱，不久前还吐了血。他把一包用油布裹好的东西交给赵品三，语重心长地说："这里面东西很宝贵，都是文艺作品。找个通风干燥的山洞藏好，不要烂掉和失落。我要暂时和同志们分开，希望同志们继续坚持斗争，努力前进！"

闻名全国各苏区的工农剧社活动就此落下帷幕，至此瞿秋白也结束了他领导文艺运动的工作。赵品三、石联星等没想到这是与瞿秋白的永别。

第二十五章　血洒罗汉岭

一、长汀濯田被俘

1934 年 10 月初,中央苏区反第五次"围剿"失败,中共中央和中央红军主力要转移。毛泽东召开中央政府各部负责人会议,布置善后工作,会上根据最高三人团的决定宣布瞿秋白留下来工作。瞿秋白原以为会和大家一起转移,他心情有些激动,却没有说话。会后国民经济部副部长吴亮平邀请他到家里吃饭(他俩早在莫斯科相识),喝了不少酒,他激奋地说:"你们走了,祝你们一路顺利。我们留下来的人,会努力工作的。我个人的命运,以后不知怎么样,但是可以向战友们保证,一定要为革命奋斗到底。同志们可以相信,我虽然历史上犯过错误,但为党为革命之心,始终不渝。"两天后,吴亮平就瞿秋白留下一事,去问毛泽东,认为像瞿秋白这样的同志,怎么可以不带走,让他听候命运摆布? 毛泽东说,他也提了,但是他的话不顶事嘛。他也问过张闻天,张闻天回答:"这是中央局大伙决定的,他一个人说没有用。"[①]

---

① 吴黎平(吴亮平):《忆与秋白同志相处的日子及其他》,《学习与研究》1981 年第 5 期;张闻天在延安整风时的笔记记载:"关于长征前一切准备工作,均由以李德、博古、周恩来三人所主持的最高'三人团'决定,我只是依照最高'三人团'的通知行事。我记得他们规定了中央政府可以携带的中级干部数目字,我就提出了名单交他们批准。至于高级干部,则一律由最高'三人团'决定。瞿秋白同志曾向我要求同走,我表示同情,曾向博古同志提出,博古反对。"(《从福建事变到遵义会议》,1943 年 12 月 16 日)

朝夕相处的战友们要走了，瞿秋白邀请李富春、蔡畅、刘少文、傅连暲等聚餐。他举起酒杯说："这酒杯是之华在上海给我的纪念品，让我们一起为革命胜利干杯！"徐特立临行时去看望瞿秋白，瞿秋白把自己的好马换给年长的徐特立。

挚友冯雪峰也要走了，他担任红九军团地方工作组副组长。冯雪峰比瞿秋白先到中央苏区，任中华苏维埃中央执委会候补委员、中央苏区党校副校长。二人在苏区多有工作联系，见面时，无拘无束，谈笑风生。现在要随红军主力转移了，冯雪峰特来告别，他担心瞿秋白重病在身，在游击战中有危险。瞿秋白握住冯雪峰的手说："不要为我的安全过分担忧，你们突围北上肯定比我艰巨，道路更险阻，让我们共同来承受严峻的考验吧！"他脱下身上的长衫，披在冯雪峰身上，深情地说："雪峰，这件长衫伴我战斗七八年了，留有与鲁迅先生共同战斗过的痕迹，现在给你做个纪念。"①

10 月 10 日晚，中央红军主力八万六千多人出发长征，中共中央和中华苏维埃共和国政府也随军撤走。第二天，负伤留在瑞金医院的陈毅偶遇瞿秋白，问他为什么还不走，还要把自己的马送给他，劝他赶紧追上西撤的红军主力。瞿秋白很感谢陈毅的好意，说中央决定自己留下不走。

按照中央决定，成立留守的最高领导机构苏区中央分局，成员有项英、陈毅、陈潭秋、瞿秋白、贺昌、邓子恢、张鼎丞、谭震林、梁柏台、毛泽覃、汪金祥、李才莲等。项英任书记，还任军区司令、政委，陈毅任中央政府后方办事处主任，陈潭秋任中央分局组织部长，瞿秋白任宣传部长，兼后方办事处人民教育委员。留守部队和地方游击队有一万六千多人，加上党政机关工作人员和红军伤病员共三万多人。

蒋介石调动几十万军队，围、追、堵、截中央红军；同时，派出十几万军队，由顾祝同、蒋鼎文分任南、东两路总司令，对赣南、闽西为中心的中央苏区"全面清剿"，要"掘地三尺"，"斩草除根"。宁都、于都、兴国、瑞金、长汀、会昌相继失陷。1934 年 11 月底，蒋介石命顾祝同、蒋鼎文

① 海宇：《一件不寻常的长衫——追忆冯雪峰对瞿秋白的怀念》，《东海》1980 年第 8 期。

分任驻赣、驻闽绥靖主任，划定 12 个绥靖区，到处修公路、筑碉堡，实行"划区清剿"。

在敌人严密封锁下，党政机关和部队的衣食住行十分艰难，不少人几个月吃不到油、盐。为了隐蔽，夜晚不举火，白天不冒烟；走过的山路，要用树枝和树叶掩盖起来。在树木被敌人烧尽伐光之后的山上，大家就只好隐蔽在山洞里。环境极端艰苦，瞿秋白肺病加重。1935 年元旦，在中央分局驻地，赣南团省委书记陈丕显见到瞿秋白，觉得他的脸色很不好，还有浮肿。煮饭烧的柴草潮湿，满屋子都是烟，他不停地咳嗽。陈丕显很为他担心：像这样的身体，怎么打游击？

起初，项英没有采纳陈毅等人的正确意见，坚持集中红军诸部与敌人打硬仗，虽曾歼灭一些敌军，但暴露了自己的主力，被敌人四面合围，形势愈益严峻，中央分局和部队被压缩在会昌、长汀交界狭小的山地里。2 月初，中央分局会议上两种意见发生激烈争辩。一种意见是留下少数部队和机关在中央苏区活动，其余向西突围到湘赣边界一带，另图发展；另一种意见主张部队以团为单位，向湘赣边、闽赣边和福建平和、漳浦、广东饶平一带突围，中央分局和中央办事处率一部分部队继续留在中央苏区坚持斗争。在中央分局的一次会议上，主持人陈潭秋特地征询瞿秋白的意见。瞿秋白说没有意见。项英连续向中央发电报请示，要中央决定。中央于 2 月 5 日发来了"万万火急"电报，指示要立即改变组织形式与斗争方式，以适应游击战争的环境，简缩庞大的后方机关和其他组织，成立革命军事委员会中区分会，以项英、陈毅和贺昌等组成，项英为主席①。

项英接到中央指示，立即召开中央分局会议传达。由于军情紧急，中央分局决定不等中央关于传达"决议详情"的电报，先行转移，并研究精简机关、改变斗争方式等问题，决定让患病的瞿秋白等人转移，取道香港去上海就医。

与瞿秋白同行的有何叔衡、邓子恢和张亮。何叔衡已是花甲老人，拟去上海参加白区工作；邓子恢被指派到永定地区与张鼎丞汇合领导

---

① 《中共中央文件选集》第 10 册，中共中央党校出版社 1991 年版，第 481 页。

闽西游击战争;张亮是项英的妻子,现有身孕。

自从中央红军主力转移后,瞿秋白、何叔衡、邓子恢都是留守苏区的中央政府办事处重要成员,在于都黄龙区井塘村度过最后一个春节。为了演练紧急行动,年初一、初二天未亮,就紧急集合,外出行军,几个小时后才回来。

出发前,瞿秋白用俄语写了一张便条:"她娜!再见了!望您锻炼的比钢铁还强。"①"她娜"是庄东晓的别名,她曾任中央教育部编审局局长。

2月11日,由一个警卫排护送,瞿秋白一行先向东,经瑞金武阳、福建长汀,顺着汀江南下。大致沿着当初瞿秋白进苏区的秘密交通路线,拟再经汕头去香港。他们到武阳区政府与周月林汇合。周月林先期出发,带领一个武装班,护送一对铁皮文件箱,到武平山上埋藏。周月林是苏区中央政府司法人民委员梁柏台的妻子,曾任中央执行委员、苏区中央局妇女部部长、中央妇女生活改善委员会主任、中央红军医院院长。周月林懂医务,加入瞿秋白一行,对怀孕的张亮和年老病弱者有所照应。

瞿秋白一行,在武阳地区河边遇到瑞金县苏维埃政府副主席邱世桂,得知当地敌情和游击活动情况。夜间行进在武阳附近的下州坝过绵江河时,抬着瞿秋白、张亮等人的四副担架都被浸湿。到了黄田的袁屋祠堂,他们燃起一堆火烘烤衣服,做饭。吃完饭已经天亮。到了老虎崠,遇到武阳游击队,敌人也赶到,双方开火。警卫武装和武阳游击队配合,击溃敌人,安全到达白竹寨。

2月18日(一说21日),到达长汀县四都山区的中共福建省委所在地(一说在小金村,一说在小金村东南十五、六里远的汤屋)。原福建省委书记刘少奇奉命随中央红军长征后,由万永诚接任省委书记兼省军区政委,吴必先任省苏维埃政府主席,龙腾云任省军区司令,省委等机关都迁往四都山区坚持游击战争。这时闽西除四都山区之外,其余地方都被敌人占领,大小道路都有敌人岗哨,严密封锁。万永诚想出一个办法,让瞿秋白一行化装成香菇客商和随行眷属,并选调百余人组成护

第二十五章 血洒罗汉岭

① 庄东晓:《瞿秋白同志在中央苏区》,载《忆秋白》,人民文学出版社1981年版,第338页。

送队。省委秘书长温仰春具体负责安排,他后来回忆说:从福建到广东,到香港,到上海,当时有一条非常安全的交通线,有较强武装人员护送。许多红军主要负责干部曾来往于这条交通线。如果早有打算,及时疏散,完全有可能避免发生后来的不幸事件,可惜晚了。临行前,省委负责人一再交代要严守军事秘密,路上不准抽烟,不能打手电。

短暂休整后,夜幕降临,这支特殊的队伍继续上路,昼伏夜行。这时敌人派出大批部队和保安团加紧搜山"清剿",而且山高路险,沟壑纵横,春寒料峭,夜里行路相当艰苦。乌云时而掩盖月亮,山间小道被两旁树木遮挡,眼前竟黑得伸手不见五指,全靠两只手不断拉着树条,一脚高一脚低,摸索前行。瞿秋白身体很虚弱,艰难地走着,有时实在走不动,倚坐在路旁石头上休息一会儿。何叔衡年纪大,行动比较缓慢,护送队员破例点起一盏围着黑布的马灯,为他引路。张亮有身孕,路上琐事很多,夜间行军不准出现火光,她偏偏闹着要吸烟。

瞿秋白一行历尽千险万苦,经过长汀县山田、陈屋,来到濯田区露潭附近,面前是汀江,约四五里远的上游有个水口码头,但有敌兵把守。幸好是枯水期,江水齐腰,但寒彻身骨,前面的人探着水路,护送队或用担架抬或搀扶着老弱病孕者,悄悄过江。上岸后,没敢停留,转过一个山头,前面是小迳村,这时已是 2 月 24 日拂晓。进村后,大家疲惫不堪,饥肠辘辘,决定在此休息吃饭,烘烤过河时弄湿的衣服,准备下午再走。但是,这个麻痹大意的行动,酿成了严重的后果。

水口镇一带属于福建省地方反动武装保安十四团的防区(该团防区包括武平全县及上杭西区一带),团长钟绍葵,福建省武平岩人,臭名昭著的地头蛇,曾残酷杀害苏区地方干部数十人。1934 年春,伏击红军总部参谋处长许桌等,造成 6 人遇难。几天前,钟绍葵率领 5 个中队在汀江两岸"清剿",驻扎在水口镇。2 月 23 日,他前往长汀开会,水口镇暂由该团第二营驻扎,营长名叫李玉。这天早晨,李玉得到地主武装"义勇队"队长范连升的报告:小迳村附近发现小股红军。李玉立即率领几百人,分两路围攻小迳村。瞿秋白一行刚刚端起饭碗,村头岗哨传来枪声,哨兵与敌人遭遇,双方交火。护送队长丁头牌,华而不实,喜欢自吹自擂,这时枪声一响,他便撇下瞿秋白一行和护送部队,独自逃命。

邓子恢奋勇组织大家突围,向南面山头转移,行至半山腰时,护送队与敌人抢占山头发生激战,一小时后敌人败退。瞿秋白等登上山头,准备向东南方向突围,却发现另有一股敌人也接近山脚,堵住了去路。

护送队激战几小时,难以突围,何叔衡对邓子恢说:"子恢同志,我不能走了,革命到底了!"说着夺过警卫员手里的枪,对准自己的头部。邓子恢急忙说:"你千万不能这样!"边说边跑,上前去夺枪,可是何叔衡手里的枪已击发,他从山崖落下去,敌人又用机枪扫射,何叔衡身中数弹。敌特务连在稻田中发现身受重伤的何叔衡,从他身上搜出黄金和500元港钞后把他杀害。黄金港钞是瞿秋白一行出发前在瑞金领到的交通费和其他活动经费。

万分紧急关头,瞿秋白、邓子恢等不顾一切滚下山坡。经过一夜奔跑突围,瞿秋白已精疲力竭,坐在地上大口喘气。心急如焚的邓子恢催着赶快突围,瞿秋白说:"我病成这个样,实在走不动了,你快点走吧。"敌人枪声越来越近,邓子恢急得伸手去拉他,他推开邓子恢的手说:"你快走!"他看看周围的茂密树丛,安慰邓子恢说:"我在这里,敌人不会发现的。"经再三劝说,瞿秋白还是坚持己见,邓子恢只好转身走了。邓子恢冲出重围,重新返回福建省委驻地,遇到陈潭秋和谭震林,他们带领着一营红军。这支部队稍后回到闽西永定地区打游击。

周月林滚下陡坡,眼前一片昏黑。醒过来见周围没有别人,就一边走,一边寻找,在草丛里发现了瞿秋白。瞿秋白高兴地说:"阿妹,你来了,这下好了。"周月林扶着瞿秋白,慢慢往前走,随后又发现张亮,三人相互搀扶着到灌木丛里隐藏。少顷,他们3人被"义勇队"的队员发现,不幸被俘。敌人押解他们前往水口镇,当天下午4点左右才到。敌人没有立即审讯,瞿秋白与周月林、张亮趁机商量如何应付敌人。

第二天,敌人严刑逼供,瞿秋白早有思想准备,忍受残酷折磨,坚不吐露实情。他自称林琪祥,现年36岁,江苏人,肄业于北京大学中国文学系,中途辍学,在上海经营旧书店及古董生意。又入医学校,学医半年。1932年因病游历普陀、宁波、厦门后,又赴漳州。适因红军打进漳州,将其俘虏送往瑞金,先后在红军总卫生部当过医生、医助、文书及文化教员。红军主力转移后,他被留在福建省苏维埃政府、省军区医务所做医助。1935 年初携款逃离瑞金,但走到上杭露潭地区,被苏区地方武装发现,当夜由保卫局人员看押,准备天明再走,不料被国民党军队发现,做了俘虏。敌人逼供时,瞿秋白还巧妙掩护张亮和周月林。

张亮自称周莲玉,系香菇商的老婆,说是被红军"绑票勒赎者"。她的口供与她的怀孕身形,让敌人有点相信。周月林起初称为陈秀英,继后供名为黄秀英,系红军护士。她会打针、换药和接生,不怕敌人盘查。

当天下午,保安十四团团长钟绍葵和副官张友民从长汀赶回水口镇。狡黠奸诡、反复无常的钟绍葵得知被俘的林琪祥等人携有港钞、黄金,护送人员多数携带驳壳枪,便推测林琪祥可能是共产党的"要人"。当晚,钟绍葵亲自刑讯瞿秋白,得到的回答依然如前。

2 月 26 日,瞿秋白、张亮、周月林 3 人被押解沿汀江下行,到上杭县回龙保安团第一营的驻地。第二天下午,继续乘船南下,到达上杭县城(保安十四团部所在地),被囚禁在上杭县监狱。

上杭革命根据地曾闻名于中央苏区,《红色中华》多次报道"第一模范乡"才溪等地的情况。如果在上杭乘船顺着汀江继续南下,再改走陆路,便可抵达广东汕头等地,这是瞿秋白一行原计划的转移路线,但这时无法实现了。

瞿秋白与被俘的 20 多名红军干部关在一起,周月林和张亮另行关押。好大喜功的钟绍葵为了向上面表功,同一天向龙岩国民党第二绥靖区司令李默庵报告时,甚至改动捕获瞿秋白等人的日期,故意推迟为 2 月 26 日,以此证明自己是亲自带队"清剿"小径村等地红军的。

一连几天,钟绍葵用尽酷刑逼供,瞿秋白仍然一口咬定自己是"林琪祥"。3 月 2 日,福建《求是报》第 2 版刊登一则报道,题为《钟绍葵团李营搜缴上杭水口散匪,缴获驳壳枪 30 余支,俘匪中有北平大学毕业生林某》,声称"前月二十四日该团李营复在水口搜剿……俘匪中有林琪祥一名,系北平大学毕业,谅系要匪,正由该团鞫讯中。"同日,《福建民报》第 6 版也有相同报道。显然,瞿秋白沉着应付敌人的"口供"产生了效果。

3 月 9 日,瞿秋白在狱中写了一个"笔供":红军主力出征后不久,

"林琪祥"任医助的总卫生部解散,"林"附任福建省军区、省苏医务所医助。借为省苏财政经济委员会主任治病之机,窃得钞票及金饰逃走。至上杭露潭地界被苏区保卫局特务队俘获,绑押过河。天明后闻枪声,上山奔逃。"林"与两女犯落在最后,保卫队员开枪击"林"未中,"林"滚入沟中,旋即被俘。

这个"笔供"迷惑了敌人。获允:如果所述属实,可以取保释放,即写信给上海朋友索要证明,或在当地寻觅铺保,以证实与共产党向无关系,即可予以开释云云。于是瞿秋白以"林琪祥"之名给鲁迅、周建人和杨之华写信。

在上海商务印书馆当编辑的周建人收到瞿秋白的来信,信封背面盖了一个蓝色长方形印章,这是已经过监狱检查的印记。信中说狱中到夜间很冷,食物极少,衣服单薄,天天挨饿受冻;听监狱的人说,如果有殷实铺保或有力的团体作保,可以释放。

瞿秋白给鲁迅的信说:我在北京和你有一杯之交,分别多年没通消息,不知你的身体怎样。我有病在家住了几年,没有上学。两年前,我进同济医科大学,读了半年,病又发,到福建上杭养病,被红军俘虏,问我做什么,我说并无擅长,只在医科大学读了半年,对医学一知半解。以后,他们决定我做军医。现在被国民党逮捕,你是知道我的,我并不是共产党员,如有人证明我不是共产党员,有殷实的铺保,可以释放我。此信落款为"林其祥"(林琪祥),暗示他入狱后的化名和有关情况[1]。鲁迅和周建人收到信后,设法尽快通知杨之华。

自从瞿秋白离沪去苏区后,杨之华一度与鲁迅保持联系,瞿秋白写给杨之华的信也由鲁迅转交,以后白色恐怖猖獗,杨之华与鲁迅联系中断。1935年元旦前后,杨之华才有机会去看望鲁迅。鲁迅有些担忧问:"听说秋白在苏区病死了,这个消息确实吗?"杨之华表示没有听到什么消息。鲁迅关心地说:"像秋白这样的身体,去苏区是不适宜的,应该去苏联才对。"

2月19日,上海地下党组织再次遭到严重破坏,地下党有关负责人

---

① 杨之华:《忆秋白》,载《忆秋白》,人民文学出版社1981年版,第222页。

朱镜我、罗晓红等不幸被捕,杨之华住处也遭到搜查。第二天经住机关的朱姚老太等同志帮助,杨之华化装才得以脱险,暂时住在沪东杨树浦沈家滩的工人家里。不久进入英商班达蛋厂做工,一天做工十几个小时,疲惫不堪。她想尽快与党组织取得联系,时时牵挂着远在苏区的瞿秋白。过了一段时间,她写信给鲁迅,询问是否有瞿秋白的来信。这时,鲁迅才知道杨之华的下落,立即派人送信给她:有紧急事情找你二十多天,赶快来取信。

杨之华见到此信,犹如五雷轰顶,她最不希望的不幸之事还是发生了,她焦急万分,一天一夜未睡。由于党的领导机关都被破坏了,无法依靠党组织去营救。再三考虑之后,找到曾一起工作的杜延庆,地下党印刷厂负责人、何叔衡的女婿,他们商量利用保存的一架印刷机办一个印刷所,作为铺保去保释瞿秋白。没有钱,向鲁迅求援,鲁迅立即答应。以后通过关系,杨之华辗转找到一个旅馆老板,写下铺保证明。

杨之华请周建人夫人王蕴如找一间房子,结果物色到一家烟纸店楼上的亭子间。杨之华离开班达蛋厂,住进亭子间。她亲手做了两条裤子,连同鲁迅送来的 50 元,一起寄给瞿秋白。

情急之下的杨之华还写了一封信,委托杜延庆去拜访鲁迅,请他考虑是否有可能设法营救瞿秋白。患病的鲁迅热情接待杜延庆,看了杨之华的信后说,瞿秋白身份虽然尚未暴露,但是敌人是不会轻易放人的。并要杜延庆代为安慰杨之华,要作最坏的思想准备。杜延庆将鲁迅的意见转告后,杨之华说:“得知秋白被捕的消息,就有这种估计,况且和秋白一起被捕的还有几个人,更难免会被敌人发现,争取保释的希望是很小的,我已作了最坏的思想准备。”

鲁迅、杨之华最为担心的事情还是发生了。4 月 10 日,在瞿秋白被关押的上杭县城西面——武平县大禾梅子坝大山中,福建省委书记万永诚率领的部队被敌人重兵包围,万永诚等英勇牺牲。4 月 14 日《中央日报》作了有关报道。万永诚的妻子被俘,她供出瞿秋白、周月林、张亮在濯田地区被俘的消息。第八师师长陶峙岳立即电告国民党驻闽绥靖公署主任、东路军总指挥蒋鼎文,电称:“据万匪永诚之妻供称,矛秋白

（'矛'为'瞿'字之误——引者）、何叔衡及项英之妻,均在濯田被我军俘获。"蒋鼎文觉得事关重大,电令驻长汀县的国民党三十六师师长宋希濂和管辖该地区的驻龙岩国民党第二绥靖区司令李默庵,紧急查明上报。另外,三十六师俘获的长汀县苏维埃政府主席也供出了瞿秋白等已被俘的情况。

狱中待遇极坏,瞿秋白被刑讯后,身体越来越糟。他说,本来身体孱弱,积年肺病,狱中困顿,又多侵蚀其体力。现觉日就衰惫,手足乏力,头晕眼眩,时发潮热。秽气熏蒸,似饥似饱,"似此久羁不决,势将庚毙"。为了争取及早摆脱敌人囚笼,4月15日,瞿秋白向钟绍葵写了一纸"呈文"。文中重叙先前编排的假情况,要求钟绍葵准予开释出狱,或资遣回江苏原籍,或在上杭担任教员、文书等项职务,决不私自遁走,保证随传随到。瞿秋白在第二次呈文中还写道,"沪信至今不至,恐吾友迁住别处,或来信中途失落,亦未可知……恳请暂予释出"①。

瞿秋白写此"呈文"时,周月林和张亮已被保释出狱。到上杭的第三天,李玉以其妻即将生孩子为由,要被俘的女护士陈秀英(即周月林)到家中服侍其妻,征得钟绍葵同意,便将周月林接回家中当"保姆"。张亮已临近分娩期,由上杭县城一家糖果店的老板林鸿昌(又名林晴光)保出。林老板尚无子嗣,遂看中怀孕的张亮。

但是,一切事情急速发生变化。

保安第十四团根据三十六师和第二绥靖区电令,4月25日左右,将"林琪祥"押送长汀三十六师师部;将已保释的张亮、周月林重新收押,解往第二绥靖区司令部驻地龙岩。

张亮、周月林由钟绍葵和副官张友民率队押送,乘坐特地安排的轿子,第二天中午抵达丰年桥。午饭时,张亮无耻地对钟绍葵说,"我怀孕不能走,你们给我坐轿子,我很感激,那个林琪祥就是瞿秋白。"不久,

① 瞿秋白化名林琪祥于1935年4月15日写的"呈文";赵庸夫《关于瞿秋白之种种》,《逸经》第34期(1937年7月20日)。1959年4月25日,李玉所供;钟绍葵部上尉书记官丘功耀对李玉说,林琪祥"没有被押解长汀前几天,曾经给团长一信,信写得很好,说他可以担任中学教员,不论中文史地数理化都行,绝不至于滥竽充数。团长也有意介绍他到武平中学去当教员。若是三十六师不来电提,他到中学去当教员了。"

《华侨日报》披露详情，同时《中央日报》也报道说，张亮供出"林琪祥"确为瞿秋白。周月林附和张亮所供，并供出何叔衡在小迳村被打死、邓子恢已经突围等情①。

瞿秋白的身份证实以后，钟绍葵即于 5 月 14 日向南京发电请奖。5 月 25 日，南京政府行政院院长汪精卫批曰："覆电嘉奖，并交军政部查案给奖"。5 月 30 日，《中央日报》刊登蒋介石嘉奖"围剿"中央苏区有功人员的训令。此后，驻闽绥靖公署主任蒋鼎文推荐钟绍葵入南京中央陆军军官学校将校班深造，钟绍葵还被蒋介石召见，授予中正剑和少将军衔。

此前，5 月 11 日，国民党电台已报道瞿秋白被俘消息，《中央日报》也有报道，称瞿秋白"化名林祺祥与项英妻同时捕获，经指认确实，已由长汀解往龙岩"。5 月 15 日，《中央日报》煞有介事地"证实"瞿秋白被押送龙岩，以掩盖被押送长汀的真相。5 天后，《中央日报》、上海《申报》同时刊登周月林、张亮的被俘全身照片和供词概要。

面对残酷的现实，杨之华擦擦泪仍然想方设法营救瞿秋白。她写信给宋庆龄、茅盾、柳亚子等人，请他们出面设法营救。柳亚子回信说："接来信，怅然。孙夫人被监视，我亦一样。心有余，力不足，事与愿违。千万保重身体。"此信寥寥数语，流露出柳亚子不胜遗憾的心情。郑振铎等也曾为此奔走，但无济于事。

鲁迅曾打算与陈望道等发起公开营救运动，未能实现；还通过蔡元培在国民党上层内力保瞿秋白的生命，也未成功。鲁迅的挚友许寿裳，当时任蔡元培的秘书，后来告诉鲁迅：在蒋介石召集的一次会议上，蔡元培认为，瞿秋白是一位有才气的文学家，留下来对中国有好处。但是，此议被蒋介石等断然否定。

5 月 22 日夜，鲁迅写信给曹靖华说："它（按：指瞿秋白）事极确，上月弟曾得确信，然何能为。这在文化上的损失，真是无可比喻。"6 月 11

---

① 《华侨日报》1935 年 5 月 11 日。周供：被击毙的"老头子即系何叔衡"，"瞿秋白则被解往汀州"。"我感于甚蒙优待，乃将事实和盘托出。"另见 1961 年 2 月 24 日李玉笔供；《中央日报》1935 年 5 月 11 日《匪首瞿秋白就逮》；张亮、周月林被俘后政治结论，见中共中央纪委：《关于瞿秋白同志被俘就义情况的复查报告》(1980 年 9 月 15 日)。

日,鲁迅在信中十分沉痛地说:"它兄的事,是已经结束了,此时还有何话可说。"①

二、狱中"供词"

　　根据三十六师的电令,钟绍葵派了几名部下协助三十六师的一支部队,严密押送瞿秋白北行,前往三十六师师部驻地长汀。

　　从上杭到长汀约三百里,要乘船溯汀江而上,到河田下船上岸,还要走几十里陆路,春末夏初的闽西,青山处处,流水淙淙。然而,赤色的苏区已是山河易色,笼罩着一片肃杀恐怖气氛。一路上,天气变幻莫测,风风雨雨,长途颠簸。瞿秋白身体病弱,又经刑讯,行走缓慢,直到5月9日才抵达长汀。

　　瞿秋白被拘押在三十六师师部里(现为长汀县城兆征路41号)。这里原为清代汀洲试院和汀郡中学堂,1917年改做省立第七中学校舍。它由门楼、空坪、两侧平房、大礼堂、大厅、两侧厢房和左右数幢平房相互联结组成,占地万余平方米。1932年3月18日,福建省第一次工农兵代表大会在此召开,宣告成立苏维埃政府。当时中共福建省委设在县城东面的中华基督教堂里(现水东街人民巷43号),罗明(代)、刘晓、陈潭秋、刘少奇等先后担任省委书记。毛泽东、周恩来等率领部队在此曾召开部署攻打漳州的军事行动。长汀曾是福建苏区的政治中心。

　　昔日赤色会场成了敌人的师部。城里笼罩着白色恐怖,进师部大门有一个被高墙围着的小天井,栽有一棵石榴树。左面有一厢房,坐北朝西,砖木结构,长约一丈一尺,宽约七、八尺。室内,一张中式床放在东边靠墙处,西边窗下有一张书桌,北面有个洗脸架,还有一把木椅和一条板凳。瞿秋白在这间狭小的囚室里,度过他人生最后的一个多月。

---

① 《鲁迅全集》第13卷,人民出版社1981年版,第148页。

囚室对面一间厢房里，住着副官蒋昌宜和几名警卫，负责监视和照料瞿秋白。院中空无所有。正房中间是堂屋，堂屋左右各有一间房，两侧还有几间厢房。宋希濂和参谋长向贤矩及秘书、侍从副官、卫士等住在这里。师部参谋处、副官处等设在后院和附近一些民房里。

瞿秋白被解至长汀之前，参谋长向贤矩、军法处长吴淞涛、政训处长蒋先启等，已策划多日。瞿秋白到达的第二天，5月10日，他们组织了一次所谓军法审判。审判开始，吴淞涛发问，瞿秋白作答。

"你的年龄，籍贯？"

"三十六岁，上海。"

"你何时被俘，同时被俘的有几个人？"

"被俘有一个多月，同时被俘的还有两女眷。"

吴淞涛霍地站起来，狡黠地问："你是瞿秋白，不是林琪祥。我在（民国）十六年时曾在武汉见过你讲演，你不要冒混了吧！""我确不是瞿秋白！"瞿秋白镇定地答道。

吴淞涛随即将被俘投敌的叛徒郑大鹏①招进屋内。郑大鹏曾在苏区教育人民委员会工作，认识瞿秋白。经郑大鹏指认，瞿秋白承认真实身份，坦然一笑，对洋洋得意的吴淞涛等人说："既经指认，我就不用'冒混'了。我就是瞿秋白。我在上杭笔述的供录，算是作了一篇小说。"

"项英、何自立、梁柏台到哪里去了？"

"他们都带了一个游击队走了，大概在闽北和靠近江西一带边区活动。"

"听说中央办事处在军事上最近有一个新的决定，你知道吗？"

"在二月初，有过一度会议决定了三条路线，第一是闽北和清流、宁化一带；第二是由江口渡江向西行动；第三是于都、兴国方面。项英、陈毅、梁柏台、何自立等就是在决定的几条路线去活动去了，至何人任何路线，我却不明了。我于参加这次会议以后，就在民家寄居。现在，中央办

---

① 叛徒，一说为"陈姓青年"，一说为"林大头"，现根据1935年5月10日三十六师审瞿口供笔录（原件藏在中央档案馆），应为郑大鹏；赵庸夫《关于瞿秋白之种种·审讯记》，《逸经》第34期（1937年7月20日）。

事处大概没有了。"这是为了迷惑敌人,掩护红军留守部队安全转移①。

5月13日,瞿秋白在长汀狱中写了长篇"供词"。他用很大的篇幅宣传和颂扬中央革命根据地在政治、经济、文教等方面所取得的成就,驳斥国民党对苏区的攻击和诬蔑。与其说这是一篇"供词",不如说是瞿秋白对苏区的深切怀念之辞:

初进苏区的感想,首先就是各乡各区……的政权的确握在另外一种阶级手里,同苏区以外是相反的。那些"下等人",无论他们因为文化程度的低而做出些愚蠢或者多余的事,可是,他们是在学习着、进步着,在斗争中纠正着自己的错误。他们中间产生了不少干部……例如江西省苏维埃政府主席刘启尧(现在已经在战争中死了),他是一个长工,二十多岁还是一个字不识的,然而三年的苏维埃革命中,他努力学习,甚至晚上不睡觉——在一九三四年三月间我见着他的时候,他已经能够看得懂《红色中华》报,已经能够指导一个省政府的工作。

经济建设方面,除兵工厂、印刷厂、造币厂等一些国有企业外,农业方面在后方也有可惊的成绩。例如去年的春耕运动教会了几万妇女犁田。苏区去年没有灾象是事实,虽然红军扩大了好些,就是在家耕田的壮丁少了好些,而米粮能够吃到今年秋季……至于民众同苏维埃政府的关系方面,只看一九三四年五月扩大红军,九月又扩大,计划都完成了;六月和八月的收集粮食(有借农民的谷子,有农民自己节省来捐助的谷子,有按时交纳土地税的谷子)也完成了。

苏区的生活,在一九三四年二月到八九月,还是相当安定和充

---

① 1935年5月10日,三十六师审讯瞿秋白的口供笔录。瞿秋白所说的"兵分三路"供词,曾经被某些人作为瞿秋白"出卖我军秘密"的"罪证"。根据项英《三年来坚持的游击战》(《江西党史资料》1987第1辑)记述,当时依据中共中央来电指示精神,苏区留守部队分为九路,在闽赣、湘赣、湘鄂赣、湘南、闽粤、赣南等方向,进行游击活动。项英、陈毅等不久就到达江西广东两省交界小庚岭的油山。陈毅《忆艰苦的三年游击战争》(《回忆中央苏区》,江西人民出版社1981年版)、陈丕显《赣南三年游击战争》(《中共党史资料》1982年第2辑)中也有同样的记述。另见军事科学院战史部《关于苏区留守部队的一些情况》(1979年11月22日,未刊件)。事实证明,瞿秋白所说的"兵分三路",是为了迷惑敌人,掩护红军留守部队安全转移;至于项英、陈毅的名字,敌人早已知道的,也不是什么秘密。

足的,不过盐贵些,布缺乏些,这是国民党封锁的关系。我见着一般农民当时的饭菜,问他们比革命以前怎样,他们都说好些,因为分了田。到后来,国民党的军队很多很多的围紧起来,占领了一切城市和圩场,乡村中的生活就一天(天)的苦起来,因为有油的地方运不出,没油的地方买不到……等等。生活一般的说,是很苦的,并没有在苏维埃革命之后立刻创造"地上的天堂"。这区域原来就很贫瘠的,何况要应付这样严重的战争和封锁,这的确是中国历史上空前残酷的战争呵!

瞿秋白一面讴歌苏区欣欣向荣景象和人民群众新生活,一面谴责国民党军队对苏区的反革命"军事围剿"。

苏区发生过肃反扩大化的错误,曾被敌人利用进行反共反苏区的宣传。对此,他在"供词"里进行有力批驳:

自然,革命和战争难免杀人,这种肃反的工作做得"过火",或是错误,就会引起一种民众的恐慌和反感。可是,在我到苏区的这一年中,早已没有这种现象……正是共产党中央迅速纠正了他们……在中央的决定之中,决没有以残杀为原则,"越杀多越革命"、"七八十岁的老头子,几岁的小孩子都要杀"的事情。据我所知道的,就是"消灭地主阶级"的口号,也绝对不是杀尽地主的意思……我在苏区没有亲眼见着"杀得满地是尸首"的现象,也许是我的"见闻不太广"。

对于王明"左"倾错误实质及其严重危害,瞿秋白十分了解,又身受其害。但是,为了维护中国共产党的团结统一和中共中央的领导权威,不给敌人留下话柄,他谈到中央的方针政策时说:

到了苏区,使我更加感觉现在的中国共产党中央和全党,同以前我和其他几个同志(如李立三)领导的时候比较起来,大不同了,工人干部也多了,工作方式也是新的了,政治分析等等的能力也强多了。

总之,在政策方面,我虽然不在党的中央政治局,不担负着政治上的最高领导责任,可是,以我在苏区一年的感觉而论,觉得党中央的政策和路线没有什么错误。

末尾,瞿秋白写道:

最后我只要说:我所写的都是我心上真实的感觉。我所见,所闻,所作,所想的。至于我所没有见过的,没有觉到的,或者违背事实,捕风捉影的话,我是不写的。我不会随声附合骂几句"共匪",更不会装腔作势扮成共产党的烈士——因为反正一样是个死,何苦自欺欺人呢?!

这一篇"供词"虽然流露某些消沉情绪,但是击中国民党的痛处。国民党的反动文人赵庸夫著文评论,说是此文"长四千余字,首段叙在沪之生活状况,中段述刚到匪区之感想,末为匪区政治的设施,及其对伪政府之鼓吹,因而不便发表"①。这说明国民党当局深知瞿秋白"供词"对苏区称赞的份量,知道他的鲜明政治立场和意图。

瞿秋白被俘前,三十六师师长宋希濂因在进攻白衣洋岭红军时负伤,到厦门治疗,其部队奉命维持河田至长汀一带的治安和筑路。瞿秋白身份被证实后,宋希濂回长汀。

宋希濂,湖南湘乡人,毕业于黄埔军校第一期。第一次国共合作时期,瞿秋白担任国民党中央候补执行委员、政治委员会成员,闻名于国共两党。宋希濂早年在长沙长郡中学读书时,读过瞿秋白介绍苏俄的文章。进黄埔军校后,又读过瞿秋白写的不少文章,听过他的演讲,仰慕瞿秋白的学问。蒋介石"清党"反共后,宋希濂成为蒋介石麾下的"鹰犬将军"。他指挥的三十六师是蒋介石的嫡系部队,装备精良,军官是清一色的黄埔系。蒋介石把中共领袖瞿秋白交给三十六师监禁,足以说明宋希濂深得蒋介石的赏识和信赖。

宋希濂回到长汀师部当日,军法处长吴淞涛详细汇报瞿秋白身份确认等情况,随后宋希濂察看瞿秋白的囚室。宋希濂后来说:"我当时的职位和立场,必须把瞿秋白降服,让他公开投靠国民党方面,这将是国民党的一次成功,对共产党的一个打击,同时也是我个人对蒋介石的

---

① 赵庸夫:《关于瞿秋白之种种》。《逸经》第 34 期(1937 年 7 月 20 日)。

一大功劳。"①

　　在囚室里，瞿秋白穿着一件灰色夹布长袍，脚上一双浅口布鞋和蓝色线袜。宋希濂向瞿秋白提出为他治病，瞿秋白答道：用点药减轻病痛即可，认真的治疗就完全没有必要。宋希濂说："尚且对战俘伤病员实行人道主义，何况你我都是一国同胞？"瞿秋白则厉声谴责蒋介石的武力围剿，质问那是什么人道主义？！宋希濂竭力避开争论，递烟给瞿秋白，缓解气氛，并问他在生活和医疗上有什么要求？瞿秋白坦直地说，作为病人，不反对看病吃药；作为半拉子文人，要写东西，需要书桌和笔墨纸张。又说，写东西习惯上需要烟酒，但他仅有的财物全被保安团官兵搜走。宋希濂当即答应，这些要求都可以满足。

　　宋希濂把参谋长向贤矩和几位处长叫到办公室，令下属暂时不要审问瞿秋白，并给以"优裕生活"。具体要求：放置书桌，供给纸笔砚墨，古诗词文集；新买白布裤褂两套，布鞋一双；按三十六师官长伙食标准供食，需烟酒时另备；每天允许在囚室外的天井内散步两次，指定一名副官和军医负责照料生活和治疗，囚室门前，白天不设武装看守；自他本人以下，一律对瞿秋白称先生；禁用镣铐和刑罚。

　　下属对此六项优待措施不解，宋希濂训示：以柔克刚，是一条行之有效的古训。对瞿秋白这样声望大、位置高的人物，不能像对平常人那样粗鲁，而应以情感人，加以软化。宋希濂说得十分明白，他之所以破例优待瞿秋白，大抵有两个原因：一是瞿秋白身患重病，倘因生活上照料不周，一旦患病不起，无法向蒋介石交待；二是软化瞿秋白的意志，以收劝降之功。

　　这是一场特殊条件下的特殊较量。敌人表面上是一副客气的面孔，心底里却阴险狡诈。手无寸铁的瞿秋白则不卑不亢，亦柔亦刚。他自少年时代起，就写得一手好字，刻得一手好印章，赋得一手好诗词。三十六师军官们，求诗索印者不乏其人。瞿秋白身陷囹圄，坚守革命信念，向接触他的官兵宣传革命道理。同时，乐得消遣，对求诗索印者，一概不拒。但是，对于敌人煞费苦心套取机密的阴谋，始终保持清醒

① 汪东林：《十年风暴乍起时的政协知名人士》，中国文史出版社 1995 年版。

头脑。

如前所述,瞿秋白的口供、笔供,都没有敌人所需要的中共和红军的机密,上面再三来电催询。宋希濂深信其软化手段,一定能够突破瞿秋白的心理防线,取得有用情报,进而劝其投诚。宋希濂命令下属每天报告瞿秋白的情况,查看瞿秋白写的诗词、书法和篆刻的印章,据以判断瞿秋白的心态变化。

宋希濂与瞿秋白进行过一次单独谈话,约三个小时。这是 5 月一天的上午,地点在宋希濂办公室里。瞿秋白入室后,宋希濂笑脸相迎,奉茶。寒暄之后,宋希濂表示希望“开诚布公地谈谈”。

瞿秋白:谈什么? 你问吧。重复的话,我不想说。我正在写东西,我的时候不多了。

宋希濂:你正在写什么,可以谈谈吧。

瞿秋白:写完后可以公之于众,也会送给你看。我想在离开这个世界之前,回顾往事,剖析自己,让后人了解我,公正地对待历史。这里边没有共产党的组织名单,也没有红军的军事情报。你今天如果要问这些,恐怕白白浪费时间。

少顷,瞿秋白反问:宋先生,你说上中学时就读过我的文章,当时你对文中宣传的主张是赞成还是反对?

宋希濂:我曾经相信过你的主张,走过一段弯路。现实证明,你的主张在中国行不通。不仅七年前我本人抛弃以前的信仰做得对,今天我还要奉劝你也做一个三民主义信徒,以发挥你的才华。

瞿秋白:当年孙中山的三民主义,不过是一盘大杂烩,无所不包,又缺乏真谛,不能最终解决中国的出路。所幸他顺乎潮流,确定三大政策,实行国共合作,推动国民革命。今日,蒋介石背弃这些,屠杀民众,有什么资格谈论三民主义呢?

宋希濂:共产党自民国十六年后苦心经营的若干山头,如今已荡然无存。以至于像瞿先生,也落到今天的这种地步。共产主义如能救中国,何以这样奄奄一息,濒于绝境? 时至今日,你还没有对我讲一点有关共党和匪区的有价值的情况,这对你是很不利的。

瞿秋白:这最后几句话,才是你今天绕着大弯子找我谈话的本意。可以坦率告诉宋先生,几年来我身患重病,在苏区所做工作甚少,管过一些扫盲识字办学校的事,你不愿意听这些吧?至于其他情况,我早就说过,无可奉告。我对自己目前处境,十分清楚。蒋介石绝不会放过我的,我从被认定身份后就没有打算活下去。我唯一的希望,是让我把要写的东西写完,我剩下的时间不多了。我应该感谢宋先生的是,你在生活医疗上优待我,使我有条件完成我要做的最后几件事。但是,宋先生,我郑重地告诉你,如果你想借此完成蒋介石交给你的任务,那将是徒劳的。①

宋希濂无言以对,谈话结束。从此,宋希濂再未直接找瞿秋白谈话。

三、《多余的话》及狱中诗文

在瞿秋白身份被认明后,军统特务机关即电令其在闽西的部属协助三十六师军法处审讯瞿秋白,并诱迫瞿秋白投降,未能得逞。

5月17日,瞿秋白开始写《多余的话》。当天,写成《何必说——代序》。20日写完《历史的误会》、《脆弱的二元人物》、《我和马克思主义》、《盲动主义和立三路线》等四章。22日写完《文人》、《告别》等两章,以及附录《记忆中的日期》,《多余的话》。全文共七章,近两万字,完成于六天之间。

《多余的话》最早于1935年8、9月间公开节载于《社会新闻》第12卷第6、7、8期。内容是第二章《历史的误会》,第六章《文人》和第七章《告别》。《社会新闻》是国民党中统特务机关出资、由丁默村、李士群(都是中共叛徒,中统特务,抗日战争时期叛国投敌沦为汪伪特务)在上海创办的反共刊物。大量报道中共红军和苏区的"阴暗面",借以攻击共产党。该刊以《共魁瞿秋白的多余的话》为标题,节载《多余的话》并加编者按语,其中有云:

---

① 宋希濂1956年4月2日笔供,1959年6月27日笔供;向贤矩1952年5月24日笔供;1957年9月21日笔供。另见汪东林:《十年风暴乍起时的政协知名人士》,中国文史出版社1995年版;陈铁健:《瞿秋白传》,上海人民出版社1986年版,第481—483页。

瞿于就刑前,曾自草一书,历述本人之身世及参加共党始末,自署该册曰《多余的话》。……该书原文现保存于讯结瞿案之×师司令部,而各主管机关则存有抄本,因中间甚多述及匪军内容及匪党政策之处,在此残匪未全歼灭之前,尚不宜完全披露。本刊今得存有该件某军事机关之惠赐,摘系该书可以发表部分,公诸读者。①

一年半以后,1937年3月5日至4月5日出版的《逸经》第25、26、27期,全文刊载《多余的话》。关于文稿的来源,《逸经》创办人、太平天国史专家简又文1971年在台湾《传记文学》上所写《宦海沉浮二十年》一文中说,《逸经》半月刊关于中共人物和事迹的文章,撰稿最多的是杨幸之。杨原在福建蒋军某军任政治工作人员,参予对红军作战。常用笔名柳云。《多余的话》文稿来自杨幸之的"录寄",杨加"引言",署名雪华。杨先是将《多余的话》投寄《宇宙风》,因该刊主办人陶亢德不敢刊用,简又文闻讯力争,得以在《逸经》刊出。另一位看过《多余的话》文稿的赵庸夫说:"《逸经》已为之全部发表,与我当时在汀州所抄录者相比较,可以说是些微'错讹'都没有。"②后来香港、日本的几种刊物,陆续转载。1967—1974年某些"讨瞿"组织印制的《多余的话》,都根据《逸经》本翻印。

《多余的话》问世后半个世纪,它一直像谜一样,使人真伪莫辨。从上世纪三十年代到六十年代初,约三十年间,共产党人和左翼文化人等,大抵说它是伪作,至少是被国民党方面篡改过的。

1949年,新中国建立后,崇尚瞿秋白革命精神的人们尤其是他的亲人们,不遗余力地维护他的声誉,否认《多余的话》和狱中诗词的真实性。

1950年代到1960年代,直至"文革"之前,杨之华所写《回忆秋白》中,仍然确信《多余的话》是经过敌人篡改的。尽管她与不少人已经感到《多余的话》中流露出来的情感、心绪、气息,多么同秋白一模一样,而那文字的风格是谁也无法摹仿的。但是,她仍心存期望——《多余的

---

① 《社会新闻》第12卷第6期(1935年8月21日出版)。
② 赵庸夫:《关于瞿秋白之种种》。《逸经》第34期(1937年7月20日)。

话》应该有昂扬壮烈的文字，只是被国民党删除了。除却夫妻情感之外，在"左"的风气中长期形成的简单化绝对化思维定式（例如要求革命先烈千人一面的豪放激昂），对杨之华的压力和影响至关重要。这种思维定式受极"左"政治意图的驱动，至"文革"达于极端。牺牲的瞿秋白，活着的杨之华，以及无数的中国人在"文革"中遭受的屈辱和灾难，就是这样酿成的。

然而，《多余的话》确是瞿秋白的遗作。

《多余的话》原稿，迄今没有找到。但它不仅不能说明"伪作"说的合理，反而证明"伪作"或"篡改"说并不可靠。

瞿秋白就义后9天，6月27日，宋希濂密电国民党军驻闽绥靖公署主任蒋鼎文，呈报瞿秋白案文证，内中就有《多余的话》。电文如下：

> 绥靖主任蒋：有未法电敬悉。靖密。瞿匪秋白临刑前及枪决后之照片各两张，及在杭之自供一份，呈报一份，在汀之口供一份，自供一份，多余的话一份，苏维埃组织概要一份，及未成稿之目录一份。已遵于感日密封邮呈，乞察核为祷。职宋希濂叩。感申印①

宋希濂在四十四年后谈及瞿秋白在长汀狱中写《多余的话》，及该文送呈和瞿秋白委托三十六师军官邮寄该文给亲戚的情况时说：

> 瞿秋白被解送到卅六师，那时他已暴露了身份。过了几天，他要纸笔说要写东西，我们给了他。5月20号后开始写的，主要写了《多余的话》。写完后，先交给参谋彭劢，后交给参谋长向贤矩，后又交给我。是用十行纸写的，字很端正，蝇头小楷，有几千字。看过后总的印象是比较消沉，同时很伤感，当时就是这种印象。我让彭劢把《多余的话》油印了，印多少，不记得了。我们向上级报了两份，一份给东路军司令蒋鼎文，一份给国民党军事委员会。向上级报的是手抄本，以示恭敬。
>
> 大约是1935年6月16日号晚，接到处决瞿秋白的电令后，我要参谋长向贤矩，去向瞿秋白暗示一下，看他有什么要办的事，有

---

① 据中央档案馆藏原件影印件。

什么要求？6 月 17 日，向贤矩找瞿秋白谈话后，瞿说：我早已料到会这样，没有什么。我写的东西，请你寄往武汉某处某人。这是在处决瞿秋白之后，向贤矩对我说的。他问我可以不可以办？我说可以寄去。但是过了这么多年，我一直回忆不起来，寄到什么地方去给什么人了。[①]

关于《多余的话》是否经过改动，宋希濂予以否定。他说：

> 有人提出《多余的话》是不是瞿秋白写的，有没有篡改过的疑问。文化大革命中，我又读了《多余的话》。我的印象是没有改过的，别人谁也写不出来。他讲的那些事，我们这些人都不知道，不懂得。实事求是的说，是没有改过。[②]

宋希濂所说，大体上是符合实际的。就三十六师大小军官和文职人员，包括中统派来劝降的特工们的文化层次和政治头脑看，没有人能够达到"篡改"瞿秋白文章的水平，更不要说可能理解《多余的话》中那种凄清伤感、坦荡无忌情怀和文字中的深意。

时任蒋军第十师师长，兼任福建绥靖公署龙岩绥靖区司令官李默庵后来回忆说：

> 瞿被处决后，第三十六师将情况上报于我，并转来瞿在狱中所写的一份材料。那是一份很厚的材料，题目为《多余的话》。翻阅了一下，内容是用毛笔工整地写在旧式十行纸上，笔迹很清秀，多是讲了瞿自己的一些感想和对革命的认识，具体内容已经记不清了。我看后，感叹于瞿先生的思想和文采，同时也觉得这是一份很重要的文件，没有滞留，很快派人将此件送到南京政府。不久之后，瞿秋白的这篇文稿便在国民党的报纸上刊登了出来，[③]

1979 年，中纪委瞿秋白案复查组在中央档案馆所保管的敌伪档案

---

① 1979 年 8 月 18 日，中共中央纪律检查委员会瞿秋白案复查组访问时任全国政协委员宋希濂谈话记录。

② 1979 年 8 月 18 日，中共中央纪律检查委员会瞿秋白案复查组访问时任全国政协委员宋希濂谈话记录。

③ 李默庵：《叶落归根》，当代中国出版社 2000 年版，第 119 页。

中找到一份《多余的话》手抄本。全文用钢笔誊抄,字体时而楷写,时而行书。所用竖十行红格纸,是福建纸印厂当时的产品。可以确认,这个抄本就是三十六师当时上报的两份抄本中的一份。它是随同瞿秋白的口供、笔供、呈文等一起呈报给国民党中央和驻闽军事当局的。

《多余的话》原稿用纸,并非宋希濂、李默庵所说的"十行纸",而写在本子上。当时《福建民报》记者李克长,于1935年6月4日到三十六师监押所访问瞿秋白。7月3日至6日,《福建民报》连载李克长写的《瞿秋白访问记》,《国闻周报》第十二卷第二十六期亦全文刊出。文中有关《多余的话》问答如下:

> "问:此外尚有何作品否?
>
> "答:我花了一个星期的工夫,写了一本小册,题名《多余的话》(言时,从桌上检出该书与记者。系黑布面英文练习本,用钢笔蓝墨水写者,封面贴有白纸浮签),这不过是记载我个人的零星感想,关于我的身世,亦间有叙述。后面有一《记忆中的日期表》,某年作某事,一一注明,但恐记忆不清,难免有错误之处,然大体当无讹谬。请细加阅览,当知我身世详情,及近来感想也。
>
> "问:此书亦拟出版否?
>
> "答:甚想有机会能使之出版……
>
> ……
>
> "答:我近来想读的书,开有一张名单,写在《多余的话》后面。"

李克长的记述,没有故意作伪之处,内容可信。"答"语中关于《多余的话》内容概述写作时间及所附《记忆中的日期表》等,均与现存手抄本相符。尤其李克长所说原稿本是写在"黑布面英文练习本"上,正与杨之华回忆瞿秋白前往苏区时带走的"黑漆布面的本子"相合。杨之华在她所写《回忆秋白》中说,瞿秋白动身离沪赴苏区前的一个深夜,拿着我买给他的十本黑漆布面的本子(这是他最爱用的),把它们分成两半,对我说:"这五本是你的,这五本是我的。我们离开以后不能通信。就把要说的话写在上面,重见时交换着看。"①

---

① 杨之华:《回忆秋白》,人民出版社1984年版,第149页。

瞿秋白在《多余的话》里说：

> 我留恋什么？我最亲爱的人，我曾经依傍着她度过了这十年
> 的生命。……我一直是依傍着我的亲人，我唯一的亲人，我如何不
> 留恋？我只觉得十分的难受，因为我许多次对不起我这个亲人，尤
> 其是我的精神上的懦怯，使我对于她也终究没有彻底的坦白，但愿
> 她从此厌恶我，忘记我，使我心安罢。①

对爱妻杨之华的思念，瞿秋白对三十六师的军官们也是不回避的。
吴淞涛供称：

> 之华先生原是他的学生，结婚以后，得到她的精神安慰，也是
> 无比的。她也是革命的，相信她将来，一定有她的光明前途。这
> 话，是在替他送发一封给之华先生的信之后谈的，谈时似有无限感
> 慨，热泪盈眶。②

在生离死别之际，《多余的话》是瞿秋白对爱妻兼战友最想说，最
"要说的话"，是他对妻子"彻底坦白"的话。他要践行上海一别的诺言，
而且一定要把这些话写在他最爱用，也是妻子最爱看的黑布面本子上，
虽在战火硝烟转战征程之中，这与爱妻互约专用的本子，与他须臾不
离。即使原由上海带出的本子早已用完，在号称闽西"小上海"的长汀，
也可以买到同样来自上海的黑布面本。瞿秋白把这本《多余的话》原
稿，托三十六师向贤矩寄给亲戚，他的最大愿望是他死后杨之华终能得
到《多余的话》原稿，看到他最后的遗言。

有两个人，坚信《多余的话》是瞿秋白所写，而非别人伪造。一个是
瞿秋白的学生和挚友丁玲，一个是瞿秋白生前战友和同志周恩来。

丁玲在瞿秋白获得平反前夕，回忆说：

> 我第一次读到《多余的话》是在延安。洛甫同志同我谈到，有
> 些同志认为这篇文章可能是伪造的。我便从中宣部图书室借来一
> 本杂志，上面除这篇文章外，还有一篇描述他就义的情景。我读着

① 《瞿秋白文集》（政治理论编）第 7 卷，人民出版社 1991 年版，第 721—722 页。
② 吴淞涛 1956 年 3 月 31 日笔供。

文章仿佛看到了秋白本人,我完全相信这篇文章是他自己写的(自然不能完全排除敌人有篡改的可能)。那些语言,那种心情,我是多么熟悉啊。

丁玲是瞿秋白的"拥有赤子之心的年幼朋友"。她认为《多余的话》是瞿秋白"忘情地剖析自己",尽管是迂回曲折,还是其真诚坦率之心的表达。当她看到《多余的话》时,她"非常难过,非常同情他,非常理解他,尊重他坦荡胸怀";同时又说他那些话"是一般人不易理解的,而且会被某些思想简单的人,浅薄的人据为话柄,发生误解或曲解"。①

周恩来在中共党内的资历,与瞿秋白不相上下。六届四中全会,瞿被开除出政治局,周被留用。瞿秋白被"左"倾中央贬谪到中央苏区不久,周则是中共中央拥有最高权力的"三人团"成员。瞿秋白未能随军长征,即由"三人团"决定。

周恩来自云看过《多余的话》的真迹。据陆定一回忆:

> 大约 1964 年,有一次在人民大会堂北京厅,有毛泽东、周恩来同志和我谈话时,周恩来同志说,他看过《多余的话》的真迹,确实是秋白的笔迹。因此,过去我说是假的,这话是错的。②

周建人也说:

> 全国解放后,我间接听周恩来说过这样的话:国民党的报纸上,早就有《多余的话》的消息,我们不能相信。后来看到了真笔,才相信是有这个东西的。③

周恩来活动范围广泛,接触人员众多,且领导特工情报工作,他说看过《多余的话》手稿真迹,极为可信。

《多余的话》是瞿秋白的遗文,已是多数人的共识,但它是否经过敌人"篡改",一些人仍心存疑惑。下列考辨将进一步证明,《多余的话》确具原真性而没有被篡改。

---

① 丁玲:《我所认识的瞿秋白同志》,载《忆秋白》,第 151 页。
② 陆定一:《致中共中央纪律检查委员会的信》(1980 年 4 月 4 日)
③ 1979 年 11 月 19 日,周建人谈话。

第一，与入狱前后的诗文比较。《多余的话》与那些侧重理论、学术的政治、文艺评论或针砭时世的杂文不同，是一篇充分表现瞿秋白个人的情感和心理活动的散文。如果以政论、文艺评论、杂文之所无（或者说所隐）来否定《多余的话》之所有，那是不科学的。以同是文学作品的散文、新旧体诗词和最能反映心境的书信等来比照，才是研究作者个性、心理、意绪之异同的更可靠的比较。

　　瞿秋白在中共六届四中全会遭到不公正对待之后，心境复杂，情绪波动。1932 年 11 月所写《骸骨杂记·序》，笔调低沉隐晦，颇有深意。它与《多余的话》代序思路相近，所云"骸骨"的话、"鬼话"、"无聊的记录"、"对于鬼……也许又都是不新鲜的"等语，与"多余的话"可谓异曲同工。《多余的话》说"一生的精力已经用尽，剩下一个躯壳"。所附《未成稿目录》中《油干火尽时》文题，与《骸骨杂记·序》中的"肉已经烂光了，血早就干枯了"之间的内在联系明显可见。《多余的话》号称"多余"却非写不可，它与虽云"骸骨"，却"不肯沉默"之语，也是相通的，一致的。

　　《儿时》写于 1933 年 9 月 28 日，即中共临时中央政治局作出《关于狄康（秋白）同志错误的决定》之后六天，是他在忍辱退让的同时曲折地表现真实思想情绪的一篇数百字的短文。"儿时"，非单指孩童时代，而主要指早年积极进取热烈追求的时期。作者用"无知"二字概括"儿时"的"可爱"：在追求、进取中纵然发生过失，也没有什么了不得，因为"那时候，件件都是'知'……每天都在发现新的现象，新的真理"。由无知到求知的"儿时"是可爱的，过失可以在求知中克服。《多余的话》对当年犯盲动错误的剖析，也看作是因"无知"而发生的错误，这与《儿时》认"无知"为"可爱"，是一脉相承的。

　　《儿时》讲到"现在"，有这样的话："现在呢？'什么'都知道了，熟悉了，每一个人的脸都已经看厌了。宇宙和社会是那么陈旧，无味，虽则他们其实比'儿时'新鲜得多了。""'中年'以后"，"衰老和无能的悲哀"压在心头，"不能够前进的时候，就愿意后退几步"。瞿秋白在极左势力统治之下，无端受到残酷斗争时，只能"后退"，承当别人妄加的罪名，深感"衰老和无能的悲哀"，追怀"儿时"的可爱。作者也深知悲哀情绪和后退意向，会引向"生命的'停止'"，害怕思想求索的停滞和革命意志的衰退。于是,他"想念'儿时'","请求'无知'回来,再获得'求知的快乐'"①。这种消沉与积极情绪矛盾交织的心理,在消除了某些顾忌的《多余的话》中,写得更为具体。作者依然保持着清醒理智,批判自己的消沉情绪,坚守革命者的立场。狱中所写《多余的话》和准备写"未成稿目录"所列 40 篇文章,以及万一有可能保存生命若干时候还想再做事(如翻译俄国文学作品),这就是《儿时》中所说的想"天天"为大众"干一些事情"的积极情绪的一面。

瞿秋白留下不多的诗中所显现的个性心理特点,与《多余的话》也有相近之处。在 1924 年所写新诗《寄××》中说:"贵族的血,冷","劳工的汗,香"。"怕自己的冷血"换不了劳工的"心肠",但相信"洪炉大冶的人间"、"澎湃的赤潮",会"涌出诗神历万劫","劳作之声""涌得出炎炎的红日","血冷汗香"才能"融尽"。而成就"深深心印"的"整个儿的生命"。不过,仍然感叹"沧海中的波涛,沉溺了几多个性!"二者虽然"一个是浪漫世界中的豪客,一个是情天万劫里的皇冠",却"同样是历史的误会,同样是时代的牺牲"②。"个性"的"沉溺"和"历史的误会",恰恰是《多余的话》所着力剖析和索解的重要问题。

1932 年瞿秋白把早年在北京所写的一首七绝《雪意》书赠鲁迅。诗曰:

> 雪意凄其心惘然,
> 江南旧梦已如烟。
> 天寒沽酒长安市,
> 犹折梅花伴醉眠。③

这首诗有坚守高洁品格的情怀,也有作者书赠鲁迅时所写跋语中说,有"颓唐气息"、"忏悔的贵族"的心情。这时,正是瞿秋白向鲁迅、茅盾讲自己当政治领袖好像"犬耕"之时。诗中表现的怅惘情绪,旧梦如烟、天寒沽酒的冷落孤独感,口服心不服的无奈,正是他在备受打击之后的当下的处境和心境的写照。诗与跋,一方面表示自己真实的心境,

---

① 《瞿秋白文集》(文学编)第 2 卷,人民文学出版社 1986 年版,第 95—96 页。
② 《瞿秋白文集》(文学编)第 2 卷,人民文学出版社 1986 年版,第 370—372 页。
③ 《瞿秋白文集》(文学编)第 2 卷,人民文学出版社 1986 年版,第 359 页。

一方面给予批判以自戒。《多余的话》中,怅惘、冷落的心情更复杂更抑郁,而保持高洁品格之志也更充分更深沉,对绅士意识、贵族气质和颓唐情绪的批判则更全面更严厉。

事实证明,《多余的话》与瞿秋白入狱前所写诗文作品存在着的文化心理、性格气质、思想境界,有着不可分的承接关系,符合瞿秋白的实际情况和思想逻辑。

关于《多余的话》与狱中诗文书信比较,将在下文《狱中诗文》一节详述。

第二,思想逻辑和语言表述相符。《多余的话》所写思想状况,是否符合瞿秋白的思想逻辑?《多余的话》所述早年思想状况,特别是从"托尔斯泰式的无政府主义"向"马克思主义"的转变过程等,与其早年著作《饿乡纪程》、《赤都心史》以及在《晨报》、《新社会》等报刊发表的文章一致。《多余的话》所谈的中、后期思想状况,诸如对政治问题的态度;"绅士意识"和"无产阶级意识"的"二元化的人格"的对立消长问题;"力不胜任"政治领袖以及政治活动与文学爱好关系问题;隐晦含蓄地暗示对王明"左"倾错误的认识以及与共产国际的关系,等等,都符合瞿秋白思想发展逻辑,他人无法篡改。

瞿秋白的语言文字风格的特点,也不是他人轻易可以摹仿或篡改的。例如,"历史的误会"、"治国平天下"、"二元化的人格"等语句的用法和表述的意义,都不同于一般人,而有其特定性。瞿秋白对一些常用词的使用,有其特殊习惯,如"始终"一词出现次数很多,大抵是"终究"、"最终"之义,而不取一般人所用的"从始至终"之义。"诸葛亮"一词,不取一般人用以表示"智慧"之义,而用其在《小诸葛》一文中所论的"大诸葛"的特定意义,即把人民当阿斗而包办"国家的事权"的"治人的君子,当朝的宰相",中国的"士"们所追求的那种"王者之师"、"政治家"。《多余的话》写到"躯壳"的处理时说:"虽然,我对于医学是完全外行,这话说得或许是很可笑的。A?"俄文语气词"A?",表示响应或疑问,此处相当于汉语"是不是?"精通俄语的瞿秋白,在这里借用此语,既符合其置生死于度外的从容心态,也表现其独特的幽默感。《多余的话》的语言带有浓厚的哲理意味。这与他的散文中对社会、人生、世事、历史的看法的哲理性,是完全吻合的。

结论是:瞿秋白确曾在狱中写了一本《多余的话》,其思想情感和语言风格,与他入狱前和狱中所写诗词散文相比较,都契合相通,具有承接关系。散文体作品,语言文字上的联系不像论文和叙事作品那样有逻辑上或顺序上的直接密切联系。如果稍事删削,或难以看出来;如果稍关思想气质的增改则会露出马脚。《逸经》本相对于中央档案馆藏抄本,虽然漏载两段文字,只是稍删,无妨全文主旨,思想内容仍然是瞿秋白的,不可谓之"篡改"①。

瞿秋白为什么要写《多余的话》?《多余的话》问世后,人们便对其写作动机作出种种判断。

最早是来自国民党中统《社会新闻》的编者按语,说瞿秋白写《多余的话》不仅无"悔过"之意,而且"包藏颠倒黑白之蓄意"。认为瞿秋白"至死不变",仍然宣传共产党人的思想主张,与国民党为敌,且手段"狡猾恶毒"。

有人认为瞿秋白借写《多余的话》以"求生"②。这种恶意的揣度,连"录寄"《多余的话》文稿的国民党军政工人员杨幸之(雪华)也不赞成:"我觉得像瞿秋白这样经历沧桑的人,到了如此地方,对死生还不能参透,是不会有的事,我们不应从这方面去误解他。"③三十多年后的"变节自首"、"叛徒自白"说,导致"讨瞿"恶行。具有讽刺意味的是,这竟与三十多年前连国民党人都不赞同的"求生"说不谋而合。

1970年代末到1980年代,研究者否定了"叛徒自白"说,但对于写作动机的判断仍有多种意见。诸如:"希望人们了解"和"坦然无私地自我审判"④说;"忏悔"⑤说;"向党检讨"⑥说;"总结革命经验教训"⑦说;"揭露

---

① 以上关于《雪意》等几首诗、印章"息为"及对《多余的话》的分析,参考了刘福勤:《心忧书〈多余的话〉》(上海社会科学院出版社1989年版)、钱瑟之:《瞿研小札》(瞿秋白纪念馆《瞿秋白研究》第3辑,学林出版社1991年版)的分析。

② 《社会新闻》第12卷第6期(1935年8月21日出版)。

③ 《逸经》第25期(1931年3月出版)刊载《多余的话》"引言(雪华)"。

④ 陈铁健:《重评〈多余的话〉》,《历史研究》1979年第3期。

⑤ 《茅盾回忆录·十八》,《新文学史料》1983年第1期。

⑥ 刘炼:《瞿秋白评述》,《历史教学》1980年第1期。

⑦ 丁守和:《多余的话和多余的人》,《人物》1983年第1期。

王明路线"①说;"有限度的退却"②说;生死观等"基调"全面否定说③,此说重复"文革"时期"讨瞿"论调,为绝大多数研究者所反对;"殉情"说④。

其中,"忏悔"说、"检讨"说、"希望了解"说、"总结教训"说、"揭露王明"说,在其所取角度上虽有正确的一面,却不全面。而"退却"说和"殉情"说,虽在探讨作者写作心境情绪方面不无可取之处,但用来诠释作者的写作动机,是片面的。

"求生"说之谬更不待言。此说认为瞿秋白写《多余的话》是对敌人有所"求"的。持此说者往往引《多余的话》中的一个"假定"为证据。这个"假定"是:"假定我还保存这多余的生命若干时候,我另有拒绝用脑的一个方法,我只做些不用出自心裁的文字工作以度余年。"这一"假定"是什么意思?故作解人者以为这是"动摇"或"乞降","让步,赢得个人自由或至少赢得生存";其他研究者则往往绕过这个难解的问题。

瞿秋白"拒绝用脑"的说法,情绪固然不无消极,但并非纯粹消极的行动。《多余的话》写作就是"用脑",就是"出自心裁"的,那里是"拒绝用脑"呢?在确认敌人要杀害他的时间之前,他虽然自度必死,并已作出面临"生命的尽期"、"绝灭的前夜"的判断,随时准备就义。但作为一个习惯于从多方面考虑问题的人,也会想到国民党不会立即杀害他,而继续监禁"若干时候"。如果这样,他将做什么呢?在《多余的话》写完之后五天,1935 年 5 月 28 日,瞿秋白在写给郭沫若的信中说到翻译俄国文学作品的"心愿":"只有俄国文学还有相当的把握,而我到如今没有译过一部好好的文学书……这个心愿恐怕没有可能实现的了。"《多余的话》里所说"只做些不用出自心裁的文字工作",也主要是表示翻译俄国文学的"心愿"。

这一"假定"和"心愿",不应予以责备。瞿秋白自五四运动前后即热爱俄国文学,并有译作问世。此后虽投身政治活动,仍不忘翻译俄国

① 林勃:《并非多余的〈多余的话〉》,《未定稿》1983 年第 3 期。
② 罗大成、符晓:《瞿秋白与河上肇——也证〈多余的话〉》,《社会科学研究》1982 年第 2 期。
③ 王维礼、杜文君:《应当全面评价瞿秋白》,《历史研究》1979 年第 12 期;《再评〈多余的话〉》,《北方论丛》1982 年第 5 期。
④ 胡秋原:《瞿秋白的悲剧·序》,幼狮文化事业公司 1982 年版。

文学。1929 年,莫斯科大学发生派别纠纷,身为驻共产国际中共代表团团长的瞿秋白萌生退意,写信请求中共中央撤销他的职务,专门做翻译工作①。1931 年四中全会瞿秋白被开除中央政治局,米夫找瞿谈话,要他从事"非独立的""政治性工作"。瞿秋白当即拒绝,表示他"更乐意从事翻译"。在信仰、立场、观点不变的前提下,希望实现翻译俄国文学的"心愿",是要做在特殊情况下可能做的有意义的工作。只要不是向敌人乞活,只要不投降,考虑到继续生存下去的可能性,是应当允许的。相反,如果单以牺牲为目的,"趁早结束"的想法倒是更带消极成分。

总之,《多余的话》是一部复杂深刻而又隐晦的作品,它的写作动机是一个多层面的复合系统,不能从某一方面简单加以解析。应该联系作者全部和人生经历及其所处时代背景,进行全面的考察。

全面考察、解析《多余的话》内容。可以看到《多余的话》是具有严整的统序的。

卷头引语和《代序》章,讲写作动因和执笔心境,用"心忧"和"内心的真相"总述要旨。中间五章,从政治生涯中的心程、意识矛盾、理论思路、路线问题、文化素质和心理等方面展开,自述自评中蕴含着对于历史和现实许多重大问题的深刻见解。《告别》章是在全文结语,在永别的祝愿和衷告之中,从历史与现实引向未来。《多余的话》述评一生心程,近乎思想自传。作者身临囹圄,环境特殊,时间仓促,因而笔墨高度浓缩,写法简括婉曲,情感与哲理相融,语言表述文学化,含蓄幽隐,言近意远。

《多余的话》是瞿秋白在不正常的党内斗争的政治环境中精神活动的结果。他长期面对无情残酷的党内斗争,顺人不失己,外服内不服,力求保持人格的独立,个性的自由。这种外曲内直的精神生活,使对自身过分认真而又需要应付外力压迫的瞿秋白活得很苦。《多余的话》写于监狱,最后要被敌人拿去看,但从全文的内容、语气、情感看,特别是从《代序》和《告别》看,一是自我淘洗心灵,汰其"绅士"等"异己"意识,二是写给包括"同志们"。因写作环境特殊,写法隐晦,一些话对于一般

---

① 《瞿秋白文集》(政治理论编)第 6 卷,人民出版社 1986 年版,第 379 页。

读者可能产生消极影响,敌人也会歪曲某些文字进行反共宣传。瞿秋白对此已经料到,故而在卷头置引语"知我者,谓我心忧;不知我者,谓我何求"。那么,有没有两全之策,既无消极影响,又使亲人、同志读懂这"最后的最坦白的老实话"呢?也许有,但作者没有采取,或者没有能够采取。事情恰如作者所料,他的这篇遗作的主要读者中,有的人也许真的没有读懂,有的人则故作不懂,甚至出于某种现实需要曲解为"叛徒的自白"了。如何理解呢?

第一,要弄清国际背景。

瞿秋白从苏俄带回来的主要是列宁主义。列宁主义主要是马克思主义与俄国革命和建设实践相结合的理论,其主要贡献之一是新民主主义革命理论,如"新经济政策"等。列宁主义关于"新经济政策"理论,必须以理解和掌握生产力决定论这一马克思主义理论为前提才能真正理解和接受。瞿秋白亲历这理论的提出和实行是接受较早、认识较深的。

斯大林的反复大清洗运动,其恶果影响及于各国共产党。列宁逝世后,由斯大林所掌控的共产国际、联共(布)中央,对中国共产党的指导,既有正确的一面,也有错误的一面。中共在领导中国革命过程中的成败,无一不与共产国际和联共(布)中央有关。共产国际与中共当时实为上下级关系。瞿秋白1921年的旅俄通讯中说共产国际是"俄国共产党的外交机构"。各国党实际上从属于联共(布)中央。共产国际、联共(布)的"左"倾理论,有时与中国式"游民习气"①相揉合,产生带有游民意识②色彩的"斗争",以阶级斗争的名义,导致了中国式"左"倾,对革命事业造成巨大破坏。后来的"文化大革命"浩劫仍与此种倾向相关。瞿秋白生前死后均遭此殃。正是斯大林指导下的共产国际和联共(布)及其在中共的"左"倾代理人,竭力推行国际共产主义运动极左路线所酿成的巨大悲剧之一。

---

① 胡绳:《论五四运动到人民共和国成立》,社科文献出版社2001年版,第23页。
② 游民意识形态的主要表现:唯恐天下不乱的反社会性;不畏强敌、主动进击的勇敢性;外斗与内斗交织的斗争性;在野时反专制争自由,上台后行独裁反民主的政治利己性;密谋团伙,各踞山头的帮派性;漠视生命,抹杀人性的野蛮残暴性,等等。

第二,要深入探讨《多余的话》的要旨。

瞿秋白的悲剧,尤其是他的心灵悲剧,比较复杂。他心底的悲剧情怀,带着他的性格特征:执著、正直、真诚、具有创造性,又不免书生的天真、偏激、忧郁和矛盾。

瞿秋白为了这个民族,为了他人的福祉而作出了无私的选择和献身,然而却在这献身中经历着种种挫折和扭曲;他以一种知识分子特有的敏感认识着、深思着这种异化,却难以摆脱。他只能以一种意味深长的曲笔,将他一生追求的心路历程,也将所感受的挫折、失落和被扭曲的情形,连同最后的反思和抗诉,隐晦地留给了后人。历史进程提供了更多的教训和智慧之后,后人才渐渐明白其所说之真意。

《多余的话》以一种独特的方式表明,作者一方面对于共产主义信念毫不动摇;一方面又对于究竟什么是共产主义,对于亲身经历的为达到共产主义所采取的某些手段感到迷惘,在实践中深感理想与现实、自由与独裁之间几乎无法调和也无法解释的极度矛盾,对残酷无情的党内斗争感到十分疲惫,他只好无可奈何地以追忆与深深的自责的文字,及在特殊环境中不可明说的心曲融于其中。《多余的话》,是一个坦诚的共产主义者最后对于如何确切弄清共产主义并寻找实现共产主义的正确途径的思考和呼吁。这种呼吁对于全体共产党人显然并不是"多余"的。瞿秋白在这篇文字中,表达了他的人生悲情,坚持了他的人格操守,更思考着他所献身的那个事业的历史教训①。

第三,"多余的人"的性格特征中重要的是真诚

"多余的话"这一说法,是瞿秋白从他所熟悉的俄国文学中"多余的人"这一概念改造而成。"多余的人"是他青年时代就习用、后来也一直是他思考的问题。俄国文学家普希金写的奥涅金,赫尔岑写的别尔托夫,莱蒙托夫写的毕巧林,屠格涅夫写的罗亭,冈察罗夫写的奥勃洛摩夫,高尔基写的萨姆金等,被称为"多余的人"。他们产生于贵族社会的破败中,受到资本主义经济文化的冲击中。他们既厌弃上流社会的罪

---

① 参见吴小龙:《书生革命家的悲剧情怀——我看瞿秋白》,《东方》1996 年第 4 期和《悲剧·人格·思考——〈多余的话〉究竟要说什么》,《随笔》2002 年第 4 期;吴江:《中国知识分子的特点和境遇》,《同舟共进》2000 年第 9 期。

恶、腐败、落后，产生自由主义倾向，寻求新路新价值，又因袭重担，难改贵族气质，在现实斗争中懦弱犹豫。他们既不与统治者同流合污，又与民众相隔甚远，即便进入革命队伍，也因与民众隔膜而无所作为。这样，便似乎是"多余"的了。

从早年那种"忏悔的贵族"的心态，到《饿乡纪程》中自称"中国之多余的人"，到最后的《多余的话》，一条性格线索贯穿始终。但是，"多余的人"的性格特征，并不仅仅是瞿秋白自我苛责的"脆弱"、游移等，谁能否认，瞿秋白几乎一生都在积极、勇敢地行动呢？在瞿秋白的语汇中，这种"多余的人"的性格特征之所指，最重要的是那种真诚，面对自己的内心世界时那种不容半点虚假的真诚。瞿秋白与"多余的人"相似之处在于士大夫世家的文化因袭重担难以卸脱，又颇受西方文化熏染，与百分之百的"布尔什维克式"的某些僵硬理念发生深刻矛盾，即所谓"心智不调"。这种矛盾长期未能彻底解决。有这种"心智不调"的人何止瞿秋白呢。

《多余的话》虽有低沉情绪的旋流，却是以往思想的升华，它比作者在其热情激扬和政治活动高峰期的思想更深刻，更有启迪力量，更见其心灵真诚，成就了一位没有伪饰的共产党人和文化伟人的瞿秋白。

第四，关于"倦怠"、"衰惫"、"市侩"和"政治生命其实早已结束"。

肉体病痛，外在的困难，都不足以使他倦怠。他感到"衰惫"，主要在于他再不能有"儿时"那种心态。倦怠从其价值信念的被污损开始。他决不能背弃自己的革命选择，但看到其价值选择竟然被玷污而在蜕变。然而，在当时，这是无可宣讲的。他的心在惨痛。他自贬"脆弱"；我们却应听见他别有心曲的呼号。

这不是瞿秋白第一次发出的感叹。此前两年，他的《儿时》就发出震撼人心的声音："'儿时'的可爱是无知。……现在呢？什么都已经知道了，熟悉了，每一个人脸都已经看厌了。"《多余的话》也一样，只要我们知道"无情"的党内斗争中发生了什么事，瞿秋白遭遇了什么，就会知道，《多余的话》那曲笔竟是如此的明明白白！

当共产国际领导人曼努意斯基、萨发洛夫等、共产国际代表米夫，以及瞿秋白同事战友张国焘、黄平等还有其他那么多"战友"，一古脑儿把"两面派"、"小团体首领"、"半托洛茨基主义"、"国民党式的反党斗争"等吓人的大帽子扣到瞿秋白头上，怎能不使他感叹："每一个人脸都已经看厌了！"我们就不难明白瞿秋白感叹"中年以后的衰退"，乃是欲哭无泪的抗议。《多余的话》也一样，是他对那种玷污了圣洁的革命理想、破坏了崇高的革命事业的党内斗争的悲愤和抗议。他已经表述得明明白白——虽然还是不得不用着自我批判、自我贬损的说法。

面对残酷的党内斗争，瞿秋白，虽然在表面上总是服从不断地"承认错误"、"停止怀疑"、"以中央的思想为思想"，但是，他在内心深处并没有屈服，没有认同，间或还要说出一句"根本上我不是一个'政治动物'"这种大逆不道的话来，这是瞿秋白正直文人的本质所决定的：他永远不可能成为为了政治利益而完全背弃自己的良心和自己的内心真诚的卑劣政客和异化的"政治动物"。"我的政治生命其实早已结束"的真义在此。

第五，这将是理性批判和反思的开始。

从斯大林在苏共的"清党"，到肃反扩大化对共产国际所有的党的波及，到米夫、王明在中共党内的残酷斗争、无情打击，都造成了党内正常民主生活的严重破坏，造成了人性的扭曲、道德的沦丧，和对理想的纯洁性的玷污。在这个蜕变过程中，瞿秋白身受其害。他不能不思考，不能不痛苦。他和另一个文人气十足的党的早期领袖陈独秀一样，都在亲历劫难之后陷入痛苦的反思。他们的反思已经达到了很深的层次。然而瞿秋白没有陈独秀那种放言说出其思考的幸运，身份和处境迫使他把痛苦压抑在心底，在敌人面前捍卫着自己所献身的这个理想，所以他说的话压抑得多，"有分寸"得多。但他又不能对历史说出违心的假话，于是人们就看到了这在自我解剖和自责中深藏着悲愤、痛苦和思考的《多余的话》。在这里，看不到一语责人，只是指责着消沉、惰怠、认同了市侩习气的自己——他让人通过他的这种自责去猜测、去深思。对于那一段历史的深层了解得越多，就越能从《多余的话》中看出那溢于言表的悲愤和控诉。也许，这将是一种理性批判和反思的开始，但是这在瞿秋白已不可能了。国民党的子弹中断了真诚的灵魂本来可以继续下去的许许多多的思考……

《多余的话》中隐含的二元结构，与瞿秋白自谓是"二元人物"完全契合。一个是有困惑、低沉、无奈，乃至灰暗情绪的瞿秋白；另一个是作为革命志士的瞿秋白，信念坚定，奋发工作，在临刑之际唱《国际歌》，呼"共产主义万岁"，视死如归，从容就义。"两个"瞿秋白，其实是相胶着融合的一个真实的瞿秋白。

瞿秋白的自由、民主、平等、和谐的社会主义理想，他的心灵基于这种理想的感知和向往，与其行动实际遵循的政治伦理之间的矛盾，铸就了《多余的话》所说的"二元"性格，尤其是中共六届三中全会前后到苏区时期，"二元"矛盾实际运行的结果，是共产国际的政治伦理、手段无情地绞杀了理想和心的实感认知。走到了生命尽头，他再也不能继续让心的真实完全听命于那种政治伦理与手段，他必须"彻底暴露内心的真相"了。于是就有了隐含厚重二元结构的《多余的话》。

瞿秋白生前的战友同志，如果看不到瞿秋白的种种矛盾以及铸就这矛盾的历史背景，自然便会误解《多余的话》，误解瞿秋白①。

"信是明年春再来，应有香如故"。对于瞿秋白，历史应该说已经做出了结论；但，对《多余的话》，不解、困惑和争议或许还会继续。一位政治家曾说，《多余的话》确实是多余的话。在某种意义上，这话没说错；但《多余的话》的价值不正在于此吗？它展示着一个生命悲情所成全的人格形象。对于成全一个光彩照人的英雄形象来说，《多余的话》肯定是"多余的话"，然而，对于心灵探究，它永远是言而未尽的话。当人们以一种真诚的同情和理解面对它时，就不免会感到一种令人悲慨万端的沉重，而每一细读，也总增加着对其意蕴的新的体味。《多余的话》也许在一般人心中不能为烈士的形象增加光环，但成全了一个真诚丰富的心灵和深挚感人的人格形象，也启发、甚至要求着后人，面对那令他至死心忧的一切，继续他那过于沉重的思考。思考本身就是一种力量，一种期待，一种希望。

七十年来，人们对《多余的话》的认知感悟的过程，折射了政治与心灵的纠缠，政治伦理与人性理念的冲突。在文化上如何认知《多余的话》，从心灵上怎样解析《多余的话》，学术界虽未达致、也不必达致共

① 陈铁健：《再说〈多余的话〉》，《鲁迅研究月刊》2008 年第 10 期。

识,它在学术上的意义却是公认的。《多余的话》,是探索瞿秋白及其同时代人心路历程的重要文献,也是据以考察中共历史断面的一份特殊文件。众多学者、读者的参与和关注,已使《多余的话》成为百年乃至更为久远的话题。

《多余的话》,并非多余。

《多余的话》同时也反映出瞿秋白的缺点。作为新文化运动时期寻路者之一和中共早期领袖之一,瞿秋白有开拓首创之功。他与同时代的战友们一样,参与新文化启蒙时间短促,知识积累、理论准备、人才培养、力量聚集,都很薄弱。俄国"赤色革命"成功所激起的冲动加上中国传统的造反夺权的心理潜因,使得这些激进青年精英们很快被马克思主义(主要是列宁主义)和俄国革命所吸引,迅速走向革命之路。他们对中国革命的艰巨性复杂性认识不足,在革命过程中不免发生严重挫折,出现种种令人困惑的现象。《多余的话》中所说"误会"、扮"戏"、捉"老鸦"来"做窝"、用"犬"来"耕田"等等,都是这种困惑中的产物。

在文化思想上,瞿秋白受联共(布)和共产国际对于"资产阶级文化"笼统否定观念的影响,把西方资本主义文化一律视为异端,追求纯粹的"无产文化",因而对于马克思主义之外的近代世界其他文化思想和文明创造有所忽视,甚至一度贬低五四新文化运动。《多余的话》在理念上依然没有对于现代资本主义世界文化产生明显的新认识。

对于传统的民族文化和文物典籍中的优良的和腐朽的因素,瞿秋白一代人没有来得及进行全面深入的研究,常常在与传统彻底决裂的口号声中简单地否定不应全盘否定的东西,如对中庸、忠恕的一概排斥等。同时,却在外来新名目下,实际上承袭着传统文化中的腐朽因素,例如宗法专制主义和内部残酷斗争自相残杀等,在"原则"、"纪律"和"路线斗争"名目下复活。瞿秋白曾在莫斯科指令下,对别人进行过惩办,后来则在同样方式下,身受其害。《多余的话》对此有所醒悟,对国际路线提出怀疑,对变化了形态的专制主义略有所讽,这无疑是不小的进步。但是,从总体上看,《多余的话》在理智上对传统文化仍旧持笼统地否定态度。这也正是《多余的话》留给后人审视和解析的历史课题。①

瞿秋白因《多余的话》而在"文革"中被诬为叛徒,到1980年才得以昭雪。

上世纪五十年代初,《瞿秋白文集》四卷本筹措出版时,杨之华写信给瞿秋白生前战友、此时已是中共和国家最高领袖的毛泽东,请他为文集题词。毛泽东欣然命笔,写下一篇高度评价瞿秋白的文字:

> 瞿秋白同志死去十五年了。在他生前许多人不了解他,或者反对他,但他为人民工作的勇气并没有挫下来。他在革命困难的年月里,坚持了英雄的立场,宁愿向刽子手的屠刀下走去,不愿屈服。他的这种为人民工作的精神,这种临难不屈的意志和他在文字中保存下来的思想,将永远活着,不会死去。瞿秋白同志是肯用脑子想问题的,他是有思想的。他的遗集的出版,将有益于青年们,有益于人民的集体事业,特别是在文化事业方面。

> 毛泽东
一九五〇年十二月三十一日

此文感情饱满,恰切精当,可谓不刊之论。然而,不知为什么,毛泽东把这篇题词装进信封,写下送交杨之华收启字样之后,并没有把信寄出。直至他逝世后的1980年,人们才从档案机关意外地发现这件尘封三十年写而未寄的信件。

江苏常州,是瞿秋白的家乡。为纪念瞿秋白,常州市从1953年开始筹建瞿秋白纪念陈列展。1959年开始陈列展出。1964年,瞿秋白故居陈列展开始接纳内部参观。但同年8月,瞿秋白陈列停办。

在此之后两月,公安部完成瞿秋白被害案的调查工作。关于瞿秋白被害问题的调查,是1954年初根据湖南省公安厅上报的陈定、向贤矩二犯参与杀害瞿秋白的有关口供材料,按照罗瑞卿副总理兼公安部长的指示,责成湖南省公安厅追查的。同年10月,由公安部十三局组织专门力量进行查办。经过十年的严密调查侦审,于1964年10月19

---

① 参见刘福勤:《心忧书〈多余的话〉》,上海社会科学院出版社1989年版。

日完成《瞿秋白烈士被害问题调查报告》①。

公安部关于瞿秋白被害案审查卷宗,共二十卷,约三尺厚。内中有蒋军第三十六师师长宋希濂、参谋长向贤矩、军法处长吴淞涛、政训处长蒋先启、参谋彭励、机要秘书陈定、司书高春霖、排长冯心田(枪杀瞿秋白的刽子手);中统特工王杰夫、钱永健、朱培璜;福建省保安第十四团二营营长李玉(带队围捕瞿秋白)、排长曾起(劫金后枪杀何叔衡)、士兵范金标、赖忠顺(二犯俘获瞿秋白)以及周月林等人的供词。证据确凿,事实清楚。

1966年,"无产阶级文化大革命"开始,掀起了"抓叛徒"的浪潮。《多余的话》被诬为瞿秋白的"叛徒自白书",北京八宝山的瞿秋白墓被砸烂,杨之华被监禁迫害致死,其他亲属多受严苛待遇,同时株连不少研究瞿秋白的学者、收集和保管瞿秋白烈士文物的工作人员。

文革浩劫曾经使人沉默,使人死寂,更催人觉醒,在觉醒中人性奋起。从上世纪七十年代末到八十年代初,以《多余的话》为中心,展开一场讨论,尽管看法迥异,绝大多数人认为《多余的话》绝非"叛徒自白书"。

《多余的话》为中心的争论,促进了瞿秋白历史政治结论的形成。1979年5月,根据陈云同志的批示,中共中央纪律检查委员会成立瞿秋白案复查组,全面调查瞿秋白被害案。1980年2月29日,中共中央政治局会议,当有人提到如何对瞿秋白进行公正科学的评价时,邓小平同志明确指出:

> 历史遗留的问题要继续解决。比如这次会议上提到的瞿秋白同志,讲他是叛徒就讲不过去,非改正不可。

1980年9月15日,中共中央纪律检查委员会通过的《关于瞿秋白同志被捕问题的复查报告》宣布:《多余的话》文中一没有出卖党和同志;二没有攻击马克思主义、共产主义;三没有吹捧国民党;四没有向敌人乞求不死的任何意图。复查报告最后写道:

---

① 公审发字第 224 号。

> 复查的结果确凿表明：瞿秋白同志被国民党逮捕后，坚持了党的立场，保持了革命节操，显示了视死如归、从容就义的英勇气概。1945年党的六届七中全会对瞿秋白同志所作的历史评价，是正确的。"文化大革命"中，把瞿秋白诬蔑为"叛徒"，是完全错误的。应当为瞿秋白同志彻底平反，恢复名誉。

1982年9月，中共召开第十二次全国代表大会，中共中央纪律检查委员会在向十二大的工作报告中说：

> 对所谓瞿秋白同志在1935年被国民党逮捕后"自首叛变"问题，重新作了调查。瞿秋白同志是我们党早期的著名的领导人之一，党内外都很关心他的问题。中央纪律检查委员会经过对他的被捕前后的事实调查，证明瞿秋白同志在被捕后坚持不屈不挠的斗争，因而遭受敌人杀害。

上述两个报告的结论，终于使瞿秋白冤案得以昭雪。

四、决不出卖灵魂

瞿秋白从被俘到5月底，3个月过去，敌人从刑讯逼供到软禁厚待，都没有从他口中捞到想得到的任何东西。但是，这样一位声望卓著的中共领袖，万一愿意改变宗旨，对于巩固国民党的统治，将会有很大的好处。而且他们固执地认为瞿秋白无论如何坚强，到了这身陷囹圄、山穷水尽的时候，也会软化屈膝的。

军统特务机关奉蒋介石之命，电令军统在闽西的部属协助三十六师军法处审讯瞿秋白。随后，又从南京派员到长汀，诱迫瞿秋白投降，都被拒绝。但是国民党还是不死心，推迟处决瞿秋白，派遣中统的智囊干员前去长汀充当说客。

5月22日，瞿秋白《多余的话》竣稿的这一天，南京国民党中央党部给驻闽绥靖公署发去一道密电：派陈建中来闽与瞿匪秋白谈话。3天之后，又有一道密电由南京拍到福州：加派王傲夫偕同陈建中与瞿等谈话。

陈建中,20多岁,中等个,瘦长脸,说一口陕西话。原是共青团陕西省委书记(或委员),1933年被捕立即叛变,为虎作伥,大肆破坏地下党组织。后调任中统局行动科干事,在中统"社会调查人员训练班"中讲授《说服工作》。但是,他的才学、阅历、身份都难以同瞿秋白"抗衡"。因此,陈立夫又增派中统另一个骨干分子王傲夫。

王傲夫,又名王书生、王杰夫,吉林人,年约35岁。北平燕京大学毕业,曾研究宗教哲学。在商震军中清洗进步人士,深得陈立夫青睐。先后充当中统训练科副科长、科长,并负责领导"中共自首人员招待所"和中统"社会调查人员训练班",作过中共一些大叛徒的劝降工作。王杰夫出马,陈建中成为他的助手。

国民党中央组织部长陈立夫召见王杰夫时说:"如能说降瞿秋白,在国内国际上的号召和影响都是很大的。"布置王杰夫通过瞿秋白查明中共在上海、香港地下组织关系和在江西的潜伏计划,并委任王杰夫为"中央组织部特派福建党务视察委员"。

王杰夫、陈建中途经福州、厦门时,又拉上福建省党部秘书、调查室主任钱永健和厦门市党部书记、中统特务朱培璜同行,组成劝降小组。他们驱车到漳州,面见驻闽绥靖公署主任蒋鼎文,然后抵达龙岩,与第二绥靖区司令李默庵见面后前往长汀。天降大雨,道路泥泞,车子走了两天才到达。

宋希濂为王杰夫等人安排住宿,设宴洗尘,配备人员,参与商谈劝降事。王杰夫等人商定一个劝降方案,据朱培璜后来交代:一是用亲属和朋友的情感打动瞿秋白;二是以中共高级干部叛降以后受到的所谓优待、重用的例子(如顾顺章)来对他进行"攻心"。王杰夫傲慢地对这一群特务说:"我们有办法,比他顽固的,我们作成功的例子很多。他(指瞿秋白)很顽固,很坚决,似乎动摇不了。李司令(默庵)和宋师长(希濂)都认为我们也没有办法……我们好好干,作出成绩给他们看!"

王杰夫等人历时6天,与瞿秋白交锋9次,其中7次为"劝",其余两次为"审",三十六师政训处长蒋光启等也在场。交锋之前,由参谋长向贤矩出面介绍双方。

一张长方形的桌子,摆着烟、茶、糖果,王杰夫等人围拢着,目光死死盯着坐在一端的瞿秋白。王杰夫戴着一副金丝架的眼镜,一对细小的眼珠眨着,竭力装出一副斯文的样子,细声细气地对瞿秋白说:"蒋委员长、陈部长对瞿先生的真才实学,尤其精通苏俄国情,至为爱惜。"

瞿秋白语中带刺,说道:"谢谢你远道来'挽救'我,但我听不进,有负盛意,奈何!"

王杰夫威胁说:"你的问题,你自己没有兴趣考虑,你的朋友,你的亲戚和家属,倒希望你好好考虑,你不能使他们失望。"

瞿秋白识破王的诡计,尖锐地顶回去:"我自己的问题,从来由自己考虑,不劳朋友亲戚甚至家属来考虑。特别是政治问题,过去是我自己考虑,现在不可能也没有必要亲友代劳。"

王杰夫碰了一鼻子灰,厚着脸皮继续劝说:"瞿先生是当代名人,在共产党内威信很高,声望很大。不过现在中共已临末路,瞿先生若能识时务转变方针,为国尽力⋯⋯"

交锋一开始,王杰夫等人已亮出底牌,要瞿秋白"转变"。瞿秋白独自舌战群魔,毫不退却,早已把个人生死抛在身后,并利用此机会当面驳斥国民党的反动政策。

> 瞿秋白:当前国家、民族存亡的关键是抗日,日寇亡我东北,现又侵华北、胶东,你们不去抵抗,却在这里空谈为国尽力,前途何以之有?

> 王杰夫:闽西平定,共军西窜,浙赣铁路畅通无阻,东南诸省一片升平景象⋯⋯

> 瞿秋白:东北四省早已沦亡,淞沪卖国协定墨迹未干,华北、山东又危在旦夕,外患方殷,亏你们还说得出什么"升平"⋯⋯

> 王杰夫:少谈国事,少谈国事。你想家吗? 瞿先生!

> 瞿秋白:你想家吗? 王先生,你是东北人,东北沦陷,家破人亡何止万千,你的家料想也难保全⋯⋯古语云"国破家何在?"谈家焉能不涉国事!

> 王杰夫:何必如此严声正色⋯⋯京沪朋友都很关心瞿先生的身体和安全。自从瞿先生被捕的消息传到京沪,许多亲友,甚至许

多青年为瞿先生的安全担心,有的还向"中央"呈递意见书,要求予以"考虑的机会"……只要从长计议,你有极其光明的前途。

瞿秋白:王先生,钱先生,谢谢你们的好意。我问你们,这种关心和陷害有什么区别?事实上,没有附加条件是不会允许我生存下去的。

这条件就是要我丧失人格而生存。我相信,凡是真正关心我、爱护我的亲友家属,特别是吾妻杨之华,也不会同意我这样毁灭的生存……

瞿秋白思维敏捷,语带机锋,当场揭穿王杰夫等人的伎俩。他听出王杰夫的东北口音,以此发挥引伸,直击对方要害。王杰夫等人仍然不甘心,继续劝说。

王杰夫:瞿先生,我们从南京到长汀来,因为你是一个非凡的人才,你的中文特别是俄文程度在中国是数一数二,你生存下来,可以作翻译工作,翻译一些托洛茨基最近有关批判联共的著作,这对你来说是轻而易举……

瞿秋白:我对俄文固然懂得一些,译一点高尔基等文学作品,自己觉得还可以胜任。如果翻译托洛茨基反对联共的著作就狗屁不通了!

瞿秋白软中带硬,把王杰夫顶回去。王杰夫假惺惺地对瞿秋白说:"朋友、亲属关心你,中央挽救你,也是爱惜你的才学,才派我们远道而来。哪料到同你谈了好几天,你无动于衷乎?"

瞿秋白严词以对,王杰夫等面面相觑,无可奈何,只得草草结束了这一次谈话。

新一轮谈话,王杰夫等换了一个有关生死的敏感话题。王杰夫笑嘻嘻地对瞿秋白说:"我有一个假设,假设瞿先生不幸牺牲了,是否希望中共中央为你举行盛大的追悼会呢?"王杰夫寻思,这个设问可以试探瞿秋白是不是怕死,具有一针见血的威慑之力,他相当得意。

瞿秋白看穿王杰夫意存讥讽,笑里藏刀,断然答道:"我死则死耳,你何必谈什么追悼会?!"

陈建中急功近利，单刀直入问道："瞿先生，你是去香港再转往上海，你打算在香港住什么地方？还有什么关系？到上海又打算住什么地方？有什么关系？"

瞿秋白蔑视这个叛徒的愚蠢发问，不作回答。

几番失败后，王杰夫等人又从政治角度，蛮横地问道："请你说明中共中央过去发动过几次大暴动，如南昌暴动、两湖秋收暴动、广州暴动等，这个责任，你瞿先生要不要负责？"

瞿秋白听罢，只是一笑，他坦然答道："这些大暴动，都是中共中央发动的。发动这些革命运动的责任，在中央方面，我当然负责任！"

王杰夫接着问道："中共中央和红军都西上了，江西等地的善后潜伏计划，你当然知道一些的，请谈一谈。"瞿秋白理也不理，拒绝回答。

这次交锋，王杰夫依然败下阵来。屡劝屡败，离开长汀的前一天，他抱着最后希望去见瞿秋白，见面就说："瞿先生，我们决定明天离开长汀回南京。你是不是在我们临走之前，最后表示你的真正态度。我们同你的亲友一样诚心诚意挽救你，爱惜你的才学。"

瞿秋白毫不犹豫地回答："劳了你们远道而来，几天来费尽心机和口舌。我的态度，昨天都谈得一清二楚，任何改变都是不可能的！"

钱永健表面温和，实则威胁地说："你要识大体。最近中共残部流窜西去，只余下几个小股，很快就要肃清，中国已经空前统一，中共穷途末路，大势已去。识时务为俊杰，你为什么这样顽固迷信？我看瞿先生还是从速考虑吧！"

王杰夫紧逼上来，劝瞿秋白效法叛徒顾顺章，他说："你如果决心生存下去，不一定叫你做公开的反共工作。你可以担任大学教授，也可化名做编译工作，保证你不做公开反共的事。瞿先生，你学识渊博，现在正是国家用人之际，所以，我们为国家爱惜你的生命。瞿先生，你看顾顺章转变后，南京对他优待。他杀人如麻，中央都不追究嘛！"

提起叛徒顾顺章，瞿秋白愤怒不已，高声说道：

我不是顾顺章，我是瞿秋白。你认为他这样做是识时务，我情愿作一个不识时务笨拙的人，不愿做个出卖灵魂的识时务者！

瞿秋白一派浩然正气！

  王杰夫：你只有三十几岁，就这样顽固，不愿活下去吗？老实告诉你，这次共军西窜途中，中共大部委员均已被捕，他们的地位不比你重要，但已认清大势，一一投降了，你何必这么顽固呢？

  瞿秋白：古语云：朝闻道，夕死可也。我不仅闻了共产主义世界大同之道，而且还看到了这个道正越来越多地为人民所拥护，千千万万人正在为它洒热血、抛头颅，不管遭受多大的牺牲，多少次的失败，总有一天会在中国，在全世界成功的。我瞿秋白纵然一死，又何足惜哉！

  面对敌人各种利诱威逼，瞿秋白慷慨激昂，为了崇高的理想随时准备献身，表现出坚定的政治信仰，无畏的革命精神。

  前些天他刚写完《多余的话》，勇于承担责任，严于解剖自己，向党和人民以及知己者袒陈心史，留下心声，已释放一直积压在多层次多方面的"心忧"，留下独特的遗言。现在面对生死抉择，他则一扫《多余的话》中过多的灰暗、伤感、消沉情绪，以一个共产党人捍卫自己信仰的坚定形象，屹立在敌人面前。

  瞿秋白一席慷慨陈辞，说得王杰夫等人失色无言。他们知道再谈下去，也是白费心机，只好偃旗息鼓而退。当天晚上，王杰夫不愿空手回去，独自一人来到瞿秋白的囚室，加重语气说："给你最后一次机会。"瞿秋白斩钉截铁地答道："没有什么考虑的，不必了。"

  临走时，宋希濂等人为王杰夫等人饯行。席间，王杰夫哀叹道："我们不能做到使瞿秋白为我们所用，这就说明我们工作的失败。"宋希濂也叹息说："我们做了不知多少倍工作，南京军委会也派了专员来，他们办理这样的案子很有经验，结果也是无功而返。"又说："要瞿秋白为我们国民党所用，实在等于做梦。他在师部还不放弃马克思主义宣传，我们师部有些人对他看法就不正确。他多在师部一天，我就不放心一天。万一有个差错，我将如何向委员长交待？"

  第二天（6月15日），王杰夫等离开长汀，回南京向陈立夫复命去了。朱培璜后来交代说："王杰夫等专程到长汀，用尽欺骗伎俩，由于瞿秋白先生忠贞不屈,严词拒绝,致无结果而返。"①

五、从容就义

王杰夫等人前来长汀对瞿秋白诱降时,蒋介石正为"围剿"红军主力弄得焦头烂额,亲赴贵阳、昆明、重庆、成都等地督战。瞿秋白在监狱里坚贞不屈的表现,早已有人密报给蒋介石。宋希濂接到南京方面的来电,说三十六师将要调动,他分别打电报请示蒋介石和蒋鼎文如何处理瞿秋白,给蒋鼎文的电文中,还谈到如果押送瞿秋白去漳州,如何保证安全问题。

早在 6 月 2 日,蒋介石就给蒋鼎文发了一道密令:龙溪绥署蒋主任:寒已法电悉。成密。瞿匪秋白即在闽就地枪决,照相呈验。中正。冬行息字印。

由于陈立夫遣人对瞿秋白劝降,延迟行刑时间。王杰夫等人一走,蒋鼎文、李默庵于 6 月 15 日、16 日、17 日连电催促三十六师迅速执行蒋介石对瞿秋白的处决令。接到处决令后,宋希濂与参谋长向贤矩、政训处长蒋先启、特务连长余冰研究执行命令的具体措施。

这几天,瞿秋白依然看书写作,平静如常,并再三提出要求看报。6 月 15 日,由卫兵押他至"新生活"俱乐部翻阅报纸。他看到报上刊载日军侵犯中国华北,造成民族危机、民不聊生等情况,深为忧虑和愤慨。

6 月 16 日,宋希濂决定:第一,明天(17 日)中午,参谋长向贤矩去瞿秋白囚室下达最高当局的命令,宣布后天(18 日)上午执行,听取瞿秋白有什么遗言遗物。师部内外要加派岗哨,严密警戒。3 天内,全体人员一律禁止在师部大院会客,陈军医在囚室中陪同瞿秋白,密切注意动向,有情况及时报告。第二,18 日中午,军法处长吴淞涛和政训处长蒋先启到刑场,监督执行,刑前在中山公园备酒菜,执行地点在罗汉岭

---

① 公安部关于瞿秋白被害案审查卷宗;许映潮、王伸清:《国民党中统诱降瞿秋白同志始末记》,《党史资料》丛刊 1982 年第 4 辑。

下,拍照后备棺木埋葬。

6月17日中午,参谋长向贤矩走进瞿秋白的囚室,随来的一名勤务兵把一大盘酒菜放在桌上。瞿秋白正在刻石章,看到此情形,心里已明白八九分,便问:"要送我上路?"向贤矩面无表情答道:"你多次说过,被俘后就没打算活着出去,现在可以成全你了。"他以为瞿秋白在最后关头,也许会回心转意,瞿秋白却同往日一样面不改色,毫不迟疑地说:"我早就准备这一天了!"

瞿秋白曾把自己的照片赠送给军医陈炎冰,并在照片上题辞:

> 如果人有灵魂的话,何必要这个躯壳!
>
> 但是,如果没有的话,这个躯壳又有什么用处?!
>
> ——这并不是格言,也不是哲理,而是另外有些意思的话。
>
> 秋白　一九三五年五月摄于汀州狱中

这是瞿秋白对生与死的深刻思考:有的人活着却已经死去,有的人死去却还活着。

瞿秋白得知第二天行刑,当晚仍然安睡入梦。6月18日早晨起来,读唐诗,突发灵感,随即伏案挥笔,书写绝笔诗。

> 一九三五年六月十七日晚,梦行小径中,夕阳明灭,寒流鸣咽,如置身仙境。翌日读唐人诗,忽见"夕阳明灭乱山中"句,因集句得《偶成》一首:
>
> 夕阳明灭乱山中,落叶寒泉听不穷。
>
> 已忍伶俜十年事,心持半偈万缘空。"

这时,三十六师师部内外警卫严密,一派肃杀之气。早晨8时,三十六师特务连连长余冰走进囚室,向瞿秋白出示枪决命令。瞿秋白刚写完集句诗,外面又传来催促启程声,他奋笔疾书:

> 方欲提笔录出,而毕命之令已下,甚可念也。秋白曾有句:"眼底烟云过尽时,正我逍遥处。"此非词谶,乃狱中言志耳。
>
> 秋白绝笔

宋希濂和三十六师的大部分军官,共约百余人,聚集在堂屋里,煞有介事地举行军事法庭宣判仪式。9时20分左右,在政训处长蒋先启的监督下,瞿秋白走出囚室。他身着黑色中式对襟衫,下穿白布抵膝短裤,黑线袜,黑布鞋。他神态自若,扫视堂屋里宋希濂及以下一干人等。宣判之后,他缓步从容地走出三十六师师部大门。

从师部大门到中山公园六七百米,沿途警备森严,两旁布满荷枪实弹的特务连官兵。中山公园(红军时期为列宁公园)占地面积不大,周围有些树木,中间一个小运动场,靠东面边上有一个用砖砌的讲台。讲台一侧的公园凉亭前,四周散布着特务连士兵。瞿秋白正其衣履,由原长汀园艺照相馆赖韶九和许荫秋为他拍照。面对照相机镜头,瞿秋白背着两手,昂首直立,恬淡闲静之中流露出一股庄严肃穆的气概。

瞿秋白就义前在长汀中山公园凉亭留影

一位临场记者作了报道:瞿秋白来到公园,"全园为之寂静,鸟雀停息呻吟。信步行至亭前,已见菲菜四碟,美酒一瓮,彼独坐其上,自斟自饮,谈笑自若,神色无异。酒半乃言曰:'人之公余稍憩,为小快乐;夜间安眠,为大快乐;辞世长逝,为真快乐!'继而高唱《国际歌》,以打破沉默之空气……"①

初夏的阳光默默地照射,瞿秋白身影在地上缓缓移动,他手挟香烟,顾盼自如。道路两旁敌人的刺刀泛着寒光,死死盯着手无寸铁的瞿秋白。城西几里远有一座小山,名为罗汉岭,山脚下及山腰处荒冢累累。山前有一小草坪,作为刑场。草坪一侧原为清末蛇王宫养济院(收容聋哑孤老的救济院)旧址,尚有屋基残迹。

"起来,饥寒交迫的奴隶……"瞿秋白用纯熟的俄语唱起《国际歌》。监刑的三十六师政训处长蒋先启原是留俄学生,清楚地听到"英德纳雄纳尔……"的歌声。

---

① 《瞿秋白毕命纪》,天津《大公报》1935年7月5日第4版。

十五年前，瞿秋白作为北京《晨报》记者在哈尔滨第一次听到俄语版《国际歌》，雄壮高昂的旋律震撼人心，久久回荡在耳边。此后，革命、赤旗、列宁……始终伴随着《国际歌》的雄壮旋律，融入于汹涌的中国革命洪流，伴随着瞿秋白战斗的光辉的一生。

"这是最后的斗争，团结起来到明天……"瞿秋白沿途唱着《国际歌》《红军歌》，呼喊"中国共产党万岁！""中国革命胜利万岁！""共产主义万岁！"。

到达罗汉岭下，瞿秋白看见绿茵茵草坪，微笑点头说："此地很好！"并向执行者提出两点：我不能屈膝跪着死，我要坐着；不能打我的头。说完后，盘膝坐在草坪中间①。

阳光下，白云凝泪，山岭低垂，四周仿佛回荡着《国际歌》的雄壮旋律，"英德纳雄纳尔就一定要实现……"瞿秋白的思绪飘远了，永别了，亲爱的同志们！罪恶的枪声响了，瞿秋白倒在血泊中，殷红鲜血渗进大地，年仅 36 岁。

下午 4 时后，瞿秋白遗骸葬于一里之外的罗汉岭盘龙岗。

六、百世流芳

瞿秋白殉难的消息，激起国内外强烈反响。苏联《真理报》等作了报道，共产国际所属的日本、德国、英国等共产党组织和个人分别发表抗议书、声明和悼念文章。在国内，除万里转战途中的红军和西北苏区外，白区无法公开举行悼念活动。

瞿秋白就义的第二天，《中央日报》、上海《申报》等刊登瞿秋白被枪决的消息。鲁迅等人极为悲痛。鲁迅邀约茅盾到郑振铎家里商量编印瞿秋白遗作有关事宜，最后商定由鲁迅与杨之华商议遗作编选的范围，

---

① 瞿秋白牺牲的当日中午，宋希濂向李默庵电告，"青密。瞿匪秋白已于本日上午十时遵令执行枪决。除将该匪照片及处理经过各情另件呈报外，谨先电闻。职宋希濂叩。巧午印。"同一天，敌军张贴布告，内称："凡民国十六年以后，各地共匪之行动，悉由该匪（指瞿秋白）唆使，以赣皖闽粤湘鄂豫川等省之生命财产，直接间接，受该匪之杀戮焚毁者，不可以数计，其罪大恶极，已不容诛"。

鲁迅负责编选。8月6日,郑振铎在家中设便宴,邀请陈望道、叶圣陶、胡愈之、章雪村、徐调孚、傅东华等聚会,沉重哀悼瞿秋白烈士,并商议为他集资出书,永作纪念。此后,鲁迅抱病为瞿秋白编校译文集《海上述林》,愤怒地说:"我把他的作品出版,是一个纪念,也是一个抗议,一个示威……人给杀掉了,作品是不能给杀掉的,也是杀不掉的。"①《海上述林》分为上下卷,出版单位署为"诸夏怀霜社校印"。"诸夏怀霜",即全中国人民都在深沉地悼念瞿秋白(瞿霜即瞿秋白)。《海上述林》是鲁迅和郑振铎、茅盾等人共同为瞿秋白烈士筑起的一座不朽精神丰碑,也是中国现代出版史上极为珍贵的纪念本。

1935年9月1日,徐懋庸等创办左联后期机关刊物《文艺群众》,第1期刊登《悼瞿秋白同志》一文,这是国内发表的第一篇悼念瞿秋白的文章,约2000字。字里行间充满高昂的革命激情,沉痛地悼念瞿秋白烈士,愤怒地控诉反动当局的暴行;高度评价瞿秋白是"中国无产阶级的天才领袖,中国左翼文化运动中的光芒万丈的巨星,中国青年十多年来的最亲切的指导者,我们的瞿秋白同志于今年六月十八日在闽赣的边界,在中国苏维埃运动的战线,被国民党蓝衣领袖蒋贼谋杀了!""秋白同志在中国革命的一切部门,都留下了最光辉的功绩。"

这期《文艺群众》刊登唯一一篇小说《八月四日晚上》,落款"爱尔德卑/著,文尹/译",这是1932年3月经瞿秋白指导和修改,由杨之华翻译的习作。刊物编辑以此特殊形式悼念瞿秋白烈士,向烈士家属杨之华表示真挚的慰问。

1936年,瞿秋白殉难一周年时,莫斯科外国工人出版社编印了一本中文书,书名《殉国烈士瞿秋白》,编者在引言中说:

> 瞿秋白同志不仅是中国共产党的最好领导者之一,而且是中国人民最优秀的领袖之一。他毕生为中国民族解放,和社会解放而奋斗到底。当他牺牲的周年纪念日,不仅中国共产党员,而且全中国人民都必然要纪念这位优秀的领袖。

这本书收录陈云、李立三、杜宁(杨之华)和王明、康生等人悼念瞿

① 冯雪峰《回忆鲁迅》,人民文学出版社1952年版,第58页。

秋白的文章,以及毛泽东在中华苏维埃第二次全国代表大会报告中论苏维埃文化教育的一段文字,还有共产国际代表以及日本、英国、美国、德国、加拿大、安南共产党追悼瞿秋白的文章。英国共产党的悼文写道:

> 在英勇的中国共产党领导之下的中国工人和农民以及光荣的红军将会替瞿秋白同志复仇的。当我们哀悼瞿秋白同志以及与他一同被害的其他同志之时,我们务须加紧斗争以拥护中国的苏维埃政权。瞿秋白流芳百世!

共产国际代表的悼文,严厉谴责国民党反动派:

> 让帝国主义的走狗们记住:红军今日对中国革命英雄——为中国人民谋解放的英雄——的尸骨深表哀悼,而在中国共产党及红军领导之下的饥寒交迫的中国人民,明天将给反革命的血腥统治以致命的打击。

这两段文字,表达了国际无产阶级对于瞿秋白牺牲的沉痛悼念之情,对于中国人民革命事业的正义声援。

瞿秋白就义十年以后,1945 年,中国共产党第六届中央委员会扩大的第七次全体会议通过的《关于若干历史问题的决议》,第一次以中共中央决议的形式对瞿秋白烈士作出重要的历史评价:

> 瞿秋白同志,是当时党内有威信的领导者之一,他在被打击以后仍继续做了许多有益的工作(主要是在文化方面),在一九三五年六月他英勇地牺牲在敌人的屠刀之下。

1955 年 6 月 18 日,瞿秋白殉难 20 周年忌辰,中共中央在北京八宝山革命烈士公墓为他的遗骨安葬举行了隆重的仪式。中共中央宣传部长陆定一在仪式上的讲话中指出:

> 瞿秋白同志是中国共产党的卓越的政治活动家和宣传家。
>
> 瞿秋白同志是中国无产阶级的无限忠诚的战士。他献身革命直到最后一息。他的高贵品质和毕生功绩将活在人民的心里,永垂不朽!

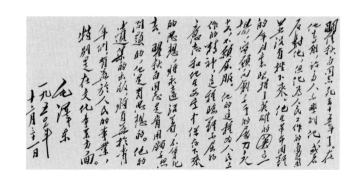

毛泽东为《瞿秋白文集》题词(1950 年 12 月 31 日)

1985 年 6 月 18 日,瞿秋白就义 50 周年纪念日,中共中央在中南海怀仁堂举行了纪念会。中央政治局委员杨尚昆代表中共中央在会上发表了重要讲话,对瞿秋白烈士的战斗一生、光辉一生作出高度评价:

> 秋白同志是中国共产党早期的主要领导人之一,伟大的马克思主义者,卓越的无产阶级革命家、理论家和宣传家,中国革命文学事业的重要奠基者之一。

党中央的评价反映了全党和全国人民的心声,扫除了横加于瞿秋白烈士生前身后的一切诬陷和灰尘。

瞿秋白烈士永垂不朽!

后　记

　　本书是 2010 年人民出版社出版的《瞿秋白传》的改写本。原书是在江苏省瞿秋白研究会组织下,历时七年完成的。其特点是吸取近二十年来学界来瞿秋白研究的新成果,并根据大量解密不久的共产国际、联共(布)与中国革命档案资料写成,力图呈现一个更为真实的瞿秋白,从而表现出瞿秋白勇猛精进、永不言败的人生态度,波澜起伏、曲折悲壮的政治生涯,真诚坦率、温文尔雅的精神风貌;体现出一个现代知识分子和无产阶级革命领袖的优秀品格。本书按照江苏文脉研究工程的要求,作了压缩并两度修改,在修改中订正和补充了原传记本中的一些错误和重要脱漏。

　　原传记本的主编为王铁仙,副主编为刘福勤。最初撰写者共十人(以姓氏笔画为序):丁言模、王文强、王铁仙、叶楠、朱净之、朱钧侃、刘小中、刘福勤、汪诚国、陈铁健。本书的修改由王铁仙完成。